Windows 98

MANUALES IMPRESCINDIBLES

Director de colección: Julián Casas Luengo

Diseño de cubierta: Narcís Fernández

Coordinador editorial: José María Delgado Cabrera

Autoedición: ROS Multimedia Publishing & Translation S.L.
(Grupo ROS)

Realización de cubierta: Gracia Fernández-Pacheco

MANUAL IMPRESCINDIBLE DE

Windows 98

JOAQUÍN Mª SUÁREZ SÁNCHEZ DE LEÓN

ANAYA
MULTIMEDIA

Primera edición, julio 1998
Primera reimpresión, noviembre 1998
Segunda reimpresión, noviembre 1998
Tercera reimpresión, enero 1999
Cuarta reimpresión, marzo 1999
Quinta reimpresión, marzo 2000
Sexta reimpresión, abril 2000
Séptima reimpresión, octubre 2000
Octava reimpresión, diciembre 2000
Novena reimpresión, agosto 2001
Décima reimpresión, septiembre 2001
Undécima reimpresión, enero 2002

Juan Ignacio Luca de Tena, 15. 28027 Madrid
Depósito Legal: M.54.872-2001
I.S.B.N.: 84-415-0491-1
Printed in Spain
Imprime: Artes Gráficas Guemo, S.L.
Febrero, 32 - 28022 Madrid

Dedicatoria

A Mercedes

Agradecimientos

A Mercedes, José María, Juanvi, Jesús y Gustavo por su inestimable colaboración en la realización de este libro.

Índice

Introducción

Cuando a finales de 1995 escribí la introducción del libro El Manual Imprescindible de Windows 95 comentaba algunos de los factores claves que determinaban la situación de la informática personal ante la aparición de Windows 95. Ahora, casi tres años después, creo que es una buena idea comenzar la introducción de este libro recordando algunos de los puntos clave de aquella introducción, con el fin de observar los cambios que se han producido desde entonces.

Sin duda, el cambio más significativo es la práctica desaparición del sistema operativo MS-DOS. Si en 1995 la intención de Windows 95 era convertirse en el único sustituto viable de MS-DOS, hay que decir que lo ha conseguido. Actualmente ya quedan muy pocos ordenadores que utilicen MS-DOS y, en ese sentido, Windows 98 pretende que durante su reinado no quede ninguno. Aún más, Microsoft ha dejado entrever que Windows 98 será el último miembro de la familia Windows que será compatible con MS-DOS. Parece ser que la próxima versión de Windows se librará por fin de la pesada carga que supone mantener esa compatibilidad.

La práctica desaparición de MS-DOS hace que podamos decir que Windows ha impuesto la interfaz gráfica en el PC. La interfaz gráfica de

Windows 95 supuso un cambio radical con respecto a la interfaz de texto de MS-DOS y también respecto a la modesta interfaz de Windows 3.x. Ahora, Windows 98 lleva todavía más allá el concepto de interfaz gráfica y lo une al de Internet, pasando a ser aquélla como una prolongación de la red en nuestro ordenador personal. De hecho, el cambio de interfaz en Windows 98 es su aspecto más novedoso, sobre todo a nivel de usuario.

Por el contrario, el resto de Windows 98 es similar a Windows 95. A un nivel que el usuario medio no puede apreciar tan evidentemente, los cambios de Windows 98 respecto a la anterior versión consisten, básicamente, en una adaptación a los tiempos que corren, aumentando las posibilidades de utilizar los nuevos dispositivos y los nuevos microprocesadores aparecidos en el mercado en estos dos años y medio. Por tanto, y al contrario de lo que sucedió con Windows 95, Windows 98 no es una versión completamente nueva de Windows sino, más bien, una actualización que pretende rejuvenecer el sistema operativo y adaptarlo a los tiempos actuales.

Y, en los tiempos actuales, lo que se lleva es Internet. Windows 95 tuvo la mala fortuna de aparecer en un momento en que Internet comenzaba a popularizarse y en el que era difícil predecir qué iba a ocurrir en el futuro con las comunicaciones entre ordenadores. El caso es que Microsoft se equivocó e introdujo en Windows 95 algunas opciones de comunicaciones que, a la postre, fueron un fracaso (como la Microsoft Network). Hoy día ya está claro que lo que manda es Internet y Microsoft lo ha tenido muy presente en su Windows 98. Esta versión del sistema operativo incluye todas las herramientas necesarias para sacar el máximo rendimiento de Internet. Tanto es así que, como decía más arriba, Internet se integra totalmente en la interfaz.

A modo de resumen, y como se ha podido ver, las innovaciones de Windows 98 con respecto a su antecesor se basan en una nueva interfaz integrada con Internet, en contener todas las herramientas para utilizar al máximo la red de redes y en disponer de soporte para el nuevo hardware.

El objetivo de este libro es realizar un estudio sistemático de Windows 98, de manera que cualquier usuario principiante o de grado medio sea capaz de obtener el máximo partido de este sistema operativo. Los usuarios principiantes pueden encontrar que el libro resulta muy denso. Si se te presenta este caso, mi recomendación es que comiences a utilizar Windows 98 y que emplees este libro como manual de referencia. Por el contrario, si tus conocimientos de informática son algo superiores encontrarás que el libro contiene la respuesta a la mayoría de las cuestiones que se te puedan plantear.

Con los objetivos mencionados en el párrafo anterior en mente, he estructurado el libro en los siguientes capítulos:

Los capítulos 1 a 4 (Técnicas básicas, El Escritorio, La Barra de tareas y Ventanas, menús y cuadros de diálogo) tienen la misión de mostrar los fundamentos de la interfaz de Windows 98. Al terminar su lectura, el usuario debe ser capaz de trabajar en Windows 98 con soltura.

La misión de un sistema operativo consiste en permitir que se ejecuten programas. En el capítulo 5 (Programas), se trata de la ejecución y de las características de los programas en Windows 98 y se hace mención especial a la ejecución de programas para MS-DOS.

El capítulo 6 (Discos, carpetas y archivos), se dedica a explicar el sistema de archivos de Windows 98, de manera que el usuario sea capaz de guardar y recuperar sus documentos y de encontrar cualquier archivo en todo momento. Por supuesto, también se explica la manera de acceder a recursos de una red y de compartir recursos en una red.

El capítulo 7 (La Ayuda) muestra la manera de encontrar y obtener ayuda del propio Windows 98 y de los programas que se ejecuten en él.

El capítulo 8 (Imprimir) explica todo lo que hay que saber sobre cómo imprimir en Windows 98 y sobre la manera de controlar la impresión, tanto en un ordenador local como en una red.

El capítulo 9 (El Panel de control) se dedica a estudiar el centro de configuración de Windows 98. También se dedica especial atención a las fuentes y a las redes de ordenadores, proporcionando las instrucciones necesarias para configurar una pequeña red de área local con ordenadores que tengan instalado Windows 98.

En el capítulo 10 (Accesorios) se explican todos los programas accesorios y de utilidades que vienen con Windows 98.

El capítulo 11 (Multimedia) está dedicado a estudiar la gestión de las posibilidades multimedia de Windows 98, que son muchas y muy interesantes.

Los capítulos 12 a 15 (El módem, Navegar por Internet, Correo electrónico, y Otras posibilidades en Internet) están dedicados a la utilización de Internet desde Windows 98.

Por último, los apéndices A y B (La instalación y Añadir y cambiar el hardware) explican la manera de instalar Windows 98 (o alguno de sus componentes aislados) y de instalar nuevos dispositivos de hardware en el ordenador.

Si quieres llegar a dominar Windows 98, tanto si eres un usuario nuevo como si ya tienes un conocimiento medio de la informática, éste es, sin duda, el libro que necesitas.

Convenios utilizados en este libro

Este libro se precia de ser fácil de entender y de usar. Lee la introducción que encontrarás en la página de presentación de cada capítulo para hacerte una idea de lo que aprenderás en ese capítulo y su relación con el contenido del resto de capítulos.

Hemos diseñado varias características especiales en este libro para acelerar el proceso de aprendizaje. Las más importantes son estos que aparecen a continuación:

- Las pantallas, a lo largo del libro, te muestran la apariencia de la pantalla del ordenador según se van desarrollando las diferentes tareas con el programa.
- Hay algunos comandos que se activan mediante combinaciones de teclas. En este libro, las combinaciones de teclas se separan por el signo más (+). Así, Alt+F4 significa que debes mantener pulsada la tecla Alt, y, sin soltarla, pulsar la tecla F4 (suelta las dos más o menos al mismo tiempo).
- Los menús, cuadros de diálogo, ventanas y sus opciones correspondientes se representan con un tipo de letra distinto. De esta forma, hablaremos de la opción Abrir del menú Archivo.
- A veces, si hay que seleccionar un conjunto de menús y comandos de menús unos tras otros, en el libro aparecen seguidos en el orden de selección. Por ejemplo, para seleccionar el comando Archivo Abrir abre el menú Archivo y selecciona el comando Abrir.

Además de todos estos puntos, el libro también incorpora un conjunto de iconos para resaltar cierta información y avisarte de posibles problemas. El primer elemento son las secuencias de pasos, que resumen las acciones que hay que llevar a cabo para realizar una tarea determinada y que puedes utilizar como referencia en el futuro. Comienzan con una frase indicando la función de cada secuencia de pasos en concreto. Estos iconos son los que puedes ver a continuación.

Para entender las secuencias de pasos

La columna de la izquierda explica las acciones que hay que efectuar.	*La columna de la derecha presenta la reacción del ordenador ante dicha acción.*

Aviso

Posibles problemas y fallos de los programas. También se usa cuando puede que lo dicho en el libro no coincida con lo que aparece en tu ordenador.

Consejo

Ideas o recetas que, procedentes la mayoría de ellas de la experiencia, pueden resultarte útiles en el trabajo con el ordenador personal.

Truco

Este otro icono también está asociado a los consejos, pero a aquellos que sirven para ahorrar tiempo en las distintas actividades con el programa.

Nota

Información adicional a la incluida en el texto que puede resultar interesante o necesaria.

1

Técnicas básicas

Las técnicas y conocimientos básicos que resultan imprescindibles para trabajar con Windows 98 son pocos en realidad. Sin embargo, algunos sí que son necesarios. En este capítulo veremos cómo usar el ratón y el teclado (que son los dos dispositivos principales mediante los cuales el usuario se comunica con Windows 98) y la manera de entrar y salir de Windows 98.

Entrar en Windows 98

Una vez instalado Windows 98 (como se describe con más detalle en el apéndice A), no hay que hacer nada especial para entrar en él. Basta con que enciendas el ordenador para que Windows 98 se ejecute automáticamente (como no podía ser de otra manera, puesto que es el sistema operativo de tu ordenador, es decir, el programa básico que permite que todos los demás programas puedan ejecutarse en tu PC).

Durante el proceso de arranque, Windows te pedirá un nombre para que te identifiques y una contraseña (mira la figura 1.1).

La utilidad de estos datos puede ser doble:

- Si compartes el ordenador con otras personas, el nombre servirá para diferenciarte de los demás usuarios. En Windows 98 el ordenador puede compartirse entre varias personas, cada una de las cuales puede personalizar a su gusto el entorno de trabajo (escritorio, menú Inicio, etcétera). Consulta el apartado dedicado a contraseñas en el capítulo 9.
- Si estás conectado a una red, el nombre servirá para identificarte en la misma, mientras que la contraseña determinará (junto con el nombre) tus privilegios en la red.

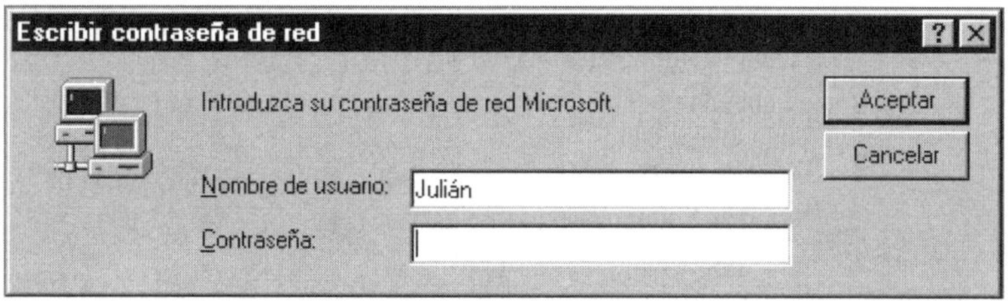

Figura 1.1. Windows 98 te permite introducir tu nombre de usuario y tu contraseña al arrancar

Aviso

La forma y el número de cuadros de diálogo que aparecerán durante el proceso de arranque dependerán de la configuración concreta de tu equipo. En caso de que tu ordenador esté conectado a una red Novell u a otra, consulta con el administrador de la red cómo debes completar estos cuadros de diálogo.

Si no vas a compartir el ordenador ni estás conectado a una red, introduce tu nombre y deja el campo Contraseña en blanco. Así, Windows no volverá a presentarte este cuadro de diálogo.

Una vez hayas pasado la fase de identificación y seguridad aparecerá el escritorio de Windows 98 (mira la figura 1.2).

El escritorio de Windows 98 se trata con detalle en el próximo capítulo. Sin embargo, ahora es conveniente que te fijes en el gran cuadro de diálogo denominado Bienvenido a Windows 98 que aparece en el centro de la pantalla. Este cuadro de diálogo te permite realizar cuatro tareas previas al comienzo de tu trabajo con Windows 98:

1. Registrar tu copia de Windows 98 electrónicamente.
2. Configurar fácilmente tu conexión con Internet (si la tienes).
3. Aprender nociones generales sobre la informática y sobre Windows 98.
4. Configurar tu ordenador para que realice regularmente tareas de mantenimiento.

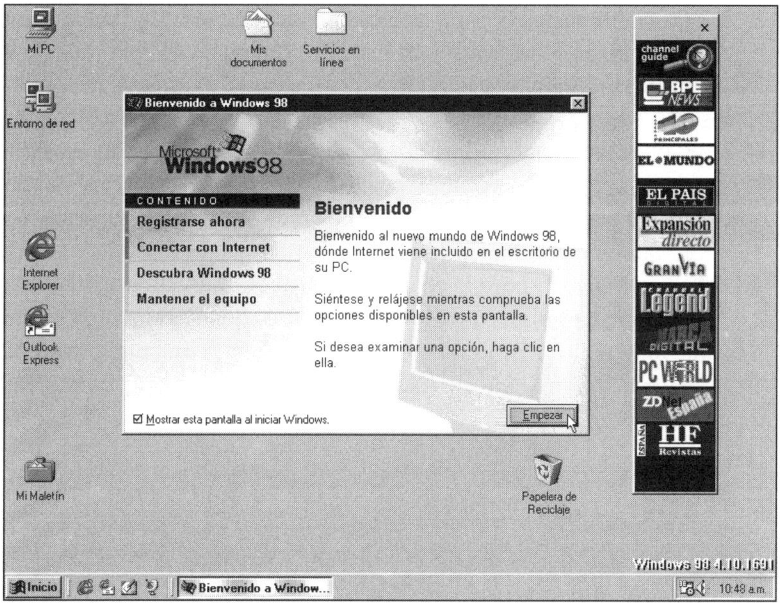

Figura 1.2. El escritorio de Windows 98

Si quieres realizar todos los pasos uno por uno sólo tienes que hacer clic en el botón Empezar.

Por el contrario, si sólo quieres realizar un paso suelto debes hacer clic en su título, justo debajo de la palabra "Contenido". Mi recomendación es que, si lo deseas, por el momento sólo realices los pasos 1 y 3, puesto que los otros dos son más delicados y los veremos con detalle a lo largo del libro.

El cuadro de diálogo Bienvenido a Windows 98 aparecerá en pantalla cada vez que inicies Windows 98. Si llega el momento en que no quieras que vuelva a aparecer cuando inicies Windows, haz clic sobre la frase "Mostrar esta pantalla al iniciar Windows" para que desaparezca la marca que hay en el cuadro de su izquierda.

Para cerrar el cuadro de diálogo haz clic en el botón con forma de aspa que hay en su extremo superior izquierdo.

Como te decía antes, en el próximo capítulo comenzaremos a trabajar con el escritorio de Windows 98. Sin embargo, antes de proceder es muy recomendable dar un repaso a ciertas técnicas básicas y convenciones que seguiremos en este libro.

El ratón

El *ratón* es un pequeño dispositivo que, cuando el usuario lo desliza sobre una superficie plana, envía una señal al ordenador indicándole la dirección en la que se desplaza. Éste, en respuesta, hace que se mueva por la pantalla el *puntero del ratón*, en la misma dirección que la del ratón por la mesa y con una velocidad proporcional a la de éste.

El puntero del ratón suele ser una flecha, aunque en ocasiones puede adoptar otro aspecto. Además, el ratón suele disponer de dos botones que se denominan genéricamente *principal* y *secundario*. Como la mayoría de los usuarios son diestros, muchas veces también se emplea la denominación *izquierdo* para hacer referencia al botón principal y *derecho* para hacer referencia al botón secundario.

Sin embargo, esto no es correcto puesto que Windows 98 permite intercambiar el funcionamiento de ambos botones del ratón para una mayor comodidad de los usuarios zurdos (la manera de hacerlo la veremos en el capítulo 9 al tratar el Panel de control).

Aviso

En este libro sí se usarán indistintamente los términos principal e izquierdo por un lado, y secundario y derecho por otro. En caso de que seas zurdo y hayas invertido el funcionamiento de los botones, ten esto presente.

Nota

Hay ratones que tienen un tercer botón denominado central. Ese botón no tiene función alguna en Windows 98. Pero algunas marcas prestigiosas de ratones (como Logitech) permiten programar el funcionamiento del botón para que realice ciertas acciones. Por ejemplo, puedes establecer que hacer clic con el botón central sea equivalente a pulsar la tecla F1 (que en Windows 98 sirve para pedir ayuda), o que sea equivalente a hacer doble clic con el botón principal. Consulta la documentación de tu ratón.

La conjunción del movimiento del puntero del ratón por la pantalla y del uso de los botones del mismo dan lugar a unas técnicas básicas que son las siguientes:

- *Apuntar:* consiste en desplazar el puntero del ratón por la pantalla hasta situarlo sobre el objeto al que se apunta, que puede ser un botón, un gráfico, etcétera.
- *Hacer clic:* consiste en pulsar y soltar el botón principal del ratón. En Windows 98, normalmente esta acción sirve para seleccionar un objeto.
- *Hacer clic con el botón derecho:* consiste en pulsar y soltar el botón derecho (secundario) del ratón. En Windows 98, normalmente esta acción sirve para abrir el *menú emergente* de un objeto.
- *Hacer doble clic:* consiste en pulsar y soltar el botón principal del ratón dos veces consecutivas en rápida sucesión. En Windows 98, normalmente esta acción sirve para abrir un objeto. Si el objeto es un programa, éste se ejecutará; si es una carpeta, ésta mostrará su contenido.
- *Arrastrar:* consiste en apuntar a un objeto, pulsar el botón izquierdo del ratón y, sin soltarlo, mover el ratón. En Windows 98 esta acción suele servir para mover un objeto por la pantalla. Cuando el objeto llega a la posición deseada, debes soltar el botón del ratón.

El puntero del ratón

Como te decía al principio de este apartado, la forma habitual que tiene el puntero del ratón es el de una flecha. Sin embargo, y como puedes ver en la tabla 1.1, el puntero del ratón también puede adoptar otras formas, dependiendo de qué esté sucediendo en ese momento.

Mediante el cambio de forma del puntero del ratón, Windows 98 informa al usuario de su propio estado.

Tabla 1.1. Las distintas formas que puede adoptar el puntero del ratón

Icono	Nombre	Descripción
	Flecha	Indica que el estado de Windows es el normal. El usuario puede emprender cualquier acción.
	Flecha con estela	Es la misma que la anterior, pero la estela ayuda a ver la flecha en la pantalla de los ordenadores portátiles.

(continúa)

Tabla 1.1. Las distintas formas que puede adoptar el puntero del ratón (continuación)

Icono	Nombre	Descripción
	Flechas de dos cabezas	Sirve para cambiar el tamaño de una ventana. Aparece cuando se sitúa el puntero en el borde de una ventana.
	Reloj de arena	Indica que Windows está ocupado en ese momento. El usuario no podrá emprender ninguna acción hasta que el reloj de arena desaparezca de la pantalla.
	Flecha y reloj de arena	Indica que Windows está realizando alguna acción en ese momento pero que no está atendiéndola de forma exclusiva. Debido a ello, el usuario puede emprender acciones aunque aparezca este puntero, aunque hay que tener en cuenta que todo sucederá de manera más lenta.
	Raya vertical	Indica que Windows está esperando que hagas clic para situar el punto de inserción, es decir, el cursor parpadeante a partir del que aparecerán las palabras que teclees (por ejemplo, para introducir información en un cuadro de diálogo).
	Prohibido	Indica que no puedes soltar ahí el objeto que estés arrastrando con el ratón en ese momento.
	Flecha e interrogación	Indica que Windows está esperando que el usuario haga clic en algún lugar de la pantalla para suministrarle inforformación de ayuda sobre lo que aparece en esa zona.
	Mano	Indica que tienes situado el puntero sobre un enlace de la Ayuda o sobre un vínculo de una página Web. Si haces clic irás a la pantalla de Ayuda a la que hace referencia ese enlace o al vínculo (que puede ser otra página Web u otro sitio de Internet).

Debes tener en cuenta que éstos son los punteros propios del sistema y que los programas y aplicaciones pueden utilizar punteros distintos. Por ejemplo, una aplicación puede cambiar la forma del puntero flecha y hacer que aparezca como una varita mágica. En este caso, la función del puntero es la misma, aunque su forma sea diferente. Sin embargo, la aplicación también puede utilizar punteros distintos para acciones propias.

Por tanto, cuando veas en pantalla un puntero que no conozcas, lo primero que debes hacer es determinar si es un mero cambio de aspecto de un puntero del sistema o si el programa que estás utilizando emplea ese puntero para informarte de alguna actividad propia.

El teclado

La mayoría de las teclas del teclado de un PC están dispuestas de manera similar a las de una máquina de escribir. Básicamente el teclado normal de un PC tiene cuatro zonas (mira la figura 1.3):

- La *zona alfanumérica* que, situada en la parte inferior izquierda, es la mayor. Contiene las letras, números, símbolos y algunas teclas especiales (Ctrl, Alt, etcétera).
- El *teclado numérico* que, situado en la parte derecha, contiene números, signos aritméticos y flechitas y ciertas palabras. Si BloqNum está activado, las teclas del teclado numérico funcionan como números; en caso contrario sirven para mover el cursor en la pantalla.
- La *zona de teclas de función* que, situada a lo largo de la parte superior, contiene doce teclas (de F1 a F12) cuya utilidad varía de un programa a otro (en Windows 98 F1 siempre sirve para pedir ayuda).
- La *zona de cursores* que, situada entre la zona alfanumérica y el teclado numérico, contiene dos grupos de teclas de movimiento del cursor que tienen la misma función que las que aparecen en el teclado numérico cuando BloqNum está desactivado.

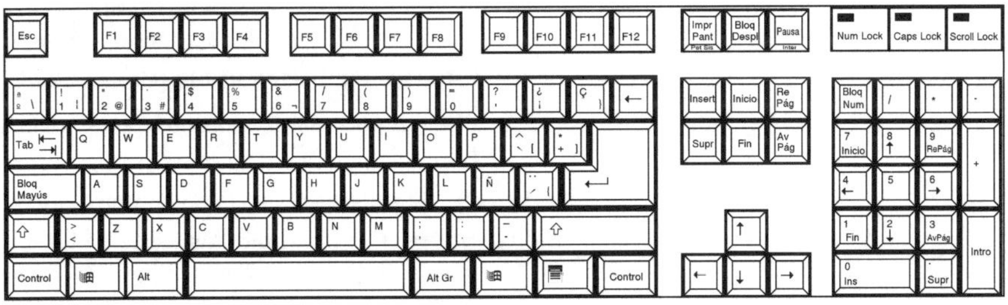

Figura 1.3. El teclado de un PC convencional

Convenciones de notación

A lo largo de este libro encontrarás infinidad de instrucciones para que realices determinadas acciones con el teclado. Esas instrucciones están codificadas en unas convenciones de notación que es importante que conozcas:

- *Pulsa la tecla A* o *Pulsa A* significa que debes pulsar la tecla A.
- *Pulsa Alt+A* significa que debes pulsar la tecla Alt y mantenerla pulsada y, entonces, pulsar una vez la tecla A. Luego suelta la tecla Alt. Esto se denomina una *combinación de teclas.*
- *Pulsa A, B* significa que debes pulsar la tecla A, soltarla y después pulsar la tecla B. Esto se denomina una *secuencia de teclas.*
- *Pulsa Alt+A, S* es una combinación de las anteriores: primero debes pulsar Alt+A, soltar y luego la tecla S.

Algunas teclas importantes

Como observarás a medida que trabajes con Windows 98, algunas teclas tienen unas funciones especiales. Algunas son realmente importantes, mientras que otras pueden resultarte de mucha utilidad. En la tabla 1.2 puedes ver estas teclas.

Tabla 1.2. Las teclas más importantes en Windows 98

Tecla	Función
Intro	Normalmente sirve para validar la información introducida o para iniciar una acción
Esc	Normalmente sirve para anular la información introducida o para cancelar una acción.
Retroceso y Supr	Sirven para borrar un carácter. Retroceso borra el carácter que haya a la izquierda del punto de inserción, mientras que Supr borra el que haya a la derecha.
Ctrl y Alt	Estas teclas no realizan acciones por sí mismas, pero son las más usadas para las combinaciones de teclas (por ejemplo, Ctrl+C es la combinación usada para *copiar* al portapapeles).
AltGr	Esta tecla tampoco realiza acciones por sí misma, y su función es, específicamente, la de servir para realizar combinaciones de teclas. Si pulsas esta tecla en combinación con cualquiera de las que tienen tres símbolos (como la tecla 2), aparecerá ese tercer símbolo (la @ en la tecla 2).

(continúa)

Tabla 1.2. Las teclas más importantes en Windows 98 (continuación)

Tecla	Función
Mayús	También se usa para producir combinaciones de teclas. Pulsada en combinación con una letra aparecerá esa letra en mayúsculas, mientras que si la pulsas en combinación con cualquiera de las que tienen dos símbolos, aparecerá el segundo símbolo (las comillas en la tecla 2).
F1	Para pedir ayuda en cualquier lugar de Windows 98 (del propio sistema o de sus aplicaciones).
Cursores	Sirven para mover el punto de inserción por la pantalla.
Menú Inicio	Hay dos teclas de este tipo situadas en dos lugares: entre las teclas Ctrl y Alt que hay a la derecha de la Barra espaciadora y justo a la derecha de la tecla AltGr. Su función es la de hacer aparecer el menú Inicio de Windows 98 que veremos con detalle en el capítulo 3.
Menú	Esta tecla (situada a la izquierda de la tecla Ctrl del lado derecho) hace que aparezca un menú emergente (consulta el próximo capítulo) con comandos relacionados con lo que estés haciendo. Es equivalente a hacer clic con el botón derecho del ratón.

Salir de Windows 98

En la parte inferior del escritorio de Windows 98 aparece la Barra de tareas, que puedes ver en la figura 1.4, de la cual hablaremos con más detalle en el capítulo 3. Ahora, sin embargo, fíjate en que contiene el botón Inicio en su extremo izquierdo. Si haces clic sobre él se desplegará un menú con varias opciones o comandos. El último de estos comandos es Apagar el sistema.

Siempre que desees salir de Windows debes seguir estrictamente los pasos siguientes. En primer lugar haz clic en el comando Apagar el sistema del menú Inicio.

Entonces Windows 98 te mostrará el cuadro de diálogo Cerrar Windows (mira la figura 1.5), que contiene varias opciones:

- Suspender: esta opción sólo aparecerá si tu ordenador es un portátil o si cuenta con Administración Avanzada de Energía. Si la seleccionas, el ordenador quedará en estado latente (de mínimo consumo de energía) hasta que lo reactives. La manera de reactivar un ordenador suspendido y las consecuencias de la suspensión dependen del propio ordenador y de la configuración del mismo. Consulta la documentación de tu ordenador.

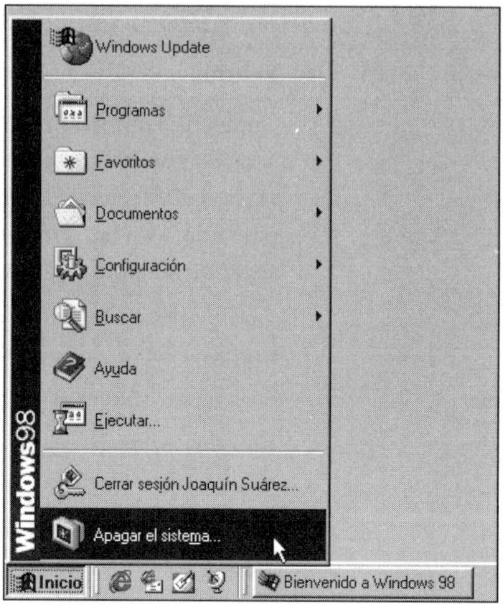

Figura 1.4. El menú Inicio *de la Barra de tareas de Windows 98*

- Apagar el sistema: si seleccionas esta opción, Windows 98 se preparará para apagar el ordenador. Si tu ordenador contempla esta posibilidad, el propio Windows lo apagará por sí mismo. En caso contrario aparecerá un mensaje que te indicará cuando puedes apagarlo tú manualmente.

Aviso

No debes apagar el ordenador hasta que aparezca en pantalla el mensaje de que puedes hacerlo. El mensaje puede tardar en aparecer, pero si la espera se pasa de lo razonable apaga el ordenador y vuelve a entrar en Windows para comprobar que no hay ningún problema. Windows se dará cuenta de que el ordenador no se ha podido apagar normalmente y comprobará que tus discos duros no se han dañado.

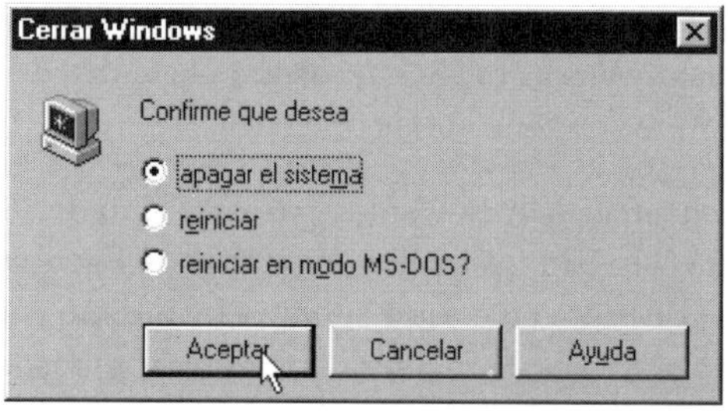

Figura 1.5. El cuadro de diálogo Cerrar Windows

- Reiniciar: esta opción permite salir de Windows y reiniciarlo automáticamente. Es útil si el sistema se ha vuelto inestable, si has cambiado alguna configuración básica o si, por cualquier otro motivo, quieres rearrancar el sistema.
- Reiniciar en modo MS-DOS: si por algún motivo necesitas arrancar tu ordenador en modo DOS, ésta es la opción apropiada (por ejemplo, todavía quedan algunos juegos que sólo funcionan en este modo). Sin embargo, debes tender a dejar de utilizarla, puesto que, posiblemente, Windows 98 será la última versión de Windows que la incorpore.

Cuando hayas seleccionado la opción que te interesa, haz clic en el botón Aceptar. En caso de que hayas seleccionado la opción Apagar el sistema, Windows te indicará cuándo puedes pulsar el interruptor del ordenador (en caso de que tu ordenador no se apague por sí solo).

En el menú Inicio podrás encontrar otra opción relacionada con el apagado del sistema:

- *Cerrar sesión....* Si el ordenador es compartido, o si accedes a la red con distintos nombres, esta opción te permitirá volver a introducir el nombre y la contraseña de usuario. Windows volverá a arrancar con esos nuevos nombre y contraseña.

Otras formas de entrar en Windows

Como has visto, Windows 98 se inicia automáticamente con sólo encender el ordenador.

Sin embargo, además del procedimiento normal de arranque hay otros métodos alternativos cuya utilización puede obedecer a diversos motivos.

Si mantienes pulsada la tecla Ctrl durante los instantes que transcurren entre que inicias (o reinicias) el ordenador y que Windows 98 comienza a arrancar, aparecerá un menú con varias opciones:

1. Normal: si seleccionas esta opción, Windows 98 arrancará normalmente (como si no hubieras pulsado la tecla Ctrl).
2. Sesión iniciada: eligiendo esta opción se obliga a Windows 98 a registrar en el archivo BOOTLOG.TXT todo el proceso de arranque. Esto es útil para determinar dónde se producen los fallos, ya que luego se puede analizar ese registro.
3. Modo A prueba de fallos: cuando se arranca así, Windows 98 utiliza una configuración básica en lugar de utilizar la que el usuario haya definido, ya que así existen más posibilidades de arrancar con éxito el sistema en caso de que no se haya conseguido con la configuración personalizada.

4. Confirmación paso a paso: permite ir viendo uno por uno todos los comandos de arranque del sistema. Si el comando se ejecuta con éxito se pasa al siguiente. Si no aparecerá un mensaje de error. Esta opción es muy útil para encontrar problemas de configuración.
5. Sólo el símbolo de sistema: si eliges esta opción, Windows 98 arranca en lo que se denomina *modo MS-DOS*. Sólo aparece el indicador del sistema.
6. Sólo el símbolo de sistema del modo A prueba de fallos: esta opción es una mezcla de la 3 y de la 5.
7. Versión anterior de MS-DOS: esta opción te permite arrancar el ordenador con la versión anterior de MS-DOS que tuvieras instalada en el ordenador. Evidentemente, esta opción sólamente aparecerá si tenías instalada otra versión de MS-DOS cuando instalaste Windows 98, y no si has instalado éste en un ordenador nuevo.

Si por algún motivo no se puede completar el arranque de Windows 98, cuando reinicies el ordenador y lo intentes de nuevo, Windows realizará un arranque "inteligente" para evitar que eso vuelva a suceder. En concreto, aparecerán las opciones que acabamos de ver y algunas otras que te permitirán evitar el problema causante del fallo. En este caso, lo más recomendable (a no ser que el propio Windows 98 te proponga otra cosa) consiste en seleccionar el arranque A prueba de fallos y, una vez en Windows, modificar la configuración que ha producido el error en el arranque.

2 El escritorio

La interfaz es la parte del sistema que el usuario ve y que le sirve para interactuar con él.

En Windows 98, la interfaz está compuesta por tres elementos básicos: el *escritorio* (que veremos en este capítulo), la *Barra de tareas* y su *menú Inicio* (que veremos en el próximo capítulo) y las *ventanas* (que veremos en el capítulo 4).

Todo el trabajo que desarrolles con Windows 98 tendrá al escritorio como pieza central. Nada más arrancar, lo primero que verás será el escritorio; las acciones que emprendas en Windows 98 las realizarás desde él y, cuando vayas a terminar tu sesión de trabajo, también lo harás desde el escritorio. Como puedes ver, el estudio del escritorio resulta fundamental para trabajar con Windows 98.

El escritorio

Tras pasar las pantallas iniciales de introducción del nombre, bienvenida, etcétera de Windows 98, lo primero con lo que se encuentra el usuario es con el *escritorio* (mira la figura 2.1).

El escritorio es el elemento fundamental de la interfaz de Windows 98, es decir, de la parte del sistema que interactúa con el usuario. Todo el trabajo que desarrolles en Windows 98 lo realizarás sobre el escritorio y toda la comunicación que entables con el sistema también se realizará a través de él.

La idea que persigue Windows 98 es que la pantalla del ordenador se asemeje al escritorio convencional en el que el usuario realiza su trabajo, de manera que el entorno de trabajo le resulte familiar y agradable desde el principio.

Así, en un escritorio convencional es normal encontrarse con documentos, instrumentos para realizar el trabajo (lápices, teléfonos), todo tipo de objetos y hasta una papelera.

El escritorio de Windows 98 sigue este modelo *orientado a objetos*, y en él sólamente encontraremos dos cosas: *objetos* (como en un escritorio convencional) y la *Barra de tareas*. En los siguientes apartados de este capítulo veremos cómo se utiliza cada cosa.

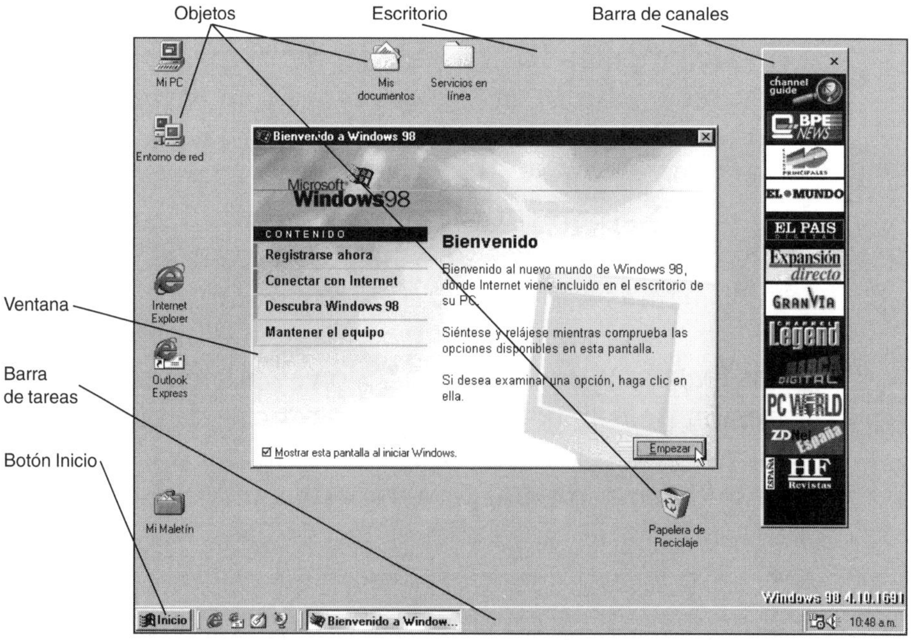

Figura 2.1. El escritorio de Windows 98

Además, en el próximo capítulo completaremos algunos detalles sobre la personalización y la organización del escritorio, tu lugar oficial de trabajo en Windows 98.

Truco

El escritorio de Windows 98 es, en realidad, una carpeta que hay en el directorio de Windows. Si pones un objeto en el escritorio, en realidad lo estás poniendo en esa carpeta.

Aviso

Ha sido imposible evitar la utilización en este capítulo de conceptos que veremos en capítulos posteriores. En caso de que no sepas cómo realizar alguna tarea (por ejemplo, modificar el valor de un cuadro de diálogo) o cómo interpretar alguna explicación, espera a leer el capítulo correspondiente y vuelve luego aquí para releer lo que no hayas entendido durante la primera lectura.

Dos tipos de escritorio

En Windows 98 se pueden utilizar dos tipos de escritorios distintos:

- Un escritorio idéntico al de Windows 95.
- Un escritorio ampliado que, además de proporcionar todas las funciones del anterior, se comporta como si fuese una página Web (las páginas Web y muchos otros conceptos relacionados con Internet los veremos con detalle a partir del capítulo 12).

El procedimiento para cambiar entre uno y otro tipo de escritorio es el siguiente:

Para cambiar entre los dos escritorios de Windows 98

1. Haz clic con el botón derecho del ratón en una zona del escritorio que esté vacía.	*Aparecerá un menú emergente con varias opciones.*
2. Sitúa el puntero del ratón sobre la opción Active Desktop.	*Aparecerá un submenú con tres opciones.*
3. Haz clic sobre la opción Ver como página Web (mira la figura 2.2).	*Windows 98 cambiará ahora el tipo de escritorio de un tipo a otro. Si vuelves a repetir estos mismos pasos aparecerá de nuevo el escritorio original.*

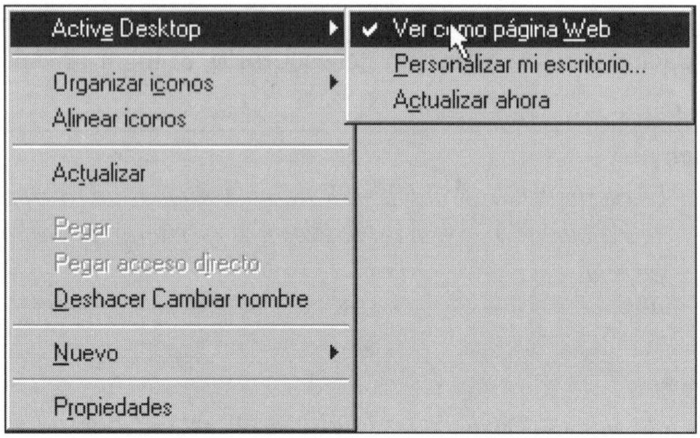

Figura 2.2. Cambiar entre los dos escritorios de Windows 98

Nota

Para saber qué tipo de escritorio estás utilizando repite los dos primeros pasos de la secuencia de pasos que hemos visto anteriormente. Cuando aparezca el submenú de la opción Active Desktop *observa si el comando* Ver como página Web *tiene una marca de verificación a su izquierda. Si es así, es que estás utilizando el escritorio con funciones ampliadas de página Web; en el caso contrario, estás utilizando el escritorio convencional de Windows 95.*

A no ser que tengas una buena razón en contra, te sugiero que utilices el escritorio con funciones ampliadas de página Web, puesto que ofrece muchas más posibilidades que el escritorio convencional (incluso aunque no estés conectado a una red ni a Internet). Durante el resto del libro supondremos que es así.

Consejo

Una razón que puede llevarte a utilizar el escritorio convencional en lugar del ampliado es que tu ordenador no sea muy potente o que no tenga mucha memoria. Como el escritorio convencional consume menos recursos que el ampliado, utilizar el escritorio convencional puede hacer que vaya mucho más rápido.

Durante el resto del libro supondremos que estás utilizando el escritorio con funciones ampliadas de página Web, puesto que ofrece muchas más posibilidades que el escritorio convencional (incluso aunque no estés conectado a una red ni a Internet).

Todas las posibilidades de configuración del escritorio las veremos en el apartado "Personalizar el escritorio" del capítulo 3.

Los objetos y los iconos

Windows 98 tiene una interfaz orientada a *objetos*. En el mundo real, los objetos tienen una serie de propiedades (peso, tamaño, forma, color, etc.) y, de igual manera, los objetos de Windows 98 tienen sus *propiedades* específicas (algunas muy básicas pueden ser su nombre o su icono, pero también pueden tener otras más interesantes). Ahora bien, ¿qué es un objeto y qué ventajas tiene este sistema frente a otros?

Pues bien, un objeto es cualquiera de los elementos del ordenador: un archivo, una carpeta, una ventana, una impresora, un disco, un módem, etc. La ventaja del modelo orientado a objetos frente a otros radica en que cada objeto gestiona sus propias propiedades, por lo que es posible realizar las acciones que se deseen sobre el propio objeto, en lugar de tener que buscar un programa que las haga en su lugar.

Los objetos también se caracterizan porque se pueden realizar ciertas *acciones* con ellos o a ellos. Por ejemplo, con una impresora es posible imprimir, y a un disquete se le puede dar formato. Cada objeto conoce todas estas acciones de las que puede ser sujeto activo o pasivo y, gracias a ello, es posible, por ejemplo, arrastrar un documento a una impresora y que éste se imprima.

En resumen, los objetos de Windows 98 tienen unas *propiedades* y son susceptibles de emprender unas *acciones*. Evidentemente, es el usuario el que determinará la configuración de esas propiedades y la ejecución de las acciones de un objeto. En los próximos apartados verás la manera de hacer esto. En la tabla 2.1 puedes ver algunos de los tipos de objetos más importantes que puedes encontrar en Windows 98.

Tabla 2.1. Los tipos de objetos de Windows 98

Objeto	**Qué es en realidad**
Documento	Es el equivalente de un documento real, o sea, cualquier trabajo desarrollado por el usuario. Puede ser una carta, un gráfico, un sonido, etcétera. Los documentos los veremos en el capítulo 5.
Programa	Es el componente del sistema informático (en este caso, del software) que realiza verdaderamente el trabajo y permite crear los documentos. Los programas los veremos en el capítulo 5.
Archivo auxiliar	Es un objeto auxiliar de los programas que éstos necesitan para su correcto funcionamiento. Desde el punto de vista del usuario pasan casi completamente desapercibidos.
Carpeta	Un sistema de organización de los objetos. Dentro de una carpeta hay objetos (que pueden ser otras carpetas). Las carpetas las veremos en el capítulo 6.

(continúa)

Tabla 2.1. Los tipos de objetos de Windows 98 (continuación)

Objeto	Qué es en realidad
Dispositivo	Es cualquier parte del sistema informático (hardware): el monitor, el ratón, la tarjeta de red, etcétera. Los dispositivos los veremos a lo largo de todo el libro y, especialmente, en los capítulos 3, 8, 11, 13 y en el apéndice B.
Acceso directo	Es un objeto que sabe dónde está otro objeto y que permite trabajar con él como si se tratase del otro. Los accesos directos los veremos en este mismo capítulo.

Iconos

En Windows 98 los objetos se representan por *iconos*. Un icono no es más que un pequeño dibujo que aparece en el escritorio de Windows y cuya misión es la de servir de representación gráfica del objeto (el dibujo del icono suele evocar el objeto al que representa). Debajo del icono aparece el nombre del objeto. Cuando se quiere trabajar con un objeto lo que se hace es trabajar con su icono (que aparece en el escritorio). A efectos prácticos es lo mismo hablar de objetos que de iconos y, con objeto de que esto no sea motivo de confusión, en este libro se utilizan los dos términos indistintamente.

Nota

Los iconos pueden aparecer directamente sobre el escritorio de Windows o bien en ventanas que se abran en éste.

Seleccionar objetos

Como verás en los siguientes apartados, en la mayoría de los casos es necesario seleccionar uno o más objetos antes de poder realizar acciones sobre ellos.

Por ejemplo, si quieres borrar un archivo, en primer lugar tendrás que seleccionar su icono para que Windows sepa qué archivo quieres borrar. A continuación puedes ver las diversas técnicas que se utilizan para seleccionar objetos:

- Para seleccionar un solo objeto haz clic sobre él. Para mostrar que el objeto está seleccionado, Windows lo pondrá de color azul oscuro. Una vez que el objeto está seleccionado, podrás trabajar sobre él.
- Para seleccionar varios objetos contiguos: supón que tienes varios objetos agrupados en la pantalla y que quieres seleccionarlos todos ellos. Para lograrlo, haz clic en una zona despejada y arrastra hasta el extremo opuesto de un supuesto rectángulo. Cuando sueltes el botón del ratón, todos los objetos que estén dentro del rectángulo quedarán seleccionados (mira la figura 2.3).

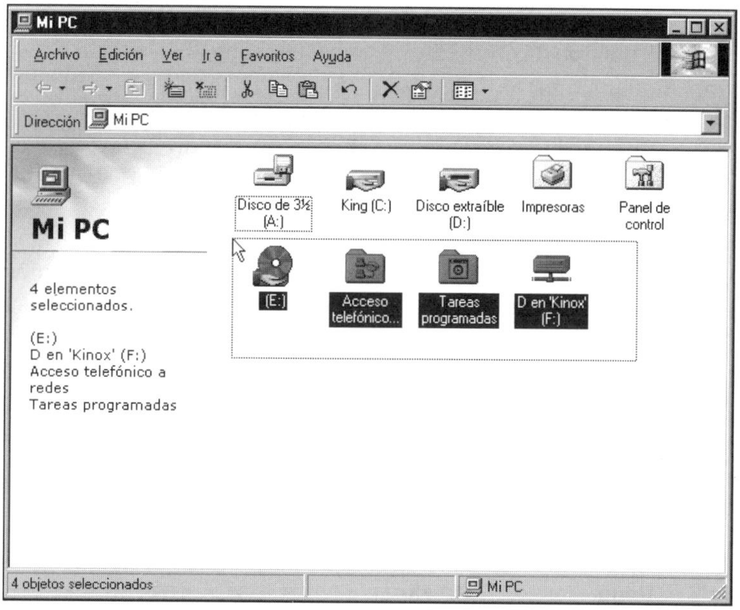

Figura 2.3. Seleccionar varios objetos contiguos

- Para seleccionar varios objetos que no estén contiguos ve haciendo clic en cada uno de ellos mientras mantienes al mismo tiempo pulsada la tecla Ctrl.
- Para seleccionar todos los objetos de una ventana: si quieres seleccionar todos los objetos que haya dentro de una ventana (las ventanas las veremos en el capítulo 4) puedes pulsar la com-binación de teclas Ctrl+E o seleccionar el comando Edición, Seleccionar todo de esa ventana.

En caso de que quieras deseleccionar el objeto u objetos que tengas seleccionados debes tener en cuenta dos aspectos:

- Si haces clic en una parte despejada del escritorio o de la ventana en la que estén los objetos seleccionados, se deseleccionarán todos.
- Si haces clic sobre un objeto seleccionado, éste se deseleccionará. Si tienes seleccionado varios objetos y quieres deseleccionar sólamente algunos, ve haciendo clic en los que quieres deseleccionar mientras mantienes pulsada la tecla Ctrl.

Por último, si tienes varios objetos seleccionados en una ventana y quieres seleccionar todos los que no lo están a la vez que deseleccionas todos los que sí están seleccionados, ejecuta el comando Edición, Invertir selección de esa ventana.

Cuando hayas seleccionado un objeto puedes empezar a trabajar con él. Dependiendo del tipo de objeto de que se trate será posible realizar determinadas acciones o no. Sin embargo, hay algunas acciones que se pueden realizar sobre casi todos los objetos. En los siguientes apartados verás cuáles son.

Abrir un objeto

Ésta es la acción más común que se puede emprender con un objeto. Para abrir un objeto solamente hay que hacer doble clic sobre él o seleccionar el comando Abrir de su menú emergente (el menú emergente de un objeto lo veremos un poco más adelante dentro de este mismo capítulo). Una vez hecho esto, lo que ocurra después dependerá del tipo de objeto de que se trate.

En la tabla 2.2 puedes ver algunos de los objetos más comunes de Windows 98 y lo que ocurre al abrirlos.

Tabla 2.2. Algunos de los objetos más comunes de Windows 98 y lo que sucede al abrirlos

Icono	**Objeto**	**Al abrirse**
   	Disquete Disco duro CD-ROM Unidad de red	Representan a los distintos discos conectados al ordenador (bien físicamente, bien lógicamente mediante una red). Al abrirse muestran el contenido del disco en una ventana.
	Carpeta	Las carpetas representan los subdirectorios de los discos. Al abrirse muestran el contenido del subdirectorio en una ventana.
	Impresora	Representa a cada una de las impresoras conectadas a tu ordenador. Al abrirla verás la ventana de la impresora (que te permite controlar su funcionamiento), con los documentos que se están imprimiendo.
	Aplicación	Los iconos de aplicaciones pueden ser de lo más variados, ya que cada aplicación tiene su propio icono. Al abrirlos se ejecuta la aplicación.
	Aplicación MS-DOS	Representan aplicaciones desarrolladas para MS-DOS (y no para Windows). Al abrirlos se ejecuta la aplicación en una sesión MS-DOS (consulta el capítulo 5).

(continúa)

Tabla 2.2. Algunos de los objetos más comunes de Windows 98 y lo que sucede al abrirlos (continuación)

Icono	**Objeto**	**Al abrirse**
	Documento	Los iconos de documentos representan trabajos del usuario (o de terceras personas) realizados con las aplicaciones. Pueden ser de lo más variados, ya que cada aplicación tiene iconos distintos para sus documentos. Al abrir un icono de documento se ejecuta la aplicación que lo creó y se carga en ella el documento. Los siguientes objetos de esta tabla te servirán de ejemplo.
	Documento de texto	Representa a documentos de texto sin formato. Al abrirlos se ejecuta el programa Bloc de notas (mira el capítulo 10) y se cargan en él para que puedas leerlos.
	Documento RTF	Representa a documentos de texto con formato RTF (*Rich Text Format*: formato de texto enriquecido). Al abrirlos se ejecuta el programa WordPad (mira el capítulo 10) y se cargan en él para que puedas leerlos.
	Documento de Word	Representa a documentos de texto creados con el procesador de textos Microsoft Word. Si dispones de él, al abrirlos se ejecuta el programa Word y se cargan en él para que puedas leerlos. Si no dispones de Microsoft Word, al abrirlos se ejecuta el programa WordPad (mira el capítulo 10) y se cargan en él.
	Imagen	Representa un archivo que contiene una imagen del tipo BMP (mapa de bits). Al abrirlo se carga el programa Paint (mira el capítulo 10) para que puedas verla.
	Objeto desconocido	Representa objetos que Windows no reconoce (por ejemplo, documentos de programas que no están instalados en Windows). Si tratas de abrirlos, Windows los tratará como documentos, aunque te pedirá que le indiques con qué programa quieres abrirlos.

Aviso

En Windows 98 hay miles de objetos diferentes. Los que aparecen en la tabla 2.2 son sólo una pequeña muestra de los más comunes, así que a lo largo de tu trabajo con Windows te encontrarás con muchos más.

El menú emergente de los objetos

El menú *emergente* de un objeto es un menú que aparece junto al objeto cuando se hace clic con el botón derecho (secundario) del ratón sobre él. Su misión es la de facilitar el acceso a las diversas opciones que ofrece ese objeto. Por ejemplo, en lugar de hacer doble clic sobre un objeto para abrirlo, puedes hacer que aparezca su menú emergente y seleccionar el comando Abrir del mismo.

Casi todas las operaciones de manipulación de los objetos que se describen en estos apartados también se pueden realizar desde el menú emergente del objeto (como irás viendo).

Las opciones o comandos que aparezcan en el menú emergente de un objeto dependerán del objeto del que se trate (mira la figura 2.4). Además, hay otras opciones que son comunes a casi todos los objetos. Por ejemplo, el comando Abrir aparece en el menú emergente de casi todos los objetos, mientras que la opción Reproducir sólo aparecerá en archivos multimedia (sonido o vídeo: mira el capítulo 11).

Consejo

Siempre que dudes de cómo emprender una acción con un objeto, haz clic sobre él con el botón derecho.

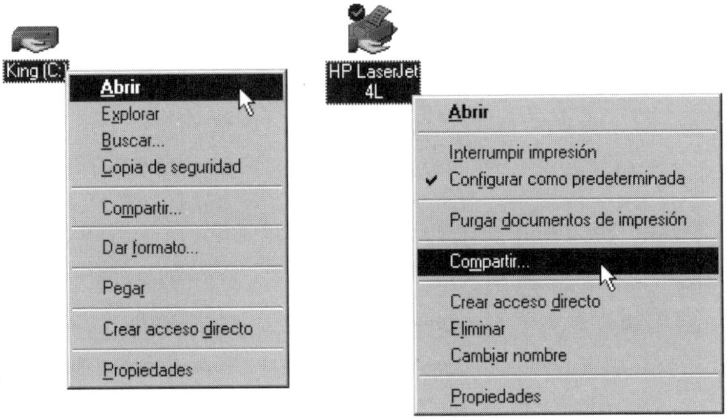

Figura 2.4. Las opciones que aparecen en el menú emergente de un objeto dependen del objeto del que se trate

En el transcurso del libro, a medida que vayamos viendo distintos tipos de objeto, iremos comentando las opciones más relevantes de sus respectivos menús emergentes.

Truco

Puedes hacer que aparezca el menú emergente de cualquier objeto pulsando Mayús+F10 o la tecla Menú emergente (si tu teclado dispone de ella).

Propiedades de los objetos

Al igual que el comando Abrir, el comando Propiedades aparece en el menú emergente de la mayoría de los objetos.

Esta opción hace que aparezca la *hoja de propiedades* del objeto en cuestión. Como te explicaba anteriormente al comienzo de este apartado, las propiedades de un objeto de Windows 98 se asemejan a las de un objeto del mundo real y sirve, como éstas, para determinar las características básicas del objeto.

A lo largo del libro irás viendo cómo se utilizan las propiedades de los objetos para configurar las propiedades de éste.

Borrar un objeto

La manera más sencilla de borrar un objeto consiste en arrastrarlo a la Papelera de reciclaje (consulta el apartado "Objetos básicos del escritorio"). También puedes seleccionar el objeto (u objetos) y pulsar la tecla Supr o ejecutar el comando Eliminar del menú emergente.

En este caso Windows 98 te pedirá confirmación de que quieres enviar ese objeto a la Papelera de reciclaje. Si quieres, más adelante podrás recuperar los objetos borrados.

Cambiar el nombre de un objeto

Hay dos maneras de cambiar el nombre de un objeto: hacerlo direc-tamente o utilizar su menú emergente. Si quieres hacerlo directamente, selecciona el objeto haciendo clic sobre él. Transcurrido un segundo (o más), vuelve a hacer clic sobre el nombre del objeto. Verás que se selecciona el nombre y que aparece el punto de inserción al final del mismo (mira la figura 2.5). Ahora ya puedes editar el nombre como harías en cualquier otro cuadro de texto.

Truco

También puedes pulsar la tecla F2 una vez seleccionado el objeto para cambiar su nombre. Este procedimiento es más útil cuando uno no es muy hábil con el ratón.

Para utilizar el menú emergente, haz clic sobre el objeto con el botón derecho del ratón y selecciona a continuación el comando Cambiar nombre del menú.

Entonces se seleccionará el nombre del objeto igual que antes y podrás editarlo.

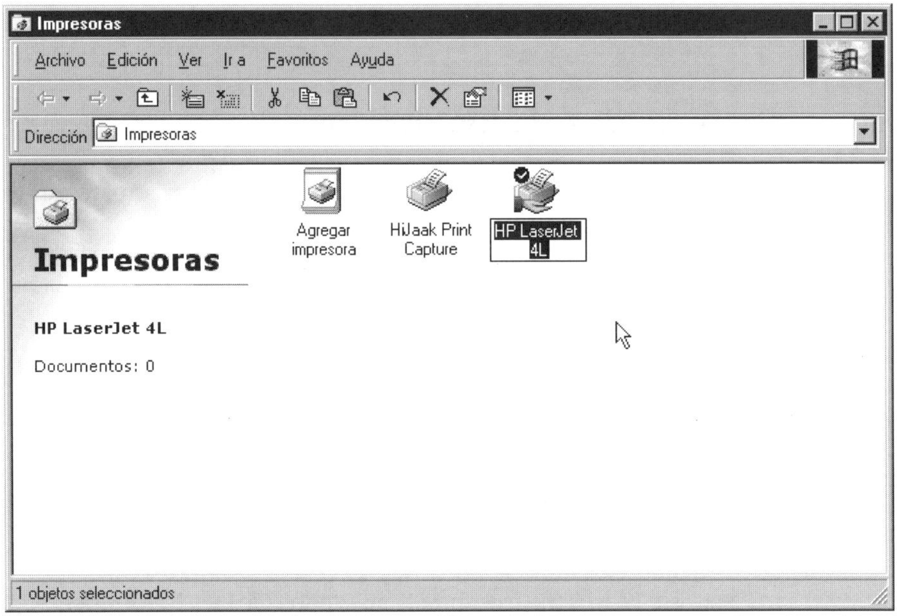

Figura 2.5. Cambiar el nombre de un objeto

Aviso

Cuando se va a cambiar el nombre de un objeto, el nombre antiguo aparece resaltado. Si pulsas cualquier letra, todo el nombre antiguo será sustituido por la letra que teclees. En caso de que solamente quieras modificar el nombre antiguo o añadirle algo, deberás pulsar una de las teclas del cursor antes de empezar a escribir. Entonces el resaltado desaparecerá y podrás editar el nombre.

Mover y copiar objetos

Una de las operaciones que más realizarás en Windows 98 será la de mover y copiar objetos.

Por ejemplo, cuando quieras hacer una copia de un archivo, copiarás su icono. O, si lo que quieres es mover un archivo de una carpeta a otra, moverás su icono.

La manera más sencilla de mover o copiar un objeto consiste en utilizar el ratón (mira la figura 2.6).

- Si quieres *mover* un objeto, arrástralo hasta su nuevo lugar.
- Si quieres *copiar* un objeto, arrástralo mientras mantienes pulsada la tecla Ctrl. Cuando un objeto se va a copiar aparece un signo más (+) junto a su icono mientras lo estás arrastrando, antes de soltar el botón del ratón.
- Si quieres crear un *acceso directo* de un objeto (consulta para ello el siguiente apartado), arrástralo mientras mantienes pulsadas las teclas Ctrl+Mayús. Cuando se va a crear un acceso directo de un objeto aparecerá una flechita junto a su icono mientras lo arrastras, antes de soltar el botón del ratón.

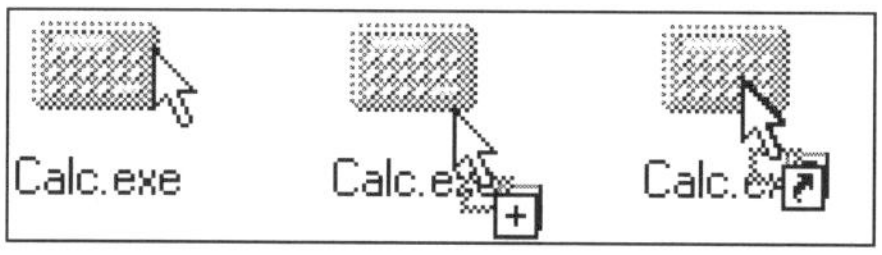

Figura 2.6. El aspecto del icono de un objeto cuando se mueve, se copia y se crea un acceso directo. Observa el signo más y la flechita

Siempre que pretendas mover, copiar o crear un acceso directo de un objeto, debes arrastrar ese objeto sobre una unidad de disco o sobre una carpeta (o sobre el escritorio).

Si arrastras el objeto sobre otro objeto, el efecto que conseguirás no será el que tú pretendes (consulta más adelante este mismo apartado).

Sin embargo, da igual que la unidad de disco o la carpeta de destino esté abierta o no; es decir, puedes arrastrar el objeto tanto sobre el icono como sobre la ventana abierta de la unidad de disco o de la carpeta (las ventanas se tratan en el próximo capítulo, y las unidades de discos y las carpetas en el capítulo 6).

Truco

Si estás arrastrando un objeto (ya sea para moverlo, copiarlo o crear un acceso directo) y cambias de idea, es decir , si finalmente decides anular la operación, basta con que pulses la tecla Esc.

Observa que algunas de estas operaciones actúan por omisión. Por ejemplo, si arrastras un archivo de una carpeta a otra del *mismo* disco, el archivo se moverá. Sin embargo, si lo arrastras de una unidad de disco a otra *distinta*, el archivo se copiará. Esto es lógico, ya que está pensado para evitar que se produzcan pérdidas de información. En cualquier caso, si pulsas las teclas indicadas, anularás el comportamiento por omisión. (Si un objeto se copia por omisión, mantén pulsadas las teclas Alt+Mayús mientras lo arrastras para que se mueva. Sabrás que se va a mover porque no aparecerá ningún dibujo junto al icono.)

Truco

También puedes arrastrar un objeto con el botón derecho del ratón, en cuyo caso, al soltar el botón, aparecerá un menú emergente dándote a elegir entre las distintas posibilidades (mover, copiar o crear acceso directo). Recurre a esta técnica siempre que tengas dudas de cómo realizar una acción.

Si quieres mover, copiar o crear accesos directos de más de un objeto a la vez, primero selecciona todos los objetos. Luego realiza la operación exactamente igual que si se tratase de uno solo.

Aviso

Ten en cuenta que algunos objetos no se pueden copiar alegremente: si sólo tienes una impresora conectada al ordenador no surgirá otra en tu mesa porque trates de copiar el objeto en Windows 98.

Arrastrar un objeto sobre otro

Como te decía al comienzo del apartado, los objetos de Windows 98 tienen una serie de propiedades y pueden realizar o recibir acciones. Todos los objetos de Windows pueden ser arrastrados, y sobre muchos de ellos se puede arrastrar otros objetos.

El efecto que se producirá al arrastrar un objeto sobre otro dependerá del tipo de objetos de que se trate:

- Si arrastras un documento sobre la aplicación con la que se creó, la aplicación se ejecutará y se cargará en ella ese documento. Por ejemplo, si arrastras un archivo RTF sobre el icono de WordPad, éste arrancará y se cargará en él el documento para que puedas leerlo y editarlo.
- Si arrastras un objeto sobre una unidad de disco o sobre una carpeta, el objeto se copiará, se moverá o se creará un acceso directo (según te he explicado más arriba).
- Si arrastras sobre una impresora un documento, el documento se imprimirá.
- Si arrastras un objeto a la papelera, el objeto se eliminará.

Cuando pretendas arrastrar un objeto sobre otro, antes de soltar el botón del ratón comprueba que el segundo objeto está seleccionado (cuando sitúes el puntero del ratón sobre él se resaltará). Ello te permitirá asegurarte de que efectivamente has arrastrado el primer objeto sobre el segundo. En caso de que Windows no pueda interpretar lo que ha de hacer cuando arrastres un objeto sobre otro, aparecerá un símbolo de prohibición para indicarte que no puedes soltar ese objeto sobre el otro.

Accesos directos

A lo largo del presente capítulo te he hablado varias veces de los *accesos directos*, pero hasta ahora no te he explicado qué son. Pues bien, un acceso directo no es más que un objeto que sirve como referencia a otro ya existente y que permite acceder a ese otro objeto de manera rápida y sencilla.

Veamos un ejemplo. Supón que habitualmente utilizas un archivo que está en la carpeta Textos que está dentro de la carpeta Documentos del disco C. Para abrir el archivo tendrías que abrir el disco C, luego la carpeta Documentos, luego la carpeta Textos y, por último, hacer doble clic sobre el documento. Sin embargo, Windows 98 permite crear un acceso directo de ese archivo y situarlo, por ejemplo, en el escritorio.

Ese acceso directo no es más que un pequeño archivo que sabe dónde está el documento que tú quieres utilizar y que se comporta como si fuera él. La próxima vez que quieras utilizar tu documento sólo tienes que hacer doble clic sobre el acceso directo (que ya estará en el escritorio) en lugar de bucear por discos y directorios.

Truco

Es posible crear un acceso directo, mover o copiar cualquier objeto en el escritorio, lo cual facilita enormemente el trabajo diario al tener más accesibles los objetos con los que se trabaja habitualmente.

El concepto de acceso directo puede parecer confuso al principio, pero en cuanto te acostumbras, la utilización de accesos directos resulta casi imprescindible. Cuando te surjan dudas ten presente estos conceptos básicos:

- Un acceso directo no es más que un pequeño archivo que identifica a un objeto y que hace las veces de él. Por tanto, cuando actúas sobre un acceso directo es como si actuases sobre el objeto en sí.
- Un objeto puede tener tantos accesos directos como quieras, y puedes situar los accesos directos donde desees (en el escritorio, en una carpeta, en el menú Inicio e, incluso, en documentos creados con programas).
- Los accesos directos se identifican porque aparecen con el mismo icono que el objeto al que representan, pero con una flechita en su parte inferior izquierda.

Nota

Es importante insistir en que un acceso directo no es el objeto en sí mismo. Si quisieras tener un mismo objeto en dos carpetas a la vez y para ello lo copiases de una a otra, en el disco tendrías dos copias de ese objeto, con el con-siguiente desperdicio de espacio. Pero si usas un acceso directo en lugar de una copia del objeto conseguirás tener el objeto en las dos carpetas habiendo consumido sólo unos pocos bytes, que es lo que ocupa el acceso directo.

Una característica muy importante de los accesos directos consiste en que éstos pueden hacer referencia a objetos que estén en otros ordenadores.

Por ejemplo, un acceso directo puede hacer referencia a una página Web situada en un ordenador de Internet, de manera que al abrir el acceso directo podrás ver esa página inmediatamente.

Y otro acceso directo podría hacer referencia a un documento escrito con un procesador de textos y que se encuentra almacenado en el ordenador de un colega de la oficina.

A pesar de la sencillez que puede resultar la idea, la utilización de accesos directos reporta grandes ventajas. Tanto es así que los accesos directos se utilizan para las más diversas tareas.

Por ejemplo, la Ayuda de Windows 98 utiliza accesos directos para llevarte a distintos lugares del sistema para que realices alguna labor una vez que te ha explicado cómo llevarla a cabo.

Creación de un acceso directo

Hay tres maneras diferentes de crear un acceso directo de un objeto, que son las siguientes:

- Haz clic con el botón derecho del ratón sobre el objeto del que quieres crear el acceso directo para que aparezca su menú emergente (mira la figura 2.7). Luego haz clic en la opción Crear acceso directo. Windows 98 creará un acceso directo de ese objeto y lo pondrá junto al objeto.
- Arrastra el objeto mientras tienes pulsadas las teclas Ctrl+Mayús (mira la figura 2.6). Cuando sueltes el botón del ratón aparecerá un menú emergente que te dará a elegir entre copiar, mover o crear un acceso directo del objeto. Elige esta última opción para que Windows 98 cree el acceso directo del objeto.
- La tercera manera de crear un acceso directo consiste en usar el comando Nuevo del menú emergente. La siguiente secuencia de pasos te indica cómo hacerlo.

Figura 2.7. La opción Crear acceso directo *del menú emergente de un objeto te permite crear un acceso directo de ese objeto*

Para crear un acceso directo usando la opción Nuevo

1. Haz clic con el botón derecho del ratón en el lugar de Windows en el que quieras que aparezca el acceso directo.

   Aparecerá un menú emergente.

2. Selecciona la opción Nuevo situando sobre ella el puntero del ratón.

   Aparecerá un submenú (los menús los veremos en el capítulo 5).

3. Haz clic en la opción Acceso directo.

   Aparecerá el cuadro de diálogo Crear acceso directo *(que puedes ver en la figura 2.8).*

4. Si sabes la *vía de acceso* y el nombre del archivo del que quieres crear el acceso directo introdúcelos en el cuadro Línea de comandos.

   En el cuadro de texto Línea de comandos *aparecerá lo que teclees. Luego salta al paso 7 directamente.*

5. Si no lo sabes, haz clic en el botón Examinar para buscar el archivo.

   Aparecerá una versión reducida del Explorador de Windows para que busques el archivo (este programa lo veremos en el capítulo 6).

6. Cuando encuentres el archivo, haz clic sobre él y luego haz clic en el botón Abrir. — *La vía de acceso y el nombre del archivo seleccionado aparecerán en el cuadro* Línea de comando.
7. Haz clic en el botón Aceptar del cuadro de diálogo Crear acceso directo. — *Windows crea el acceso directo y lo sitúa en el lugar elegido en el paso 1.*

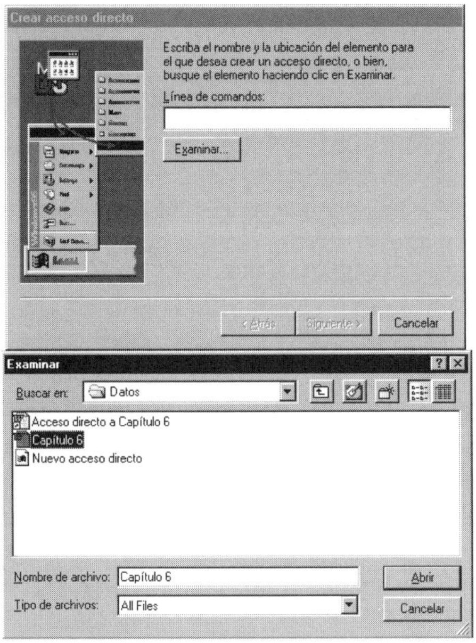

Figura 2.8. El cuadro de diálogo Crear acceso directo *y la versión reducida del Explorador de Windows*

Después de crear el acceso directo mediante cualquiera de estas opciones, puedes mover el acceso directo para situarlo en el lugar que prefieras (por ejemplo, en el escritorio).

Evidentemente, un acceso directo es un objeto en sí mismo y, por tanto, se mueve como cualquier otro objeto de Windows 98 (consulta el apartado anterior).

El comportamiento de un acceso directo

Como ya sabes, un acceso directo es una representación de un objeto que facilita el acceso a ese objeto.

Sin embargo, aunque un acceso directo se comporta como si fuera el propio objeto, ambas cosas no son exactamente lo mismo, y es importante que conozcas qué diferencias existen.

Algunas características del comportamiento de un acceso directo son inalterables, mientras que otras son personalizables mediante la hoja de propiedades del mismo.

A continuación vemos lo que hay que saber sobre el comportamiento de un acceso directo:

- Si eliminas un acceso directo no se elimina el objeto al que hace referencia, y si eliminas el objeto no se eliminan sus accesos directos (que pueden ser más de uno). Si quieres eliminar los objetos complementarios al eliminar uno de ellos, debes hacerlo manualmente.
- Si mueves el objeto a otra carpeta dentro de la misma unidad de disco, el propio Windows 98 corregirá el acceso directo para que mantenga el vínculo con el objeto. Sin embargo, si mueves el objeto a otra unidad de disco, el vínculo entre ambos se romperá y Windows te pedirá que lo restablezcas manualmente.

La otra diferencia fundamental que existe entre un objeto y su acceso directo radica, precisamente, en que un acceso directo también es un objeto en sí mismo y, por tanto, tiene su propio menú emergente. Algunas de las opciones del menú emergente del acceso directo se comportan exactamente igual que si estuvieras tratando con el objeto directamente. Por ejemplo, seleccionar el comando Abrir del menú emergente del acceso directo es lo mismo que seleccionarlo en el menú emergente del objeto: el objeto se abre.

Sin embargo, otras opciones sólo afectan al objeto del que estás utilizando su menú emergente. Por ejemplo, si seleccionas el comando Cambiar nombre del menú emergente del objeto cambiarás el nombre del objeto, mientras que si lo seleccionas en el menú emergente del acceso directo cambiarás el nombre del acceso directo. Es decir, a pesar de la estrecha relación que existe entre un objeto y su acceso directo (sean uno o varios) debes tener siempre presente que son cosas distintas.

Uno de los aspectos más importantes que diferencian a un acceso directo de su objeto es que las hojas de propiedades son distintas (figura 2.9). Si accedes a la hoja de propiedades de un acceso directo (haciendo clic en la opción Propiedades de su menú emergente) observarás que tiene dos pestañas. La primera de ellas se denomina General y contiene los datos propios del archivo del acceso directo. La segunda se denomina Acceso directo y, además de proporcionarte información sobre el acceso directo, también te permite establecer algunas de sus características. Éstas son:

- Destino: este cuadro contiene la vía de acceso al objeto asociado y el nombre del mismo. No debes cambiarlo a menos que se haya roto el vínculo entre el objeto y su acceso directo.
- Iniciar en: este cuadro contiene la vía de acceso de los archivos complementarios que pueda necesitar el objeto asociado para su funcionamiento. Suele ser la misma vía de acceso que la del Destino.

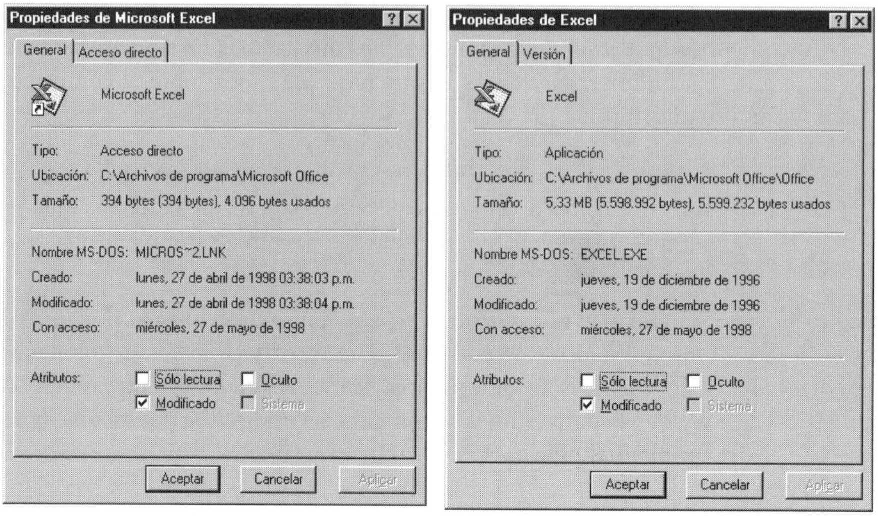

Figura 2.9. Las hojas de propiedades de un programa y de su acceso directo

- Tecla de método abreviado: en este cuadro puedes introducir una combinación de teclas para que abran el acceso directo (sin necesidad de hacer doble clic sobre él). Haz clic sobre el cuadro y, cuando aparezca el punto de inserción parpadeante, pulsa la combinación de teclas que quieras emplear (por ejemplo, Ctrl+Alt+J). Si estableces una combinación de teclas y luego quieres eliminarla, pulsa la tecla Retroceso mientras el punto de inserción esté en este cuadro. Volverá a aparecer la palabra Ninguno que te indicará que ese acceso directo no tiene ningún método abreviado asociado. Una vez establecido el método abreviado para un acceso directo, bastará con que pulses esa combinación de teclas desde cualquier lugar de Windows para que se abra el acceso directo.
- Ejecutar: en este cuadro puedes determinar la manera en que se abrirá la ventana del objeto asociado al acceso directo cuando abras éste: *normal, maximizada* o *minimizada* (consulta el capítulo 4).
- Buscar destino: si haces clic en este botón, Windows 98 localizará inmediatamente el objeto asociado al acceso directo y lo mostrará en el escritorio (abriendo la carpeta en la que esté si es necesario). Esto resulta muy útil si, por cualquier motivo, quieres trabajar con el objeto en sí, y no con su acceso directo (una razón puede ser la de modificar las propiedades del objeto).
- Cambiar icono: si haces clic en este botón podrás cambiar el icono del acceso directo, eligiendo uno de los que aparecerán en el cuadro de diálogo Cambiar icono o haciendo clic en el botón Examinar de este mismo cuadro de diálogo para buscar otros iconos.

Algunas ideas prácticas sobre los accesos directos

Hasta ahora hemos visto una gran cantidad de teoría sobre los accesos directos, pero poca práctica. Una vez que te familiarices con los accesos directos, su utilización te parecerá algo natural. Sin embargo, al principio te surgirán cantidad de cuestiones.

A continuación trataré de comentarte algunos de los aspectos más confusos del empleo de accesos directos.

- La gran mayoría de las veces que crees un acceso directo será para situarlo en el escritorio, que es el lugar al que puedes acceder más fácilmente. La pregunta inmediata es, ¿por qué colocar un acceso directo en el escritorio (o en cualquier otro sitio) en lugar de colocar el propio objeto? Pues bien, si copias en el escritorio el objeto original estarás duplicando el objeto innecesariamente (con el consiguiente consumo de espacio del disco). Por otra parte, si mueves el objeto al escritorio es posible que no funcione (porque le falten archivos complementarios) y, en todo caso, la organización de tus discos y carpetas se convertirá en un caos.
- Algunos objetos de Windows 98 no se pueden ni copiar ni mover (como las impresoras). Todo lo más que se puede hacer con ellos es crear un acceso directo en otro lugar. Cuando trates de mover o copiar un objeto de estas características, Windows 98 te advertirá del particular.
- Puedes crear accesos directos de carpetas, aunque no debes confundirlos con las carpetas en sí. Una carpeta real es un directorio del disco (aunque la carpeta esté en el escritorio), mientras que un acceso directo de una carpeta sólo es una referencia a una carpeta real. Las carpetas reales sirven para almacenar objetos.

Los visores

Quizá la característica más importante de los archivos de documentos, o sea, de los que contienen datos, sea que se pueden *editar* (ver y, si procede, modificar) con el programa adecuado. Por ejemplo, un documento de texto se puede editar con su procesador de textos, y un documento grá-fico con un programa de dibujo.

Sin embargo, en muchas ocasiones sólo se desea ver el documento (y no modificarlo), y el proceso de arrancar el programa que lo gestione (que algunas veces puede ser realmente grande), abrir el documento, consultarlo y volver a salir del programa consume mucho tiempo. En otras ocasiones, sobre todo si trabajamos en un entorno heterogéneo o si viajamos mucho, se puede dar el caso de que nos pasen un documento y no dispongamos del programa que puede trabajar con él (supón que tu procesador de textos es WordPerfect y que te pasan un escrito creado con Microsoft Word).

Windows 98 ha resuelto estos problemas con los *visores*, unos pequeños programas del sistema que permiten ver en pantalla gran variedad de tipos de documentos, desde textos hasta gráficos, sin necesidad de disponer de la aplicación que los creó y sin necesidad de ejecutar esa aplicación.

Nota

Para que puedas utilizar la vista rápida con un archivo es necesario que dispongas del visor de ese archivo. Por ejemplo, si pretender usar la vista rápida con un documento de Excel, es necesario que dispongas del visor de hojas de cálculo Excel.

Windows 98 viene con diversos visores, pero otros fabricantes pueden desarrollar visores que luego tú puedes incluir en tu sistema. Cuantos más visores tengas más probabilidades tendrás de ver cualquier documento que puedas recibir.

Para utilizar un visor sólo es necesario seleccionar el comando Vista rápida del menú emergente del archivo en cuestión. Entonces aparecerá en pantalla la ventana Vista rápida, en la que podrás ver el documento deseado (mira la figura 2.10).

Truco

Una vez tengas abierto cualquier visor, si quieres ver cualquier otro archivo basta con que arrastres su icono hasta la ventana de vista rápida que ya tienes abierta (aunque el archivo que haya en ella sea de otro tipo).

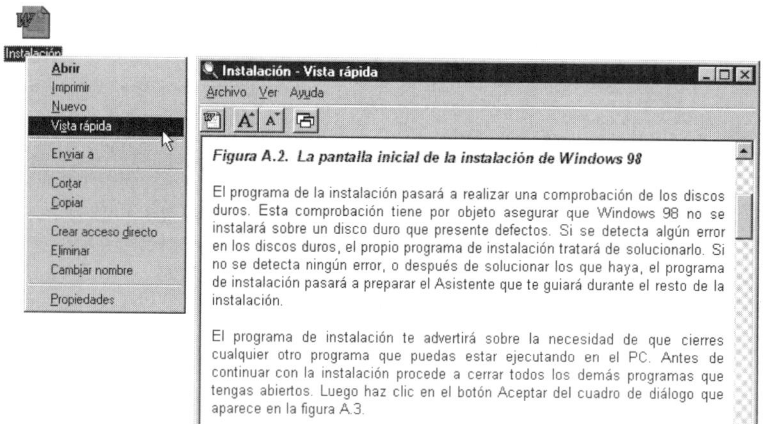

Figura 2.10. El comando Vista rápida *de un documento y su correspondiente vista rápida*

La vista rápida tiene algunas limitaciones, como la escasa precisión en la representación del documento, como que el documento no se puede modificar o como que no es posible imprimirlo. Sin embargo, la vista rápida ofrece una serie de opciones que es interesante conocer:

- Puedes ver el documento de cerca o puedes ver una página completa. Para alternar una vista y otra debes ejecutar el comando Ver página del menú Ver de la ventana del visor.
- En el caso de que el documento sea un texto y lo estés viendo de cerca, puedes aumentar y disminuir el tamaño de la fuente para observarlo con más comodidad. Para ello puedes utilizar el comando Ver, Fuentes o los botones Aumentar y Reducir tamaño de la fuente que podrás encontrar en la barra de herramientas de la ventana.
- También puedes optar entre usar una sola ventana como visor y utilizar varias. Es decir, si estás mirando un documento con la vista rápida y ejecutas el comando Vista rápida del menú emergente de otro archivo, ¿el nuevo archivo aparecerá en una ventana distinta del anterior o en la misma (sustituyendo al que estuvieses viendo)? Para alternar entre las dos posibilidades debes ejecutar el comando Reemplazar la ventana del menú Ver o hacer clic en el botón del mismo nombre que aparece en la barra de herramientas de la ventana.
- Si estás mirando la vista rápida de un documento y decides que quieres editar el documento, puedes hacer clic en el botón Abrir archivo para editar o en el comando del mismo nombre que hay en el menú Archivo. Windows ejecutará la aplicación que lo creó y cargará en ella el documento. Como es de suponer, para ello es necesario que dispongas de la aplicación.

Además de todo esto, dependiendo del tipo de archivo que estés observando con un visor podrás tener opciones adicionales.

Objetos básicos del escritorio

Al comienzo del capítulo, al introducir el concepto de escritorio, te decía que en el escritorio de Windows 98 puedes encontrar dos elementos fundamentalmente: los objetos y la Barra de tareas.

En los apartados previos de este capítulo has podido conocer el concepto de objeto, por lo que resulta recomendable dar un vistazo a los principales objetos que aparecen en el escritorio de Windows (y con los que tendrás que empezar a trabajar inmediatamente).

Después de que exploremos estos objetos y de que investiguemos algo más del propio escritorio, veremos la Barra de tareas (en el próximo capítulo).

Cuando se comienza a trabajar con Windows 98 el escritorio aparece con unos pocos objetos en él (mira la figura 2.11).

Luego, a medida que el usuario va trabajando y personalizando el entorno, el escritorio comienza a poblarse de muchos otros objetos.

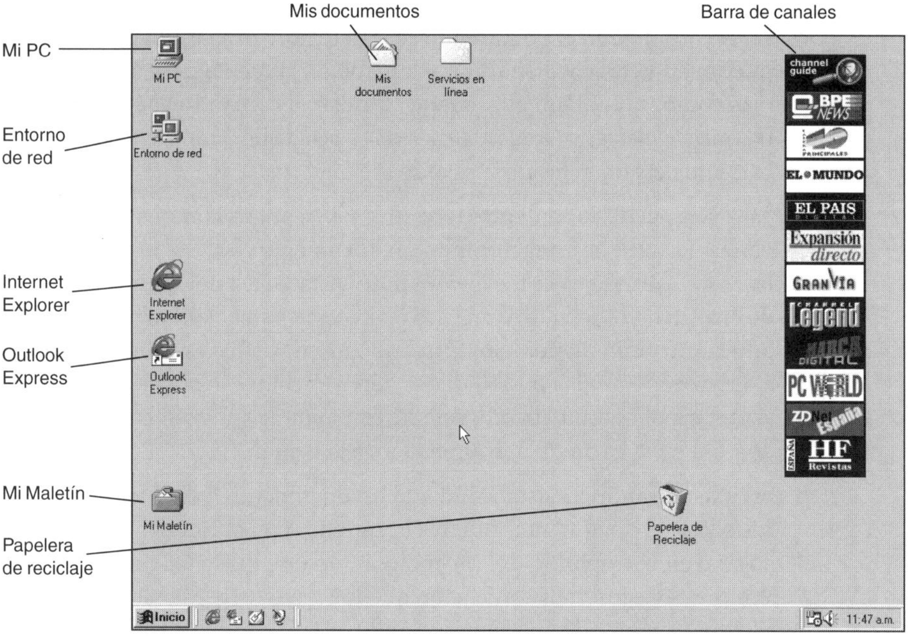

Figura 2.11. Los elementos básicos del escritorio de Windows 98

Sin embargo, los que a nosotros nos interesan ahora son tres de los que aparecen inicialmente: Mi PC, Entorno de red (que sólo aparece si trabajas en red) y la Papelera de reciclaje.

Además, y aunque los trataremos con más detalle en próximos capítulos, también veremos otros objetos que normalmente aparecen en el escritorio cuando se instala Windows 98: Internet Explorer, Outlook Express, La Barra de canales, Mi Maletín y Mis documentos.

Aviso

Los objetos que aparecen automáticamente en el escritorio de Windows 98 dependen de la configuración concreta de tu equipo. Sin embargo, como mínimo deben aparecer Mi PC *y la* Papelera de reciclaje.

Mi PC

El icono Mi PC representa a tu ordenador en el escritorio. Si abres Mi PC (por ejemplo, haciendo doble clic sobre él) podrás ver que contiene varios elementos (mira la figura 2.12):

- Un icono por cada unidad de disco (disquete, disco duro, CD-ROM, unidad de cinta o disco de red) que esté conectado a tu ordenador. Si haces doble clic en cualquiera de ellos podrás ver su contenido en una ventana. La gestión de archivos se tratará en el capítulo 6.
- Una carpeta denominada Impresoras con un icono por cada impresora que tengas instalada o a la que esté conectado tu ordenador en la red.

  Si haces doble clic sobre cualquier impresora, se abrirá una ventana en la que podrás ver el estado de la misma y en la que dispondrás de diversas opciones. La impresión la trataremos en el capítulo 8.
- Una carpeta denominada Panel de control en la que está centralizado el control de todos los aspectos de Windows 98. Al abrirla verás un icono por cada aspecto del sistema susceptible de configuración. Esto lo veremos en el capítulo 9.

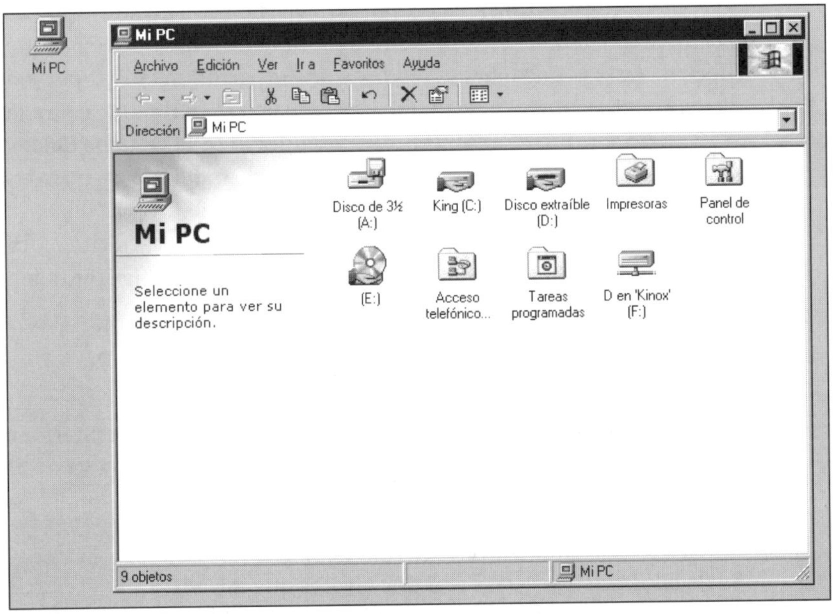

Figura 2.12. El icono Mi PC y su ventana abierta

- Una carpeta denominada Acceso telefónico a redes, la cual permite crear archivos de conexión para acceder a redes a través del teléfono (como Internet, la de tu oficina, etcétera). Esta carpeta sólo aparecerá si has instalado esta opción de Windows 98 y todo lo relacionado con ella lo veremos a partir del capítulo 12.
- Una carpeta denominada Tareas programadas, la cual contiene todas las tareas que le hayas dicho a Windows que lleve a cabo en determinados momentos. Cuando llegue el momento indicado, Windows realizará automáticamente la tarea programada. Esto lo veremos en el capítulo 10.

Por tanto, y como puedes ver, Mi PC te proporciona el acceso a todos los recursos del ordenador, tanto para usarlos como para configurarlos.

Como cualquier otro objeto, Mi PC tiene su propia hoja de propiedades. En concreto, la de Mi PC es realmente importante, puesto que permite ver y modificar aspectos esenciales del sistema.

La hoja de propiedades de Mi PC también aparece al seleccionar el componente Sistema del Panel de control, y será allí donde tratemos sus características.

Entorno de red

El icono Entorno de red sirve para acceder a los recursos de la red con tanta facilidad como si estuvieran en tu propio PC. Dentro de él encontrarás un icono por cada servidor al que tengas acceso, y otro denominado Toda la red en el que aparecerán los grupos de trabajo que tengas creados y que te permitirá buscar por toda la red cuando quieras acceder a un recurso al que no accedas habitualmente (mira la figura 2.13).

Los iconos que representan a los servidores en la ventana Entorno de red se comportan exactamente igual que el icono Mi PC, de manera que utilizar los recursos de otro ordenador es igual de fácil que usar los del tuyo propio.

En los capítulos 6 y 8 veremos la manera de utilizar los recursos (discos e impresoras) de una red y en el capítulo 9 verás la manera de configurar una pequeña red.

La Papelera de reciclaje

La Papelera de reciclaje es un elemento muy valioso de la interfaz de Windows 98: su misión consiste en eliminar los objetos que tú desees. Como te decía en el apartado "Los objetos y los iconos", cuando quieras borrar un objeto sólo tienes que arrastrarlo a la Papelera de reciclaje.

Si quieres, también puedes seleccionar varios objetos a la vez y luego arrastrar uno de ellos a la Papelera. Todos los objetos que estuvieran seleccionados serán enviados a la Papelera después de que confirmes la operación respondiendo Sí en el cuadro de diálogo de confirmación que aparecerá (mira la figura 2.14).

Figura 2.13. El icono Entorno de red *y su ventana abierta*

Figura 2.14. Cuando envías un objeto a la Papelera de reciclaje*, Windows te pide que confirmes la operación*

Nota

Para eliminar un objeto también puedes pulsar la tecla Supr y responder Sí *a la pregunta de si quieres enviar ese objeto a la* Papelera de reciclaje.

Sin embargo, los objetos que envíes a la Papelera de reciclaje no se eliminan inmediatamente, sino que permanecen en ella hasta que *vacías* la Papelera. Una vez que selecciones el comando Vaciar Papelera de reciclaje del menú emergente de la Papelera (mira la figura 2.15), entonces los objetos sí serán eliminados para siempre.

Mientras que no ejecutes ese comando podrás recuperar los objetos que hayas enviado a la Papelera.

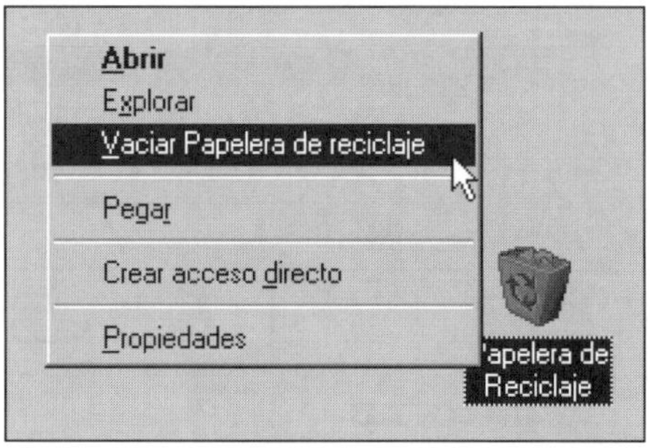

Figura 2.15. La Papelera de reciclaje *y su menú emergente*

Truco

Si quieres eliminar completamente un objeto, sin que pase previamente por la Papelera de reciclaje, *selecciónalo y pulsa Mayús+Supr.*

Cuando ejecutes el comando Vaciar Papelera de reciclaje, aparecerá un cuadro de diálogo pidiéndote que confirmes que quieres vaciar la Papelera (mira la figura 2.16).

Figura 2.16. Antes de eliminar definitivamente un objeto,
la Papelera de reciclaje *te pide confirmación*

Ten cuidado, puesto que una vez que confirmes ya no podrás recuperar más los objetos que hubiera en la Papelera.

Aviso

Observa la diferencia que hay entre los cuadros de diálogo de las figuras 2.14 y 2.16. El cuadro de diálogo de la figura 2.14 te avisa de que vas a enviar un objeto a la Papelera de reciclaje *(de manera que, si quieres, lo podrás recuperar después); sin embargo, el de la figura 2.16 te avisa de que vas a eliminar definitivamente un archivo. Es muy importante que reconozcas la diferencia entre ambos.*

La ventana de la Papelera de reciclaje

Si abres la Papelera de reciclaje (haciendo doble clic sobre su icono) podrás ver la ventana de la misma (mira la figura 2.17). En esta ventana aparecen todos los objetos que hayas ido eliminado y que, por tanto, están en la Papelera.

Para recuperar cualquiera de ellos sólo debes seleccionarlo y ejecutar el comando Archivo, Restaurar. Windows devolverá el objeto al lugar en el que estuviera antes de que lo eliminases.

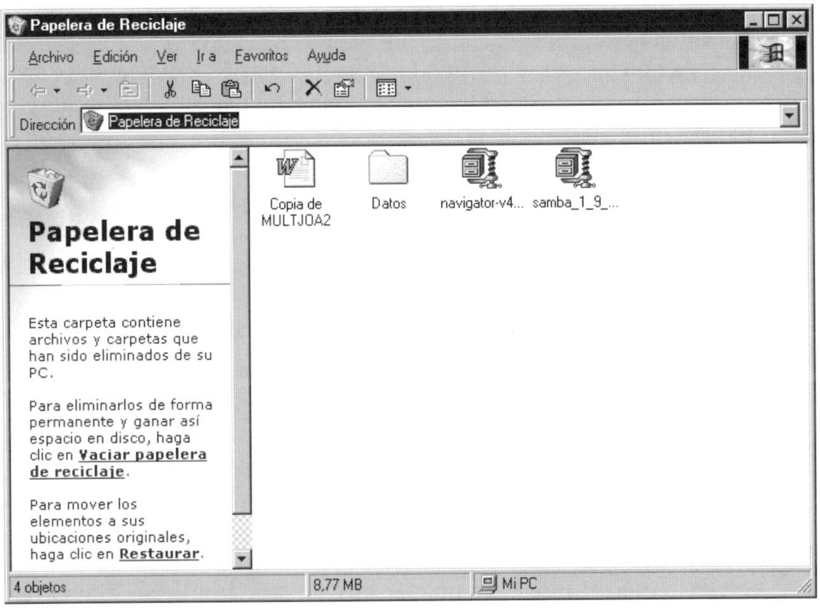

Figura 2.17. La ventana de la Papelera de reciclaje

También puedes seleccionar varios objetos y recuperarlos todos a la vez (consulta el apartado sobre cómo seleccionar objetos, más arriba en este mismo capítulo). O, si lo prefieres, puedes utilizar el comando Edición, Deshacer de la ventana de la Papelera para restaurar automáticamente todos los objetos que hayas eliminado en la última operación de borrado, sin necesidad de irlos seleccionando uno a uno.

Nota

Cuando tengas abierta la ventana de la Papelera *puedes vaciar ésta (o sea, eliminar definitivamente su contenido) ejecutando el comando* Archivo, Vaciar papelera *de su ventana.*

Cuando haya muchos objetos en la Papelera de reciclaje, encontrar uno concreto en su ventana puede ser difícil. Si lo prefieres, puedes ordenar los objetos según un orden distinto al alfabético (que actúa por omisión). Para ello usa las opciones del comando Ver, Organizar iconos. Por ejemplo, si quieres que los objetos de la ventana de la Papelera aparezcan ordenados por el tipo de objeto, selecciona la opción Tipo del submenú que aparece al seleccionar el comando Organizar iconos del menú Ver (consulta el capítulo 4).

Una de las ventajas de trabajar en la ventana de la Papelera (y no con su icono) es que si quieres eliminar definitivamente un objeto no es necesario emplear el comando Vaciar Papelera de reciclaje el cual, como sabes, elimina *todos* los objetos que haya en la Papelera.

Si quieres eliminar un solo objeto (o varios concretos), primero selecciona el objeto u objetos que quieras eliminar definitivamente y luego ejecuta el comando Archivo, Eliminar de la ventana de la Papelera.

Casos en los que la Papelera no funciona

Como puedes ver, la Papelera de reciclaje es una utilidad magnífica, por cuanto evita que puedas eliminar algún objeto importante por error. Pero hay casos en los que la Papelera no actúa y, por consiguiente, los objetos eliminados desaparecen definitivamente sin que tengas opción de recuperarlos una vez que des la orden de borrarlos. Como puedes comprender, es importante conocer cuáles son esos casos, de manera que no te pille por sorpresa la pérdida repentina de algún objeto.

Los casos en los que los objetos eliminados no pasan a la Papelera de reciclaje y, por tanto, desaparecen definitivamente sin que tengas la posibilidad de recuperarlos son:

1. Cuando elimines un objeto seleccionado pulsando Mayús+Supr (como se explica en un Truco anterior).
2. Cuando elimines un objeto que esté en un disquete, en un disco removible de cualquier tipo (por ejemplo, en un disco ZIP) o en un disco de red.
3. Cuando borres un archivo en una sesión MS-DOS (consulta el capítulo 5), ya sea con los comandos DEL ó ERASE o desde cualquier aplicación MS-DOS.
4. Cuando el objeto sea borrado desde una aplicación que no esté diseñada para utilizar la Papelera de Windows 98. Algunas aplicaciones permiten borrar objetos desde ellas; si esas aplicaciones no están diseñadas para utilizar la Papelera de Windows 98, el borrado del objeto será definitivo desde el mismo momento en que lo lleves a cabo (lee las instrucciones de tus aplicaciones antes de borrar nada).
5. Cuando hayas desactivado la opción de utilización de la Papelera en la hoja de propiedades de ésta (consulta un poco más adelante).

En los casos 1, 2 y 5 aparecerá un cuadro de diálogo que te pedirá confirmación de que quieres eliminar definitivamente el archivo (mira la figura 2.16), pero en los casos 3 y 4 no aparecerá ningún mensajes: los archivos serán eliminados sin más.

La gestión de la Papelera

Es posible personalizar algunos aspectos importantes de la gestión de la Papelera mediante la hoja de propiedades de la misma. Para llegar a esta hoja de propiedades ejecuta el comando Propiedades del menú emergente de la misma. Entonces aparecerá el cuadro de diálogo Propiedades de la Papelera de reciclaje que puedes ver en la figura 2.18. Observa que este cuadro de diálogo tiene una ficha denominada Global y una ficha adicional por cada disco duro que tengas conectado al ordenador. Las opciones de la ficha Global son las siguientes:

- Configurar unidades independientemente: la gestión de la Papelera de reciclaje se puede establecer de manera conjunta para todas las unidades de disco que tengas en el ordenador, o de manera independiente para cada una. Si seleccionas esta opción estarás eligiendo gestionar cada unidad de forma independiente, por lo que tendrás que seleccionar las fichas de cada unidad para realizar los ajustes necesarios en cada una de ellas.

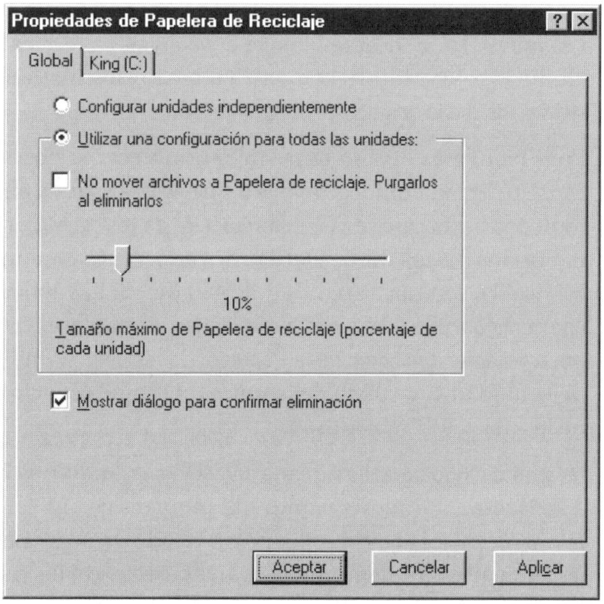

Figura 2.18. La ficha Global de la hoja de propiedades de la Papelera

- Utilizar una configuración para todas las unidades: si eliges esta opción, la configuración que establezcas en la ficha Global se aplicará por igual a todas las unidades de disco duro del ordenador.

- No mover archivos a la Papelera de reciclaje. Purgarlos al eliminarlos: esta opción evita el empleo de la Papelera para almacenar los objetos que elimines. Esto significa que si eliminas un objeto lo haces definitivamente, sin que se quede transitoriamente en la Papelera hasta que vacíes ésta. Como puedes imaginar, esta opción es peligrosa, y solamente es recomendable usarla si tienes muy poco espacio en el disco duro.

- Tamaño máximo de la Papelera de reciclaje (porcentaje de cada unidad). La Papelera de reciclaje es, en realidad, una carpeta llamada RECYCLED que hay en el disco duro de tu ordenador. Cuando se elimina un objeto enviándolo a la Papelera, en realidad lo que sucede es que Windows mueve ese objeto desde el lugar en el que estuviera hasta la carpeta RECYCLED. Windows reserva un porcentaje del espacio de cada disco duro de tu ordenador para almacenar los objetos eliminados hasta que ejecutes el comando Vaciar Papelera de reciclaje, momento en el cual se destruyen definitivamente. Ese porcentaje será el mismo para todos los discos duros que tengas en el ordenador si has activado la opción Utilizar una configuración para todas las unidades, o diferente para cada uno de ellos si has escogido la opción Configurar unidades independientemente (como te dije antes, en este caso debes utilizar la pestaña de cada unidad para confi-gurarlas separadamente). Cuando se llena el espacio asignado a almacenar objetos eliminados, Windows comienza a borrar los más antiguos para hacer sitio a los más recientes.

  Pues bien, esta opción te permite establecer el porcentaje máximo del espacio de cada unidad de disco que se destinará a almacenar objetos eliminados hasta que se vacíe la Papelera de reciclaje. Por ejemplo, supón que tienes dos discos duros en tu ordenador: el C, con una capacidad de 250 Mb y el D, con una capacidad de 400 Mb. Si has activado la opción Utilizar una configuración para todas las unidades y estableces un valor del 10% en la opción Tamaño máximo de la Papelera de reciclaje, Windows destinará 25 Mb de la unidad C y 40 Mb de la unidad D como espacio de almacenamiento de los objetos eliminados.

- Mostrar diálogo para confirmar eliminación: cuando un objeto se va a enviar a la Papelera, Windows te muestra un mensaje pidiéndote que confirmes la operación. Si activas esta opción Windows no presentará tales mensajes. Sin embargo, siempre seguirán apareciendo los mensajes relativos al borrado definitivo de los objetos (por ejemplo, cuando trates de vaciar la Papelera).

Otros objetos del escritorio

Además de los objetos básicos que aparecen en el escritorio de Windows 98 y que hemos visto en este apartado (Mi PC, Entorno de red y la Papelera de reciclaje), hay otros que también pueden aparecer en el escritorio, dependiendo de la configuración de tu ordenador. Son los siguientes (mira la figura 2.11):

- Internet Explorer: este objeto es un acceso directo al programa Internet Explorer, un navegador de Internet. Lo estudiaremos con detalle en el capítulo 13.
- Outlook Express: este objeto es un acceso directo al programa Outlook Express, un programa de gestión de correo electró-nico y noticias de Internet. Lo estudiaremos con detalle en el capítulo 14.
- Mi Maletín: este objeto es una utilidad para mantener actualizadas dos copias distintas de los mismos archivos. Normalmente se utiliza cuando se trabaja con dos ordenadores a la vez (uno en la oficina y un portátil, por ejemplo). Lo veremos en el capítulo 10.
- Mis documentos: este objeto es un acceso directo a la carpeta Mis documentos que Windows crea en el disco C. La intención de Windows es que uses esa carpeta para almacenar todos los documentos que crees con las aplicaciones de Windows, de manera que siempre sepas dónde están y que te resulte más sencilla su gestión. Lógicamente, no estás obligado a seguir esta idea pero, por si lo haces, Windows 98 ya dispone en su escri-torio de un acceso directo a la carpeta Mis documentos para que acceder a ella te resulte lo más sencillo posible.
- La Barra de canales: este objeto es un conjunto de accesos directos a diferentes *canales*. Los canales son unas páginas Web especiales que veremos en el capítulo 13.

3 La Barra de tareas

En el capítulo anterior has visto que todo el trabajo que realices en Windows 98 lo efectuarás en el escritorio y que en éste hay dos elementos básicos: los objetos y la Barra de tareas. En el capítulo anterior nos centramos en conocer el propio escritorio y los objetos que aparecen en él. En este capítulo conocerás el centro de operaciones de Windows 98, el cual está centralizado en la Barra de tareas. Además, al final del capítulo te explicaré cómo personalizar y organizar el escritorio, algo fundamental si quieres trabajar a gusto.

La Barra de tareas

Como recordarás, al comienzo del capítulo anterior te dije que en el escritorio existen fundamentalmente dos cosas: los objetos y la *Barra de tareas*. El capítulo anterior ha estado dedicado a los primeros y, por tanto, llega ahora el momento de conocer la utilidad de la segunda.

La Barra de tareas es, quizás, el elemento más importante de la interfaz de Windows 98, ya que sirve para acceder y controlar todos los aspectos de tu trabajo con el ordenador. Está situada a lo largo del borde inferior de la pantalla y consta de tres zonas (mira la figura 3.1):

- El *botón* Inicio está situado en su extremo izquierdo y sirve para elegir los programas o documentos que se quieren usar, así como configurar el sistema, buscar ayuda, salir de Windows 98 y algunas cosas más.
- En la zona central de la Barra de tareas puedes encontrar dos tipos de elementos distintos: barras de herramientas e iconos.
  - Las barras de herramientas son conjuntos de botones que te permiten ejecutar aplicaciones y realizar otras tareas rápidamente: basta con hacer clic en uno de los botones. Inicialmente, en la Barra de tareas de Windows 98 aparece una sola barra de herramientas llamada Inicio rápido y que consta de cuatro botones. Más adelante veremos la manera de añadir y configurar barras de herramientas en la Barra de tareas.
  - Los iconos son representaciones de las *aplicaciones* que se estén ejecutando y de las *carpetas* que se tengan abiertas en el escritorio. Estos iconos te permiten conocer en todo momento qué ventanas y aplicaciones tienes abiertas y pasar a ellas con sólo hacer clic sobre su icono en la Barra de tareas.
- En la zona de la derecha aparecen los *controles e indicadores del sistema* (hora, cola de impresión, volumen, módem, etcétera) en una zona denominada *zona de indicadores del sistema*. Estos controles te permiten acceder fácilmente a las funciones del sistema que representan (con sólo hacer clic sobre ellos). Por ejemplo, si estás imprimiendo un documento aparecerá el icono de una impresora en la zona de controles del sistema. Si haces clic sobre ella abrirás la ventana de la impresora que estés usando.

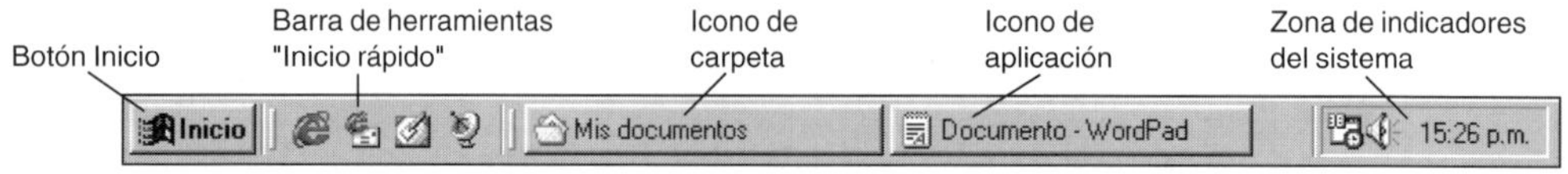

Figura 3.1. La Barra de tareas de Windows 98

En los siguientes apartados estudiaremos cada uno de estos elementos con un poco más de detalle.

El menú Inicio

El botón Inicio que aparece en el extremo izquierdo de la Barra de tareas es el verdadero centro de control de Windows 98. Si haces clic en él se desplegará el menú Inicio desde el que podrás acceder prácticamente a todos los componentes de Windows (mira la figura 3.2). Desde el menú Inicio se ejecutan las aplicaciones, se configura el sistema, se busca ayuda y se sale de Windows. Como te puedes imaginar, será el botón que más pulses cuando trabajes con Windows.

Figura 3.2. El menú Inicio *de Windows 98*

Truco

También puedes hacer que aparezca inmediatamente el menú Inicio *pulsando Ctrl+Esc o la tecla Menú Inicio si tu teclado dispone de ella.*

En el menú Inicio encontrarás diversas opciones, las cuales, a su vez, pueden dar paso a otras. Para seleccionar una opción del menú Inicio sólo tienes que situar el puntero del ratón encima de ella. Sabrás que la opción está seleccionada porque se resaltará. Si la opción muestra a su derecha la cabeza de una flecha apuntando hacia la derecha (▸), transcurrido un segundo se desplegará el submenú de esa opción.

Si quieres seleccionar una opción de ese submenú sitúa encima de ella el puntero del ratón. Cuando llegues a una opción que no tenga subopciones podrás activarla haciendo clic cuando esté resaltada.

A continuación vamos a ver cada una de las opciones del menú Inicio.

Windows Update

Esta opción te permite conectar con un sitio de Internet en el que podrás comprobar si dispones de la versión más actualizada de Windows. Si no es así, se te ofrecerá la posibilidad de actualizar tu sistema. Consulta el apéndice A.

Programas

Mediante esta opción podrás ejecutar todas las aplicaciones que tengas instaladas en el ordenador, incluyendo las propias de Windows y las que tú hayas instalado.

Si seleccionas esta opción se desplegará un submenú con dos tipos de opciones: iconos y carpetas (mira la figura 3.3). Los iconos ejecutan programas directamente, mientras que las carpetas permiten agrupar iconos relacionados.

La instalación normal de Windows 98 hace que aparezcan los siguientes iconos y carpetas en el menú Programas:

- Accesorios: esta carpeta contiene todos los *accesorios* que vienen con Windows 98 y que hayas elegido instalar. Los accesorios son programas que acompañan al sistema y que sirven a multitud de propósitos. Por ejemplo, el procesador de textos WordPad es un accesorio, al igual que la Grabadora de sonidos. La carpeta Accesorios contiene también algunas subcarpetas que agrupan los accesorios que están relacionados (por ejemplo, todos los accesorios multimedia están dentro de la carpeta Entretenimiento). Los accesorios de Windows 98 se tratan en el capítulo 10.
- Inicio: esta carpeta resulta muy interesante, ya que cualquier programa que haya en ella se ejecutará automáticamente cada vez que arranques Windows 98. En el próximo apartado verás la manera de agregar programas al menú Inicio.
- Internet Explorer: en esta carpeta encontrarás todas las herramientas relacionadas con Internet que incluye Windows 98. A partir del capítulo 12 se trata todo lo relacionado con Internet.
- Servicios en línea: en esta carpeta encontrarás las herramientas necesarias para acceder con facilidad a dos servicios electrónicos de gran difusión: *Infovía* y *CompuServe*.

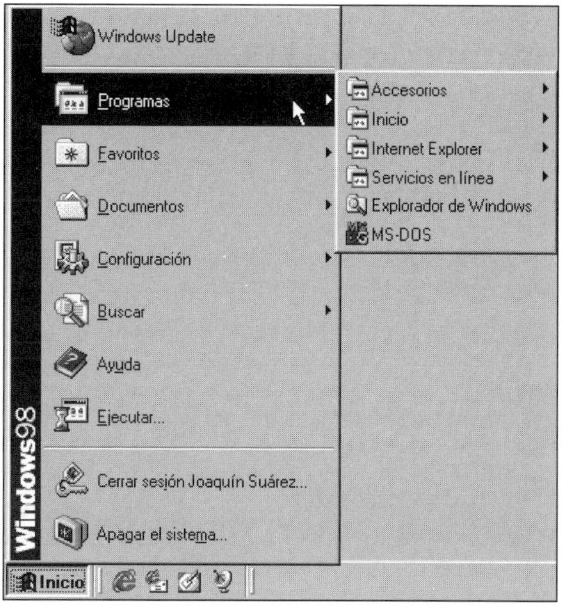

Figura 3.3. El menú Inicio, Programas

- Explorador de Windows: este icono sirve para ejecutar el Explorador de Windows, un programa que sirve para gestionar los archivos y carpetas del sistema y que veremos en el capítulo 6.
- MS-DOS: este icono sirve para iniciar una *sesión MS-DOS*, es decir una ventana en la que aparecerá el indicador de comandos del DOS y desde la que podrás ejecutar cualquier programa DOS. Las sesiones MS-DOS se tratan en el capítulo 5.

A medida que vayas instalando aplicaciones en Windows 98, sus respectivos iconos se irán añadiendo a la opción Programas del menú Inicio, de manera que te resultará muy sencillo ejecutar cualquiera de ellas.

Además, si lo deseas tú mismo puedes modificar el contenido de este submenú. En el apartado "Configurar el menú Inicio, Programas" (más adelante en este mismo capítulo) te explico cómo hacerlo.

Favoritos

Cuando se navega por Internet es muy frecuente acceder a sitios que son especialmente de nuestro agrado, bien porque su contenido está relacionado con nuestras aficiones bien porque son atractivos en sí. Cuando nos encontramos con un sitio así podemos introducirlo en una especie de *agenda de direcciones de Internet*, de manera que más adelante podamos volver a ese mismo sitio rápidamente y sin tener que buscarlo de nuevo. Pues bien, a esa agenda de direcciones de Internet es a lo que se denomina carpeta Favoritos en Windows 98. Cada uno de los Favoritos que haya en la carpeta Favoritos será un acceso directo a un sitio de Internet que nos resulta especialmente atractivo.

La opción Favoritos del menú Inicio te muestra la lista de todos tus Favoritos (mira la figura 3.4).

Para volver a visitar uno de esos lugares favoritos sólo tienes que hacer clic sobre su nombre; Windows 98 se encargará de todo.

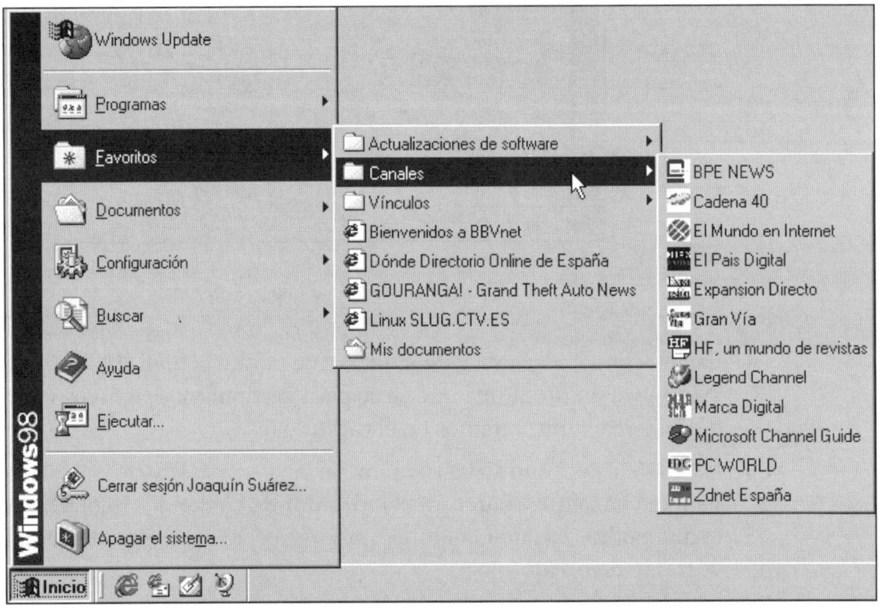

Figura 3.4. El menú Inicio, Favoritos *(observa que contiene Favoritos míos, además de los que vienen con Windows 98)*

Inicialmente, la opción Favoritos no contiene ningún Favorito que tú hayas introducido (lógicamente, puesto que todavía no has tenido tiempo), sino que contiene unos Favoritos introducidos por el propio Microsoft y que son los siguientes:

- Actualizaciones de software: esta carpeta contiene el acceso directo a Windows Update. Consulta el apéndice A.
- Canales: esta carpeta contiene los accesos directos a los canales (sitios Web especiales) que vienen definidos por omisión en Windows 98. En el capítulo 13 se tratan los canales.

- Vínculos: esta carpeta contiene los accesos directos a ciertas páginas Web que, a juicio de Microsoft, son indicadas para aquellos usuarios que se inician en la navegación por Internet. Esos accesos directos también aparecerán como botones de la barra de herramientas Vínculos que puede aparecer en la Barra de tareas (como veremos en el apartado "Configurar la Barra de tareas" de este mismo capítulo) y en la ventana de Internet Explorer (como veremos en el capítulo 13).

Lógicamente, a medida que vayas navegando por Internet y que vayas creando tus propios Favoritos, todos ellos van a ir apareciendo en esta opción del menú Inicio.

Documentos

La opción Documentos del menú Inicio contiene una lista con los últimos documentos que hayas utilizado en Windows 98 (mira la figura 3.5). De esta manera, si en cualquier momento quieres seguir trabajando con un documento con el que has trabajado últimamente sólo tienes que desplegar el menú Documentos y hacer clic sobre él en el submenú que aparece.

Windows 98 ejecutará automáticamente la aplicación necesaria para trabajar con el documento y cargará éste en la aplicación.

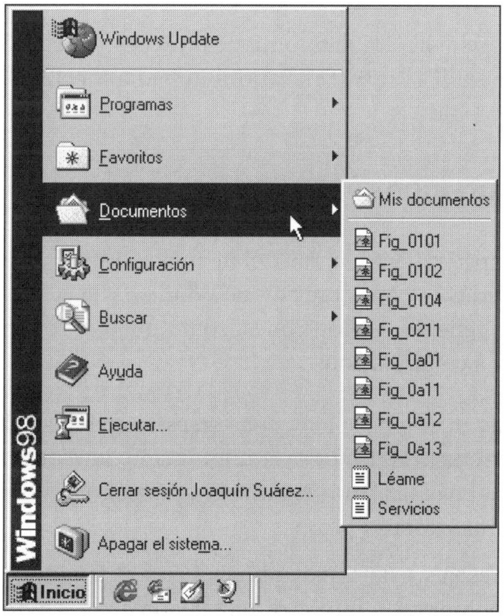

Figura 3.5. El menú Inicio, Documentos

Nota

La lista de la opción Documentos *sólo contiene un máximo de 15 documentos. Cuando abras el número 16, Windows eliminará el más antiguo de los 15 que hubiera e introducirá el último que hayas utilizado.*

Los documentos que se incluyen en el menú Documentos son sólo aquellos que hayas abierto directamente desde Windows 98 (haciendo doble clic sobre sus iconos, por ejemplo) y los que abras con el comando Archivo, Abrir de las aplicaciones diseñadas específicamente para Windows 98.

Truco

Si por algún motivo quieres que desaparezcan todas las entradas que haya en el menú Documentos *en un momento determinado, deberás activar la ficha* Programas del menú Inicio *de la hoja de propiedades de la Barra de tareas (mira la figura 3.11). En la parte inferior de esa ficha encontrarás un recuadro que se denomina* Menú Documentos *y en el centro de este recuadro, un botón denominado* Borrar*. Si haces clic sobre este botón borrarás todas las entradas del menú* Documentos*. (En el apartado "Configurar la Barra de tareas" encontrarás la manera de acceder a la hoja de propiedades de la misma.)*

Esta opción también contiene un acceso directo a la carpeta Mis documentos. Si haces clic en él, la carpeta se abrirá inmediatamente en el escritorio para que puedas ver su contenido.

Configuración

La opción Configuración del menú Inicio sirve para facilitarte el acceso a todas las posibilidades de configuración de Windows 98.

Contiene seis subopciones, como puedes ver en la figura 3.6, y son las que se muestran a continuación:

- Panel de control: si haces clic en esta opción se abrirá el Panel de control, el centro neurálgico de la configuración de Windows 98. El Panel de control se trata en el capítulo 9, aunque a lo largo del libro iremos trabajando con algunas de sus opciones.
- Impresoras: esta opción abre la ventana Impresoras, en la que aparecerá un icono por cada impresora instalada en el sistema. Estos iconos te permitirán configurar el comportamiento de tus impresoras. La impresión en Windows 98 se trata en capítulo 8.

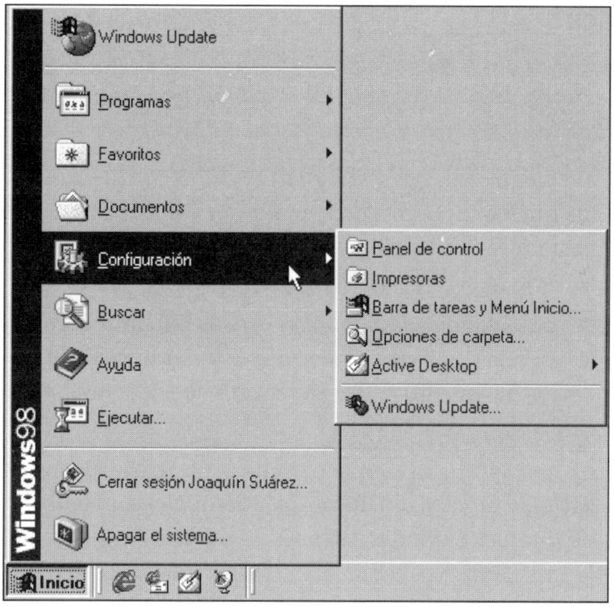

Figura 3.6. El menú Inicio, Configuración

Nota

Recordarás que dentro de la ventana Mi PC *existía un icono denominado* Panel de control *y otro denominado* Impresoras. *Pues bien, estas dos opciones del menú* Configuración *son accesos directos de esos iconos. Resulta más rápido y cómodo seleccionar estas opciones en el menú* Inicio *que abrir la ventana* Mi PC *y hacer doble clic sobre el icono correspondiente.*

- Barra de tareas y Menú Inicio: esta opción abre el cuadro de diálogo Propiedades de Barra de tareas, el cual te permite configurar diversos aspectos de la Barra de tareas y del menú Inicio. Un poco más adelante en este mismo capítulo te explicaré todas sus opciones.
- Opciones de carpeta: esta opción abre el cuadro de diálogo Opciones de carpeta que te permite configurar ciertas opciones relativas al escritorio (las cuales se tratarán en el apartado "Personalizar el escritorio") y a las ventanas (que se tratarán en el próximo capítulo).
- Active Desktop: esta opción te permite configurar otras opciones relativas al escritorio (se tratarán en el apartado "Personalizar el escritorio").
- Windows Update: esta opción, que es la misma de la que hemos hablado más arriba, se trata en el apéndice A.

Buscar

La opción Buscar del menú Inicio sirve para buscar distintos elementos (mira la figura 3.7):

- Archivos o carpetas: si eliges esta opción podrás buscar archivos o carpetas que se encuentren en cualquier disco de tu ordenador o de la red. Esta utilidad es realmente potente, y la estudiaremos con más detalle en el capítulo 6.
- PC: si seleccionas esta opción podrás buscar un ordenador en la red. Si la red a la que estés conectado es grande y compleja, esta opción te permitirá encontrar cualquier ordenador conectado a ella sin ningún esfuerzo.
- En Internet: esta opción te permite realizar búsquedas en Internet. Su utilización y funcionamiento es idéntico al del comando Ir a, Buscar en el Web de Internet Explorer. Así pues, te remito al capítulo 13.
- Personas: esta opción te permite buscar a personas cuyo nombre aparezca en tu propia agenda de direcciones o en cualquiera de las "páginas amarillas" que hay en Internet. Consulta el capítulo 13.

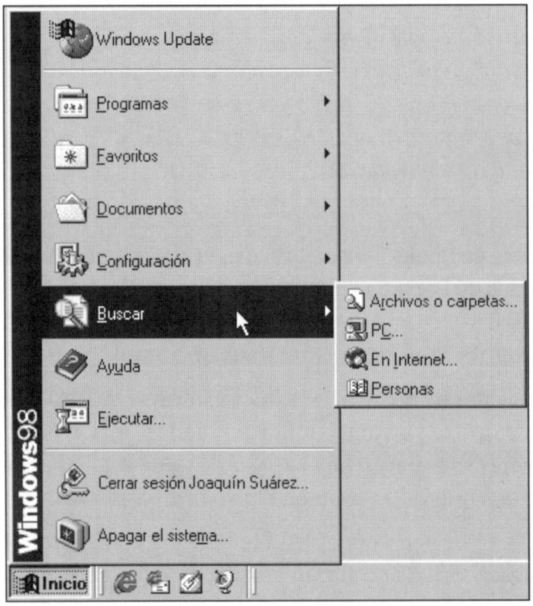

Figura 3.7. El menú Inicio, Buscar

Ayuda

La opción Ayuda del menú Inicio sirve para solicitar ayuda a Windows 98. El sistema de Ayuda merece un capítulo propio, por lo que te remito al capítulo 10 si quieres saber cómo funciona esta utilidad del sistema.

Ejecutar

Esta opción hace que aparezca el cuadro de diálogo Ejecutar (mira la figura 3.8) el cual te permite ejecutar un programa sin necesidad de hacer doble clic sobre su icono ni de utilizar el comando Abrir de su menú emergente. El resultado es el mismo: el programa se ejecuta, aunque este sistema es más complicado que recurrir al icono (ya que debes conocer la vía de acceso y el nombre exacto del programa ejecutable). En el capítulo 5 se trata esta opción con más detalle.

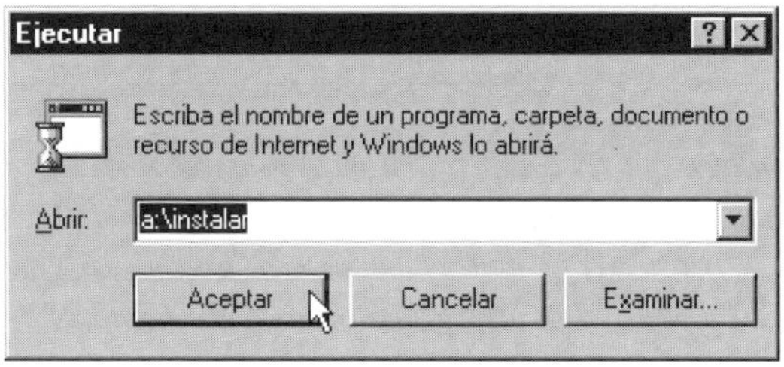

Figura 3.8. El cuadro de diálogo Ejecutar

Cerrar sesión...

Si trabajas en una red o si compartes tu ordenador con otras personas, esta opción te permitirá cerrar la sesión de trabajo actual e iniciar una nueva con un nombre de usuario y una contraseña distintos.

Como te expliqué en el capítulo 1, el nombre de usuario y la contraseña con que se inicie una sesión en Windows 98 determinará los privilegios que cada persona tendrá en la red y la configuración de Windows 98.

Apagar el sistema

Esta opción, la última del menú Inicio, te permite iniciar la secuencia de apagado del sistema. Como recordarás del capítulo 1, el empleo de esta opción es la única manera aconsejable de apagar el ordenador (si lo apagas sin utilizar esta opción te arriesgas a que se produzcan pérdidas de información). En el capítulo 1 te expliqué las diversas características de esta opción.

La zona central de la Barra de tareas

Como te dije al comienzo de este apartado, la zona central de la Barra de tareas sirve a dos propósitos:

- Que aparezcan en ella los iconos de los programas y carpetas que tengas abiertas, de manera que puedas gestionarlos con comodidad.
- Que aparezcan en ella determinadas barras de herramientas.

En este apartado nos vamos a referir al primero de los dos fines de la zona central de la Barra de tareas. En el apartado "Personalizar la Barra de tareas" trataremos de la utilización de las barras de herramientas que aparecen en la Barra de tareas.

Como te decía, en la zona central de la Barra de tareas aparecerá un icono por cada una de las aplicaciones y carpetas que tengas abiertas en Windows. Para acceder a cualquiera de ellas sólo tienes que hacer clic sobre su icono. Entonces, esa ventana o aplicación pasará a estar abierta y en primer plano en la pantalla.

Truco

También puedes cambiar de una ventana a otra con la combinación de teclas Alt+Tab. Cada vez que pulses estas teclas cambiarás a la siguiente ventana abierta que tengas en el escritorio. Y, si mantienes pulsada la tecla Alt mientras vas pulsando la tecla Tab, aparecerá un cuadro con los iconos y los nombres de todas las ventanas que tengas abiertas. Cuando hayas seleccionado el que te interesa basta con que sueltes la tecla Alt para pasar a ella.

También puedes hacer clic con el botón derecho sobre cualquiera de los iconos que aparezcan en la Barra de tareas. En tal caso aparecerá un menú emergente que es el mismo que el menú de control de esa ventana o aplicación (consulta el capítulo 4). Con ese menú puedes realizar todas las operaciones propias de las ventanas: *maximizarla, restaurarla, cerrarla,* etcétera.

Truco

Si tienes demasiadas ventanas abiertas, los iconos que aparecen en la barra de tareas llegarán a ser realmente pequeños y no podrás leer el nombre del icono. En esos casos, sitúa el puntero del ratón unos instantes sobre cualquier icono y aparecerá un cartelito con su nombre completo.

Si arrastras un objeto a cualquiera de los iconos de la zona central de la Barra de tareas y mantienes el puntero del ratón sobre ese icono unos segundos *sin soltar el botón del ratón,* se abrirá en primer plano la ventana a la que el icono representa. Esto tiene una enorme utilidad: es posible enviar un objeto a cualquier ventana sin necesidad de que esa ventana esté abierta en primer plano en la pantalla, ya sea para copiarlo o para cargarlo en una aplicación.

Por ejemplo, supón que tienes varias carpetas abiertas en el escritorio y que quieres copiar un objeto de una a otra. Sólo tienes que arrastrar el objeto desde su carpeta hasta el icono de la carpeta de destino que aparece en la Barra de tareas. Tras unos instantes aparecerá en primer plano esa carpeta y podrás soltar el objeto sobre la ventana para que se copie en la carpeta. (En caso de que el destino fuera la ventana de una aplicación y no una carpeta, el objeto se cargaría en la aplicación.)

Controles e indicadores del sistema

La tercera y última zona de la Barra de tareas es la que está situada en su extremo derecho (mira la figura 3.1) y cuya misión es la de mostrar los controles e indicadores del sistema. Estos controles e indicadores tienen la función de ofrecerte información sobre ciertos aspectos del sistema y de ciertos programas y, en algunos casos, de permitirte cambiarlos.

Los controles e indicadores que aparecen dependen de la *configuración de tu equipo*, de lo que *estés haciendo en cada momento* y de *tu voluntad*. Por ejemplo, si tienes el equipo configurado con una tarjeta de sonido, el control de volumen de la misma aparecerá automáticamente en la Barra de tareas. Sin embargo, si tienes configurado el ordenador para que se conecte a Internet, el indicador de conexión a Internet no aparecerá en la Barra de tareas hasta que estés conectado realmente. Y, por último, el reloj aparece por omisión en la zona de controles e indicadores aunque, si quieres, puedes ir a la hoja de propiedades de la Barra de tareas y desactivar la opción que hace que aparezca en ella.

Cuando un indicador aparece en la Barra de tareas puedes hacer varias cosas con él:

- Situar el puntero del ratón encima de él: entonces aparecerá un cartelito que te proporcionará información sobre el control o indicador. Por ejemplo, el indicador multilenguaje te indicará el idioma seleccionado en ese momento, mientras que el indicador de energía te mostrará el nivel de carga de la batería.
- Hacer clic o doble clic sobre él: dependiendo del tipo de indicador o control deberás hacer clic o doble clic sobre él para poder configurar el aspecto del sistema del que se trate. Por ejemplo, si haces doble clic sobre el reloj aparecerá un cuadro de diálogo en el que podrás cambiar la fecha y la hora. De la misma manera, si haces clic sobre el indicador multilenguaje podrás seleccionar un nuevo idioma activo. De manera excepcional, hay indicadores que distinguen entre hacer clic y doble clic sobre ellos.

Por ejemplo, el control de volumen de la tarjeta de sonido sólo muestra el control maestro si haces clic sobre él, pero muestra todos los controles secundarios si haces doble clic.

- Hacer clic sobre él con el botón derecho (secundario) del ratón. Entonces aparecerá el menú emergente de ese control (aunque algunos controles no tienen menú emergente, como el de energía). En el menú emergente de un control o indicador podrás encontrar todas las opciones y propiedades para ese control o indicador.

Consejo

Resulta muy interesante explorar cuidadosamente todos los controles e indicadores que aparezcan en la Barra de tareas, ya que suelen proporcionar un método rápido de realizar acciones importantes y ofrecen información importante.

En la tabla 3.1 puedes ver los controles e indicadores más comunes.

Tabla 3.1. Los controles e indicadores del sistema más habituales

Icono	Nombre	Función	Se activa
11:42 a.m.	Reloj	Mostrar la fecha y la hora	Siempre por omisión. Puedes desactivarlo en la hoja de propiedades de la Barra de tareas.
	Volumen	Controlar el volumen de la tarjeta de sonido	Siempre por omisión. Puedes desactivarlo en la ficha Audio de la hoja de propiedades del elemento Multimedia del Panel de control.
	Impresora	Indicar que la impresora está imprimiendo y facilitar el acceso a su ventana	Cuando se está imprimiendo o hay trabajos en la cola de impresión. Desaparece cuando no queda ningún trabajo pendiente de imprimir.
	Corriente alterna	Indicar que el ordenador está conectado a la red	Siempre que el ordenador esté conectado a la red y que disponga de un sistema de administración de energía. Puedes desactivarlo en la hoja de propiedades del elemento Energía del Panel de control.

(continúa)

Tabla 3.1. Los controles e indicadores del sistema más habituales (continuación)

Icono	Nombre	Función	Se activa
	Contador de la batería	Indicar que el portátil está usando las baterías y muestra el estado de éstas	Siempre que el ordenador se esté alimentando de las baterías (debe ser un portátil).
	Multilenguaje	Indicar y cambiar el idioma activo	Si tienes instalado el soporte multilenguaje y más de un idioma, puedes activarlo y desactivarlo en la ficha Idioma de la hoja de propiedades del elemento Teclado del Panel de control.
	Recursos del sistema	Indicar el nivel de utilización del sistema	Por omisión si ejecutas la utilidad Medidor de recursos de la carpeta Herramientas del sistema de la carpeta Accesorios del menú Inicio, Programas.
	Conexión	Proporcionar información sobre el funcionamiento del módem	Automáticamente cuando el módem establece una conexión válida con otro módem y desaparece al finalizar la conexión.
	Programador de tareas	Informar al usuario de de que el Programador de tareas está funcionando	Automáticamente cuando se instala el accesorio.
	Correo electrónico	Informar al usuario de que ha recibido correo electrónico nuevo	Automáticamente cuando el usuario recibe correo electrónico nuevo a través de Outlook Express.
	Estado de la tarjeta (PCMCIA)	Facilitar el acceso a la configuración de las tarjetas PCMCIA instaladas en el ordenador	Automáticamente cuando el usuario tiene *instalada* una tarjeta PCMCIA. Puedes desactivarlo con el menú emergente del propio indicador.

Aviso

Éstos no son todos los indicadores que pueden aparecer en la Barra de tareas. El propio Windows 98 como muchas aplicaciones de terceras partes pueden situar su propio indicador en la Barra de tareas. El propio indicador y la documentación del software instalado te informarán de la utilidad y funcionamiento de cada indicador nuevo que aparezca.

Configurar la Barra de tareas

La Barra de tareas es, seguramente, el elemento de Windows 98 que más utilizarás. Por ello, cuanto más cómoda te resulte su utilización, tanto más productivo te resultará tu trabajo en Windows.

Como no podía ser de otra manera, existen diversas opciones de configuración para la Barra de tareas.

Es conveniente que las explores y que pruebes distintas configuraciones hasta encontrar aquella que más agradable te resulte.

La posición

La Barra de tareas aparece por omisión en la parte inferior de la pantalla. Sin embargo, puedes colocarla en cualquiera de los lados de la pantalla (en el superior, en el inferior y en los dos lados).

Para ello sitúa el puntero del ratón justo a la derecha del botón Inicio, haz clic y, manteniendo pulsado el botón del ratón, arrástrala al lado de la pantalla en el que quieras que aparezca. Cuando la Barra de tareas cambie a la nueva posición, suelta el botón del ratón (mira la figura 3.9).

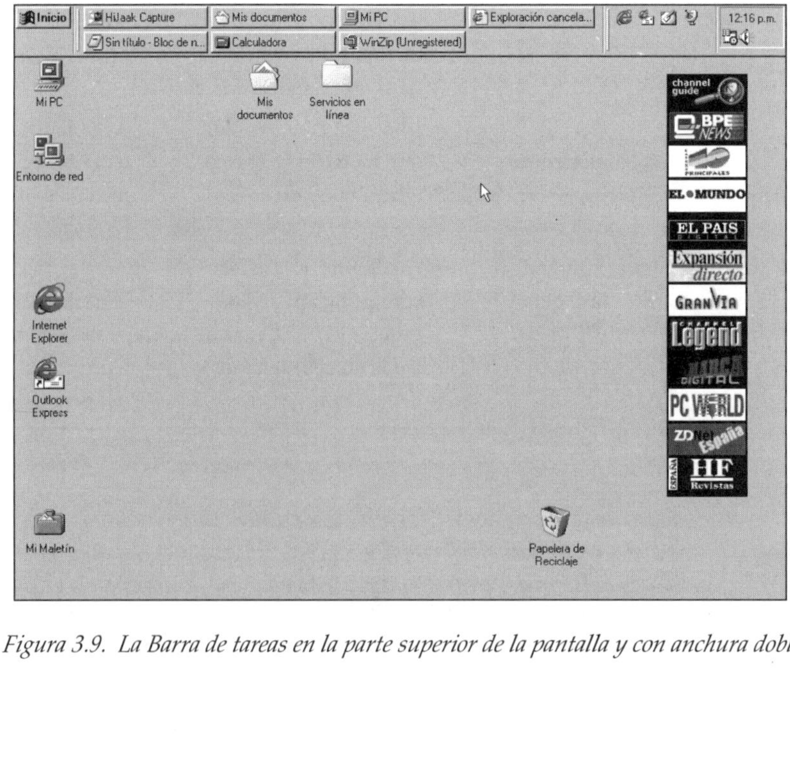

Figura 3.9. La Barra de tareas en la parte superior de la pantalla y con anchura doble

La anchura

También puedes cambiar la anchura en pantalla de la Barra de tareas. A medida que vayas abriendo ventanas (ya sean de carpetas o de programas), sus iconos irán apareciendo en la Barra de tareas. Como el espacio que hay en ésta es limitado, conforme más iconos haya en la Barra de tareas, más pequeños serán. Puede llegar un momento en que, si tienes demasiadas ventanas abiertas, te resulte difícil identificar los iconos de las ventanas.

Nota

No es posible cambiar la longitud de la Barra de tareas en la pantalla: siempre ocupará todo el lado de la pantalla.

Si haces más ancha la Barra de tareas conseguirás que quepan más iconos en la misma, con lo que todos serán más grandes. En caso de que la Barra de tareas esté en uno de los laterales, si la haces más ancha conseguirás ver el título completo de cada icono, lo cual resulta de mucha utilidad.

Otra razón por la cual puedes querer aumentar la anchura de la Barra de tareas es que tengas varias barras de herramientas en ella. Aumentando la anchura podrás utilizar esas barras de herramientas con más comodidad (consulta el apartado "Las barras de herramientas en la Barra de tareas").

Para cambiar la anchura de la Barra de tareas sitúa el puntero del ratón en el lado de la misma que dé al escritorio (y no al borde de la pantalla). Cuando el puntero esté justo sobre el borde de la Barra de tareas se convertirá en una flecha de dos cabezas. Entonces haz clic y arrastra el ratón hacia el escritorio para hacer más ancha la Barra de tareas (mira la figura 3.9) o hacia el borde de la pantalla para hacerla más estrecha.

Aviso

Aunque es posible reducir la Barra de tareas hasta hacerla desaparecer, ello no es recomendable ya que no obtendrás ninguna ventaja y, sin embargo, no podrás utilizar todas sus funciones.

Las propiedades

La Barra de tareas, como la mayoría de los objetos de Windows 98, tiene una hoja de propiedades que permite controlar su funcionamiento y características. Para llegar a ella ejecuta el comando Propiedades del menú emergente de la Barra de tareas, el cual aparece cuando se hace clic en una zona despejada de la propia barra. Entonces aparecerá el cuadro de diálogo Propiedades de Barra de tareas, que tiene dos fichas (mira la figura 3.10).

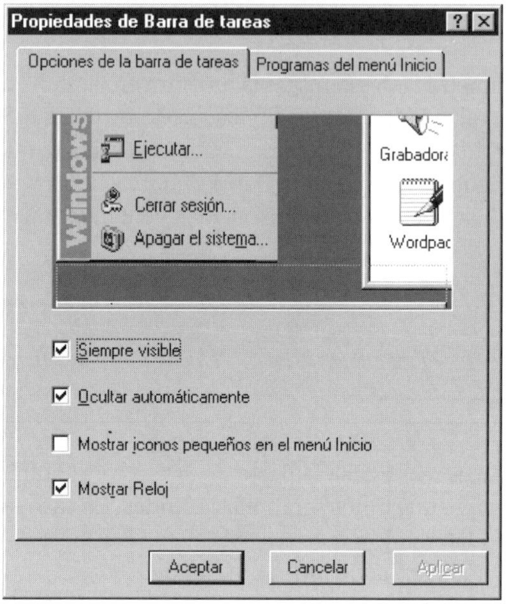

Figura 3.10. La hoja de propiedades de la Barra de tareas

Truco

Como ya te he comentado anteriormente en este mismo apartado, también puedes acceder al cuadro de diálogo Propiedades de Barra de tareas *ejecutando la opción* Configuración, Barra de tareas y Menú Inicio *del menú* Inicio.

La primera ficha de este cuadro de diálogo se denomina Opciones de la barra de tareas y es la que aparecerá activa por omisión. En ella encontrarás las opciones que te explico seguidamente:

- Siempre visible: esta opción hace que la Barra de tareas esté siempre delante de cualquier otra ventana que tengas abierta en el escritorio, aunque la ventana esté maximizada (ocupando toda la pantalla). Si desactivas esta opción, la Barra de tareas sólo la verás cuando no haya otra cosa que la tape. Sin embargo, si activas esta opción y no activas la opción Ocultar automáticamente, las ventanas maximizadas no podrán ocupar toda la pantalla, ya que tendrán que reducir su tamaño para que no oculten la Barra de tareas.
- Ocultar automáticamente: esta opción hace que la Barra de tareas desaparezca automáticamente de la pantalla cuando el usuario no esté trabajando con ella. Luego, cuando quieras que reaparezca sólo tienes que llevar el puntero del ratón al extremo de la pantalla en el que esté oculta la barra.

Si tienes activada esta opción puedes seguir teniendo activada la opción Siempre visible sin que ello produzca el efecto de que las ventanas maximizadas deban reducir ligeramente su tamaño (para que no oculten la Barra de tareas).

- Mostrar iconos pequeños en el menú Inicio. Cuando esta opción está desactivada hace que los iconos que aparecen en el menú Inicio sean de gran tamaño y que junto a ellos se vea el nombre Windows 98 escrito verticalmente. Si activas la opción verás iconos pequeños y no aparecerá el nombre de Windows 98.
- Mostrar reloj. Si quieres ver el reloj en la zona de controles e indicadores de la Barra de tareas, activa esta opción. En caso contrario, desactívala.

Truco

Observa que a medida que actives y desactives estas opciones en el cuadro de diálogo Propiedades de Barra de tareas, *el dibujo que hay en la parte superior del mismo te va mostrando el efecto que producen.*

La segunda ficha del cuadro de diálogo Propiedades de Barra de tareas se denomina Programas del menú Inicio y, como verás en el siguiente apartado, sirve para configurar los elementos que aparecerán en la opción Programas del menú Inicio.

Configurar la opción Programas del menú Inicio

Ya sabes que la opción Programas del menú Inicio hace que aparezca un submenú desde el que puedes ejecutar todas las aplicaciones que tengas instaladas en el ordenador. Esas aplicaciones aparecerán directamente en el menú Programas o en submenús dentro de él (submenús que aparecen como carpetas). Las aplicaciones y los submenús del menú Programas se añaden a él de varias maneras distintas:

- Durante su instalación, el propio Windows 98 añade varias entradas al menú Programas (por ejemplo, la carpeta –submenú– Accesorios o la aplicación MS-DOS).
- Cuando instales aplicaciones nuevas, éstas crearán sus propias entradas en el menú Programas.
- Y, por último, tú mismo puedes añadir (y eliminar) entradas del menú Programas.

En realidad, el contenido del menú Programas es el contenido de la carpeta del mismo nombre que hay dentro de la carpeta de Windows. Dentro de la carpeta Programas hay dos tipos de objetos: accesos directos y carpetas que agrupan a éstos. Por tanto, configurar el menú Programas es tan fácil como añadir y borrar accesos directos y carpetas de la carpeta Programas.

En la práctica existen dos maneras de gestionar manualmente el menú Programas. Las dos comienzan en la ficha Programas del menú Inicio de la hoja de propiedades de la Barra de tareas (mira la figura 3.11). En ella encontrarás lo siguiente:

- El botón Opciones avanzadas hace que se ejecute el Explorador de Windows y te sitúa automáticamente en la carpeta Programas que hay dentro de la carpeta Windows (mira la figura 3.12). Ahora puedes trabajar con las carpetas y accesos directos de igual manera que en cualquier otro lugar de Windows 98 para añadir y quitar opciones. Es conveniente que esperes a estar familiarizado con Windows 98 y con su Explorador (capítulo 6) antes de emplear este método, el cual, aunque es mucho más potente y versátil que el siguiente, también es más complejo.

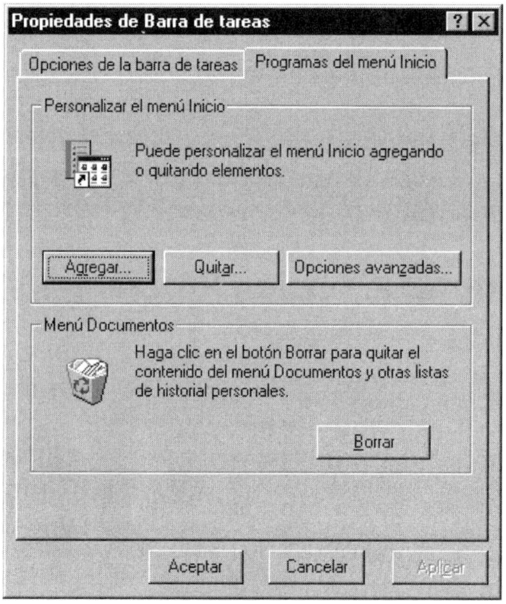

Figura 3.11. La ficha Programas *del menú* Inicio *de la hoja de propiedades de la Barra de tareas*

Nota

Observarás que las carpetas del menú Programas *son algo distintas a las demás carpetas de Windows. Ello no es más que para que sepas que esas carpetas son las que aparecerán en el menú* Programas, *sobre todo cuando estás trabajando con el* Explorador *de Windows o directamente con los discos y carpetas.*

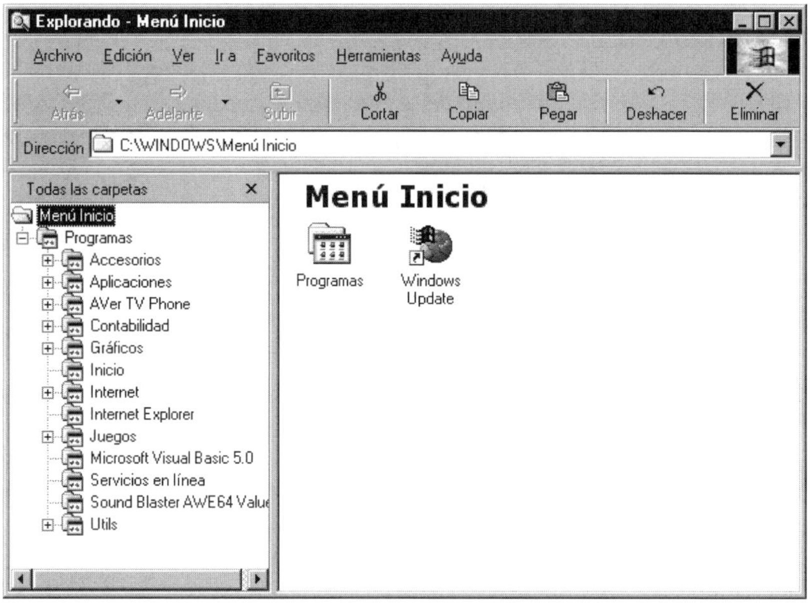

Figura 3.12. El menú Inicio *en el Explorador*

- El botón Quitar hace que aparezca una ventana en la que podrás ver todos los elementos del menú Programas, tanto los accesos directos como las carpetas (mira la figura 3.13). Selecciona el elemento que quieras eliminar y haz clic en el botón Quitar (observa que puedes eliminar tanto los accesos directos como las carpetas; en este último caso eliminarás la carpeta y todo lo que ésta contenga). En caso de que el elemento que buscas esté dentro de una carpeta, haz clic en el signo más que aparecerá a su izquierda para que te muestre su contenido. Luego selecciona el elemento deseado.
- El botón Agregar hace que aparezca la ventana Crear acceso directo que vimos en el apartado "Creación de un acceso directo" del capítulo 2. La siguiente secuencia de pasos te muestra cómo añadir una opción al menú Inicio, Programas con esta ventana:

Para añadir una opción al menú Inicio, Programas

1. Haz clic en una zona despejada de la Barra de tareas con el botón derecho del ratón y selecciona el comando Propiedades del menú emergente que aparecerá.

   Aparecerá la hoja de propiedades de la Barra de tareas.

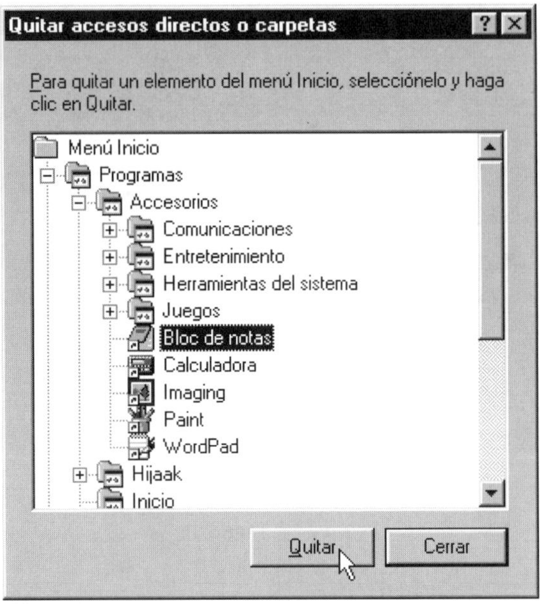

Figura 3.13. Desde esta ventana podrás eliminar elementos de menú Inicio, Programas

2. Activa la ficha Programas del menú Inicio.
3. Haz clic en el botón Agregar.

   Aparecerá el cuadro de diálogo Crear acceso directo *(mira la figura 2.7) en el que deberás introducir la vía de acceso y el nombre del objeto que quieres agregar al menú* Programas.
4. Haz clic en el botón Examinar.

   Aparecerá el cuadro de diálogo Abrir, *en el que puedes localizar el objeto que te interesa (consulta el capítulo 8).*
5. Cuando hayas encontrado el objeto que quieres añadir, selecciónalo y haz clic en el botón Abrir. Luego haz clic en el botón Siguiente.

   Aparecerá una ventana con toda la estructura de carpetas del menú Programas *(mira la figura 3.14).*
6. Si quieres que el objeto que vas a añadir aparezca en una carpeta de las ya existentes, selecciona esa carpeta y haz clic en el botón Siguiente. Luego ve al paso 8.

   Aparecerá la ventana Seleccione un título para el programa *del Asistente.*

7. Si quieres que el objeto que vas a añadir aparezca en una carpeta nueva, selecciona una carpeta de las ya existentes y luego haz clic en el botón Nueva carpeta. Windows creará una carpeta nueva dentro de la que hayas seleccionado y esperará a que introduzcas un nombre para ella. Cuando termines haz clic en el botón Siguiente.

Aparecerá la ventana Seleccione un título para el programa *del Asistente.*

8. Ahora debes introducir un nombre para tu nuevo elemento del menú Programas. Hazlo y luego haz clic en el botón Siguiente.

9. Por último, en caso de que el objeto que hayas seleccionado no tenga su propio icono (por ejemplo, si has elegido una aplicación MS-DOS), deberás seleccionar un icono para él. Hazlo y, finalmente, haz clic en el botón Terminar.

Windows añadirá tu nuevo elemento al menú Programas, *cosa que puedes comprobar inmediatamente.*

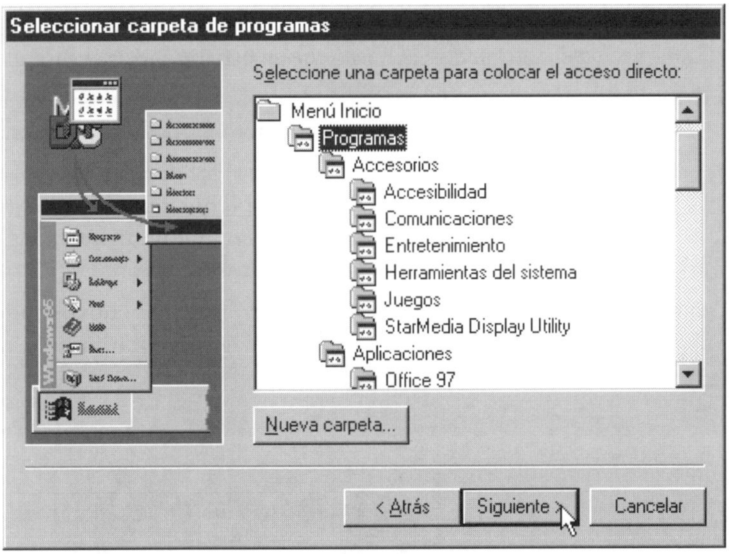

Figura 3.14. El cuadro de diálogo Seleccionar carpeta de programas

Truco

Si lo que quieres es añadir un elemento al primer nivel del menú Programas *(es decir, que no esté dentro de ninguna carpeta y se pueda ver nada más abrir el menú* Programas*), basta con que arrastres el objeto hasta el botón* Inicio *de la Barra de tareas. (Lo puedes arrastrar desde cualquier carpeta que tengas abierta o desde el Explorador de Windows.)*

Consejo

Debido a la necesidad en que me veo de utilizar conceptos que todavía no te he explicado, es más que posible que a estas alturas del capítulo te sientas algo confuso. No te preocupes; sigue leyendo y, a medida que vayas comprendiendo esos conceptos, vuelve a este capítulo para repasar aquello que ahora te resulte confuso.

Las barras de herramientas en la Barra de tareas

Como ya sabes, la zona central de la Barra de tareas sirve tanto para mostrar los iconos de las carpetas y aplicaciones que tengas abiertas como para mostrar barras de herramientas. Las barras de herramientas son conjuntos de botones que permiten al usuario realizar una acción con sólo hacer clic en el botón correspondiente. La ventaja de las barras de herramientas a la hora de emprender acciones es que su empleo suele ser el procedimiento más rápido para llevar a cabo esa acción.

La instalación de Windows 98 hace que, por omisión, aparezca una barra de herramientas en la Barra de tareas. El nombre de esta barra de herramientas (que puedes ver en la figura 3.15) es Inicio rápido, y cuenta con cuatro botones.

- Explorador de Internet: si haces clic en este botón arrancará el Explorador de Internet (consulta el capítulo 13).
- Outlook Express: si haces clic en este botón arrancará el programa de correo electrónico Outlook Express (consulta el capítulo 14).
- Mostrar escritorio: si haces clic en este botón, todas las ventanas de carpetas y de aplicaciones que tengas abiertas se minimizarán (consulta el capítulo 4), de manera que podrás ver el escritorio.
- Ver canales: si haces clic en este botón arrancará el Explorador de Internet en el modo de consulta de canales (consulta el capítulo 13).

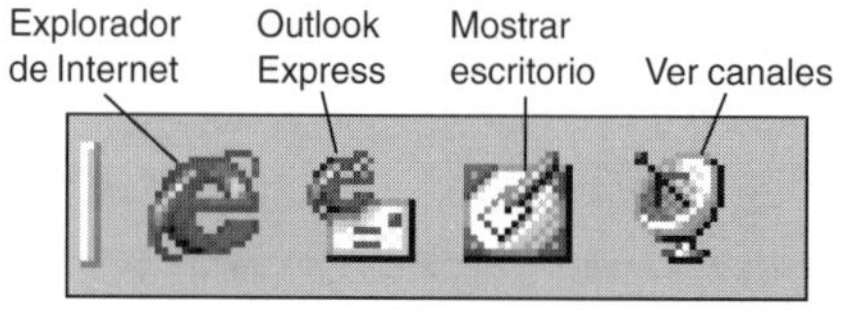

Figura 3.15. La barra de herramientas Inicio rápido *de la Barra de tareas*

Ver otras barras de herramientas en la Barra de tareas

Si lo deseas, además de la barra Inicio rápido, puedes hacer que aparezcan otras barras de herramientas en la Barra de tareas.

Haz clic en una zona libre la Barra de tareas para que aparezca su menú emergente y luego selecciona la opción Barras de herramientas. Verás que aparece un submenú con diversas opciones (mira la figura 3.16).

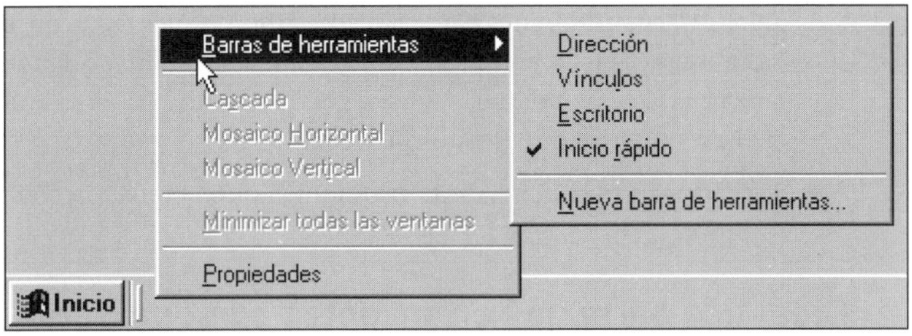

Figura 3.16. Las distintas barras de herramientas que pueden aparecer en la Barra de tareas

Las cuatro primeras opciones corresponden a los nombres de barras de herramientas que vienen con Windows 98, y que tú puedes decidir si quieres que aparezcan en la Barra de tareas o no. Si aparece una marca a la izquierda de uno de los nombres, eso quiere decir que la barra de herramientas en cuestión se está mostrando en la Barra de tareas.

Para lograr que una de las barras de herramientas aparezca en la Barra de tareas sólo tienes que hacer clic sobre su nombre. Estas barras de herramientas son (mira la figura 3.17):

- Dirección: si conoces la dirección de Internet a la que quieres acceder, introdúcela en este cuadro y pulsa Intro. Windows 98 se encargará de ejecutar el Explorador de Internet y de acceder a ese sitio de Internet. Consulta el capítulo 13.

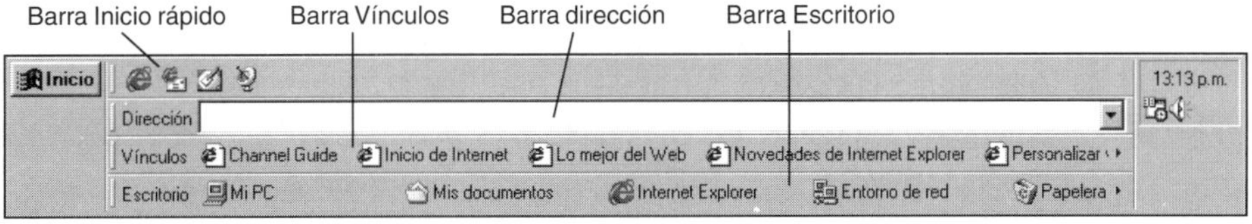

Figura 3.17. Las barras de herramientas de Windows 98 que pueden aparecer en la Barra de tareas

- Vínculos: esta barra de herramientas contiene varios botones que te permitirán acceder directamente a determinados sitios de Internet. Inicialmente son sitios predeterminados por Microsoft, pero si lo deseas, tú mismo puedes decidir a dónde quieres que apunten esos botones. Consulta el capítulo 13.
- Escritorio: esta barra contiene un botón por cada elemento que tengas en el escritorio. Hacer clic en uno de estos botones es equivalente a hacer doble clic sobre el elemento correspondiente del escritorio. Esta barra resulta muy útil cuando tienes el escritorio oculto por ventanas de aplicaciones y necesitas acceder a algún elemento del mismo: en lugar de tener que minimizar todas esas ventanas, basta con que hagas clic en el botón de la barra de herramientas que te interese.
- Inicio rápido: es la barra de herramientas que hemos visto en el apartado anterior.

Crear una barra de herramientas personalizada

La última opción del submenú Barras de herramientas del menú emergente de la Barra de tareas se denomina Nueva barra de herramientas (mira la figura 3.17). Esta opción te permite crear una barra de herramientas personalizada y mostrarla en la Barra de tareas. La siguiente secuencia de pasos te muestra cómo hacerlo.

Para crear una barra de herramientas personalizada en la Barra de tareas

1. Crea una carpeta nueva en cualquier lugar de tu disco duro (consulta el capítulo 6 si no sabes cómo hacerlo).
2. Selecciona el comando Nueva barra de herramientas del submenú Barras de herramientas del menú emergente de la Barra de tareas.

   Aparecerá el cuadro de diálogo Nueva barra de herramientas *(mira la figura 3.18), que es como una versión reducida del Explorador de Windows.*
3. Usa este cuadro de diálogo para seleccionar la carpeta que creaste en el paso 1 y luego haz clic en el botón Aceptar.

   Windows creará inmediatamente una nueva barra de herramientas en la Barra de tareas que tendrá el nombre de la carpeta que has seleccionado.

Verás que, inicialmente, tu nueva barra de herramientas no contiene ningún botón. Esto es así porque la carpeta que has seleccionado en el paso 1 de la anterior secuencia

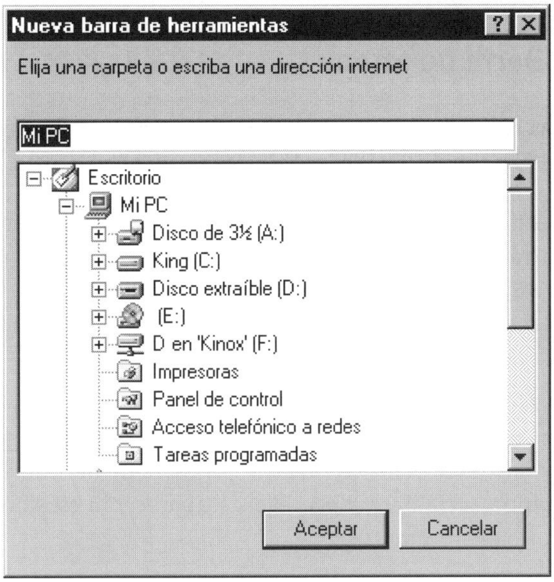

Figura 3.18. El cuadro de diálogo Nueva barra de herramientas

se encuentra vacía. Para que aparezcan botones en tu barra de herramientas lo único que tienes que hacer es crear accesos directos dentro de esa carpeta (consulta el capítulo 2). Cada acceso directo que crees se convertirá en un botón que aparecerá en tu barra de herramientas. Por ejemplo, si quieres crear un botón que ejecute el Bloc de notas de Windows, crea dentro de la carpeta un acceso directo al programa NOTEPAD.EXE que hay en la carpeta Windows. Cada vez que hagas clic en ese botón se ejecutará el Bloc de notas.

Aviso

En caso de que una barra de herramientas de la Barra de tareas contenga más botones de los que caben en la pantalla, aparecerá una flechita en su extremo derecho. Si haces clic en ella, accederás a los botones que no caben en la pantalla.

Cerrar una barra de herramientas

Cuando quieras que una barra de herramientas desaparezca de la Barra de tareas deberás hacer clic con el botón derecho del ratón en una zona libre de la misma. Selecciona el comando Cerrar del menú emergente que aparecerá y confirma la operación haciendo clic en el botón Aceptar del cuadro de diálogo que se muestra. La barra de herramientas desaparecerá de la Barra de tareas.

Opciones de las barras de herramientas de la Barra de tareas

Las barras de herramientas que aparecen en la Barra de tareas admiten diversas opciones de configuración que son las siguientes:

- Mostrar el título de la barra de herramientas: abre el menú emergente de la barra de herramientas en cuestión haciendo clic en una zona libre de la misma y selecciona el comando Mostrar título. Si el nombre de la barra de herramientas se veía en la Barra de tareas desaparecerá; en caso contrario aparecerá.
- Mostrar el nombre de los botones de la barra de herramientas: abre el menú emergente de la barra de herramientas en cuestión y selecciona el comando Mostrar texto. Si los botones de esa barra de herramientas mostraban su nombre en la Barra de tareas, desaparecerán esos nombres; en caso contrario aparecerán.
- Cambiar el tamaño de una barra de herramientas: para cambiar el tamaño de una barra de herramientas de la Barra de tareas deberás situar el puntero del ratón sobre la rayita vertical que se encuentra situada justo a la izquierda del lugar donde comienza la barra, de manera que se convierta en una flecha de dos cabezas. A continuación, haz clic, y manteniendo pulsado el botón del ratón, arrastra éste hacia la izquierda o hacia la derecha para cambiar el tamaño de la barra de herramientas. Cuando la barra de herramientas tenga el tamaño deseado, suelta el botón del ratón.
- Cambiar la posición de una barra de herramientas: si quieres cambiar la posición de una barra de herramientas en la Barra de tareas, sitúa el puntero del ratón justo a la derecha de la rayita vertical que marca el comienzo de la barra. Haz clic (el puntero del ratón se debe convertir en una flecha de cuatro cabezas) y, manteniendo pulsado el botón del ratón, arrastra éste hasta la nueva posición de la barra de herramientas en la Barra de tareas. Luego suelta el botón del ratón.
- Convertir una barra de herramientas en flotante: por último, si quieres convertir una barra de herramientas de la Barra de tareas en una barra de herramientas flotante (es decir, que aparece libre sobre el escritorio), sitúa el puntero del ratón justo a la derecha de la rayita vertical que marca el comienzo de la barra. Haz clic (el puntero del ratón se debe convertir en una flecha de cuatro cabezas) y, manteniendo pulsado el botón del ratón, arrastra la barra de herramientas hasta una zona libre del escritorio. Luego suelta el botón del ratón.

Personalizar el escritorio

Como viste en el capítulo anterior, el escritorio es el lugar en el que desarrollarás todo tu trabajo con Windows 98. La mayor parte del tiempo que pases frente a la pantalla de tu ordenador estarás viendo el escritorio. Tanto es así, que en Windows prácticamente se identifica el concepto de pantalla con el de escritorio. Por esta razón resulta muy importante que te sientas completamente a gusto con la configuración del escritorio. Windows ofrece diversas opciones de configuración, las cuales podemos dividir en dos grandes grupos: su *apariencia*, que se determina mediante las propiedades del escritorio, y la *organización* de los iconos y de las ventanas que hay en él.

Las propiedades del escritorio

Aunque te resulte chocante, puedes considerar que el escritorio es un objeto más de los muchos que existen en Windows. En tal caso, el escritorio tendrá sus propiedades como todos los demás objetos. Y así es. El escritorio de Windows tiene una hoja de propiedades que te permite configurar una gran cantidad de aspectos del mismo.

Para llegar a la hoja de propiedades del escritorio debes hacer que aparezca su menú emergente (haciendo clic con el botón derecho del ratón en una zona despejada del mismo). Luego selecciona el comando Propiedades. Verás que aparece el cuadro de diálogo Propiedades de Pantalla, que contiene seis fichas (mira la figura 3.19). A continuación veremos para qué sirve cada una de ellas.

Nota

También se llega a este cuadro de diálogo abriendo el elemento Pantalla *del* Panel de control *de Windows. Otras dos formas son seleccionar el comando* Active Desktop, Personalizar mi escritorio *del menú emergente del escritorio o el comando* Configuración, Active Desktop, Personalizar mi escritorio *del menú* Inicio.

Nota

Para que cualesquiera de los siguientes ajustes entren en funcionamiento deberás hacer clic en los botones Aplicar *o* Aceptar *del cuadro de diálogo* Propiedades de Pantalla *una vez hayas realizado las selecciones correspondientes.*

Fondo

La primera ficha se denomina Fondo (mira la figura 3.19) y tiene la misión de permitirte configurar el aspecto del fondo de la pantalla que verás cuando trabajes con Windows 98.

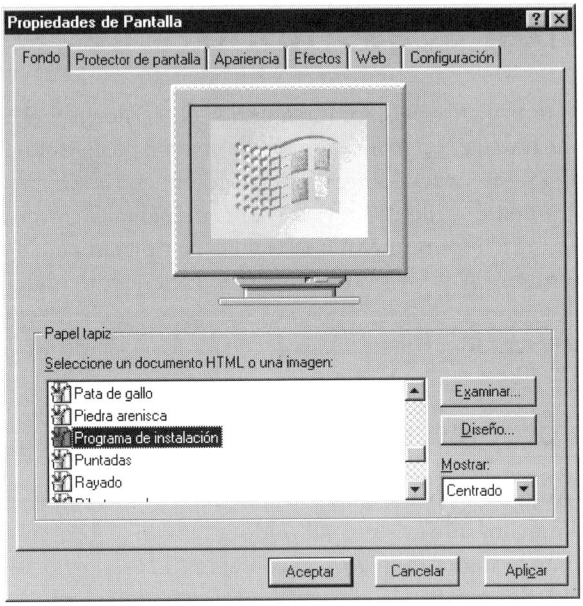

Figura 3.19. La ficha Fondo *del cuadro de diálogo* Propiedades de pantalla

Para ello cuenta con dos opciones:

- Diseño: en este cuadro de lista puedes elegir un diseño para el fondo de la pantalla. Conseguirás el efecto de que parezca que los objetos que haya en el escritorio descansan sobre un fondo definido. A medida que vayas seleccionado fondos en la lista verás una presentación preliminar de ellos en el dibujo del monitor que hay en la parte superior del cuadro de diálogo. Si no quieres que tu escritorio tenga fondo, selecciona la opción (Ninguno). Y, si quieres modificar el diseño que hayas seleccionado haz clic en el botón Editar diseño, trabaja en el cuadro de diálogo Editor de diseños y haz clic en el botón Listo cuando hayas terminado.
- Papel tapiz: en este cuadro de lista puedes elegir una imagen para que aparezca en el fondo de la pantalla, sobre el diseño. La imagen se puede situar en el centro de la pantalla (selecciona la opción Centrado de la lista desplegable Mostrar) o repetida por toda la pantalla (activa la opción Mosaico). En caso de que la imagen que hayas seleccionado no ocupe toda la pantalla puedes elegir la opción Estirar de la lista desplegable Mostrar para aumentar su tamaño hasta que llene toda la pantalla.

  Aunque Windows 98 viene con muchas imágenes para que sirvan de tapiz, lo más interesante es que puedes colocar de tapiz cualquier imagen que tú quieras. Para seleccionar una imagen cualquiera (con la única limitación que debe estar en los formatos BMP, GIF o JPG), haz clic en el botón Examinar. Entonces podrás utilizar el cuadro de diálogo Buscando papel tapiz para buscar tu imagen en el ordenador. Cuando la encuentres, selecciónala y haz clic en Aceptar. Igual que en el caso del diseño, puedes hacerte una idea de cómo va a quedar el tapiz mirando la presentación preliminar que aparece en el dibujo del monitor que hay en la parte superior del cuadro de diálogo.

Truco

Como verás en el capítulo 10, puedes utilizar el accesorio Paint *para crear tus propias imágenes de tapiz.*

Aviso

El Diseño y el Papel tapiz pueden hacer que tu pantalla adquiera un aspecto impresionante, pero también pueden hacer que sea difícil o imposible ver los iconos en el escritorio. Si eliges un diseño complicado, prepárate a aguzar la vista.

Por último, si tienes configurado tu escritorio para que se vea como una página Web (consulta el apartado "El escritorio" del capítulo 2 o la ficha Web más adelante) puedes hacer que el fondo de tu escritorio sea una página Web (lógicamente, es necesario que dispongas de una página Web almacenada en tu ordenador para poder convertirla en fondo de tu escritorio).

La página Web que utilices como fondo de tu escritorio puede tener todas las características de cualquier página Web normal: gráficos, vínculos, elementos multimedia, etcétera.

El procedimiento para seleccionar la página Web que quieres como fondo es idéntico al de seleccionar una imagen. La instalación de Windows 98 almacena en tu ordenador una página Web denominada WALLPAPR que puedes utilizar para probar esta característica.

Si la quieres convertir en fondo de tu escritorio selecciónala de la lista Papel tapiz de la propia ficha Fondo.

Nota

Uno de los accesorios relacionados con Internet que vienen con Windows 98 es FrontPage Express, un pequeño editor de páginas Web. Si eres un usuario medio o avanzado puedes utilizar este programa para crear tus propias páginas Web y utilizarlas como fondo de tu escritorio. Desgraciadamente, las limitaciones de espacio hacen que sea imposible mostrarte en este libro la manera de hacerlo.

Protector de pantalla

La segunda ficha del cuadro de diálogo Propiedades de Pantalla se denomina Protector de pantalla (mira la figura 3.20). Un *protector de pantalla* es un programa que entra en funcionamiento transcurrido un periodo de tiempo definido por el usuario sin que éste haya tocado el teclado ni el ratón, y cuya misión es, simplemente, la de cambiar continuamente lo que aparece en la pantalla. Con ello se evita que se quede fija en pantalla una misma imagen durante mucho tiempo, circunstancia que podría desgastar innecesariamente el monitor. En cuanto el usuario toca el ratón o el teclado, el protector de pantalla desaparece y vuelve inmediatamente la imagen que había con anterioridad a su entrada en funcionamiento (normalmente, el programa con el que estuvieses trabajando).

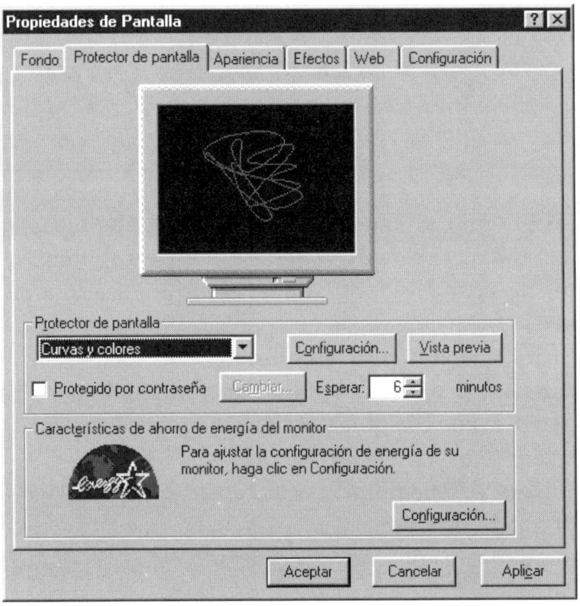

Figura 3.20. La ficha Protector de pantalla *del cuadro de diálogo* Propiedades de pantalla

La ficha Protector de pantalla del cuadro de diálogo Propiedades de pantalla te permite configurar todas las opciones relativas a tu protector de pantalla.

- Protector de pantalla: este cuadro de lista desplegable te permitirá elegir el protector de pantalla que quieres utilizar. Sólo tienes que desplegar la lista haciendo clic en la flecha que aparece a su derecha, y seleccionar uno de los salvapantallas haciendo clic sobre su nombre.

- Configuración: algunos protectores de pantalla permiten determinar ciertas características. Por ejemplo, el protector Curvas y colores te permite especificar el número de curvas que quieras que aparezcan, el color, su velocidad, etcétera. Haciendo clic en este botón pasarás a una cuadro de diálogo en el que podrás especificar todos estos parámetros.
- Vista previa: una vez elegido el protector de pantalla y establecida su configuración, puedes hacer clic en este botón para que Windows te muestre el efecto conseguido. Para salir de la vista previa sólo tienes que mover el ratón o pulsar cualquier tecla.
- Protegido por contraseña: esta opción te permite establecer una contraseña para que el salvapantallas no se retire de la pantalla hasta que no la introduzcas. Por ejemplo, si te vas al servicio y dejas el ordenador encendido, ésta es una manera de evitar que alguien pueda manipular tu ordenador sin permiso. Una vez que actives la opción deberás hacer clic en el botón Cambiar para introducir la nueva contraseña.
- Esperar: en este cuadro debes introducir el número de minutos que han de transcurrir sin que hagas nada para que el protector de pantalla entre en funcionamiento.
- Características de ahorro de energía del monitor: si tu monitor cumple el estándar *EnergyStar*, Windows te permitirá modificar las opciones de la parte inferior del cuadro de diálogo. Este estándar lo incorporan algunos monitores que son capaces de desactivarse automáticamente cuando permanecen inactivos durante un tiempo, consiguiendo con ello ahorrar energía. Si haces clic en el botón Configuración aparecerá el cuadro de diálogo Propiedades de Administración de energía, donde podrás establecer la política de ahorro de energía de tu ordenador (consulta el apartado "Administración de energía" del capítulo 9).

Apariencia

Es la tercera ficha del cuadro de diálogo Propiedades de Pantalla y, a pesar de su aspecto inofensivo, permite modificar muchos elementos del aspecto que ofrece Windows 98 en pantalla (figura 3.21). Para configurar estas opciones tienes dos posibilidades:

- Elegir en el cuadro Combinación una de las configuraciones predeterminadas de las que incorpora Windows.
- Crear tu propia configuración seleccionando elementos de la pantalla en el cuadro Elemento e introduciendo valores para cada elemento seleccionado mediante los controles Tamaño, Color y Fuente (y los modificadores de la fuente). Cuando hayas establecido tu propia configuración puedes guardarla con el botón Guardar como.

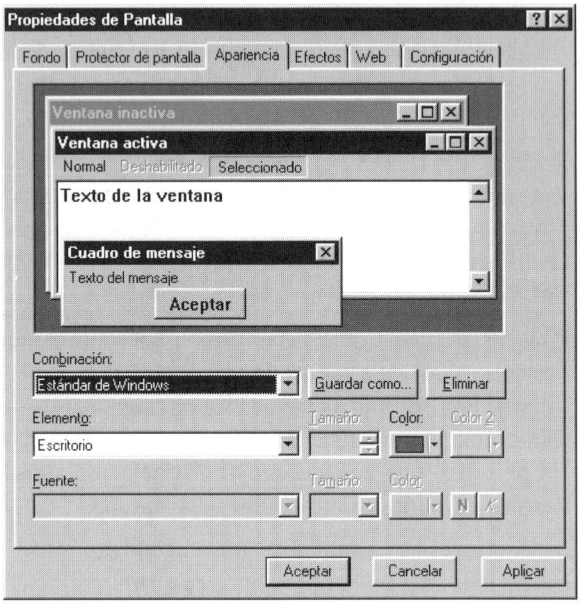

Figura 3.21. La ficha Apariencia *del cuadro de diálogo* Propiedades de pantalla

Nota

Con el botón Eliminar *puedes eliminar combinaciones de diseños, tanto las predeterminadas de Windows como las que tú mismo hayas creado.*

Consejo

Realiza todas las pruebas que desees. Si quedas satisfecho con una combinación en particular, guárdala con un nombre. Si el intento acaba en un caos, siempre puedes recuperar la apariencia estándar de Windows seleccionando la opción Estándar de Windows *en el cuadro de lista* Combinación.

Efectos

La cuarta ficha del cuadro de diálogo Propiedades de Pantalla se denomina Efectos (mira la figura 3.22) y en ella podrás determinar algunas opciones del aspecto de Windows 98.

La zona Iconos del escritorio te permite (si quieres) cambiar los iconos predefinidos de Windows de los principales objetos del escritorio (Mi PC, Entorno de red, etcétera). Por ejemplo, si quieres cambiar el icono Mi PC, haz clic sobre él para seleccionarlo en la zona Iconos del escritorio. Luego haz clic en el botón Cambiar icono y selecciona un

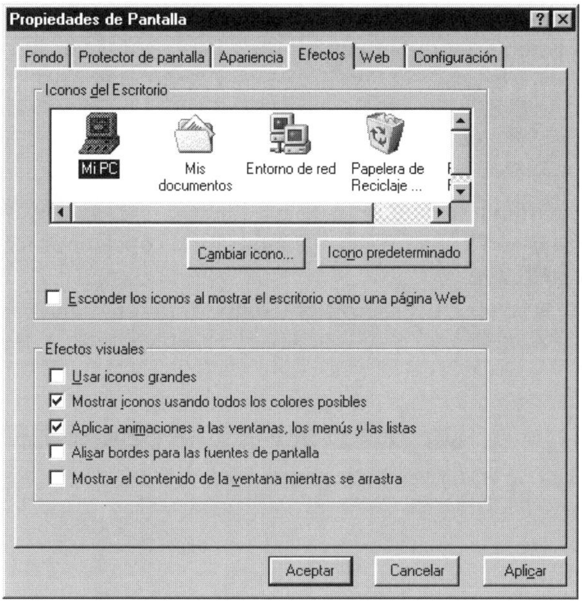

Figura 3.22. La ficha Efectos *del cuadro de diálogo* Propiedades de pantalla

nuevo icono en el cuadro de diálogo Cambiar icono que aparecerá (también puedes utilizar el botón Examinar de este cuadro de diálogo para buscar otros iconos); por último haz clic en Aceptar.

Si después de cambiar un icono quieres volver al original, selecciona el icono y haz clic en el botón Icono predeterminado.

Si has elegido ver tu escritorio como una página Web, puedes activar la opción Esconder los iconos al mostrar el escritorio como una página Web para ocultar de la vista los iconos del escritorio.

Por su parte, las opciones que aparecen en la zona Efectos visuales son las siguientes:

- Usar iconos grandes: si seleccionas esta opción, los iconos del escritorio aparecerán con un tamaño doble del normal.
- Mostrar iconos usando todos los colores posibles: si seleccionas esta opción, en lugar de aparecer en el escritorio los iconos estándar aparecerán unos iconos que tienen un mayor detalle visual.
- Aplicar animaciones... Esta opción hace que los menús, listas y ventanas se abran y cierren con un bonito efecto visual.
- Alisar bordes para las fuentes de pantalla: esta opción hace que las letras se vean con más nitidez en la pantalla.

- Mostrar el contenido de la ventana mientras se arrastra: si seleccionas esta opción, cuando muevas una ventana podrás ver su contenido durante la operación, en lugar de ver solamente su borde.

Web

La quinta ficha del cuadro de diálogo Propiedades de Pantalla se denomina Web (mira la figura 3.23). En ella encontrarás una opción principal: Ver Active Desktop como una página Web.

Si la activas, tu escritorio se comportará como una página Web; en caso contrario se comportará como un escritorio convencional.

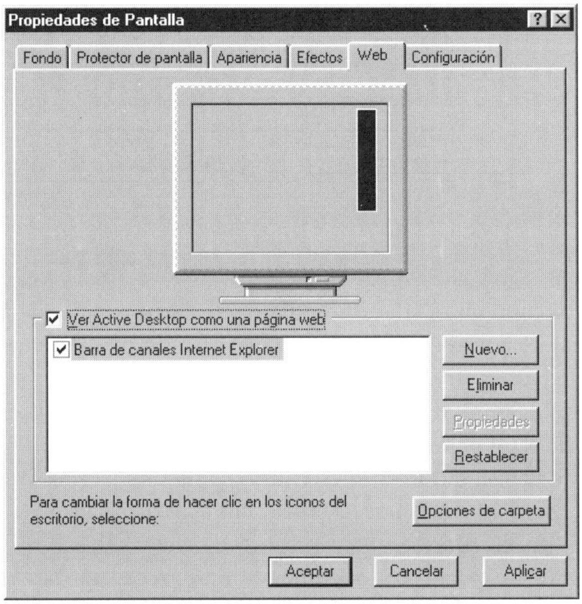

Figura 3.23. La ficha Web *del cuadro de diálogo* Propiedades de pantalla

Si decides que quieres ver tu escritorio como una página Web, entonces puedes usar esta ficha para añadir *contenidos activos* al mismo. La instalación de Windows 98 ya coloca un contenido activo en el escritorio: la Barra de canales de Internet Explorer. Sin embargo, puedes configurar totalmente a tu gusto los contenidos activos mediante los botones Nuevo, Eliminar, Propiedades y Restablecer.

El botón Opciones de carpeta permite configurar diversos aspectos del comportamiento y apariencia de las carpetas de Windows 98. Esto lo veremos con detalle en el próximo capítulo.

Configuración

La última ficha del cuadro de diálogo Propiedades de Pantalla se denomina Configuración (mira la figura 3.24). En ella puedes determinar dos aspectos básicos de la apariencia de tu pantalla:

- La resolución: la resolución determina el número de puntos o píxeles de que estará compuesta la pantalla. Las opciones más comunes son 640x480 (VGA), 800x600 (SVGA) y 1024x768. Cuanto más alta sea la resolución, más pequeñas verás las cosas en la pantalla, aunque cabrán más.
- El número de colores: esta opción determina el número máximo de colores que se podrán ver a la vez en pantalla. Las opciones más comunes son: 16, 256, Color de alta densidad (que son 65535 colores) y Color verdadero (que son 16,7 millones de colores: el número máximo de colores que detecta el ojo humano). Es preferible seleccionar el mayor número de colores posibles, aunque eso dependerá de la potencia de tu ordenador y de las características de tu tarjeta de vídeo (a más colores, más lento irá el ordenador; además el número de colores disponibles para cada resolución de pantalla depende de la cantidad de memoria que tenga tu tarjeta de vídeo).

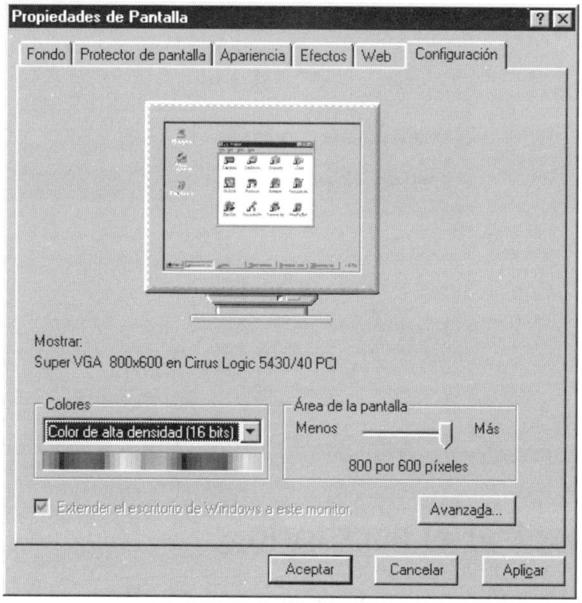

Figura 3.24. La ficha Configuración *del cuadro de diálogo* Propiedades de pantalla

Aviso

Cuando cambies la resolución de la pantalla es posible que automáticamente cambie también el número de colores (a menos). Si ello sucede se deberá a que tu tarjeta gráfica no tiene suficiente memoria para utilizar todos esos colores a tanta resolución. No hay más solución que poner más memoria a la tarjeta gráfica o utilizar una resolución menor.

Si haces clic en el botón Avanzada aparecerá el cuadro de diálogo Propiedades de tu tarjeta de vídeo (mira la figura 3.25). En este cuadro de diálogo se pueden configurar una gran cantidad de aspectos relacionados con tu tarjeta de vídeo y con tu monitor. Sin embargo, no debes alterar la configuración que Windows te muestra por omisión a no ser que sepas exactamente lo que estás haciendo puesto que, en caso contrario, podrías dañar el monitor o provocar que el sistema deje de funcionar.

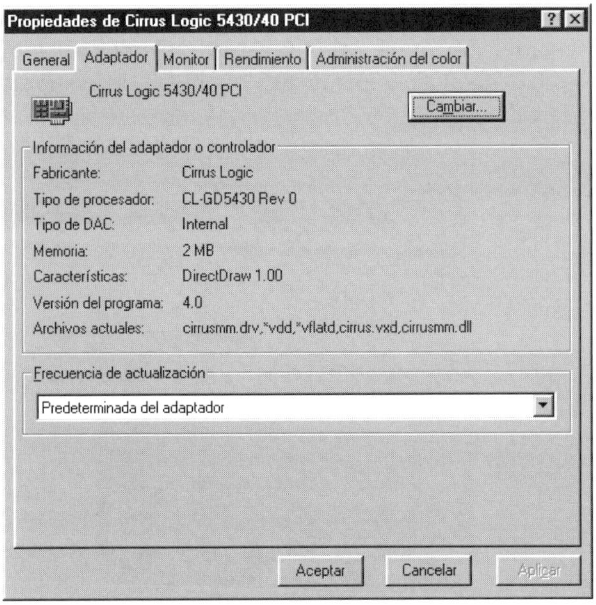

Figura 3.25. El cuadro de diálogo Propiedades *de una tarjeta de vídeo*

Organizar el escritorio

Sobre el escritorio te puedes encontrar, básicamente, dos elementos: *iconos de objetos* y *ventanas abiertas*. A medida que vayas trabajando con Windows 98 cada vez habrá más iconos en el escritorio.

Además, si abres varias carpetas y programas es posible que te encuentres con un verdadero lío en la pantalla. Afortunadamente, Windows 98 dispone de varios sistemas para organizar los iconos y las ventanas.

Organizar los iconos

Tienes varias maneras de organizar los iconos que aparecen en el escritorio:

- La más sencilla es la *manual*: arrastra cada uno de los iconos hasta el lugar de la pantalla que desees.
- También puedes *alinear los iconos*. Supón que sobre el escritorio hay una cuadrícula invisible. Pues bien, si ejecutas el comando Alinear iconos del menú emergente del escritorio (el cual aparece cuando haces clic con el botón derecho del ratón sobre una zona despejada del escritorio), los iconos se dispondrán sobre las intersecciones de esa cuadrícula (cada uno sobre la intersección que tenga más cerca).
- Puedes *ordenar* todos los iconos por diferentes conceptos: nombre, tipo, tamaño o fecha. Para ello elige cualquiera de las opciones al efecto que aparecen al seleccionar el submenú Opciones del menú emergente del escritorio.
- Y puedes dejar que Windows mantenga organizados *automáticamente* los iconos: activa la opción Organización automática del submenú Opciones del menú emergente del escritorio.

Nota

Todas las técnicas de organización de iconos que aparecen aquí también son de aplicación para los iconos que aparecen dentro de ventanas abiertas.

Consejo

Cuando organices los iconos en el escritorio procura que se sitúen en los lados de la pantalla, ya que así te resultará más fácil acceder a ellos cuando tengas abiertas ventanas en el escritorio.

Organizar las ventanas

Las ventanas que aparecen en el escritorio de Windows se gestionan individualmente desde ellas mismas, como tendrás ocasión de ver en el capítulo 6. Sin embargo, desde la Barra de tareas también es posible realizar una organización *conjunta* de todas las ventanas abiertas. Si haces que aparezca el menú emergente de la Barra de tareas (haciendo clic con el botón derecho del ratón sobre una zona despejada de la misma) verás que, además de los comandos Propiedades y Barras de herramientas que conoces, hay cuatro opciones más:

- Cascada: hace que las ventanas abiertas y no minimizadas se dispongan una sobre otra, dejando visible una pequeña parte de ellas (figura 3.26).
- Mosaico horizontal: esta opción hace que todas las ventanas que tengas abiertas y no minimizadas se dispongan horizontalmente con el máximo tamaño posible para que se vean todas ellas.
- Mosaico vertical: esta opción hace que todas las ventanas que tengas abiertas y no minimizadas se dispongan verticalmente con el máximo tamaño posible para que se vean todas ellas.
- Minimizar todas las ventanas: hace que se minimicen (queden reducidas a un icono en la Barra de tareas) las ventanas que tengas abiertas en pantalla. Es muy útil cuando se tienen abiertas muchas ventanas a la vez y quieres acceder rápidamente al escritorio. El botón Mostrar escritorio de la barra de herramientas Inicio rápido de la Barra de tareas produce el mismo efecto.

Nota

Estas mismas opciones están disponibles en el menú Ventana *de muchas de las aplicaciones de Windows. En ese caso sirven para organizar las ventanas de documento que haya dentro de la ventana de la aplicación.*

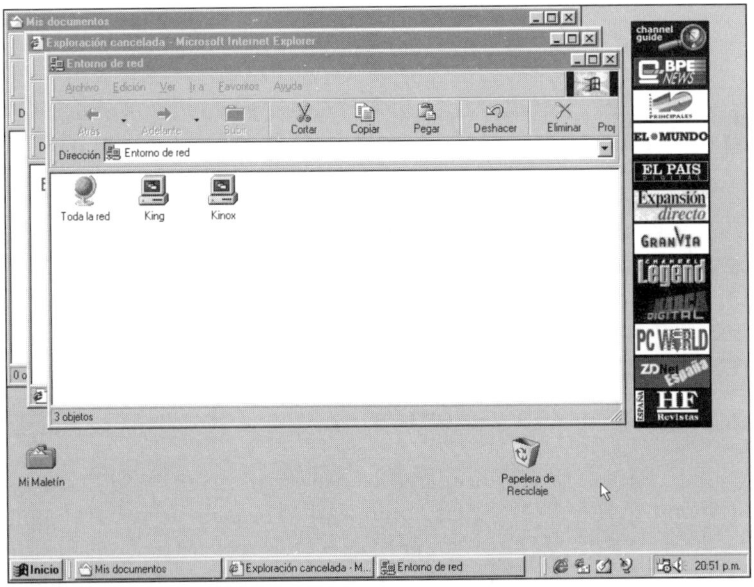

Figura 3.26. Tres ventanas organizadas en cascada

4

Ventanas, menús y cuadros de diálogo

Como sin duda ya sabes, Windows significa "ventana". Y no es por casualidad. Las ventanas son uno de los elementos más importantes del entorno Windows y, por tanto, es imprescindible que las conozcas bien. Junto con las ventanas, los menús son otro de los elementos más conocidos de Windows 98; en este capítulo también los veremos. Y por último, estudiaremos los cuadros de diálogo, unas ventanas muy especiales.

¿Qué es una ventana?

Todo trabajo que se realiza en Windows (excepto el que hagas en el propio escritorio) se desarrolla dentro de una ventana.

Por tanto, una ventana no es más que la representación en la pantalla de un trabajo que se está llevando a cabo en Windows.

Como Windows puede tener abiertas varias ventanas a la vez, ello significa que se pueden realizar distintos trabajos a la vez.

Las ventanas de Windows son todas muy similares. Desde un punto de vista gráfico, una ventana se reconoce en la pantalla porque es un espacio de la misma rodeado por un borde.

Dentro de ese borde existirán distintos componentes. Tanto el borde como los componentes de una ventana pueden presentar pequeñas diferencias con los de otra pero, en general, serán muy parecidos. Esto quiere decir que todas las actividades que desarrolles en Windows las llevarás a cabo en un entorno muy similar, lo cual, evidentemente, reduce enormemente la curva de aprendizaje de cualquier nueva tarea que te propongas realizar.

Dentro de las ventanas pueden suceder una gran cantidad de cosas. En general, una ventana se utiliza para que la tarea que estés llevando a cabo se comunique contigo. Es decir, para que la tarea te proporcione información y para que tú introduzcas datos y des órdenes a la tarea.

Por ejemplo, si en la ventana estás ejecutando tu procesador de textos favorito, esa ventana servirá para que tú veas el documento que estás escribiendo y para que el programa te informe de cualquier incidencia (como puede ser un error ortográfico); a su vez, tú utilizas la ventana para introducir el texto y para dar órdenes al programa (como puede ser que realice una comprobación ortográfica).

Las partes de las ventanas

Como te decía más arriba, el aspecto de todas las ventanas de Windows es muy similar. Ello se debe a que todas las ventanas están compuestas de una serie de elementos que son muy parecidos (mira la figura 4.1). En las siguientes líneas veremos cuáles son esos elementos.

Nota

Aunque te puedes encontrar ventanas que no tengan algunos de los elementos que se explican aquí, será muy difícil que te encuentres con una ventana que tenga elementos que no aparezcan a continuación.

Figura 4.1. Las partes de una ventana

El borde de la ventana

El borde de la ventana es la línea que marca sus límites y que te sirve para distinguirla en la pantalla (si las ventanas no tuvieran borde no sabrías si lo que estabas viendo era una ventana o una parte del escritorio, por ejemplo). Todas las operaciones que tengan que ver con una ventana se realizarán desde su borde hacia adentro.

Además, en determinadas ventanas el borde tiene la misión de permitirte cambiar el tamaño de la misma (lee algo más adelante). Las ventanas cuyo tamaño se puede cambiar con el borde muestran un *gestor de tamaño* en su extremo inferior derecho. La misión de este gestor es la de que el usuario pueda determinar visualmente si es posible cambiar o no el tamaño de la ventana: si aparece el gestor es que sí se puede cambiar el tamaño de la ventana.

La barra del título

La barra del título está situada a lo largo de la parte superior de la ventana y su misión principal es la de permitirte identificar la ventana. Para ello, el nombre de la ventana aparece en la barra del título.

Además, la barra del título también sirve para identificar si la ventana está *activa* (o sea, si es la ventana con la que estamos trabajando en este momento) o no. En el primer caso la barra del título aparecerá en color oscuro. Si la ventana está *inactiva* o en *segundo plano*, la barra del título aparecerá en color claro.

Por último, la barra del título también sirve para mover la ventana por la pantalla si prefieres realizar esta operación con el ratón (consulta el apartado "Gestionar las ventanas"). La barra del título contiene, de izquierda a derecha, algunos elementos muy importantes:

- El menú de control: está situado en el extremo izquierdo de la barra de menús y se identifica porque aparece como un icono. El icono concreto que aparezca depende del tipo de ventana de que se trate, pero su funcionamiento es siempre igual: si haces clic sobre él se abrirá el menú de control. Las opciones de este menú sirven para realizar operaciones con la ventana (minimizarla, maximizarla, restaurarla, cambiar su tamaño, su posición en la pantalla y cerrarla). Estas operaciones las veremos en el apartado titulado "Gestionar las ventanas".

Truco

Si haces doble clic sobre el menú de control de una ventana, ésta se cerrará de forma inmediata.

Truco

Puedes hacer que aparezca el menú de control de una ventana haciendo clic con el botón derecho del ratón en una zona despejada de la barra del título o pulsando las teclas Alt+Barra espaciadora.

- El título: está situado a la izquierda de la barra del título, a continuación del menú de control. Su misión es identificar la ventana.
- El botón Minimizar está situado en la parte derecha de la barra del título. Sirve para *minimizar* una ventana o, lo que es lo mismo, para reducirla a un icono. Cuando una ventana está minimizada su funcionamiento se desarrolla con normalidad, pero no ocupa espacio en la pantalla. Los iconos de las ventanas minimizadas aparecen en la Barra de tareas, aunque si minimizas una ventana de documento de una aplicación, el icono de ésta aparecerá dentro de la ventana de la aplicación. Si el icono de la ventana aparece en la Barra de tareas, sólo tienes que hacer clic sobre él para que la ventana recupere su tamaño original (se *restaure*). Si aparece en una ventana de aplicación seguirás viendo su barra de menús, así que podrás restaurarla según se explica a continuación.

- El botón Maximizar está situado a la derecha del botón Minimizar. Sirve para *maximizar* una ventana o, lo que es lo mismo, para aumentar su tamaño hasta que ocupe toda la pantalla.
- El botón Restaurar aparece sustituyendo a alguno de los dos anteriores. Por ejemplo, si una ventana está maximizada aparece en lugar del botón Maximizar; y si una ventana de documento está minimizada aparece en lugar del botón Minimizar. La misión del botón Restaurar es la de restaurar el tamaño intermedio que tuviera la ventana (o sea, el que no es maximizado ni minimizado) antes de realizar cualquiera de esas dos operaciones.
- El botón Cerrar: está situado en el extremo derecho de la barra del título. Su misión es la de cerrar completamente la ventana (y no reducirla a un icono), lo que en el caso de una ventana de aplicación significa finalizar la ejecución de ese programa.

Truco

Si mantienes pulsada la tecla Mayús a la vez que haces clic en el botón Cerrar *de una ventana cerrarás esa ventana y todas las demás que hayas abierto para llegar a ella. Esto te evita tener que ir cerrando una por una todas las ventanas que hayas ido abriendo hasta alcanzar la que te interesa (consulta el capítulo 6).*

Nota

En la barra del título de los cuadros de diálogo que aparecen al abrir cualquier elemento del panel de control se ve otro botón denominado ¿Qué es esto? *que tiene forma de signo de interrogación. Al hacer clic sobre él, el puntero del ratón se convierte en un signo de interrogación con el que se puede hacer clic en cualquier parte de la ventana para solicitar ayuda sobre la misión de ese componente.*

La barra de menús

La barra de menús aparece en la ventana debajo de la barra del título, aunque no todas las ventanas la tienen. Los menús son unas palabras que aparecen en esta barra y su misión es la de ofrecerte las distintas acciones posibles. Cuando se hace clic sobre una de estas palabras, el menú se despliega ofreciendo diversas opciones o *comandos.*

Nota

Además de los menús de la barra de menús de las ventanas, Windows 98 cuenta con otro tipo de menús: los llamados emergentes, que aparecen donde esté el puntero del ratón cuando se hace clic con el botón derecho de éste. En cualquier caso, excepto por el método usado para desplegarlos, los dos tipos de menús funcionan de la misma manera.

También puedes desplegar un menú con el teclado. Si observas atentamente cualquier barra de menús, verás que las palabras que aparecen en él tienen todas una letra subrayada. Pues bien, si pulsas la tecla correspondiente a esa letra mientras mantienes pulsada la tecla Alt, desplegarás el menú.

Una vez desplegado el menú podrás ejecutar el comando que te interese de todos los que aparecen.

Si prefieres hacerlo con el ratón, sólo tienes que apuntar el puntero a la opción deseada y, una vez resaltada, hacer clic.

Si prefieres emplear el teclado, utiliza las teclas Flecha arriba y Flecha abajo para resaltar la opción que te interese y luego pulsa la tecla Intro.

Fíjate en que cada una de las opciones de los menús también tienen una letra subrayada (como el propio nombre del menú).

Para seleccionar cualquier opción de menú sólo tienes que pulsar la tecla correspondiente a su letra subrayada cuando el menú este desplegado (en este caso sin pulsar a la vez la tecla Alt).

Aviso

A lo largo del libro te diré muchas veces frases tales como: "ejecuta el comando Archivo, Abrir*". Esto debes entenderlo como que ejecutes el comando* Abrir *del menú* Archivo.

Tipos de opciones que aparecen en los menús

Si observas detenidamente las opciones que aparecen en los menús, te darás cuenta enseguida de que no todas ellas son iguales, sino que algunas presentan ciertas particularidades que debes conocer.

La primera distinción que debes hacer es que los nombres de los comandos pueden aparecer en color negro o en color gris. A esto último se denomina forma *atenuada* o *difuminada*. En el primer caso el comando funcionará normalmente. Es decir, si lo seleccionas llevará a cabo alguna acción.

En el segundo caso, el comando no estará disponible en ese momento y, por tanto, no podrás seleccionarlo para que realice alguna acción. El motivo más frecuente por el que un comando esté atenuado se debe a que haya que realizar alguna otra acción previa antes de utilizar ese menú o comando.

En segundo lugar, debes notar que gran parte de los comandos muestran algunos símbolos junto a su nombre. En concreto, te puedes encontrar con las siguientes posibilidades:

- *Puntos suspensivos* (...): esta marca, que aparece a la derecha del nombre del comando, indica que ese comando no realiza ninguna acción inmediatamente, sino que da paso a un *cuadro de diálogo*, normalmente porque necesita información adicional antes de poder ejecutarse.

- Una *flechita* (▸): esta marca, que aparece a la derecha del comando, indica que ese comando tampoco realiza ninguna acción inmediatamente, sino que da paso a un submenú o, lo que es lo mismo, a un conjunto de subopciones de ese comando.
- El *signo de visado* o *marca de control* (✔): hay opciones de menús que sólo pueden tener dos valores: activadas o desactivadas (o, lo que es igual, sí o no). Esta marca aparece a la izquierda del comando si está activado, o no aparece si el comando está desactivado. Cada vez que selecciones este comando alternarás entre activarlo y desactivarlo.
- Un *punto grueso* (•): algunas veces un menú contiene varios comandos de los cuales sólo puede estar activo uno de ellos (es decir, esos comandos son excluyentes entre sí). En tales casos, esta marca te indicará qué opción está activada. Para activar cualquier opción sólo tienes que hacer clic sobre ella. Entonces el punto grueso pasará a estar a la izquierda de la nueva opción seleccionada y desaparecerá de la anterior. Normalmente, los comandos de un mismo grupo aparecen entre separadores.

Y por último, observa que otros comandos muestran una combinación de teclas a su derecha (por ejemplo, Ctrl+Z). Esto es lo que se denomina un *atajo de teclado* o, en la terminología de Windows 98, un *acceso directo de teclado*. Pulsar esta combinación de teclas cuando la ventana está activa es equivalente a seleccionar el menú y luego el comando, pero tiene la ventaja de que es mucho más rápido.

La barra de herramientas o de botones

La barra de herramientas suele estar situada debajo de la barra de menús y, en muchos casos, hay más de una. La barra de herramientas contiene botones, iconos y otros elementos que sirven de atajo para ejecutar los comandos más frecuentes. Hacer clic sobre uno de los botones es equivalente a seleccionar un comando de un menú. Observa que todas las acciones que puedas realizar con la barra de herramientas también las puedes llevar a cabo desde los menús, aunque hacerlo con la barra de herramientas resulta más rápido. Las barras de herramientas normalmente sólo se pueden utilizar con el ratón y la mayoría de ellas tienen la particularidad de que si detienes unos instantes el puntero del ratón sobre uno de sus botones, aparecerá un cartelito que te indicará su nombre.

Nota

Las funciones más relevantes de las dos barras de herramientas que aparecen en la mayoría de las ventanas del propio Windows 98 (y no en las ventanas de aplicaciones) y en la figura 4.1 se explican en los capítulo 6 y 13.

El área de trabajo

El área de trabajo es la gran zona de color claro que aparece en el centro de la ventana. En esta zona es donde se ve el contenido de la ventana y donde el usuario puede trabajar (por ejemplo, si la ventana es la de un programa procesador de textos, en esta zona es donde el usuario introduciría su escrito).

Si la ventana es una propia de Windows 98 (y no de una aplicación), a la izquierda del área de trabajo aparecerá una zona informativa que contendrá el nombre de la ventana e información sobre el elemento que hayas seleccionado en la ventana.

Las barras de desplazamiento

Cuando aparecen lo hacen situadas a lo largo del borde derecho y del borde inferior de la ventana. Puede que no aparezca ninguna, que aparezca una o que lo hagan las dos. Su misión es la de permitirte desplazar el contenido de la ventana vertical u horizontalmente, según la barra. En ocasiones, la ventana es demasiado pequeña como para mostrar de una vez todo el área de trabajo. En tales casos, las barras de desplazamiento permiten ver las zonas ocultas desplazando el área de trabajo hasta que se vea en la ventana la parte que te interesa. Siguiendo con el ejemplo del procesador de textos, si el escrito que has introducido en el área de trabajo es demasiado extenso, no podrás verlo todo a la vez en la ventana. Mediante las barras de desplazamiento podrás mover el área de trabajo para ver la parte del escrito que te interese.

Las barras de desplazamiento tienen tres partes (mira la figura 4.2): las *flechas de desplazamiento*, la propia barra de desplazamiento y el *cuadro de desplazamiento*. La posición del cuadro de desplazamiento en el interior de la barra de desplazamiento te indicará la posición relativa de la zona del área de trabajo que estás viendo a través de la ventana. Además, la longitud del cuadro de desplazamiento dentro de la barra te indicará la porción relativa del documento que estás viendo. Es decir, si el documento es pequeño y cabe casi completamente en la ventana, el cuadro de desplazamiento ocupará toda la barra de desplazamiento; por el contrario, si el documento es muy grande y sólo puedes ver una parte muy pequeña de él en la ventana, el cuadro de desplazamiento será muy estrecho. Evidentemente, entre ambos extremos hay una amplia gama de posibilidades que te servirán para conocer la parte proporcional del documento que estás viendo en la ventana en cada momento.

Para utilizar las barras de desplazamiento tienes varias posibilidades:

- Si quieres que el desplazamiento sea leve, haz clic en una flecha de desplazamiento (puedes mantener pulsado el botón del ratón sobre una flecha de desplazamiento para que el desplazamiento sea continuo).
- Si quieres desplazar el área de trabajo el tamaño de una ventana completa (en altura o en anchura), haz clic en el interior de la propia barra de desplazamiento.

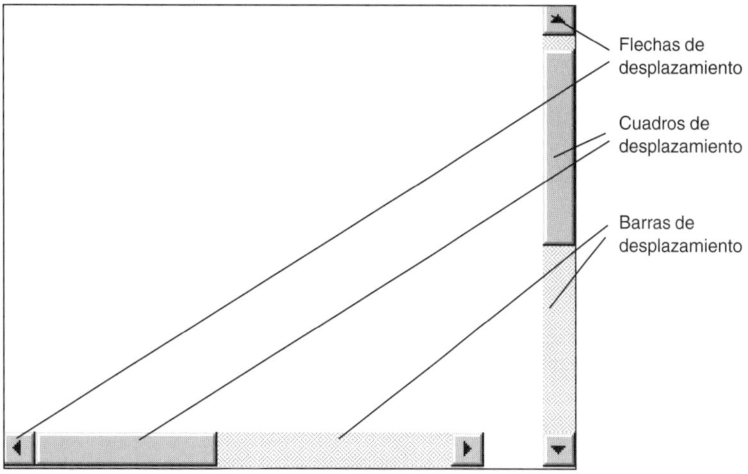

Figura 4.2. Las barras de desplazamiento

- Si quieres desplazarte a un lugar exacto del área de trabajo, arrastra el cuadro de desplazamiento hasta la posición que desees dentro de la barra de desplazamiento. Hay ventanas que van mostrando el área de trabajo a medida que deslizas el cuadro de desplazamiento por la barra. Esto está muy bien, ya que puedes ver cómo se desplaza el documento. Sin embargo, otras ventanas no hacen esto, sino que desplazan el área de trabajo una vez sueltas el cuadro de desplazamiento. En tal caso, puedes usar este sistema para acercarte a la zona del área de trabajo que te interese, y luego puedes emplear los dos métodos anteriores para llegar al sitio exacto.

La barra de estado

La barra de estado, cuando aparece en una ventana, suele estar situada a lo largo del borde inferior de la misma. Su misión es la de mostrar información sobre lo que sucede en la ventana. Por ejemplo, un procesador de textos puede aprovechar la barra de estado para informar del número de la página en la que se encuentra el cursor.

Cómo gestionar las ventanas

Ahora que ya conoces las partes de una ventana te resultará muy fácil disponer las ventanas a tu gusto. Todas las técnicas que se muestran en este apartado se realizan con el ratón, aunque si prefieres el teclado, también puedes llevarlas a cabo mediante los comandos del menú de control.

Maximizar, minimizar, restaurar y cerrar una ventana

Como ya has visto antes, maximizar una ventana consiste en aumentar su tamaño para que ocupe toda la pantalla, minimizar una ventana consiste en reducirla a su mínimo tamaño posible, restaurar una ventana consiste en devolverle el tamaño intermedio que tenía antes de maximizarla o minimizarla y cerrar una ventana consiste en hacerla desaparecer de la pantalla finalizando la tarea que tuviera encomendada.

Todas estas acciones se realizan con los botones que aparecen en la barra del título y de los que ya hemos hablado en el apartado "Las partes de las ventanas".

Cambiar el tamaño y la forma

La mayoría de las ventanas con las que trabajarás diariamente en Windows serán susceptibles de que les cambies el tamaño y la forma. Recuerda que para saber si se puede cambiar el tamaño de una ventana debes comprobar que la ventana tenga un *gestor de desplazamiento.* La siguiente secuencia de pasos te muestra la manera de cambiar el tamaño y la forma de una ventana.

Para cambiar el tamaño y la forma de una ventana

1. Sitúa el puntero del ratón en un borde de la ventana. — *El puntero adoptará la forma de una flecha de dos puntas.*
2. Haz clic y mantén pulsando el botón del ratón.
3. Arrastra el borde de la ventana en la dirección que desees. — *La ventana va cambiando de forma y tamaño a medida que arrastras el ratón.*
4. Cuando la ventana tenga la forma y tamaño deseados, suelta el botón del ratón.

Truco

Observa que si arrastras un lado de una ventana, ésta sólo cambiará horizontal o verticalmente. Sin embargo, si arrastras una de las esquinas, la forma y el tamaño de la ventana cambiarán a la vez de forma horizontal y vertical.

Mover una ventana

El sentido que tiene mover una ventana en el escritorio o dentro de otra ventana mayor es, como siempre, conseguir un mejor aprovechamiento del espacio disponible.

Para mover una ventana, arrástrala por la barra del título. Es decir, sitúa el puntero del ratón sobre la barra del título, haz clic y mantén pulsado el botón del ratón; a continuación, arrastra la ventana hasta su nueva posición; y, por último, suelta el botón del ratón.

Activar una ventana

Como ya sabes, Windows es un sistema operativo multitarea, lo que quiere decir que es posible realizar distintas tareas a la vez. Por ejemplo, es posible tener abiertas varias ventanas, y que en cada una esté ocurriendo una cosa distinta. En tales casos, ¿cómo sabe Windows sobre qué ventana quieres actuar cuando inicias alguna acción? Por ejemplo, si pulsas una tecla y tienes abiertas varias ventanas a la vez, ¿cuál de ellas asumirá que la tecla pulsada se refiere a ella?

Pues bien, las acciones que realices en Windows se efectuarán sobre la ventana que esté activa y, si no hay ninguna ventana activa, sobre el escritorio. Ahora bien, ¿cómo saber qué ventana está activa? La ventana que está activa (mira la figura 4.3) es aquella cuya barra del título tiene un color más oscuro (azul oscuro en la configuración predeterminada de Windows 98).

El usuario puede cambiar la ventana activa a voluntad. La forma más sencilla y rápida de cambiar de una ventana activa a otra consiste en hacer clic sobre la ventana

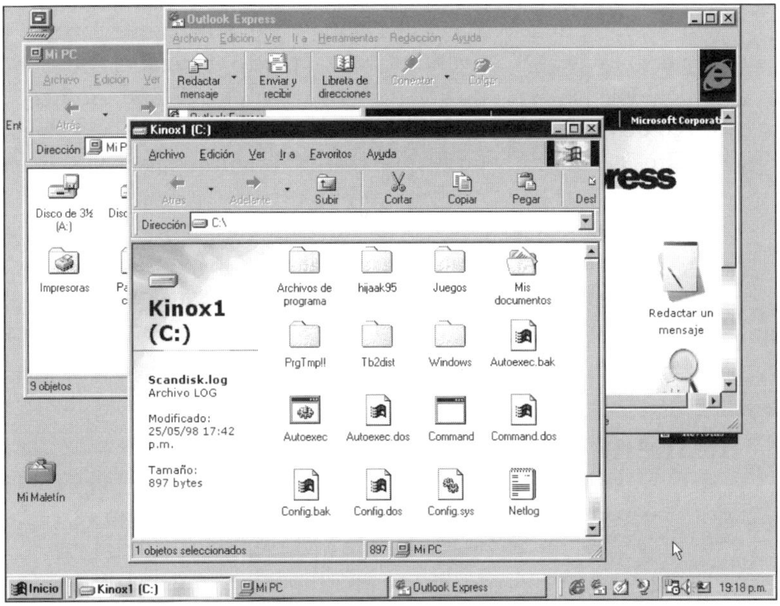

Figura 4.3. Varias ventanas abiertas y una de ellas activa

que se quiere activar. Sin embargo, puede ocurrir que la ventana que deseamos activar no se encuentre a la vista, con lo que no podríamos hacer clic sobre ella para activarla. En esta situación puedes utilizar otra forma muy rápida de activar una ventana que consiste en hacer clic sobre su icono en la ventana en la Barra de tareas.

También puedes pasar de una ventana a otra con el teclado. Pulsa y mantén pulsada la tecla Alt. Luego pulsa una vez la tecla Tab. Entonces aparecerá un cuadro con los iconos de todas las ventanas que tengas abiertas. Para activar cualquiera de esas ventanas sólo tienes que seguir pulsando la tecla Tab hasta que se seleccione la ventana deseada. Luego suelta la tecla Alt.

Nota

Muchas ventanas de aplicación contienen un menú que sirve para organizar las ventanas de documentos que haya en su interior y para seleccionar la que quieras activar. El menú se denomina habitualmente Ventana, *y los títulos de las ventanas de documento que haya en su interior suelen aparecer a modo de comandos en él. Para activar cualquier ventana solamente tienes que seleccionar su nombre en el menú como harías con cualquier otro comando.*

Organizar el contenido de una ventana

En el capítulo 3, cuando hablamos de organizar el escritorio, ya te dije que todo lo que allí se explicó es válido también para organizar el contenido de una ventana. Evidentemente, dependiendo del tipo de ventana de que se trate, podrás organizar su contenido de una manera u otra. Si estás trabajando con la ventana de un procesador de textos no tendría sentido que tratases de alinear sus iconos, puesto que en su área de trabajo habrá palabras y no iconos.

A pesar de lo dicho en el párrafo anterior, en tu trabajo diario con Windows 98 encontrarás muchas ventanas cuyo contenido sí es susceptible de ser organizado para tu mayor comodidad: fundamentalmente, las ventanas de carpetas y discos, así como todas las demás ventanas propias de Windows 98. Esas ventanas tienen (casi todas) un menú denominado Ver que reúne todas las funciones de la organización de su contenido.

El menú Ver

Los comandos del menú Ver se agrupan en varios grupos, los cuales puedes identificar en el propio menú por las líneas de separación (mira la figura 4.4).

El primer comando del primer grupo te permite mostrar u ocultar tres barras de herramientas: Botones estándar (consulta los capítulos 6 y 13), Barra de direcciones (consulta el capítulo 6) y Vínculos (consulta el capítulo 13). El segundo comando te permite

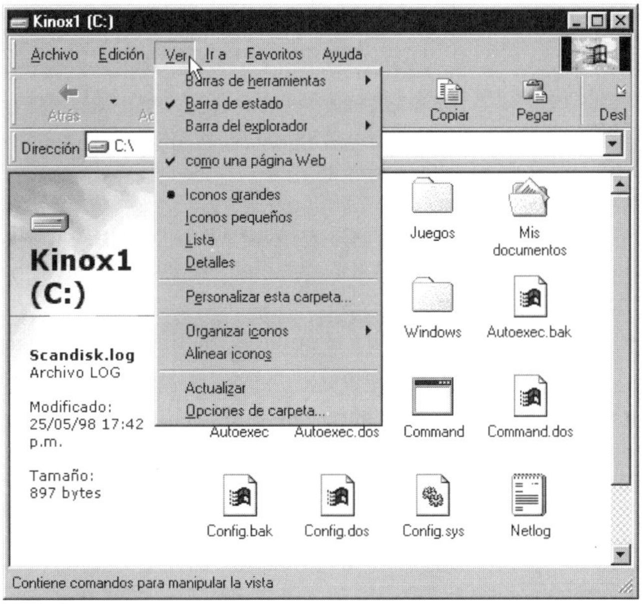

Figura 4.4. El menú Ver *de las ventanas de Windows 98*

mostrar u ocultar la barra de estado de la ventana. Y el tercer comando te permite mostrar u ocultar barras de herramientas propias del Explorador de Internet (consulta el capítulo 13).

La opción Mostrar como una página Web te permite alternar entre ver la ventana como si fuese una pagina Web o como una ventana convencional. Este tema se trata en el apartado "Opciones de carpeta" más adelante en este mismo capítulo.

El tercer grupo de comandos del menú Ver te permite determinar la forma en que deseas ver los objetos que aparecen en la ventana. Windows establece por omisión que los objetos aparezcan en forma de iconos grandes y, si son muchos, en forma de lista. Con este grupo de opciones podrás cambiar el ajuste por omisión a:

- Iconos grandes: los objetos aparecen representados por sus iconos a tamaño completo (con lo que se ven mejor y resulta más cómodo trabajar con ellos). Los iconos se pueden disponer libremente dentro de la ventana.
- Iconos pequeños: los objetos aparecen representados por sus iconos a tamaño reducido (con lo que caben más en la ventana). Los iconos se pueden disponer libremente dentro de la ventana.
- Lista: los objetos aparecen representados por iconos reducidos y además unos debajo de otros, o sea, los iconos no se pueden disponer libremente dentro de la ventana pero, a cambio, facilita su identificación cuando son muchos.

- Detalles: esta opción es igual que la de Lista, pero junto a los objetos aparecen datos sobre los mismos: sus tamaños, tipos y fecha de última modificación.

La opción Personalizar esta carpeta hace que aparezca el asistente Personalizar esta carpeta, que cuenta con tres opciones:

- Crear o editar un documento HTML: esta opción te permite controlar completamente el aspecto de esa ventana. Sin embargo, para emplearla hay que ser un usuario avanzado.
- Elegir la imagen de fondo: si quieres que tu ventana tenga una imagen de fondo determinada (como el escritorio), utiliza esta opción.
- Quitar personalización: si personalizas la apariencia de una ventana y luego quieres restaurar su apariencia original, utiliza esta opción.

El siguiente grupo de opciones del menú Ver sirve para determinar la disposición de los iconos dentro de la ventana. Hay dos comandos:

- Organizar iconos ofrece un submenú con distintas opciones de ordenación de los iconos: por nombre, tipo, tamaño y fecha. Cualquiera de estas opciones dispone los iconos en las intersecciones de la cuadrícula según el orden elegido. Además, el submenú Organizar iconos muestra una última opción: Organización automática. Si activas esta opción, cada vez que muevas un icono, éste se situará automáticamente en la intersección más cercana de la cuadrícula.
- Alinear iconos sirve para que cada uno de los iconos se disponga en las intersección más cercana que tenga de la supuesta cuadrícula invisible que hay sobre el escritorio y de la que hablamos en el capítulo anterior.

Finalmente, el último grupo de opciones del menú Ver cuenta con dos comandos: Actualizar y Opciones de carpeta. El comando Actualizar sirve para que Windows compruebe que el contenido de la carpeta que aparece en pantalla sigue ajustándose a la realidad (por ejemplo, porque hayas realizado alguna operación susceptible de haber modificado la situación). Normalmente Windows actualiza automáticamente el contenido de la carpeta en la pantalla cada vez que se produce un cambio. Sin embargo, si sospechas que pueda habérsele pasado algo por alto, puedes utilizar el comando Actualizar.

Opciones de carpeta

El comando Opciones de carpeta, por su parte, da paso a un cuadro de diálogo que tiene tres fichas.

Ficha General

La ficha General (mira la figura 4.5) te permite elegir el comportamiento del escritorio de Windows:

- Estilo Web: si seleccionas esta opción, el escritorio se comportará exclusivamente como una página Web (por ejemplo, para abrir una carpeta sólo tendrás que hacer un clic en su nombre como si fuera un vínculo, para seleccionar un objeto sólo tendrás que situar el puntero del ratón sobre él, etcétera).
- Estilo clásico: si seleccionas esta opción, el escritorio de Windows adoptará el aspecto y el funcionamiento clásico de Windows (es decir, de Windows 95).
- Personalizar: si seleccionas esta opción podrás configurar por ti mismo el aspecto y comportamiento del escritorio. Una vez seleccionada deberás hacer clic en el botón Configuración para que aparezca el cuadro de diálogo **Configuración personalizada** (mira la figura 4.6), en el que podrás seleccionar entre estas opciones:
    - Active Desktop: en esta zona deberás elegir entre que el escritorio pueda contener elementos propios de una página Web o que no.

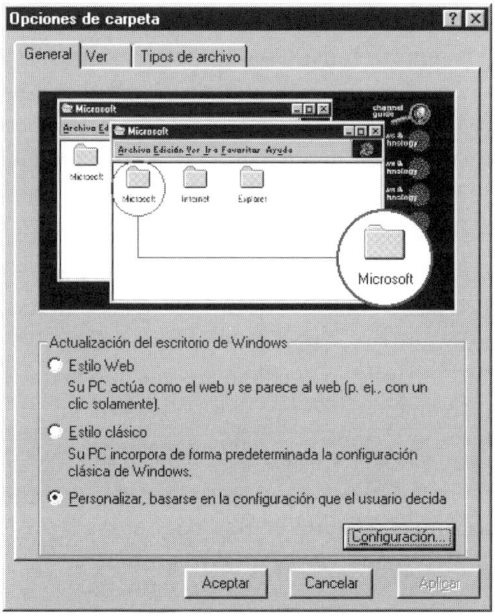

Figura 4.5. La ficha General *del cuadro de diálogo* Opciones de carpeta

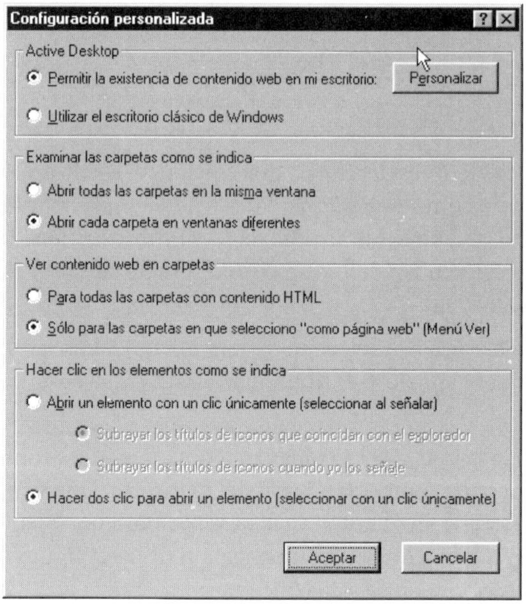

Figura 4.6. El cuadro de diálogo Configuración personalizada

- Examinar las carpetas como se indica: en esta zona puedes elegir entre que todas las carpetas utilicen la misma ventana al abrirse o que utilicen ventanas distintas. Es decir, si abres Mi PC su contenido se verá en una ventana. Si a continuación quieres abrir el Disco C que aparece dentro de Mi PC, el contenido de ese disco podrá aparecer en una ventana independiente o utilizar la que ya estaba abierta con el contenido de Mi PC. Si eliges esta última opción, dejarás de ver el contenido de Mi PC en esa ventana y pasarás a ver el contenido del Disco C.
- Ver contenido Web en carpetas: en esta zona puedes elegir entre que todas las ventanas que muestren el contenido de las carpetas lo hagan utilizando características de las páginas Web, o que esas características sólo las utilicen aquellas carpetas que tú decidas mediante la activación del comando Como página Web del menú Ver de su ventana.
- Hacer clic en los elementos como se indica: esta zona te permite definir el procedimiento que tendrás que utilizar para abrir un objeto: con un solo clic (como en una página Web) o con un doble clic (el procedimiento tradicional de Windows).

Una vez hayas seleccionado las opciones que te interesen haz clic en el botón Aceptar para volver al cuadro de diálogo Opciones de carpeta.

Ficha Ver

La pestaña Ver (mira la figura 4.7) ofrece una gran cantidad de opciones para configurar el aspecto y comportamiento de las ventanas que muestran el contenido de las carpetas. Para activar una opción haz clic sobre ella, de manera que aparezca una marca de verificación en el cuadro que hay a su izquierda. Para desactivar una opción vuelve a hacer clic para que desaparezca la marca de verificación. Si no entiendes la utilidad de alguna de las opciones, utiliza el siguiente procedimiento.

Para obtener ayuda en un cuadro de diálogo

1. Haz clic en el botón con forma de signo de interrogación que hay en el extremo superior derecho del cuadro de diálogo (botón Ayuda).
   Verás que junto al puntero del ratón aparece un signo de interrogación.
2. Haz clic sobre la opción del cuadro de diálogo sobre la que deseas información (en este caso, sobre la opción que no entiendes).
   Windows te mostrará un cuadro que contendrá una explicación de la utilidad de esa opción.

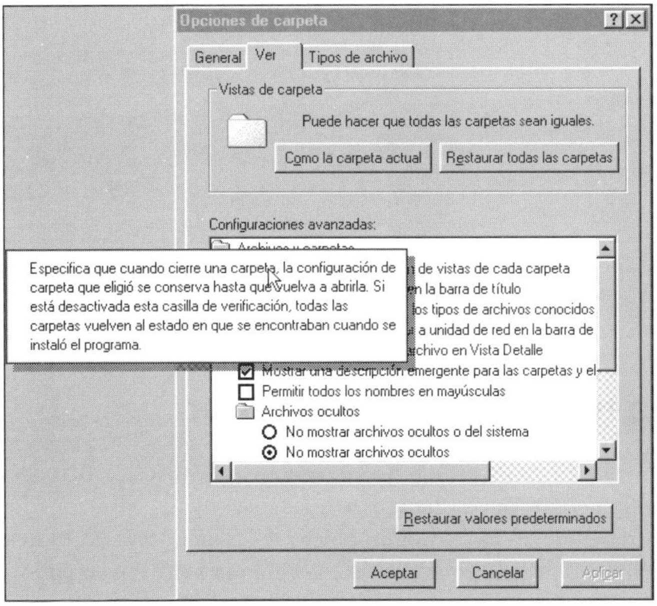

Figura 4.7. La ficha Ver *del cuadro de diálogo* Opciones de carpeta

Ficha Tipos de archivo

La ficha Tipos de archivo (mira la figura 4.8) sirve para asociar manualmente tipos de archivo con aplicaciones (esto se trata en el capítulo 6). Normalmente, cuando se instala una aplicación, ésta comunica a Windows el tipo de archivos que utilizará (que se identifican por la extensión del nombre). Sin embargo, en caso de que quieras asignar manualmente algún tipo de archivo, aquí es donde debes hacerlo.

Aviso

Sólo debes modificar la configuración de esta ficha si eres un usuario avanzado, ya que una configuración incorrecta podrá producir resultados no deseados.

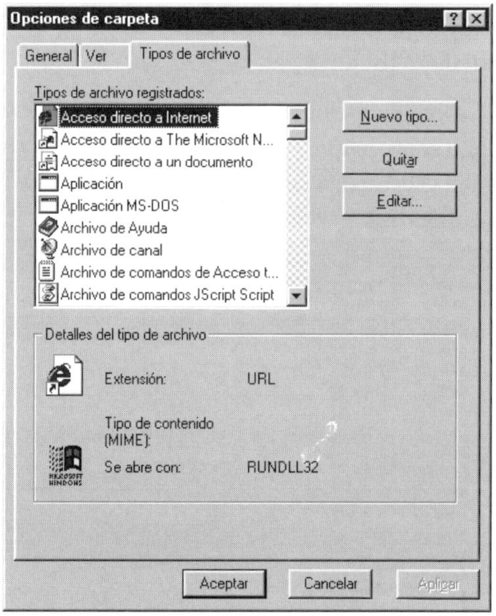

Figura 4.8. La ficha Tipos de archivo *del cuadro de diálogo* Opciones de carpeta

La barra de estado estándar

La barra de estado de las ventanas de discos y carpetas muestra una información diferente dependiendo de que haya objetos seleccionados en la ventana o no. En caso de que no haya ningún objeto seleccionado, la barra de estado te informará del número de objetos que hay en esa ventana y del espacio que ocupan en total. En caso de que selecciones objetos, la barra de estado te informará del número de objetos seleccionados y del espacio que ocupan en total.

Tipos de ventanas

No podemos terminar las explicaciones sobre las ventanas de Windows 98 sin hacer una brevísima clasificación de las mismas. Como ya has podido intuir en lo que llevamos del libro, existen distintos tipos de ventanas. Estos tipos se podrían clasificar atendiendo a muy diversos criterios, pero a efectos prácticos hay una clasificación muy importante que debes conocer y es la que distingue entre *ventanas de aplicaciones* y *ventanas de documentos.*

Una *ventana de aplicación* es aquella en la que se está ejecutando una aplicación o programa. Por ejemplo, una ventana de aplicación sería aquella en la que se esté ejecutando el programa procesador de textos. Lo más importante de estas ventanas es que pueden contener *ventanas de documentos* en su interior.

Por su parte, una ventana de documento es aquella que contiene un documento que el usuario está creando con un programa o aplicación. Por ejemplo, la carta que estás escribiendo con el procesador de textos (mira la figura 4.9). Estas ventanas se caracterizan porque siempre están dentro del área de trabajo de una ventana de aplicación, y no pueden salir de ella. A efectos prácticos puedes imaginar que el área de trabajo de la ventana de la aplicación es como un escritorio privado para las ventanas de documentos de esa aplicación. En el capítulo 6 se trata el tema de los programas.

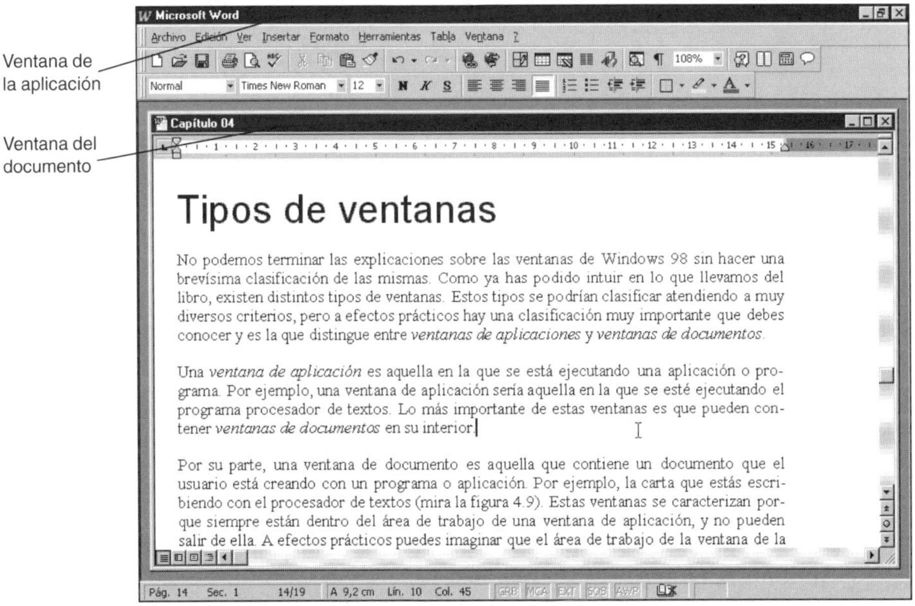

Figura 4.9. Una ventana de aplicación y una ventana de documento

Otro tipo de ventanas que utilizarás a menudo son las ventanas de carpetas y de discos, de las cuales ya has tenido conocimiento. Este conocimiento se completará en el capítulo 6.

También son muy importantes los cuadros de diálogo, un tipo especial de ventana específicamente pensado para facilitar la introducción de datos por parte del usuario. El siguiente apartado se dedica a este tipo de ventanas.

Existen muchos otros tipos de ventanas y, lógicamente, no podemos nombrarlos todos. En cualquier caso, basta con que te haya quedado claro qué es y para qué sirve una ventana. Luego, la distinta forma o función que adopte una ventana sólo te representará un pequeño cambio de matiz en la forma de abordar el trabajo con ella.

Los cuadros de diálogo

Un cuadro de diálogo es un tipo de ventana especial que está diseñada con un propósito muy definido: solicitar al usuario información adicional para algún proceso o acción que vaya a llevar a cabo y facilitar a éste la introducción de esa información. Por ejemplo, si deseas guardar tu trabajo en un archivo del disco duro, Windows te mostrará un cuadro de diálogo para que introduzcas el nombre que quieres dar al archivo (mira la figura 4.10).

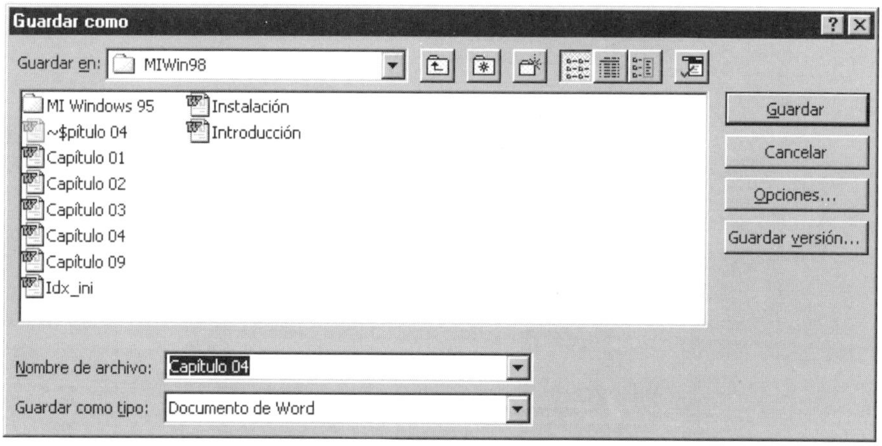

Figura 4.10. El cuadro de diálogo que sirve para guardar un documento de Word

El cuadro de diálogo es la vía estándar que utiliza Windows 98 para que el usuario introduzca información. Debido a ello, hay multitud de cuadros de diálogo por todas partes, así que deberás acostumbrarte a ellos. En la tabla 4.1 puedes ver la utilidad de los principales tipos de cuadros de diálogo.

Tabla 4.1. Los diferentes tipos de cuadros de diálogo

Tipo	Explicación
Windows te quiere comunicar un mensaje	Puede ser un mensaje de error o puede ser una información de cualquier otro tipo. Este tipo de cuadros de diálogo sólo suelen tener un botón Aceptar que debes pulsar después de leer el mensaje.
Windows quiere que realices una elección	Normalmente, la elección será entre muy pocas posibilidades (por ejemplo, Sí, No y Cancelar).
Windows necesita más información	Algunas veces será imprescindible que aportes datos imprescindibles para llevar a cabo una acción. Entonces aparecerá este tipo de cuadros de diálogo.

Los cuadros de diálogo contienen distintos tipos de *controles*, que son los elementos concretos a través de los cuales el usuario suministra la información. Entre esos controles (que se describen un poco más adelante), generalmente siempre hay tres *botones de comando* especiales:

- Aceptar*:* sirve para que comuniques a Windows que estás satisfecho con la información introducida en el cuadro de diálogo y que puede seguir adelante con el proceso o acción.
- Cancelar*:* sirve para que comuniques a Windows que deseas abandonar completamente el proceso o acción que esté llevando a cabo. Windows ignora los datos que hayas introducido en el cuadro de diálogo y te devuelve a la ventana del programa.
- Ayuda*:* sirve para solicitar a Windows que te muestre información de ayuda (consulta el capítulo 7) sobre las opciones del cuadro de diálogo.

Además, en ocasiones también aparece el botón de comando Cerrar. Cuando esto sucede, normalmente se debe a que has realizado acciones en el cuadro de diálogo que ya no se pueden cancelar, y el botón Cancelar se ve sustituido por el botón Cerrar.

En algunos cuadros de diálogo también te puedes encontrar con que aparece el botón Ayuda en el extremo derecho de la barra del título (con forma de un signo de interrogación). Este botón sirve para solicitar ayuda sobre las distintas partes de la ventana (la secuencia de pasos "Para obtener ayuda en un cuadro de diálogo" del apartado "Ficha Ver" explica la manera de utilizar este botón).

Truco

Casi siempre podrás salir de un cuadro de diálogo pulsando las teclas Alt+F4 *o haciendo clic en el botón* Cerrar *de la barra del título. Esto tiene el mismo efecto que hacer clic en el botón* Cancelar*.*

Por último, con Windows 98 se ha popularizado el uso de cuadros de diálogo organizados en *fichas*. Cada una de las fichas de un cuadro de diálogo agrupa un conjunto de controles que recaban información sobre un aspecto determinado, y cada una de ellas tiene un *separador* en la parte superior en el que aparece escrito su nombre (mira las fichas del cuadro de diálogo Opciones de carpeta en las figuras 4.5, 4.7 y 4.8). Sólo es posible ver una de las pestañas del cuadro de diálogo a la vez, con lo que se reduce enormemente el número de controles que aparecen a la vez en pantalla y, con ello, la confusión del usuario. Para pasar a cualquiera de las fichas debes hacer clic sobre su separador.

En este tipo de cuadros de diálogo debes tener en cuenta que normalmente hay algunos botones de comando que afectan a todas las pestañas como, por ejemplo, los botones Aceptar y Cancelar de los que hemos hablado más arriba.

Es decir, si haces clic en el botón Aceptar estarás validando los datos introducidos en todas las pestañas, y no sólo en la que tengas a la vista en el momento en que hagas clic sobre el botón.

Tipos de controles

A continuación puedes ver una lista con los controles típicos que te puedes encontrar en los cuadros de diálogo de Windows (y también en muchas aplicaciones). Ten en cuenta que algunos programas pueden modificar la apariencia de estos controles, aunque su funcionalidad seguirá siendo la misma.

- Botones de comando: son grandes y con su nombre en el centro, y sirven para llevar a cabo una acción inmediata. Para usarlos basta con hacer clic sobre ellos. Hay una variante que son los botones de comando que se quedan "hundidos" cuando se hace clic en ellos. Su objeto es mostrar que está seleccionada la acción que representan. Para desactivarlo se debe hacer clic de nuevo sobre el botón "hundido".
- Barras de desplazamiento: como has visto más arriba (mira la figura 4.2), las barras de desplazamiento sirven para desplazar el contenido de una ventana. Sin embargo, con el transcurso del tiempo los cometidos encomendados a las barras de desplazamiento han ido ampliándose y, como verás en el siguiente control, también sirven, por ejemplo, para desplazar el contenido de un cuadro de lista.

Nota

Muchas de las indicaciones que te di sobre los modificadores de los menús también son válidas para los controles de los cuadros de diálogo. Por ejemplo, si el nombre de un control aparece atenuado ello querrá decir que el control no se puede utilizar en ese momento.

- Cuadros de lista: se trata de un recuadro que contiene diversas opciones dentro (observa la figura 4.11). Para seleccionar una opción, bastará con hacer clic sobre ella. En el caso de que haya más opciones de las que se pueden mostrar en el cuadro, o si las opciones son más anchas de lo que cabe en el cuadro, aparecerán entonces unas barras de desplazamiento para permitirte desplazar la lista y poder ver así las zonas que no estén a la vista.

  Este control tiene una variante en la que resulta posible seleccionar a la vez más de una opción de la lista. En tal caso, para seleccionar opciones consecutivas deberás hacer clic en la primera, a continuación, pulsa la tecla Mayús y a la vez haz clic en la última. Todas las opciones que haya entre las dos sobre las que hayas hecho clic, quedarán seleccionadas. Pero si quieres seleccionar opciones no consecutivas mantén pulsada la tecla Ctrl mientras vas haciendo clic en las opciones que desees seleccionar. En todo caso, puedes utilizar las dos técnicas a la vez (consecutivas y no consecutivas).

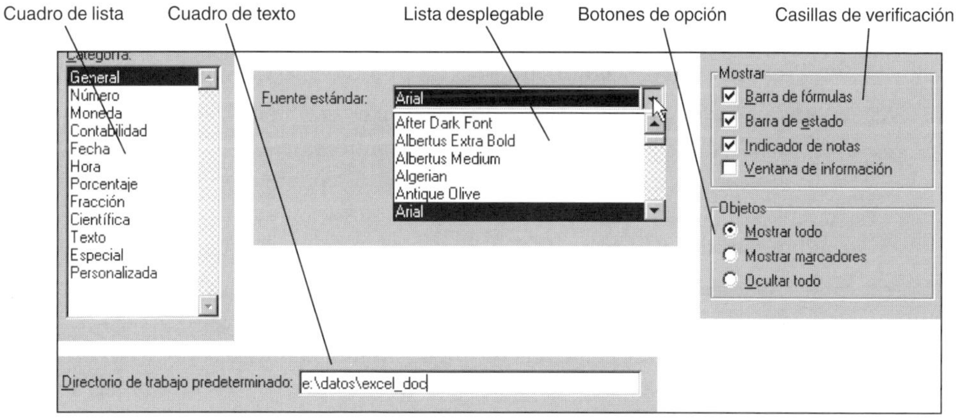

Figura 4.11. Distintos tipos de controles que pueden aparecer en cuadros de diálogo y en aplicaciones

Truco

Cuando una lista desplegable o un cuadro de lista contienen multitud de opciones, hay un truco que te permitirá saltar rápidamente por la lista. Por ejemplo, si estás buscando una opción que sea VERDE, pulsa la letra V *para pasar directamente a la primera entrada que empiece por esta letra. Si la lista es muy larga puedes pulsar las primeras letras en rápida sucesión. Por ejemplo, si quisieras pasar a la opción VERDE directamente, podrías pulsar escribir* VER *rápidamente; Windows te llevará a esa opción inmediatamente.*

- Cuadros de texto: sirven para introducir texto o números (mira la figura 4.11). Primero debes seleccionar el cuadro de texto haciendo clic sobre él, y cuando aparezca el *punto de inserción* (la línea vertical parpadeante a partir de la cual aparecerán las letras que teclees) dentro del cuadro, podrás empezar a escribir en él. En algunos casos este control puede ser de gran tamaño. Si es necesario tendrá barras de desplazamiento para ayudarte a ver todo su contenido.
- Listas desplegables: son recuadros que tienen un botón en forma de flecha en su extremo derecho (mira la figura 4.11). Si haces clic sobre la flecha se desplegará una lista con diversas opciones, entre las que podrás seleccionar la que desees. Si la lista es demasiado larga puede aparecer una barra de desplazamiento vertical para que te puedas desplazar por ella. Este control tiene una variante en la que es posible editar la opción que aparezca seleccionada en el recuadro.
- Botones de opción: normalmente, este control se usa cuando hay un grupo de opciones excluyentes entre sí (figura 4.11). Al hacer clic sobre una de las opciones (o sobre su botón de opción), se selecciona esa opción y se deselecciona la que estuviese elegida con anterioridad. La opción seleccionada es aquella cuyo botón muestra un punto negro grueso en su interior.
- Casillas de verificación o cuadros de control: también sirven para seleccionar opciones (figura 4.11), pero con este control puedes seleccionar tantas como desees (haciendo clic sobre cada cuadro de control u opción). Normalmente, las opciones que hacen uso de este control son opciones que sólo pueden tomar dos valores: activas o inactivas (o lo que es lo mismo, sí o no).
- Cabeceras de columna: sirven para gestionar la anchura de columnas de información y para proporcionarles un título (mira la figura 4.12). Arrastrando los extremos del control se cambia la anchura de la columna. En caso de que la lista tenga más de una columna puedes hacer clic sobre la cabecera de una columna para que la lista se ordene por esa columna.

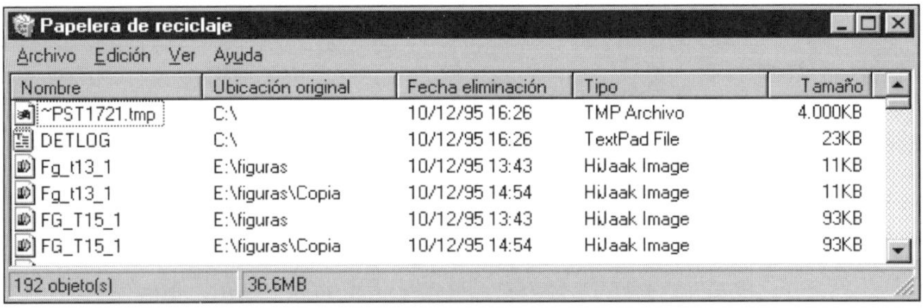

Figura 4.12. Una muestra del control Cabeceras de columna

- Indicador de progreso: sirve para mostrar al usuario la proporción que se ha completado de un proceso (mira la figura 4.13).

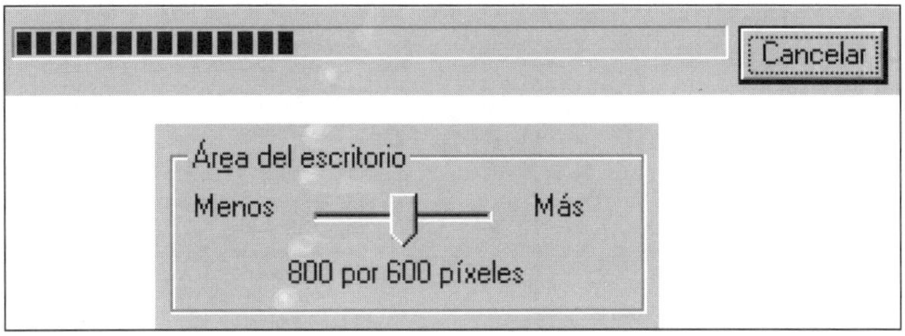

Figura 4.13. Un indicador de progreso (arriba) y un control deslizante (abajo)

- Control deslizante: sirve para elegir un valor que se encuentre dentro de un rango determinado. El valor seleccionado se cambia moviendo el indicador.
- Control numérico: consiste en la agrupación de una barra de desplazamiento con un cuadro de texto. Al hacer clic en las flechas de desplazamiento aumenta o disminuye el valor seleccionado. También se puede introducir directamente el valor en el cuadro de texto.
- Texto enriquecido: este control es similar al cuadro de texto, con la muy importante diferencia de que en éste es posible dar formato al texto introducido.
- Ficha: sirve para pasar de una "página" a otra en un mismo cuadro de diálogo (para lo cual sólo hace falta hacer clic sobre la pestaña deseada) con el fin de seleccionar opciones en esa página.
- Vista de lista y Vista de árbol: sirven para mostrar una colección de objetos en forma de lista o en forma de árbol jerárquico. La vista de lista puede mostrar listas de un solo nivel pero de varias formas (con iconos grandes, pequeños y con detalles). La vista de árbol, por su parte, puede mostrar estructuras jerárquicas de objetos. Los niveles inferiores se pueden contraer para que no sean visibles haciendo clic en el cuadradito con el signo menos (-) que aparecerá a la izquierda del objeto de nivel superior que los contiene. Una vez contraída la rama del árbol, el cuadradito pasa a contener un signo más (+). Puedes volver a expandir la rama de nivel inferior haciendo clic en él. Aunque en el capítulo 6 se analiza a fondo el Explorado de Windows 98, la figura 4.14 te muestra una vista de árbol en el panel izquierdo y una vista de lista en el derecho.

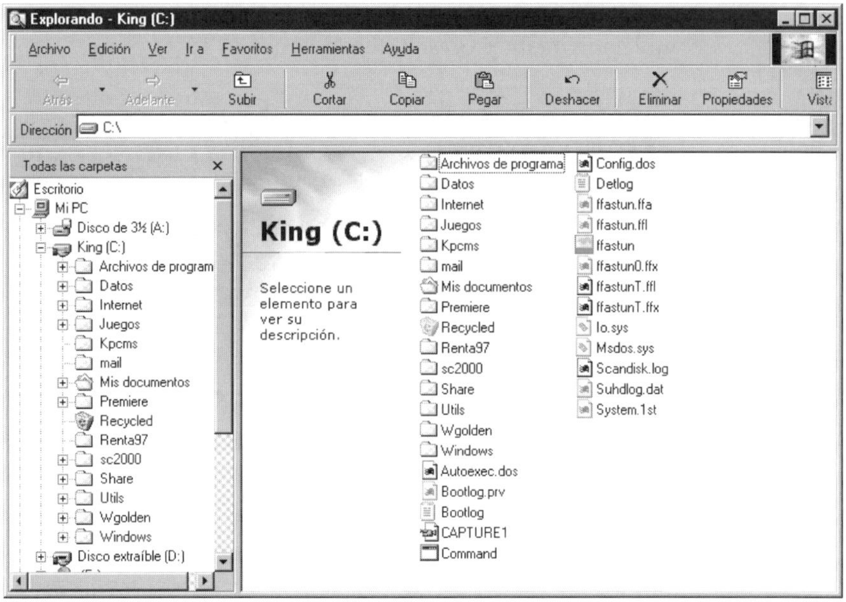

Figura 4.14. La ventana del Explorador con una vista de árbol y una vista de lista

Diálogos estándar

Los cuadros de diálogo estándar son unos cuadros de diálogo especiales integrados dentro del propio Windows 98 y que permiten que todas las aplicaciones realicen determinadas operaciones comunes de una manera similar (mediante la utilización de estos cuadros de diálogo).

La ventaja más evidente de utilizar cuadros de diálogo estándar radica en la rapidez con que el usuario puede hacer uso de las funciones más comunes de cualquier programa sin que tenga que aprender nada nuevo. Es decir, si adquieres un nuevo procesador de textos podrás imprimir tu primer documento instantáneamente. No tendrás necesidad de aprender el funcionamiento del nuevo cuadro de diálogo que esa aplicación específica utilice para imprimir documentos, puesto que utilizarás el cuadro de diálogo que empleas siempre.

Los cuadros de diálogo estándar más habituales con los que te encontrarás serán los siguientes:

- Abrir y Guardar archivos: su misión es la de facilitar al usuario la elección del nombre y la ubicación del archivo que quiera abrir o guardar. Funcionan de manera idéntica al Explorador de Windows 98 que veremos en el capítulo 9.

- Buscar y Reemplazar: sirven para buscar texto en un documento y, en su caso, sustituirlo por otro.
- Ajustar página: permite al usuario ajustar la configuración del papel que está utilizando su impresora.
- Imprimir: sirve para que el usuario especifique las opciones de impresión de su documento (mira la figura 4.15).
- Fuentes: sirve para elegir el tipo de letra que se va a utilizar (por ejemplo, en un programa procesador de texto).
- Colores: sirve para elegir el color que se va a utilizar (por ejemplo, en un programa de dibujo).

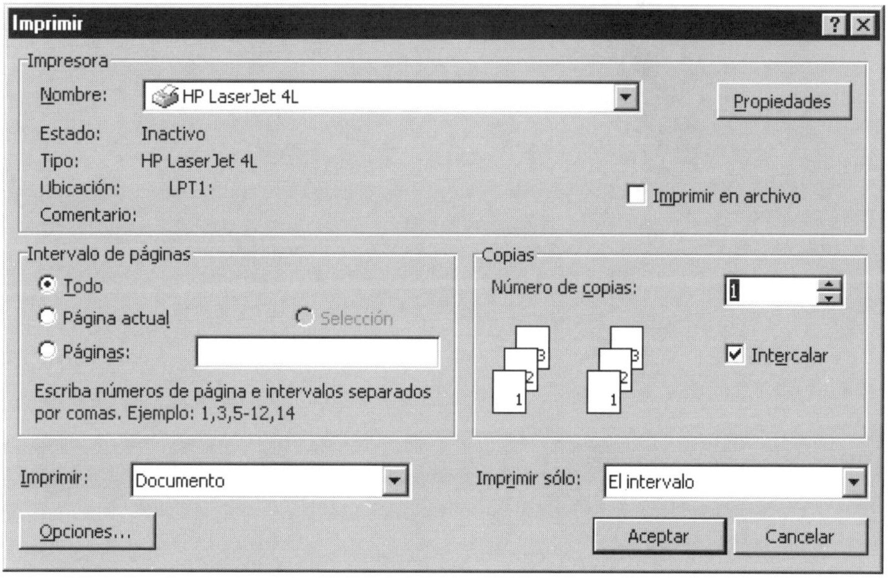

Figura 4.15. El cuadro de diálogo estándar Imprimir

5 Programas

Los programas son el elemento central de un sistema informático. De hecho, los ordenadores existen para *ejecutar* programas. En tu trabajo con el ordenador y con Windows 98 dedicarás casi la totalidad del tiempo a trabajar con alguna clase de programas, y una mínima fracción a realizar labores con el sistema. Por tanto, y aunque este libro esté dedicado a explicarte sobre todo esas labores del sistema, es inevitable que dediquemos un capítulo a hablar de los programas.

Qué es un programa

Cualquier sistema operativo, y Windows 98 no es una excepción, está pensado para crear un entorno en el que se puedan ejecutar los *programas*. De hecho, un sistema operativo es casi completamente inútil por sí mismo, ya que sólo sirve para realizar las tareas del sistema improductivas desde el punto de vista del usuario normal. Este usuario normal pretende usar su ordenador para llevar a cabo diversas tareas de todo tipo: escribir cartas, realizar cálculos, almacenar datos, etcétera. Pues bien, la realización de esas tareas está encomendada a unos objetos especiales denominados *programas*.

Desde un punto de vista técnico, un programa es un archivo que contiene código ejecutable, es decir, instrucciones para el ordenador que tienen la misión de indicar a éste la manera de llevar a cabo una tarea. Desde un punto de vista práctico, un programa es cualquier objeto que sabe cómo realizar una tarea que puede ayudar a facilitar el trabajo del usuario.

Nota

Los términos programa y aplicación son prácticamente sinónimos, y como tales se emplean en este libro.

Hay muchas.clases de programas, aunque las más corrientes son las siguientes:

- **Procesadores de texto:** son programas diseñados para ayudar al usuario a crear y editar documentos de texto, como cartas, libros, etcétera.
- **Hojas de cálculo:** las hojas de cálculo están pensadas para realizar una gran cantidad de cálculos.
- **Bases de datos:** las programas de bases de datos se emplean para el almacenamiento y la gestión de datos.
- **Programas de autoedición:** éstos sirven para diseñar documentos en los que intervienen a la vez texto y gráficos (como un libro ilustrado, una revista, etcétera).
- **Programas de dibujo:** este nombre genérico engloba a una gran variedad de programas sutilmente distintos cuyo objetivo es la creación y manipulación de imágenes.
- **Programas de gráficos:** los programas de gráficos se emplean para crear gráficos de empresa a partir de datos numéricos.
- **Programas de presentaciones:** estos programas sirven para crear presentaciones gráficas que se expondrán ante terceras personas. Las presentaciones pueden ser sobre una idea, sobre un producto, una memoria o cualquier otro aspecto susceptible de ser contado a un auditorio.

- **Utilidades o herramientas**: estos dos nombres también se aplican de manera genérica a una multitud de pequeños programas que tienen finalidades totalmente distintas. Para que lo entiendas, lo que Windows 98 denomina accesorios (mira el capítulo 10) son utilidades.
- **Aplicaciones verticales**: otro nombre genérico. En este caso sirve para englobar todos aquellos programas realizados para satisfacer una demanda muy concreta, como puede ser la gestión de una empresa de carnicería o de una inmobiliaria.
- **Juegos**: programas orientados a la diversión y esparcimiento. También hay diversas variantes menores.

Es prácticamente seguro que, si estás utilizando un ordenador, tu objetivo sea utilizar programas de una o más de las clases que aparecen en la lista anterior. Por tanto, es importante que sepas distinguir el tipo de programas que hay en el mercado, que sepas instalarlos en el ordenador y que sepas ejecutarlos. En los siguientes apartados trataremos todos esos puntos.

Tipos de programas

La clasificación de programas que has visto en el apartado anterior se ha realizado atendiendo al criterio de la utilidad del programa. Sin embargo, hay otro punto de vista que debes tener muy presente para clasificar los programas, ya que de él dependerán las posibilidades y limitaciones genéricas de cada aplicación: el sistema operativo para el que fueron diseñadas.

Como norma general, en un ordenador sólo se pueden utilizar los programas que hayan sido diseñados para el sistema operativo que esté instalado en ese ordenador. Sin embargo, Windows 98 es una excepción, puesto que es capaz de ejecutar dos tipos de programas: los diseñados para DOS y los diseñados para Windows 98.

Nota

Los programas para DOS prácticamente han desaparecido. Sin embargo, como todavía quedan usuarios que utilizan esa clase de programas, Windows 98 permite su ejecución. Sin embargo, parece ser que ésta será la última versión de Windows que podrá ejecutar programas para DOS.

Sin embargo, las posibilidades avanzadas de Windows 98 solamente pueden ser explotadas por los programas diseñados específicamente para este sistema operativo, a la vez que deberás tener en cuenta ciertas consideraciones si utilizas programas para DOS.

Programas para DOS

El DOS (*Disk Operating System*) fue el primer sistema operativo que se utilizó con los PC. Fue desarrollado por la empresa Microsoft para IBM, la creadora del primer PC. Durante muchos años éste fue el único sistema operativo disponible para PC y aun en la época Windows, el viejo DOS se resiste a abandonar del todo el mundo de la informática personal.

Debido a que todo el desarrollo del mundo PC se produjo de la mano del DOS, todavía existen bastantes aplicaciones diseñadas para ser ejecutadas sobre este sistema operativo. Windows 98 puede ejecutar todas estas aplicaciones aunque, como verás a continuación, las desventajas que presentan son muchas.

- El DOS es un sistema operativo que funciona en modo de texto, no en modo gráfico como Windows. Debido a ello, las aplicaciones para DOS no pueden usar todas las ventajas de un entorno gráfico, como son la comodidad para el usuario, el uso de recursos gráficos como las ventanas, menús, cuadros de diálogo, etcétera.
- Cada aplicación DOS es completamente distinta de otra, de manera que lo aprendido en una no sirve para otra. Esto hace que la curva de aprendizaje de cada nueva aplicación sea muy pronunciada.
- Las aplicaciones DOS no utilizan ninguna de las características avanzadas de Windows 98, como son la Papelera de reciclaje al borrar archivos, los nombres largos de archivos, el menú Documentos, etcétera.

Aunque la tendencia es hacia la extinción total de los programas para DOS, si eres una de esas personas que no tienen más remedio que seguir utilizando algún programa para DOS que ya tengas, lee el apartado "Sesiones MS-DOS" más adelante en este mismo capítulo.

Programas para Windows 98

Éstos son los programas que se han desarrollado específicamente para Windows 98, por lo que pueden aprovechar todos los avances y mejoras que este sistema operativo ofrece. Desde el punto de vista del usuario, los avances más evidentes son:

- El uso de la Papelera de reciclaje al borrar archivos: es decir, cuando una apli-cación borra un archivo deposita éste en la Papelera de reciclaje, y no lo hace desaparecer definitivamente.
- Nombres largos de archivos. Los programas diseñados para Windows 98 pueden utilizar los nombres largos de archivo (de hasta 255 caracteres) que es posible crear con este sistema operativo. Los nombres largos de archivos los veremos en el capítulo 6.

- El uso automático del menú Documentos: cuando un programa diseñado para Windows 98 abre un documento, sitúa un acceso directo a ese documento en el submenú Documentos del menú Inicio, de forma que la próxima vez que vayas a utilizar el mismo documento puedas localizarlo fácilmente.
- La desinstalación automática de programas: los programas creados para Windows 98 pueden desinstalarse del ordenador automáticamente, como verás en el próximo apartado.
- La utilización de recursos avanzados que Windows 98 pone a disposición de los programas diseñados para este sistema operativo, como multimedia, Internet, soporte para juegos, etcétera.

Evidentemente, cuando vayas a comprar un programa debes procurar que esté diseñado para Windows 98, ya que será así como obtendrás el máximo partido tanto del sistema como del programa.

Instalar los programas en el ordenador

A medida que la potencia de los ordenadores han ido incrementándose y que su coste se ha ido reduciendo, los programas se han ido haciendo cada vez más potentes y más grandes.

Llegó un momento en que resultó imposible ejecutarlos desde un disquete y no quedó más remedio que tener que *instalar* los programas en el ordenador para poder ejecutarlos.

El proceso de instalar un programa en el ordenador es, por tanto, el proceso por el que se copian los archivos de ese programa desde los disquetes o desde el CD-ROM al disco duro del ordenador.

Con la llegada de Windows la cosa se complicó un poco más. Windows necesita mantener actualizados determinados registros sobre los programas que se encuentran instalados.

Por su parte, los programas también necesitan modificar algunos registros de Windows para poderse ejecutar. Así pues, instalar un programa para Windows requiere no sólo copiar sus archivos al disco duro, sino también modificar ciertas configuraciones del sistema.

Como puedes ver, la instalación de un programa en el ordenador resulta ser un proceso obligatorio antes de poder utilizar el programa en cuestión. Sin embargo, resulta muy distinto instalar un programa para DOS que para Windows, y es importante conocer cuáles son las diferencias.

La siguiente secuencia de pasos te muestra uno de los caminos que puedes utilizar para instalar un programa con Windows 98.

Para instalar un programa con Agregar programas

1. Abre el Panel de control mediante el comando Inicio, Configuración, Panel de control.

   Se abre la ventana del Panel de control (que veremos en el capítulo 9).

2. Haz doble clic en el icono Agregar o quitar programas.

   Aparecerá el cuadro de diálogo Propiedades de Agregar o quitar programas *que, como puedes ver en la figura 5.1, tiene tres fichas. Aparecerá seleccionada por omisión la ficha que nos interesa:* Instalar o desinstalar. *Esta ficha tiene un botón denominado* Instalar *en su parte superior y la lista de los programas instalados en su parte inferior (sólo los programas para Windows 98).*

3. Haz clic en el botón Instalar para comenzar la instalación de tu programa.

   Windows iniciará un asistente (que comentaremos en el capítulo 7) que te ayudará a *identificar el instalador del programa. En primer lugar, el asistente te pedirá que introduzcas el disquete o el CD-ROM que contiene el instalador del programa que vas a instalar.*

4. Introduce el disquete o el CD-ROM y haz clic en el botón Siguiente.

   Windows 98 buscará en el disquete o en el CD-ROM algún programa instalador y aparecerá otro cuadro de diálogo del asistente.

5. Si en el cuadro Línea de comandos del programa de instalación aparece el nombre y la vía de acceso de un programa, salta al paso 7.

   Esto indica que Windows ha encontrado el programa instalador en el disquete o el CD-ROM.

6. Si el cuadro Línea de comandos del programa de instalación aparece vacío, introduce manualmente la vía de acceso y el nombre del instalador.

   Si no sabes esta información puedes usar el botón Examinar *para explorar el disquete o CD-ROM en busca del instalador (veremos el Explorador de Windows en el capítulo 6).*

7. Cuando el nombre y la vía de acceso del instalador aparezcan correctamente en el cuadro Línea de comandos del programa de instalación, haz clic en el botón Finalizar.

   Comenzará la instalación del programa en sí.

Nota

El instalador es un programa cuya única misión es realizar la tarea de instalar el programa principal en el ordenador. Prácticamente todos los programas modernos incluyen un instalador (aunque sean programas para DOS). El nombre habitual del instalador es INSTALAR, aunque también puede ser INSTALL o SETUP.

El instalador es, por tanto, un programa. En el siguiente apartado veremos las distintas manera que hay de ejecutar un programa.

Una vez que seas capaz de moverte por el sistema de archivos (por ejemplo, con el Explorador de Windows que veremos en el siguiente capítulo), puedes abrir el CD-ROM, disquete o carpeta donde esté el instalador y ejecutarlo sin más, ahorrándote todos los pasos de la anterior secuencia.

Aviso

Es recomendable (aunque no imprescindible) que cierres todas las aplicaciones que tengas abiertas antes de instalar un programa, para que éstas no interfieran con el programa de instalación. En muchos casos, el programa de instalación te hará esta misma sugerencia.

Si el programa que vas a instalar es para DOS, resulta imprescindible que antes leas las instrucciones del mismo para realizar la instalación ya que, como cada programa DOS es distinto de los demás, no te puedo proporcionar normas generales sobre la instalación.

Sí resulta muy importante que una vez finalizada la instalación del programa crees un acceso directo del mismo en el escritorio o en el menú Inicio (como ya te expliqué en el capítulo 2), ya que Windows no crea automáticamente una entrada para el programa en el menú Iniciar y, de esta manera, te resultará mucho más fácil ejecutar el programa.

Por último, aunque no es frecuente, puede ocurrir que necesites modificar las propiedades del programa DOS para ejecutar el programa.

La manera de hacer todo esto la veremos un poco más adelante, en este mismo capítulo.

Pero si el programa que vas a instalar es para Windows 98, la cosa es mucho más sencilla, ya que el programa de instalación se encargará automáticamente de hacerlo todo correctamente.

Cuando finalice la instalación, el propio instalador creará una entrada para él en el menú Inicio (para que puedas ejecutarlo con toda comodidad) y establecerá las asociaciones necesarias entre el programa recién instalado y sus documentos (de manera que puedas ejecutar el programa con sólo hacer doble clic sobre uno de sus documentos, por ejemplo).

Desinstalar o modificar la instalación de programas para Windows 98

En la instalación de los programas creados para Windows 98 se puede utilizar una característica avanzada del sistema que permite:

- Modificar la instalación (agregando o eliminado componentes del programa) en cualquier momento posterior a la finalización de la instalación.
- Desinstalar completamente el programa del ordenador: esto es muy importante, ya que con borrar la carpeta en la que se haya instalado un programa no se consigue borrar completamente dicho programa: no se restauran los valores que tuvieran los archivos de configuración del sistema antes de instalar el programa ni se borran los archivos comunes que el instalador del programa haya copiado a los directorios de Windows.

La siguiente secuencia de pasos muestra la manera de desinstalar un programa o modificar su instalación.

Para modificar la instalación de un programa o para desinstalarlo

1. Abre el Panel de control mediante el comando Inicio, Configuración, Panel de control.	*Se abre la ventana del Panel de control (que veremos en el capítulo 9).*
1. Haz doble clic en el icono Agregar o quitar programas.	*Aparecerá el cuadro de diálogo* Propiedades de Agregar o quitar programas *con la opción* Instalar o desinstalar *seleccionada (figura 5.1).*
1. En la parte inferior del cuadro, haz clic sobre el nombre del programa que deseas desinstalar o cuya instalación quieres modificar.	*El botón* Agregar o quitar *que hay en la parte inferior derecha del cuadro de diálogo deja de estar atenuado.*
1. Haz clic en el botón Agregar o quitar.	*Aparecerá el instalador del programa, y en él encontrarás diversas opciones para modificar la instalación o para desinstalar el programa.*

Cómo ejecutar los programas

Si has instalado un programa en tu ordenador seguro que se debe a que deseas utilizarlo. Para utilizar un programa debes *ejecutarlo*, es decir, indicar al ordenador

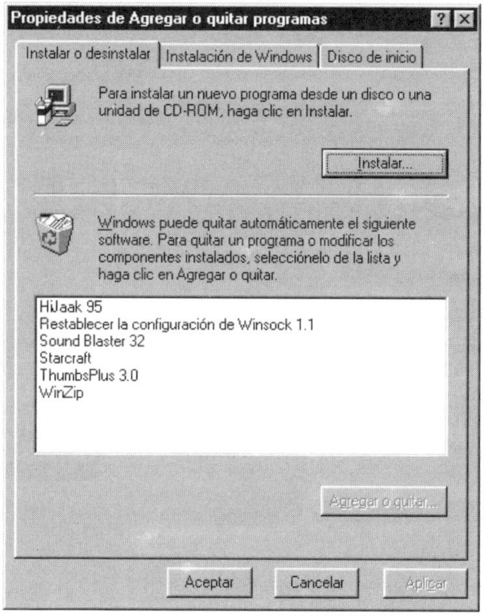

Figura 5.1. Cuadro de diálogo Propiedades de Agregar o quitar programas

que lo lea del disco duro, lo pase a memoria RAM e interprete cada una de las instrucciones que lo componen.

Todos los programas se pueden ejecutar de diversas maneras, tanto si son para DOS como si son para Windows 98.

Las diversas técnicas que te explico a continuación para ejecutar un programa son iguales para todos los tipos de programas, aunque en un apartado que veremos con posterioridad te haré algunas consideraciones adicionales sobre los programas para DOS.

Para ejecutar un programa puedes utilizar cualquiera de las técnicas que aparecen a continuación:

- El menú Inicio, Programas: hacer clic sobre uno de los iconos de programa que aparecen en el menú Inicio, Programas (o de una de sus carpetas) es la manera más común de ejecutar una aplicación en Windows 98. Cuando instalas un programa para Windows, el instalador se encarga de añadir automáticamente el icono del programa al menú Programas. Sin embargo, también puedes añadir iconos de programas al menú Programas según te expliqué en el capítulo 3. Esto suele ser necesario en el caso de los programas para DOS, los cuales no se añaden automáticamente al menú Inicio. En la figura 5.2 puedes ver la manera de ejecutar el programa Excel con este método.

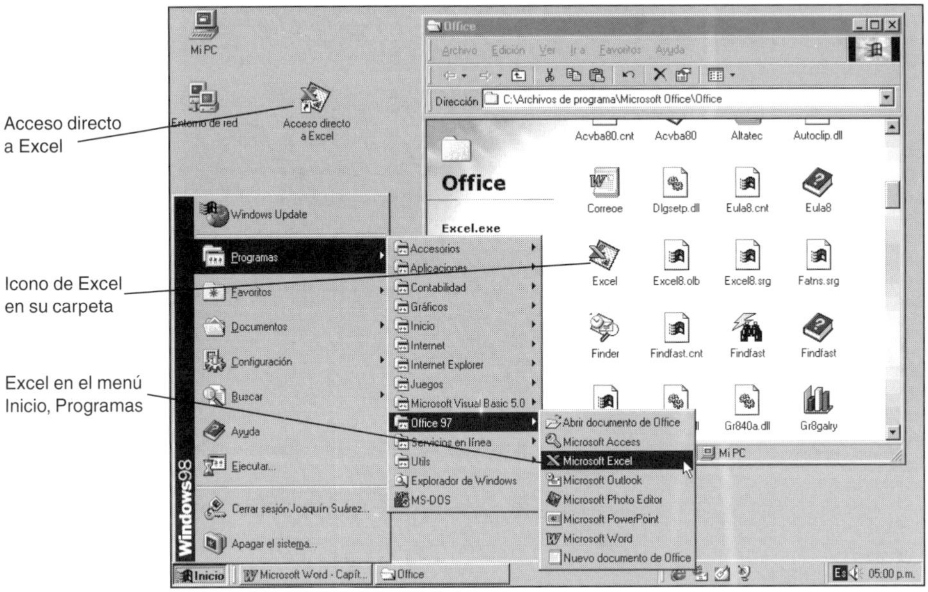

Figura 5.2. Varias maneras distintas de ejecutar el mismo programa

- Usar el icono del programa: abre la carpeta que contenga el programa y haz doble clic sobre el icono de éste (en el capítulo 6 trataremos las carpetas). Esto produce el mismo efecto que la técnica anterior. En la figura 5.2 puedes ver el icono de Excel en su carpeta.
- El menú Inicio, Documentos: Windows 98 crea una relación invisible pero efectiva entre los programas y los documentos de éstos. Si has usado recientemente un programa y has trabajado con algún documento de éste, el icono del documento aparecerá en el menú Inicio, Documentos. Para ejecutar el programa y que se cargue automáticamente en él ese documento, haz clic sobre el icono del documento en el menú Inicio, Documentos. En la figura 5.3 puedes ver el modo de abrir un documento de Excel mediante este sistema.
- Usar el icono de un documento del programa: también puedes abrir la carpeta que contenga un documento creado por el programa que quieras ejecutar y hacer doble clic sobre su icono. El programa se ejecutará y cargará automáticamente el documento sobre el que has hecho clic.

Aviso

Es muy improbable que un programa para DOS tenga asociado algún tipo de documento. Debido a ello, el procedimiento de abrir un documento para ejecutar un programa puede no funcionar con los programas para DOS.

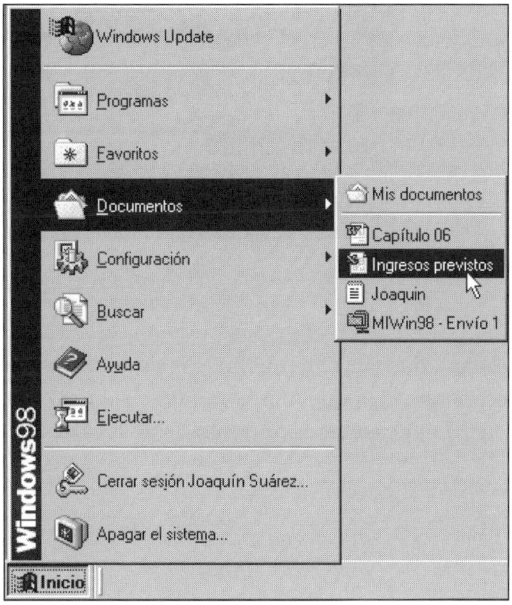

Figura 5.3. Uso del menú Documentos *para abrir un documento de Excel*

- Usar un acceso directo: si tienes creado un acceso directo de un programa o de cualquiera de sus documentos, puedes ejecutar el programa abriendo el acceso directo (por ejemplo, haciendo doble clic sobre él). Si el acceso directo corresponde a un documento, el programa cargará automáticamente el documento cuando se ejecute. En la figura 5.2 puedes ver un acceso a Excel en el escritorio.
- El comando Inicio, Ejecutar: otra manera, aunque bastante menos eficiente, de ejecutar un programa consiste en utilizar el comando Inicio, Ejecutar. Cuando lo hagas observarás que aparece el cuadro de diálogo Ejecutar (observa la figura 5.4). En él debes introducir la vía de acceso y el nombre del programa que quieras ejecutar (o utilizar el botón Examinar para seleccionarlo). Una vez introducidos, haz clic en Aceptar para ejecutar el programa.
- La carpeta Inicio: esta última manera está indicada para aquellos programas que deban ejecutarse automáticamente cada vez que arranques Windows 98. Crea un acceso directo del programa o de un documento en la carpeta Inicio del menú Inicio, Programas (como te expliqué en el capítulo 4) y ese programa se ejecutará automáticamente cada vez que arranques Windows (en caso de que sea el acceso directo de un documento, el programa lo cargará automáticamente al arrancar).

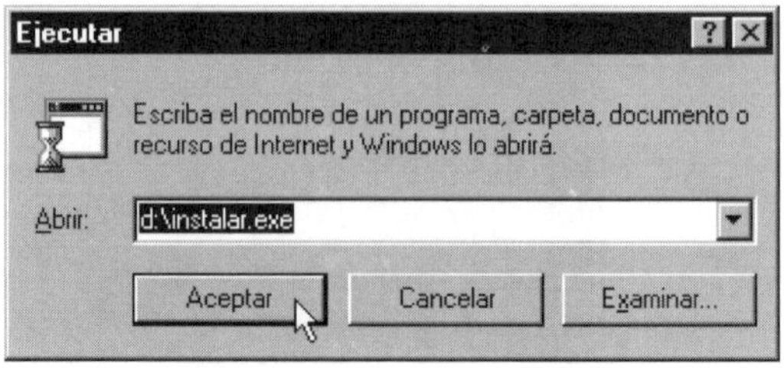

Figura 5.4. El cuadro de diálogo Ejecutar

Como puedes ver, son muchos los caminos que llevan al mismo objetivo. Aquel que utilices será con el que más cómodo te sientas o el más apropiado para cada ocasión. En cualquier caso, eres tú quien debe decidir qué técnica emplear.

Consejo

Windows 98 es un entorno multitarea, lo que significa que se pueden realizar varias tareas a la vez. Si ejecutas varios programas a la vez necesitarás conocer la manera de cambiar de uno a otro para poder trabajar con el que necesites en cada momento. Recuerda que todos los programas se ejecutan en una ventana y que, por tanto, cambiar de un programa a otro es lo mismo que cambiar de una ventana a otra. Estos procedimientos los vimos en el capítulo 4.

Finalizar la ejecución de un programa

Una vez que se ejecuta un programa, éste continuará funcionando hasta que termine por sí mismo o hasta que el usuario lo finalice, generalmente con el comando Salir del menú Archivo del programa (o similar). Sin embargo, puede suceder que por alguna razón el programa deje de responder al sistema y se niegue a finalizar, permaneciendo en memoria y poniendo en peligro la estabilidad del sistema. En tales casos, y con un carácter *absolutamente excepcional* puedes utilizar el cuadro de diálogo Cerrar programa para finalizar un programa.

Este cuadro de diálogo aparece cuando se pulsa la combinación de teclas Ctrl+Alt+Supr (mira la figura 5.5). En él aparecerá una lista con todos los programas que tengas funcionando en ese momento. Para finalizar cualquiera de ellos selecciónalo y haz clic en el botón Finalizar tarea. Windows 98 tratará durante unos segundos de que el programa se cierre por sí mismo, pero si no lo consigue le obligará a ello. Debes estar prevenido de que esto producirá la pérdida de todo el trabajo no guardado que tuvieras en ese programa.

Desde el cuadro de diálogo Cerrar programa también puedes hacer que finalice Windows, pero sólo debes utilizar esta opción como último recurso (por ejemplo, que

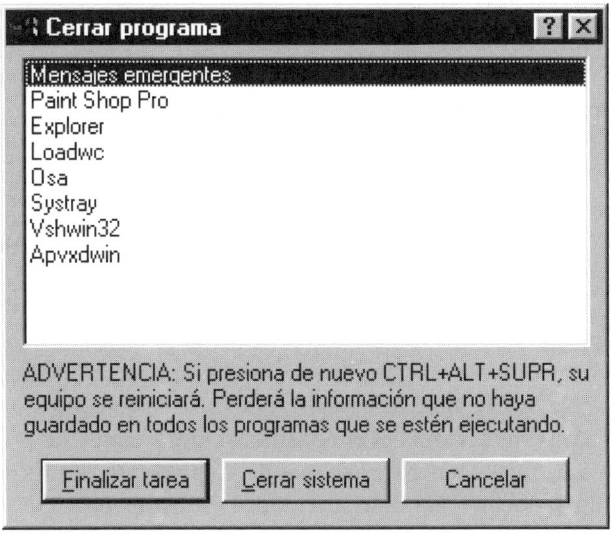

Figura 5.5. Cuando no funcione ningún otro método puedes utilizar este cuadro de diálogo para cerrar un programa

no funcione el comando Apagar el sistema del menú Iniciar o que no aparezca la propia Barra de tareas). Para que finalice Windows haz clic en el botón Cerrar sistema.

Si todo lo demás falla y no tienes manera de recuperar el control de Windows, puedes volver a pulsar la combinación de teclas Ctrl+Alt+Supr cuando tengas en pantalla el cuadro de diálogo Cerrar programa. Esto hará que el ordenador se reinicie, y perderás toda la información no guardada que tuvieras en todos los programas abiertos.

Aviso

La posibilidad de que las cosas lleguen al extremo de que tengas que reiniciar el ordenador desde el cuadro de diálogo Cerrar programa *son tan escasas que, si has llegado a este punto, deberías comprobar si estás manejando correctamente el ordenador. En cualquier caso, usa las posibilidades de este cuadro de diálogo SÓLO si no tienes ya más opciones.*

La relación entre los programas y los documentos

En el apartado anterior he mencionado que Windows crea una relación invisible pero muy efectiva entre los programas y los documentos de éstos. Gracias a esa relación,

Windows puede reconocer a qué programa corresponde un determinado documento y obrar en consecuencia.

Por ejemplo, si haces doble clic sobre un documento del procesador de textos Microsoft Word, Windows ejecutará el programa Word y éste cargará automáticamente el documento en cuestión.

Para identificar a qué programa corresponde un determinado documento, Windows 98 comprueba la extensión del nombre del documento. Esta extensión son las tres primeras letras que haya detrás del último punto que figure en el nombre del documento.

Una vez determinada la extensión, Windows 98 consulta una lista y determina a qué programa corresponde ese documento. Por ejemplo, si el documento se llama "Declaración de la renta.XLS", Windows sabrá que el documento es un libro de trabajo de la hoja de cálculo Excel, puesto que la extensión es XLS.

Debes tener en cuenta tres aspectos importantes. En primer lugar, que un mismo programa puede tener varios tipos de archivos asociados (por ejemplo, un programa de dibujo puede tener asociado todos los documentos TIF, PCX y BMP). En segundo lugar, que *todos* los archivos que tengan una extensión determinada estarán asociados a un mismo programa; es decir, no puede haber asociaciones individuales, sino que todos los archivos de un tipo se asociarán con el mismo programa. Y, en tercer lugar, que un tipo concreto de documento sólo puede estar asociado con un programa, y no con varios. Aunque tengas instalados en el ordenador varios programas que puedan utilizar el mismo tipo de documentos (por ejemplo, dos programas de dibujo que puedan crear y modificar archivos BMP), sólo uno de ellos podrá tener asociado ese tipo de documentos (aunque ello no significa que no puedas utilizar ambos programas para tratar el mismo documento).

En general no tendrás que preocuparte por la relación entre programas y documentos, aunque sí es conveniente que tengas conocimiento de las diferencias que hay entre los archivos asociados y los que no lo están:

- Los iconos de los archivos asociados a un programa aparecen en pantalla con el icono de los documentos de ese programa, mientras que los archivos no asociados aparecen con un icono genérico de Windows 98 (mira la figura 5.6).
- La extensión de los archivos asociados no aparece en pantalla junto al nombre del documento, mientras que sí aparece si el archivo no está asociado (mira la figura 5.6).
- Cuando se ejecuta un documento asociado a un programa, el programa arranca y carga automáticamente el documento en cuestión. Si haces doble clic sobre un archivo no asociado no se ejecutará ningún programa (por motivos obvios), y aparecerá el cuadro de diálogo Abrir con en el que tendrás que elegir la aplicación con la que quieras abrir ese documento (mira la figura 5.7).

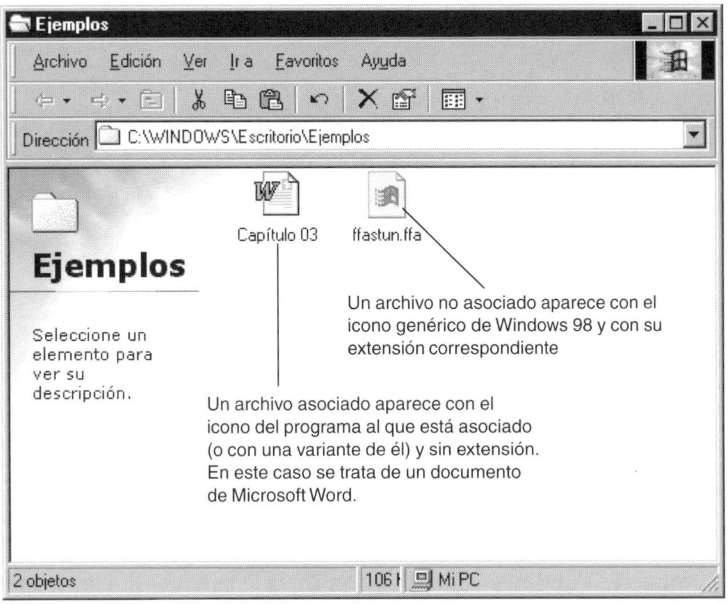

Figura 5.6. Ejemplo de archivos asociados y no asociados

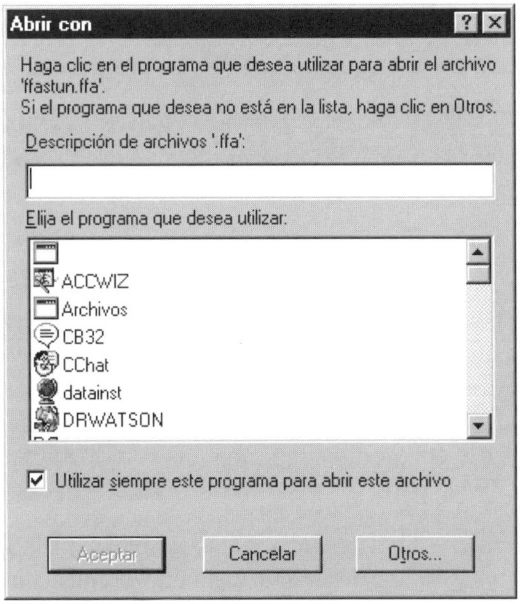

Figura 5.7. El cuadro de diálogo Abrir con

Truco

Si quieres abrir un documento con un programa distinto de aquel al que esté asociado tienes dos maneras. La primera de ellas consiste en arrastrar el icono del documento sobre el icono del programa no asociado. La segunda forma es haciendo clic sobre el icono del documento para selecciónarlo. Luego vuelve a hacer clic sobre él, pero esta vez con el botón derecho (secundario) del ratón a la vez que mantienes pulsada la tecla Mayús. Entonces aparecerá el menú emergente del documento con una comando adicional: Abrir con. *Haz clic en este comando y, cuando aparezca el cuadro de diálogo* Abrir con *(mira la figura 5.7), selecciona en la lista el programa que quieres emplear (si no aparece usa el botón* Otros *para encontrarlo).*

Cómo se crean las relaciones

La relación entre los programas y los documentos se crea de manera automática durante el proceso de instalación del programa, si éste es para Windows; si el programa es para DOS no se creará relación alguna. De igual manera, si desinstalas un programa de Windows 98, la relación de éste con sus documentos desaparecerá de tu ordenador. Por este motivo es muy raro que tengas que gestionar manualmente la asociación de programas y documentos.

En cualquier caso, si quieres ver o modificar las asociaciones existentes entre los programas y los documentos de tu ordenador utiliza la siguiente secuencia de pasos.

Para modificar las asociaciones entre programas documentos

1. Abre la ventana de cualquier carpeta.	*Puedes usar la carpeta* Mi PC.
2. Selecciona el comando Opciones del menú Ver.	*Aparecerá el cuadro de diálogo* Opciones.
3. Selecciona la ficha Tipos de archivo.	*Podrás ver una lista con todos los archivos asociados que tengas en tu sistema.*
4. Utiliza los botones correspondientes según quieras ver, crear o eliminar asociaciones.	*A continuación puedes ver una explicación de los distintos botones.*

Los tres botones que figuran en la ficha Tipos de archivo del cuadro de diálogo Opciones sirven para:

- Nuevo tipo: si quieres crear manualmente una relación nueva entre un programa y un tipo de archivo (te puede ser útil en los programas para DOS), haz clic en este botón. Aparecerá un cuadro de diálogo en el que podrás crear la asociación y elegir un icono para todos los archivos de ese tipo.

Consejo

La manera más fácil de crear una asociación entre un programa y un archivo que no esté asociado ya consiste en hacer doble clic sobre el icono del archivo. Cuando aparezca el cuadro de diálogo Abrir con *introduce una descripción para ese tipo de archivos, haz clic en la lista sobre la aplicación que quieras emplear para abrir ese tipo de archivos, comprueba que esté activada la opción* Utilizar siempre este programa para abrir este archivo *y, por último, haz clic en* Aceptar. *A partir de ese momento, habrás creado la relación entre ese tipo de archivo y su programa. Si también quieres cambiar el icono de ese tipo de archivos tendrás que acudir a la ficha* Tipos de archivo *del cuadro de diálogo* Opciones *que aparece al seleccionar el comando* Ver, Opciones *de cualquier ventana. Selecciona en él el tipo de archivo y haz clic en el botón* Editar *para cambiar el icono.*

- Quitar: si seleccionas una relación de la lista y haces clic en este botón eliminarás la asociación seleccionada.
- Editar: si quieres modificar alguna de las asociaciones existentes, o si quieres cambiar el icono de alguno de los tipos de archivo, haz clic en este botón.

Por último, debo aconsejarte que no modifiques las asociaciones que aparecen en este cuadro de diálogo a no ser que estés muy seguro de lo que estás haciendo.

Programas para DOS

En Windows 98 puedes ejecutar un programa para DOS de dos maneras:

- En una sesión MS-DOS: una sesión MS-DOS es un programa que funciona dentro de Windows 98 y que *simula* (a efectos de un programa escrito para DOS) la existencia de un PC con MS-DOS. Esta manera tiene la ventaja de que, a la vez que ejecutas el programa para DOS, puedes seguir teniendo acceso a Windows 98, gracias a lo cual puedes aprovechar algunas de sus características.
- En modo MS-DOS: a pesar de las ventajas de una sesión MS-DOS, hay ocasiones en que el programa escrito para DOS no acepta funcionar en una simulación de un PC, y exige tener todo el ordenador para él cuando se ejecute. En tal caso no queda más remedio que pasar el ordenador a modo MS-DOS, en el que realmente Windows 98 deja de funcionar y el MS-DOS toma el control. Esta manera tiene la ventaja de permitir que funcione cualquier programa recalcitrante escrito para DOS, pero tiene la desventaja de que no puedes utilizar Windows 98 para nada.

Si quieres ejecutar un programa para DOS, tienes dos maneras:

- Iniciar una sesión MS-DOS o reiniciar el ordenador en modo MS-DOS y, cuando aparezca el indicador de comandos del DOS (C:\>) ejecutar el programa como harías normalmente.
- Ejecutar el programa directamente (por ejemplo, haciendo doble clic sobre su icono) o bien mediante un acceso directo que hayas creado al efecto. Entonces el programa se ejecutará en una sesión MS-DOS o en modo MS-DOS según tú lo hayas configurado.

Sesiones MS-DOS

Una sesión MS-DOS es la manera que tiene Windows 98 de proporcionar al usuario un espacio en el que ejecutar un programa para DOS *sin salir* del propio Windows 98. Desde el punto de vista de un programa para DOS, una sesión MS-DOS es lo mismo que un ordenador en el que estuviera cargado este sistema operativo, pero desde el punto de vista del usuario, la utilización de sesiones MS-DOS le permite ejecutar sus antiguos programas para DOS a la vez que sigue disponiendo de Windows 98 para poder hacer otras cosas. Puedes tener abiertas a la vez tantas sesiones MS-DOS como quieras y tu sistema te permita, aunque debes estar advertido de que los programas para DOS no están pensados para trabajar de forma cooperativa. Esto significa que si dos programas tratan de acceder a la vez al mismo recurso sólo uno lo conseguirá, y el otro programa producirá un error al no disponer del recurso en cuestión.

Para iniciar una sesión MS-DOS puedes hacer clic en el icono MS-DOS del menú Inicio, Programas o hacer doble clic sobre el icono de un programa para DOS. En el primer caso aparecerá el indicador de comandos del DOS (C:\>), desde el que podrás ejecutar un programa o impartir órdenes al propio DOS. En el segundo caso verás tu programa directamente. Una sesión MS-DOS puede aparecer en pantalla de dos maneras:

- A pantalla completa: la sesión MS-DOS ocupará toda la pantalla y no verás Windows, aunque seguirá funcionando detrás de la sesión. Esta manera tiene la ventaja de que los programas para DOS se ejecutan más deprisa y su presentación en pantalla es idéntica a la que tendrían de ejecutarse en un ordenador con DOS. El mayor inconveniente es que no puedes ver Windows a la vez que ejecutas la sesión MS-DOS y no puedes hacer uso de las facilidades que Windows te ofrece cuando ejecutas el programa en una ventana.

Nota

Aunque la sesión MS-DOS ocupe toda la pantalla, también puedes pensar en ella como en una ventana. De esta manera, para cambiar a Windows 98 puedes utilizar las mismas técnicas que para pasar de una ventana a otra.

- En una ventana. La sesión MS-DOS se ejecutará en una ventana en el escritorio, igual que cualquier otro programa de Windows (mira la figura 5.8). Esta manera tiene la desventaja de que los programas se ejecutan más despacio y que su apariencia en pantalla no siempre es muy afortunada, pero a cambio tiene la ventaja de que puedes ver Windows a la vez que ejecutas el programa para DOS y de que puedes hacer uso de muchas facilidades que éste ofrece para las ventanas MS-DOS.

Truco

Puedes alternar entre las dos maneras de ver la sesión MS-DOS pulsando en cualquier momento la combinación de teclas Alt+Intro. La próxima vez que abras la sesión MS-DOS ésta aparecerá en pantalla de la misma manera que la cerraste la última vez.

Por su parte, hay dos maneras de finalizar una sesión MS-DOS. La más frecuente es que el programa para DOS que estabas ejecutando termine. Si estabas ejecutando el programa a pantalla completa, Windows te devolverá inmediatamente al escritorio. Si lo estabas ejecutando en una ventana, Windows te informará de su finalización con un mensaje que aparece en la barra del título de la ventana. Ahora ya sólo te queda cerrar la ventana DOS haciendo clic en su botón Cerrar. (Si has activado la opción Cerrar al salir de la ficha Programa de la hoja de propiedades del programa DOS –lee el siguiente apartado–, la ventana se cerrará sin más.) Recuerda mirar la ventana antes

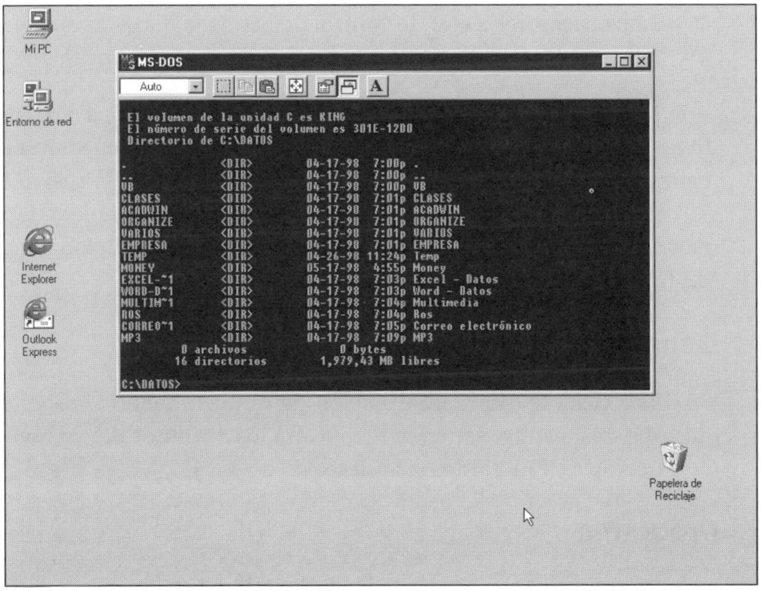

Figura 5.8. Una sesión MS-DOS en una ventana en el escritorio de Windows 98

de cerrarla, por si el programa cuya ejecución acaba de finalizar hubiera escrito un mensaje (ésta es la razón de que Windows no cierre automáticamente la ventana al finalizar la ejecución del programa). La segunda manera de finalizar una sesión MS-DOS es la que debes aplicar cuando en lugar de ejecutar el programa para DOS has ejecutado el símbolo del DOS y desde él has llamado al programa. Cuando el programa finalice y vuelva a aparecer el indicador de comandos del DOS deberás escribir la orden exit y pulsar Intro para finalizar la sesión MS-DOS.

Nota

Las sesiones MS-DOS pueden hacer uso del portapapeles de Windows. Consulta el apartado "El portapapeles" más adelante en este capítulo.

Configurar programas para DOS

Debido a la especial naturaleza de los programas para DOS, puede que te resulte necesario (o al menos conveniente) modificar algunos de los parámetros de su funcionamiento en Windows para optimizar su ejecución. En tal caso debes acceder a la hoja de propiedades del programa DOS, para lo cual tienes dos opciones:

- Si no está funcionando el programa DOS, selecciona el comando Propiedades del menú emergente de su icono.
- Si el programa está funcionando en una ventana, selecciona el comando Propiedades del menú de control de la misma (si está funcionando a pantalla completa deberás convertirlo en una ventana primero).

La hoja de propiedades del programa para DOS tiene varias fichas, dedicadas a diversos aspectos susceptibles de configuración. Debes tener en cuenta que los ajustes realizados en algunas de estas fichas sólo se aplican a la sesión MS-DOS si ésta se ejecuta en una ventana, y no si se ejecuta a pantalla completa. Igualmente, prácticamente ninguno de los ajustes se pueden aplicar a la ejecución del programa en modo MS-DOS. Veamos la utilidad de cada ficha.

General

Esta ficha te ofrece información de carácter genérico sobre el programa con el que estás trabajando. También te muestra los atributos del archivo del programa y te da la opción de cambiarlos si lo deseas.

Programa

En esta ficha (mira la figura 5.9) se indica el programa que se ha de ejecutar (que puede ser el intérprete de comandos del DOS, COMMAND.COM, o un programa para DOS), el directorio de trabajo de éste, el nombre de un archivo de proceso por lotes que se ejecute cada vez que arranque este programa y una combinación de teclas para activar el programa con el teclado. También puedes definir el tipo de ventana en la que se deberá ejecutar el programa y si ésta debe cerrarse al finalizar el programa.

El botón Avanzado muestra el cuadro de diálogo Configuración avanzada de programas, en el que podrás determinar algunos aspectos básicos del funcionamiento del programa DOS (figura 5.13). Evitar que programas basados en MS-DOS detecten Windows te permite sortear el obstáculo de los programas para DOS que se niegan a funcionar si detectan Windows (activar esta opción puede ser muy peligroso). Sugerir modo MS-DOS según sea necesario deja a Windows la responsabilidad de determinar si el programa para DOS se ejecutaría mejor en modo MS-DOS que en una sesión MS-DOS. En tal caso aparecerá un asistente que te ayudará a crear un icono espacial para ese programa. Si activas la opción Modo MS-DOS obligarás a que el programa se ejecute en modo MS-DOS (consulta el apartado "Modo MS-DOS").

Por último, el botón Cambiar icono te permite cambiar el icono del programa DOS. Windows 98 asigna el mismo icono a todos los programas para DOS. Esta opción resulta muy interesante para dar personalidad a tus programas para DOS. Cuando hagas clic en este botón aparecerá el cuadro de diálogo Cambiar icono. La manera más sencilla de cambiar el icono consiste en seleccionar uno de la lista Icono actual y hacer clic en Aceptar. Si no te gusta ninguno de los iconos de la lista puedes hacer clic en el botón Examinar para explorar tu ordenador en busca de otros archivos

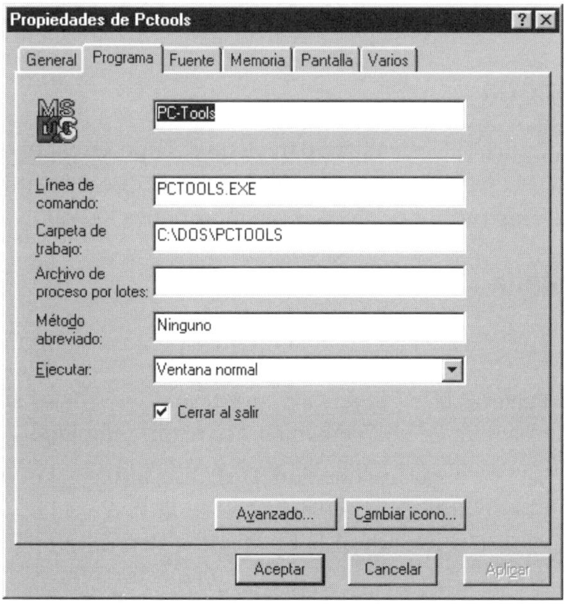

Figura 5.9. Ventana de propiedades de un programa MS-DOS

que contengan iconos, y asignar uno de ellos a tu programa (puedes sacar el icono de cualquier sitio; el icono no tiene nada que ver con el programa al que se lo vas a asignar). Cuando selecciones un archivo, Windows te mostrará todos los iconos que contenga y podrás elegir cualquiera de ellos. Si quieres ver iconos interesantes prueba a abrir los archivos que aparecen en la tabla 5.1.

Tabla 5.1. Archivos que debes abrir si quieres ver iconos interesantes

Archivo	**Vía de acceso**
PIFMGR.DLL	C:\WINDOWS\SYSTEM
MORICONS.DLL	C:\WINDOWS\SYSTEM
SHELL32.DLL	C:\WINDOWS\SYSTEM
ICONLIB.DLL	C:\WINDOWS
PROGMAN.EXE	C:\WINDOWS

Fuente

Esta ficha te permite elegir el tipo de letra con que aparecerá la sesión MS-DOS en la ventana, lo cual tiene una relación estrecha con el tamaño de dicha ventana. Cuanto más grande sea el tipo de letra, más grande deberá ser la ventana si quieres ver la pantalla completa de la sesión MS-DOS. También puedes elegir la opción Auto, que elegirá el tamaño de letra que mejor se adapte al tamaño que hayas dado a la ventana MS-DOS.

Memoria

La ficha Memoria sirve para definir el tipo, tamaño y comportamiento de la memoria RAM en las sesiones MS-DOS. A no ser que el programa DOS que vayas a usar te detalle instrucciones precisas, no modifiques los valores que aparecen en esta ficha.

Pantalla

La ficha Pantalla (mira la figura 5.10) tiene las siguientes opciones:

- Pantalla completa/Ventana: sirve para determinar si la sesión MS-DOS se ejecutará en una ventana o a pantalla completa.
- Tamaño inicial: esta opción te permite indicar el número de líneas de texto que se utilizarán en la sesión MS-DOS: 25, 43 (EGA) ó 50 (VGA). Lo más aconsejable es dejar la opción Predeterminado, para que sea el propio programa DOS que vas a ejecutar el que establezca el número de líneas. Si tú fuerzas un número de líneas y el programa no lo tiene previsto, una parte de la pantalla siempre permanecerá en negro (cuando menos).

- Mostrar barra de herramientas: esta opción hace que aparezca la barra de herramientas en la ventana de la sesión MS-DOS (consulta el apartado "La ventana MS-DOS").
- Restaurar configuración al iniciar: esta opción hace que la próxima vez que ejecutes la sesión MS-DOS, el aspecto en pantalla de ésta sea el mismo que tenía cuando la cerraste por última vez (por ejemplo, si acabaste la sesión a pantalla completa, así aparecerá la próxima vez que la ejecutes).
- Rendimiento: las dos opciones que aparecen en este recuadro indican el modo en que debe comportarse las memorias ROM y RAM de la sesión MS-DOS en su vertiente de vídeo. A no ser que tu programa dé problemas con las funciones de vídeo debes activar ambas opciones.

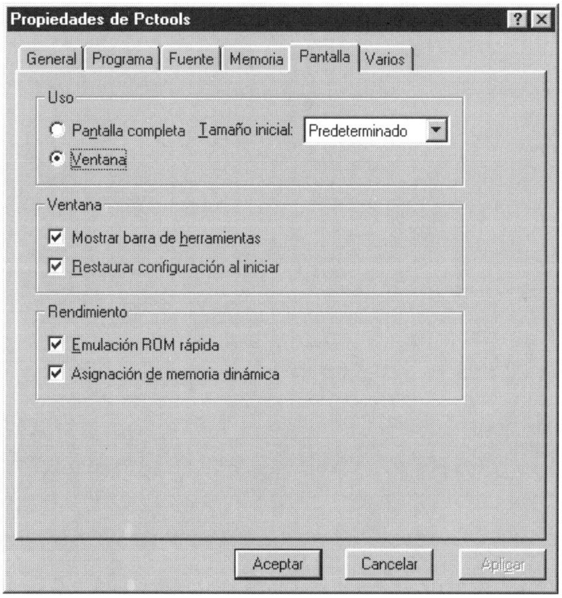

Figura 5.10. La ficha Pantalla *de la ventana de propiedades de un programa MS-DOS*

Varios

La ficha Varios (figura 5.11) incluye opciones muy variadas, como las siguientes:

- Permitir protector de pantalla: esta opción te permite desactivar el protector de pantalla mientras que el programa DOS sea el programa activo.
- Suspender siempre: esta opción hace que el programa para DOS se detenga a no ser que sea el programa activo.

- Edición rápida: esta opción permite que se utilice el ratón para seleccionar texto en el programa DOS para operaciones con el portapapeles.
- Modo exclusivo: si activas esta opción el ratón sólo funcionará en el programa DOS mientras éste se esté ejecutando. Es decir, no podrás usar el ratón en Windows mientras tanto.
- Avisar si continúa activo: esta opción es muy importante ya que si tratas de cerrar una sesión MS-DOS mientras que el programa que haya en ella esté funcionando (por ejemplo, haciendo clic en el botón Cerrar de la ventana de la sesión MS-DOS), Windows te avisará de tal cosa, evitando con ello que se produzcan pérdidas involuntarias de información.

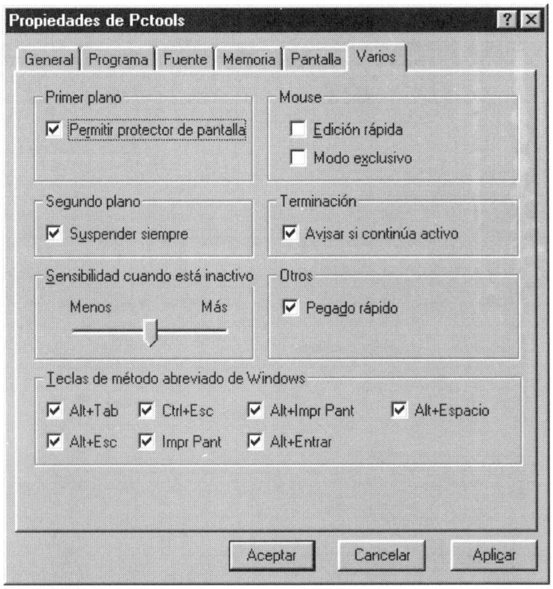

Figura 5.11. La ficha Varios *de la ventana de propiedades de un programa MS-DOS*

La ventana MS-DOS

Como ya has visto, las sesiones MS-DOS se pueden ejecutar a pantalla completa o en una ventana. Ambas opciones tienen ventajas e inconvenientes pero no cabe duda de que las ventajas de utilizar una ventana son importantes:

- Puedes seguir viendo y utilizando Windows a la vez que ejecutas tu programa para DOS.
- Puedes dar a la ventana el tamaño que desees y situarla en cualquier lugar de la pantalla.

- Puedes utilizar las operaciones del portapapeles (consulta más adelante este mismo capítulo).
- Puedes utilizar las características propias de las ventanas MS-DOS.

Y, además de todo esto, si en algún momento quieres cambiar a pantalla completa no tienes más que pulsar Alt+Intro para lograrlo.

El tamaño de la ventana

Al hablar de la ficha Fuente de la hoja de propiedades del programa MS-DOS viste que puedes dar a la ventana de la sesión MS-DOS el tamaño que desees y que Windows adaptará el tamaño de la fuente al tamaño de la ventana. También lo puedes hacer al revés, es decir, selecciona un tamaño de fuente y Windows adaptará la ventana a ese tamaño.

Además, junto con el tamaño *normal* de la ventana de la sesión MS-DOS, también puedes maximizar ésta, obligando a Windows a que utilice el tamaño de fuente más grande que tenga disponible. O puedes minimizar la ventana DOS, de forma que pase a la Barra de tareas como cualquier otra ventana de Windows.

Aparte de esto, puedes mover la ventana al lugar del escritorio que desees con sólo arrastrarla por su barra del título, igual que harías con cualquier otra ventana de Windows.

La barra de herramientas

Si quieres puedes hacer que la ventana de la sesión MS-DOS aparezca con una barra de herramientas realmente útil (en caso de que no aparezca por omisión). Para ello puedes activar la opción correspondiente de la hoja de propiedades o bien usar el comando Barra de herramientas del menú de control de la ventana, lo cual es mucho más rápido. Esta barra de herramientas (mira la figura 5.12) tiene las siguientes opciones:

- La lista desplegable Fuente y el botón del mismo nombre sirven para elegir el tamaño del tipo de letra de la ventana y, por tanto, el tamaño de la ventana.
- Los botones Marcar, Copiar y Pegar sirven para realizar las operaciones del portapapeles con mayor comodidad. En caso de que no tengas la barra de herramientas en la ventana deberás utilizar las opciones del comando Edición del menú de control de la ventana.
- El botón Pantalla completa sirve para cambiar a pantalla completa.
- El botón Propiedades hace que aparezca la hoja de propiedades del programa DOS.
- El botón Segundo plano activa o desactiva el funcionamiento del programa DOS cuando no es la tarea activa.

Nota

Para saber cómo se llama cada herramienta de la barra, detén sobre ella el puntero del ratón unos instantes, o mira la figura 5.12.

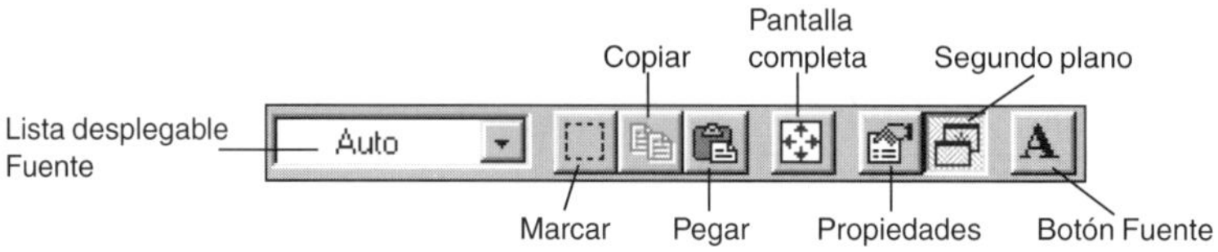

Figura 5.12. La barra de herramientas de la ventana de una sesión MS-DOS

Cerrar la ventana DOS

Ya te he explicado anteriormente en este mismo capítulo la manera correcta de finalizar una sesión MS-DOS. Debo insistir en la recomendación de que no debes cerrar una ventana en la que se esté ejecutando un programa DOS hasta que no haya finalizado aquel, a no ser que tengas una muy buena razón para hacerlo. En caso de que trates de hacerlo, Windows te advertirá de ello y te pedirá que confirmes que quieres cerrar la ventana.

El modo MS-DOS

Sin duda, los avances que presenta Windows 98 en cuanto a ejecutar programas para DOS en las sesiones MS-DOS harán que sea muy difícil que te encuentres con alguna aplicación que no funcione en una de estas sesiones ni en una ventana ni a pantalla completa. En esos casos, y en aquellos otros en que por la razón que sea desees tener todos los recursos del ordenador a disposición exclusiva de tu programa DOS (por ejemplo, un juego complejo), la única solución que te queda será utilizar el modo MS-DOS.

Para pasar a modo MS-DOS tienes tres opciones:

- Activar la opción Modo MS-DOS del cuadro de diálogo Configuración avanzada de programas (figura 5.13) que aparece al hacer clic en el botón Avanzado de la ficha Programa de la hoja de propiedades del programa DOS. Cuando vayas a ejecutar este programa, Windows cerrará todos los programas que tengas abiertos, terminará y pasará a modo MS-DOS para ejecutar tu programa.
- Reiniciar el ordenador en modo MS-DOS y ejecutar el programa por ti mismo desde el indicador de comandos del DOS. Para ello haz clic en el comando Apagar el sistema del menú Inicio y selecciona la opción reiniciar el equipo en modo MS-DOS? Por último haz clic en Sí.

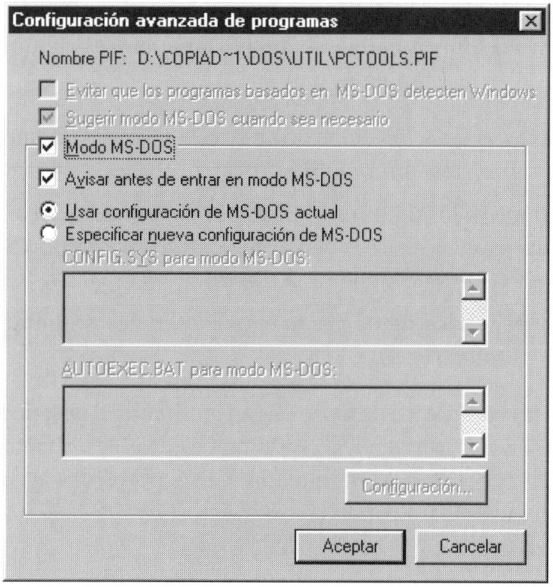

Figura 5.13. El cuadro de diálogo Configuración avanzada de programas *de la ventana de propiedades de un programa MS-DOS*

- Arrancar el ordenador en modo MS-DOS desde el principio. Mantén pulsada la tecla Ctrl mientras arranca el ordenador; cuando aparezca el menú de Inicio de Windows 98 selecciona la opción Sólo símbolo del sistema. Una vez aparezca el indicador de comandos del DOS (C:\>) eje-cuta tu programa desde él.

Truco

Si quieres entrar en Windows desde el modo MS-DOS sin tener que reiniciar el ordenador, escribe el comando exit *o* win *en el indicador de comandos y pulsa Intro.*

El portapapeles

Una de las características más importantes del entorno de trabajo que proporciona Windows a los programas consiste en la posibilidad de que éstas compartan datos entre ellas. Es decir, en Windows resulta muy fácil coger unos datos que tengas en un programa de hoja de cálculo y copiar esos datos en un programa procesador de textos (por ejemplo, para escribir un informe sobre ellos).

Todo el proceso de transferencia de datos entre aplicaciones se sustenta en una zona de memoria espacial de Windows denominada *portapapeles*. A través del portapapeles es posible copiar los datos de unos programas a otros e, incluso, dentro del mismo programa. El funcionamiento del portapapeles es siempre el mismo, y lo puedes ver resumido en los siguientes pasos:

1. Se *seleccionan* los datos que se desean copiar de una aplicación a otra o dentro de la misma aplicación.
2. Se *copian* los datos en el portapapeles, quedando intacto el original si se desea copiarlos (a esto se le denomina *Copiar*), o borrando el original si se desea moverlos (a esto se le denomina *Cortar*).
3. Se pegan los datos desde el portapapeles a su nueva ubicación (a esto se le denomina *Pegar*).

Una vez que los datos se pegan en su nueva posición, sigue existiendo una copia de ellos en el portapapeles, por lo que es posible volver a pegarlos tantas veces como sea necesario. Los datos se quedarán en el portapapeles hasta que se vuelva a realizar otra operación para copiar o cortar datos.

Aviso

El portapapeles sólo puede contener una cosa a la vez. Por tanto, si copias o cortas algo, eso que hayas copiado o cortado reemplazará automáticamente a lo que ya hubiera en él. Así pues, es conveniente que cuando copies o cortes algo, inmediatamente lo pegues en su nueva ubicación, ya que así no correrás el riesgo de que desaparezca del portapapeles.

Casi todas las aplicaciones de Windows contienen en su barra de menús un menú denominado Edición en el que encontrarás los comandos Copiar, Cortar y Pegar. Así mismo, muchos objetos contienen estos mismos comandos en sus menús emergentes. En caso de que no puedas acceder a los comandos en algún momento, sí que podrás utilizar los atajos de teclado universales que tiene Windows definidos para estas operaciones y que aparecen en la tabla 5.2.

Tabla 5.2. Atajos de teclado de Windows

Operación	**Atajos de teclado**	
Copiar	Ctrl+C	Ctrl+Ins
Cortar	Ctrl+X	Mayús+Supr
Pegar	Ctrl+V	Mayús+Ins

Veamos un ejemplo. Abre la ventana Mi PC y luego haz doble clic sobre el icono de la unidad de disco C. Cuando se abra la ventana de esta unidad, haz doble clic sobre el icono de la carpeta denominada Windows. Ahora busca dentro de la ventana de la carpeta Windows (primero deberás hacer clic en la frase *Mostrar archivos* que aparece en la zona izquierda de la ventana) un icono llamado Calc (es posible que tengas que usar las barras de desplazamiento de la ventana para verlo). Cuando lo encuentres, haz clic sobre él con el botón derecho del ratón para que aparezca su menú emergente. Observa que dos de las opciones del menú emergente son Cortar y Copiar (figura 5.14). Selecciona el comando Copiar.

Aparentemente no sucede nada, pero en realidad Windows ha *copiado* el objeto Calc en el portapapeles. Ahora cierra las ventanas que has abierto de manera que vuelvas a ver el escritorio, y haz clic en éste para deseleccionar cualquier otro objeto que estuviera seleccionado. Pulsa Ctrl+V para *pegar* el contenido del portapapeles en el escritorio y verás que Windows crea una copia del objeto Calc en el escritorio.

Este mismo procedimiento lo puedes usar para copiar casi cualquier tipo de datos entre dos aplicaciones cualesquiera o dentro de la misma aplicación. Por ejemplo, si estás trabajando con un programa de base de datos y tienes que introducir la misma población de una serie de individuos en un campo de la base datos, puedes introducir sólo la de uno, copiar ese dato y pegarlo en los demás.

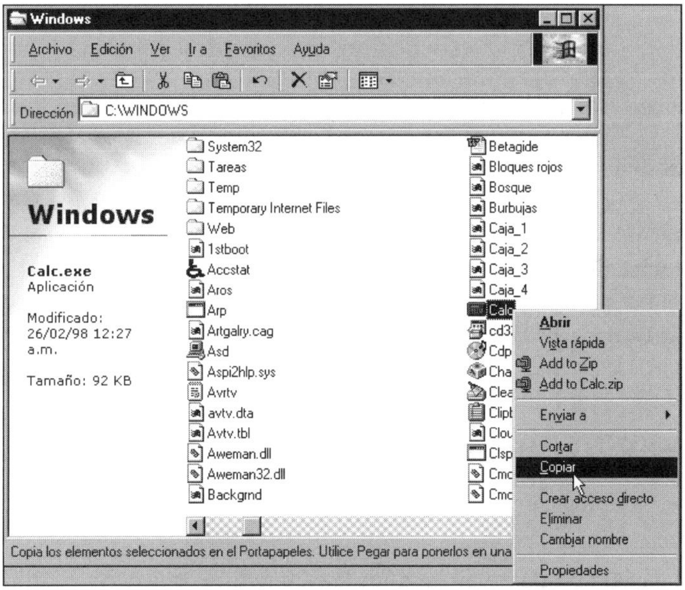

Figura 5.14. El menú emergente del icono Calc

El portapapeles en una ventana DOS

Aunque el portapapeles es una herramienta pensada para funcionar sólo con aplicaciones creadas para Windows, también existe la posibilidad de intercambiar datos mediante este sistema con programas para DOS que se estén ejecutando en una ventana.

Si quieres copiar datos desde la ventana DOS a Windows, primero debes marcarlos (seleccionar esos datos). Para ello tienes dos caminos:

- Ejecuta el comando Edición, Marcar del menú de control de la ventana DOS. Verás que aparece un cursor en forma de bloque parpadeante en el extremo superior izquierdo de la ventana. Ahora utiliza las teclas del cursor para situar éste en el lugar de comienzo de los datos que quieras seleccionar. Una vez allí, mantén pulsada la tecla Mayús y vuelve a usar las teclas del cursor para seleccionar los datos que desees. Cuando los datos estén seleccionados pulsa Intro para copiarlos en el portapapeles. Ahora ya sólo te resta ir a Windows y pegar los datos.
- Activa la opción Edición rápida de la ficha Varios de la hoja de propiedades de la ventana DOS. Entonces podrás usar el ratón para seleccionar datos como si se tratase de una aplicación Windows. Es decir, haz clic y mantén pulsado el botón del ratón mientras arrastras éste. Todos los datos u objetos que haya dentro del supuesto rectángulo cuyas aristas contrarias vienen definidas por el lugar donde hiciste clic y por el lugar donde soltaste el botón del ratón, quedarán seleccionados.

Si tienes activa la barra de herramientas de la ventana DOS, puedes utilizar los botones Marcar y Copiar para simplificar el proceso.

Si lo que deseas es copiar datos desde Windows a la ventana DOS (o desde la misma ventana DOS), primero selecciona y copia los datos en Windows (o en la ventana DOS) y luego activa la ventana DOS. Por último, sitúa el cursor en el lugar en el que desees pegar los datos y ejecuta el comando Edición, Pegar del menú de control de la ventana DOS (o utiliza la herramienta Pegar de la barra de herramientas o pulsa Ctrl+V).

El Visor del portapapeles

El Visor del portapapeles es un pequeño programa que viene junto con Windows y que tiene la misión de mostrarte en una ventana el contenido del portapapeles en cada momento. Si bien una vez que te acostumbres a utilizar las operaciones de copiar y pegar prácticamente no tendrás que pensar en ellas, al principio no está de más comprobar qué sucede en cada instante (e incluso aunque seas un usuario avanzado puedes necesitar comprobar en algún momento el contenido del portapapeles). El portapapeles es la herramienta perfecta para ver cómo funciona realmente esta importante característica de Windows.

Para ejecutar el programa Visor del portapapeles debes hacer clic sobre su icono, el cual debe aparecer en la carpeta Herramientas del sistema que hay dentro de la carpeta

Accesorios del menú Inicio, Programas. Si no lo encuentras será porque Windows no lo instaló. En tal caso deberás consultar el apéndice A para saber cómo agregar componentes a la instalación de Windows. Luego agrega el elemento Visor del portapapeles que aparecerá en la lista Accesorios de los componentes de Windows.

El programa Visor del portapapeles (figura 5.15) tiene dos opciones principales: la manera de mostrar su contenido en la ventana y la posibilidad de guardar su contenido en un archivo. Siempre que sea posible debes mantener activada la opción Automáticamente del menú Mostrar, ya que así será el propio portapapeles el que elija la mejor forma de representar en la ventana los datos que contenga. En caso de que esos datos no se vean bien o que prefieras otra manera de representarlo, puedes jugar con las opciones del menú Mostrar. También puedes grabar los datos que contenga el portapapeles en un archivo CLP. Más tarde (días después) puedes abrir ese archivo con el portapapeles y éste volverá a tener exactamente el mismo contenido que cuando copiaste los datos.

Figura 5.15. El Visor del portapapeles

6

Discos, carpetas y archivos

Todos los datos que se almacenan en un ordenador residen en los denominados *archivos*. Conocer el sistema de archivos de un sistema operativo es lo mismo que conocer la manera en que ese sistema organiza la información.

Este conocimiento te permitirá ordenar tus datos, localizar cualquier dato en cualquier momento, etcétera. Sin embargo, este sistema de archivos también tiene su servidumbre: es necesario realizar unas labores de mantenimiento que garanticen su correcto funcionamiento. De todo ello trata este capítulo.

El sistema de archivos

El sistema de archivos (también llamado de ficheros) es el conjunto de convenciones que un sistema operativo sigue para almacenar la información en los dispositivos al efecto de un ordenador.

Comprender el sistema de archivos es un paso imprescindible para desenvolverse con soltura en cualquier sistema operativo y, por supuesto, también en Windows 98. Como verás, los conceptos no son complicados y, a cambio, su conocimiento proporciona una enorme ventaja a la hora de trabajar con el ordenador.

Antes de zambullirte en el aprendizaje del sistema de archivos, hay un concepto básico que debes tener absolutamente claro: la diferencia entre la memoria RAM y el almacenamiento permanente (discos).

La memoria RAM es un memoria de pequeño tamaño, muy rápida y que pierde su contenido al apagarse el ordenador. Por el contrario, los discos son grandes, lentos y no pierden su contenido al apagarse el ordenador. Los discos son los que almacenan de manera permanente los programas y datos del usuario.

Cuando el usuario quiere ejecutar un programa, el ordenador copia ese programa desde el disco a la memoria RAM (a esto se llama *cargar*) y luego ejecuta el programa desde ésta. Si el usuario ha escrito una carta con un procesador de textos y quiere conservarla durante largo tiempo, el ordenador hace una copia en un disco de la zona de la memoria RAM que contiene la carta (a esto se llama *guardar*, *grabar* o *salvar*). Y a esa copia que se hace en el disco del contenido de la memoria RAM se denomina *archivo*. La memoria RAM *no* forma parte del sistema de archivos.

La estructura jerárquica

El concepto más importante del sistema de archivos que debes conocer es su estructura. O, dicho de otra forma, la manera en que se organiza la información que está almacenada permanentemente. Si sabes cómo está organizada la información, es muy probable que puedas encontrar rápidamente el archivo que buscas.

El sistema de archivos de Windows 98 se organiza de forma jerárquica, como el organigrama de una empresa. En el nivel más alto del organigrama estaría la *red*, compuesta de ordenadores.

El siguiente peldaño sería el *ordenador*, el cual contiene *unidades de disco*, que son el siguiente nivel. Dentro de las unidades de discos están las *carpetas*. Y, por último, dentro de estas aparecen los *archivos*.

Hay que hacer algunas salvedades a lo dicho en el párrafo anterior. La primera, si tu ordenador no está conectado a una red, es el ordenador el que ocupa la posición jerárquica más alta. La segunda, puede haber archivos dentro de un disco que no estén dentro de ninguna carpeta; en este caso se dice que esos archivos están en la carpeta o directorio *raíz* del disco.

En resumen, ésta es la estructura jerárquica del sistema de archivos de Windows 98 (la figura 6.1 puede ayudarte a aclarar los conceptos):

1. La red: una red no es más que un grupo de ordenadores conectados entre sí para que puedan compartir recursos (por ejemplo, impresoras o discos duros). Cada día es más frecuente encontrarte conectado a una red, ya sea en tu propia casa, en la oficina, etcétera. Windows 98 incorpora servicios de red, por lo que ahora resulta mucho más sencillo montar una red. Por tanto, conocer la red a la que estés conectado es fundamental para saber dónde encontrar un archivo.

   Con la popularización de Internet esto se ha hecho especialmente cierto e importante. Ahora no sólo es frecuente estar conectado a la red de tu oficina o de tu casa, sino que es muy habitual estar conectado a Internet (de forma permanente o de forma transitoria mediante conexiones telefónicas).

2. El ordenador: las redes están compuestas por ordenadores. Dentro de la red, tu PC ocupa un lugar destacado, puesto que se trata de tu propio ordenador. En caso de que no estés conectado a una red, tu ordenador ocupará el puesto más alto de la escala jerárquica. Tu PC contendrá, seguramente, la mayor parte de los archivos que necesitarás en tu trabajo.

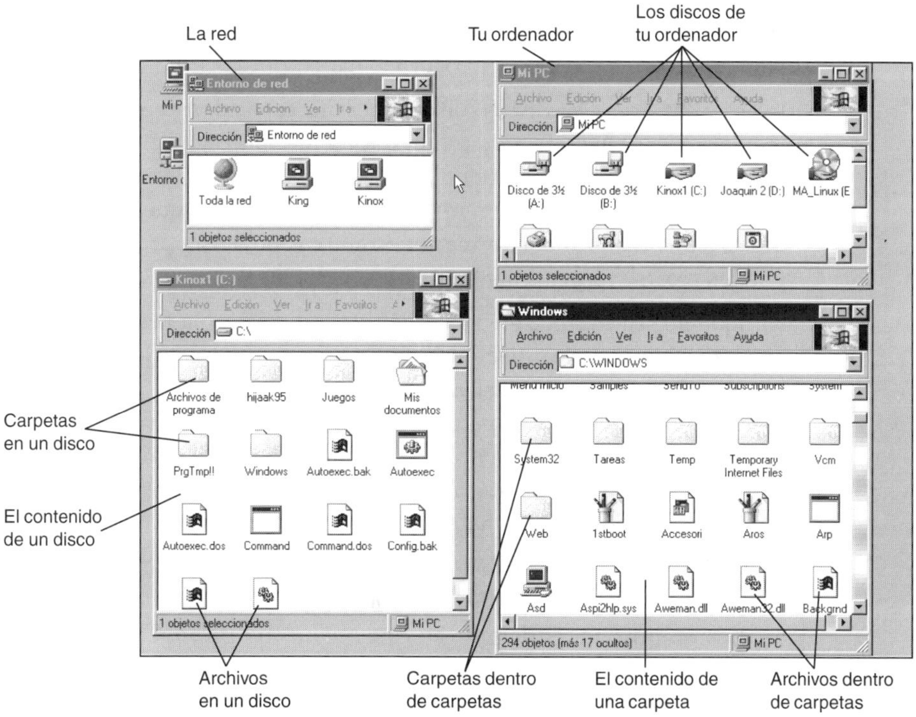

Figura 6.1. En esta figura puedes ver la red, el ordenador, los discos, las carpetas y los archivos dentro de las carpetas

En caso de que estés conectado a una red, tanto tu ordenador como todos aquellos a los que tengas acceso se denominarán por un nombre (y, en algunos casos, por una serie de números). Para referirte a otro ordenador de la red deberás utilizar su nombre precedido de dos barras invertidas. Por ejemplo, si el ordenador al que quieres acceder se llama KINOX, deberás referirte a él como \\KINOX. (No es necesario que utilices el nombre de tu propio ordenador cuando accedas a él.)

3. Las unidades de disco: dentro de tu PC, o de otro ordenador de la red, están las unidades de discos, que son los dispositivos que verdaderamente contienen la información. Hay diversos tipos de unidades de disco (consulta el apartado "Unidades de disco" en este mismo capítulo), pero todas tienen la misma función: almacenar los archivos. Es muy importante que sepas cuántas unidades de discos tienes en tu ordenador y a cuántas otras puedes acceder en la red.

   Cada una de las unidades de disco se identificará por un nombre. Normalmente el nombre de las unidades es una letra seguida por dos puntos (A:, C:, etcétera). Las letras A y B se reservan para unidades de disquetes, la letra C para la primera unidad de disco duro y las demás se reparten entre los demás tipos de discos que tengas en el ordenador. Por tanto, para referirte a tu primer disco duro lo harás como C:.

4. Las carpetas: como los discos suelen tener una capacidad de almacenamiento muy grande, se hace de todo punto imprescindible organizar su espacio de alguna manera. Y para ello se utilizan las carpetas (antes llamadas *directorios*). Por tanto, las carpetas no son más que compartimentos que se crean en los discos para organizar la información (como cajones en los armarios). También pueden crearse carpetas dentro de otras carpetas (figura 6.2).

   Aunque no sea cierto, a efectos organizativos se acepta la convención de que todos los discos contienen una gran carpeta dentro de la cual se crean todas las demás carpetas y se almacenan todos los archivos. A esa carpeta se le denomina *carpeta raíz* pero, al contrario que todas las demás, no tiene nombre y se la representa por una barra invertida (\). Así, si te quisieras referir a un archivo que estuviera en el disco C: (por ejemplo, al archivo COMPRAS.TXT), deberías hacerlo como C:\COMPRAS.TXT.

   Cada carpeta tiene su propio nombre. Los nombres de las carpetas siguen las mismas convenciones que los nombres de los archivos, los cuales te explico un poco más adelante en este mismo apartado. Como norma general, si te vas a referir a una carpeta deberás utilizar su nombre (por ejemplo, DATOS). Y, si te vas a referir a una carpeta que esté dentro de otra, deberás separar sus nombres con barras invertidas (por ejemplo, DATOS\AÑO95\VENTAS).

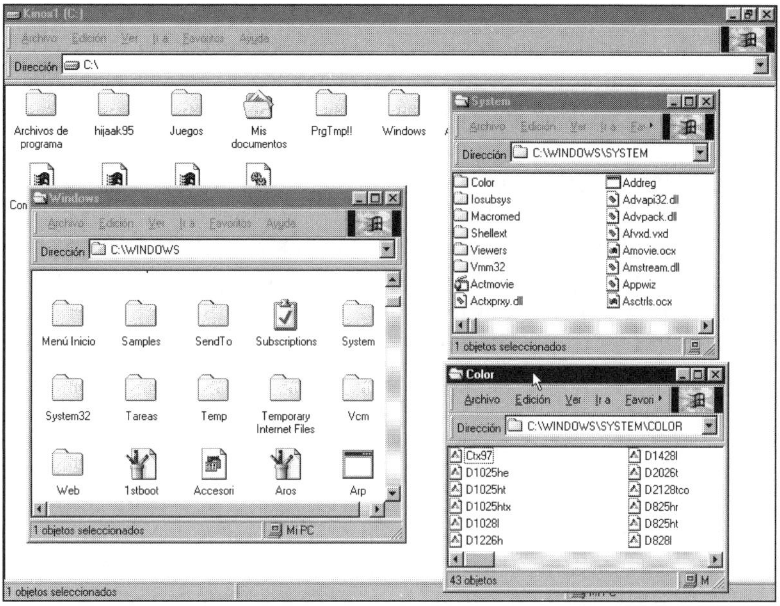

Figura 6.2. Dentro del disco C puedes ver la carpeta Windows; dentro de ésta la carpeta System; y, finalmente, dentro de ésta la carpeta Color

Aviso

Procura no confundirte. Observa que si haces referencia a \DATOS te estarás refiriendo a una carpeta que esté en el directorio raíz del disco actual, mientras que si te refieres a DATOS te estarás refiriendo a una carpeta que esté dentro del directorio en el que estés ahora.

5. Los archivos: por último, los archivos representan el último peldaño de la estructura jerárquica del sistema de archivos, aunque es el más importante puesto que son los objetos que realmente contienen la información. Cada archivo se identifica por un nombre (consulta un poco más adelante), y para referirte a uno de ellos debes emplear su nombre precedido por la *vía de acceso* al mismo (consulta a continuación). Por ejemplo, un archivo podría llamarse INFORME.TXT.

   Hay tres tipos principales de archivos:

   - Archivos ejecutables. Son aquello que se pueden ejecutar, es decir, los que ponen en funcionamiento un programa.
   - Archivos complementarios. Algunas veces los programas necesitan archivos accesorios además del ejecutable. Pues bien, éstos son los archivos complementarios los cuales, aunque no sirven de nada por sí mismos, resultan imprescindibles para que un programa funcione.

- Archivos de datos: estos archivos contienen los datos del usuario que han sido creados por un programa (por ejemplo, la carta escrita con un procesador de textos). Muchas veces se emplea el término *documento* para hacer referencia a un archivo de datos.

La vía de acceso

La *vía de acceso* (también conocida como *trayectoria*, *camino*, *ruta* o *path*) es la especificación completa de la ubicación de una carpeta o de un archivo en la estructura jerárquica del sistema de archivos. Por ejemplo, si quisieras referirte al archivo INFORME.TXT y éste estuviera en la carpeta VENTAS, dentro de la carpeta AÑO98, dentro de la carpeta DATOS de la unidad de disco C: del ordenador KINOX, la vía de acceso sería \\KINOX\C:\DATOS\AÑO95\VENTAS\INFORME.TXT.

Al especificar una vía de acceso debes tener en cuenta algunas consideraciones:

- Se puede omitir parte de la vía de acceso, pero entonces Windows supondrá que te estás refiriendo a los componentes de la vía de acceso que actúan por omisión. Es decir, si omites el nombre del ordenador, Windows supondrá que te estás refiriendo al ordenador con el que estés trabajando en ese momento (si no estás conectado a una red, sólo puede ser el tuyo). Si no especificas la unidad de disco, Windows supondrá que te refieres a la unidad de disco que tengas seleccionada por omisión. Y, además, los componentes que quieras omitir debes eliminarlos de izquierda a derecha; es decir, si pones el nombre del ordenador no puedes omitir la unidad de disco. Como mínimo, siempre tendrás que especificar el nombre de la carpeta o archivo al que te quieras referir.
- En la mayoría de los casos no tendrás que introducir la vía de acceso manualmente, puesto que la mayoría de los cuadros de diálogo de Windows te permiten seleccionar los componentes de la misma con el ratón. Sin embargo, en los programas DOS sí tendrás que introducir la vía de acceso manualmente en casi todas las ocasiones.
- El tamaño máximo de una trayectoria que permite Windows 98 es de 260 caracteres. Por tanto, si creas nombres de archivos o de carpetas muy largos (según veremos un poco más adelante) puede darse el caso de que necesites más de 260 caracteres para especificar la trayectoria hasta ese objeto. En tal caso no podrás referirte a él.

Por omisión, todas las ventanas del sistema de archivos de Windows 98 (Entorno de red, Mi PC, discos y carpetas) muestran la barra de herramientas Dirección, la cual te muestra la vía de acceso de lo que estás viendo dentro de esa carpeta. Esta barra de herramientas se trata en el apartado "Las barras de herramientas de las ventanas" mas adelante en este mismo capítulo.

El escritorio

El único elemento del sistema de archivos de Windows 98 que quizás encuentres un poco fuera de lugar es, precisamente, aquel con el que más contacto tendrás: el escritorio. Con objeto de crear una interfaz fácil de usar y que resulte familiar al usuario, Windows recurrió a la idea de crear un escritorio virtual en la pantalla del ordenador. Como en la vida real tendrías todos tus herramientas de trabajo encima de la mesa, Windows 98 simula esta situación colocando tu ordenador encima del escritorio, y lo representa por el icono Mi PC. De la misma manera, el acceso a la red está representado por el icono Entorno de red.

Desde el punto de vista de la estructura jerárquica del sistema de archivos, el escritorio no cuenta para nada. Por tanto, cuando en un cuadro de diálogo veas una representación de la estructura jerárquica en cuya cima esté el escritorio, piensa que sólo es a efectos de la interfaz, y no reales (de hecho, el escritorio verdadero es una carpeta que hay dentro del directorio de Windows).

Los nombres de los archivos

Como ya sabes, los archivos son los objetos que realmente contienen la información almacenada de forma permanente en el ordenador (usualmente en una unidad de disco de algún tipo). También te he explicado antes que los archivos se identifican por su nombre.

El sistema operativo Windows 98 permite utilizar nombres de archivos que tengan hasta 255 caracteres de tamaño y que incluyan todos los caracteres especiales menos los dos puntos (:), la barra invertida (\), los símbolos de interrogación (¿ y ?), el asterisco (*), las comillas ("), los símbolos de mayor y menor que (> y <) y la barra vertical (|). Los nombres de archivo de Windows también pueden tener una extensión detrás de un punto que identifique el tipo de archivo. Esta extensión puede tener cualquier longitud, pero no puede contener espacios.

Nota

Los nombres de los archivos pueden incluir puntos en ellos. Windows 98 considerará que la extensión del nombre es la que esté detrás del último punto.

Moverse por el sistema de archivos

Hay dos formas básicas de moverse por el sistema de archivos: los iconos Entorno de red y Mi PC y el Explorador de Windows 98. Y, además, hay una tercera forma algo más directa: el comando Buscar.

Entorno de red y Mi PC

Estos dos iconos te proporcionan el acceso más sencillo y natural a cualquier lugar del sistema de archivos, y ambos se encuentran en el escritorio.

Aviso

Si el icono Entorno de red *no aparece en tu escritorio es porque no tienes instalado ningún elemento del sistema que haga referencia a una red (como un adaptador de red o una conexión de acceso telefónico).*

Si haces doble clic sobre el icono Entorno de red verás un icono por cada uno de los ordenadores que haya en tu grupo de trabajo (incluyendo el tuyo), así como un icono adicional denominado Toda la red que sirve para acceder a otros recursos de la red que no estén en tu grupo de trabajo (mira la figura 6.3).

Figura 6.3. La ventana Entorno de red

Para acceder a cualquier ordenador de la red sólo tienes que hacer doble clic sobre su icono. Entonces se abrirá una ventana igual que la ventana Mi PC que veremos a continuación (aunque en ella sólo aparecerán las unidades de disco conectadas a ese ordenador y no otros elementos del sistema como el Panel de control) y podrás trabajar con los discos, carpetas y archivos a los que tengas acceso en ese ordenador.

La ventana Mi PC contiene un icono por cada unidad de disco conectada a tu ordenador (figura 6.4). También dispone de hasta cuatro carpetas especiales (Impresoras, Panel de control, Acceso telefónico a redes y Tareas programadas) que no aparecen cuando se abre la ventana de otro ordenador de la red que no sea el tuyo. Como puedes suponer, los iconos de las unidades de disco te proporcionan el acceso al contenido de cada disco.

Para ver el contenido de un disco sólo debes hacer doble clic sobre su icono. Se abrirá una ventana en la que aparecerán los archivos y carpetas que contiene ese disco. Si quieres ver el contenido de una carpeta, haz doble clic sobre ella. De nuevo se abrirá otra ventana que te mostrará el contenido de esa carpeta (otras carpetas y archivos).

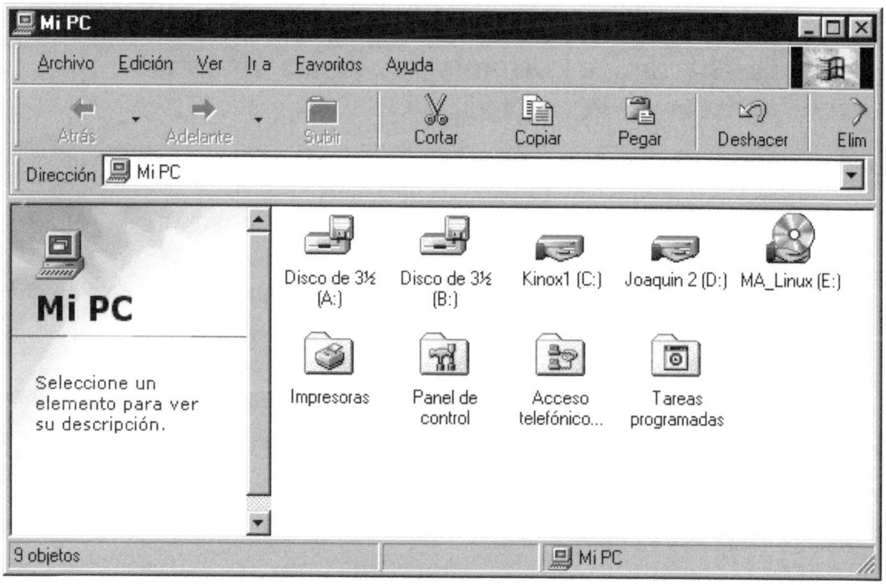

Figura 6.4. La ventana Mi PC

Nota

Recuerda que si la unidad de disco no es de discos fijos (por ejemplo, si es de disquetes o de CD-ROM), deberás tener introducido un disco en ella para poder acceder.

Truco

Si quieres abrir la carpeta inmediatamente anterior en la estructura jerárquica a la que tengas abierta, basta con que pulses la tecla Retroceso cuando la ventana en cuestión esté activa. Por ejemplo, si tuvieses abierta la carpeta VENTAS del ejemplo anterior y quisieras abrir (o activar) la carpeta AÑO95 sólo tendrías que pulsar la tecla Retroceso cuando estuviese activa la carpeta VENTAS.

Una vez tengas a la vista el archivo o la carpeta que te interesa no tienes más que seleccionarlo y emprender con él la acción que desees.

Maneras de ver los archivos en las ventanas

En el apartado "Cómo gestionar las ventanas" del capítulo 4 aprendiste todo lo que hay que saber sobre la manera de presentar la información en una ventana. Cuando esa información es el contenido de un ordenador, disco o carpeta (cosa que ocurre muchas veces), hay algunos comandos de los que vimos en el capítulo 4 que son especialmente útiles. A la vista de lo aprendido en este capítulo te recomiendo que le des un repaso al capítulo 4, sobre todo al apartado "Organizar el contenido de una ventana".

Las barras de herramientas de las ventanas

En todas las ventanas del sistema de archivos de Windows 98 aparecen por omisión dos barras de herramientas que te facilitarán el trabajo con el propio sistema de archivos (figura 6.5). La barra de herramientas Botones estándar aparece y desaparece de la ventana con sólo seleccionar el comando Ver, Barra de herramientas, Botones estándar de cualquier ventana. Éste es un comando que afecta sólo a la ventana en la que se ha ejecutado; es decir, la barra de herramientas aparecerá sólo en esa ventana. Los controles que aparecen en esta barra los puedes ver en la tabla 6.1.

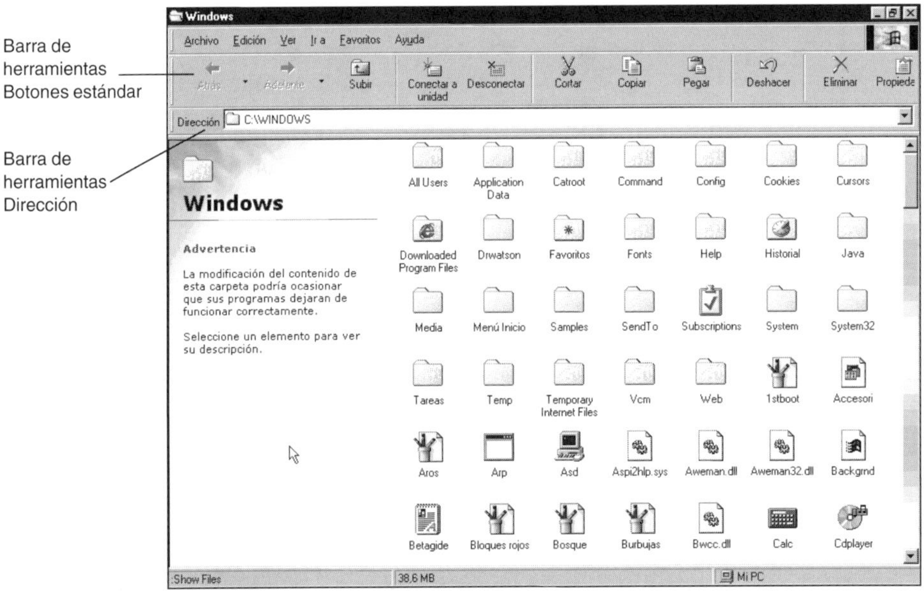

Figura 6.5. Las dos barras de herramientas de las ventanas del sistema de archivos de Windows 98

Tabla 6.1. Los controles de la barra de herramientas de las ventanas del sistema de archivos

Icono	Control	Descripción
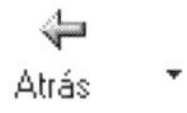	Atrás	Si utilizas la barra de herramientas Dirección (que veremos a continuación) para ir de una carpeta a otra, este botón te permitirá volver a ver la carpeta anterior. Además, si haces clic en la flecha que hay junto al botón verás una lista de todas las carpetas que has visto en esta ventana; podrás acceder rápidamente a cualquiera de ellas con sólo hacer clic sobre su nombre en la lista.
	Adelante	Si has utilizado el botón **Atrás** en una ventana, este botón te permitirá volver a ver la carpeta que estabas viendo antes de hacer clic en el botón **Atrás**. También se puede desplegar una lista con todas las carpetas por las que has ido retrocediendo.
	Subir	La ventana pasa a mostrar el contenido del nivel jerárquico inmediatamente superior al de la carpeta que tengas abierta.
 	Conectar a unidad de red y Desconectar de unidad de red	Estos dos botones (que sólo aparecen en esta barra de herramientas si has seleccionado la opción apropiada en la ficha **Ver** del cuadro de diálogo **Opciones de carpeta** –consulta el capítulo 4) sirven para conectarse a una unidad de disco perteneciente a otro ordenador de la red y para desconectarse de ella (consulta el apartado "Unidades de disco" más adelante en este mismo capítulo).
	Cortar, Copiar y Pegar	Estos tres botones sirven para efectuar mediante la barra de herramientas las operaciones del portapapeles que vimos al final del capítulo 5.
	Deshacer	Deshace la última operación realizada en la ventana. Por ejemplo, si has borrado un archivo, éste se restaurará.
	Eliminar	Envía a la Papelera de reciclaje los objetos (archivos y carpetas) seleccionados.
	Propiedades	Hace que aparezca la hoja de propiedades del elemento seleccionado.
	Vistas	Estos cuatro botones te permiten cambiar entre las distintas modalidades de ver el contenido de una ventana que estudiamos en el capítulo 4.

Por su parte, la barra de herramientas Dirección te muestra la vía de acceso de lo que estás viendo en la ventana (un disco, carpeta, Mi PC, etcétera). Si se trata de un recurso (por ejemplo, un disco) de otro ordenador de la red, la vía de acceso aparecerá completa, o sea, incluyendo el nombre del ordenador en el que está el recurso. Si el recurso está en tu propio ordenador, la vía de acceso aparecerá sin el nombre de tu ordenador.

Si quieres ver el contenido de otro disco o carpeta en la misma ventana y conoces su vía de acceso, puedes hacer clic en el interior de la barra Dirección para seleccionar su contenido y escribir esa vía de acceso. En cuanto pulses la tecla Intro, la ventana pasará a mostrarte el contenido de esa vía de acceso.

También puedes observar que en el extremo derecho de la barra Dirección hay una flecha. Si haces clic en ese botón aparecerá la estructura jerárquica del sistema de archivos y el lugar en el que estás en este momento (figura 6.6). Si quieres ver el contenido de cualquier otro elemento del sistema de archivos bastará con hacer clic sobre él.

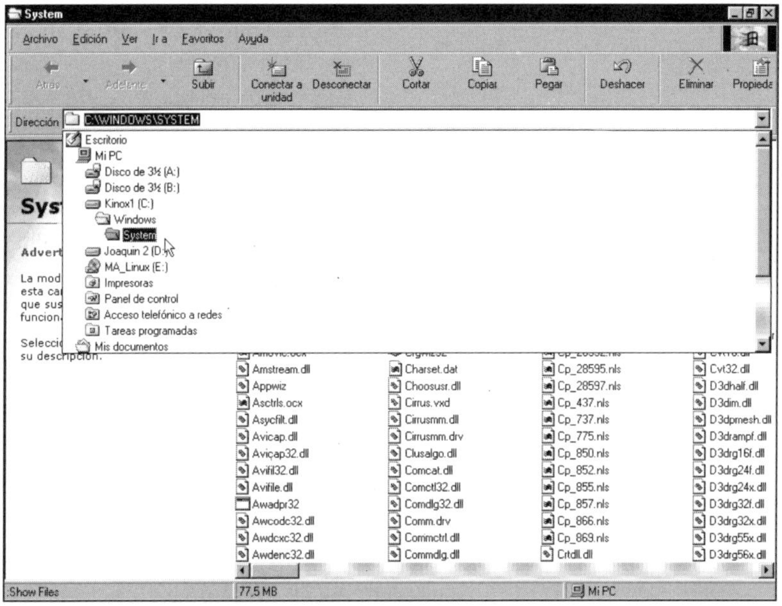

Figura 6.6. La barra Dirección *se despliega y te muestra dónde estás*

El Explorador de Windows

La segunda manera de moverse por el sistema de archivos de Windows 98 consiste en utilizar el Explorador de Windows 98. En realidad, el Explorador no es más que una ventana del sistema de archivos a la que se ha añadido una sección a la izquierda con la estructura jerárquica del sistema de archivos, mientras que en la izquierda sigues viendo el contenido del objeto seleccionado (mira la figura 6.7).

Para acceder al Explorador tienes dos caminos:

- Utilizar el comando Explorador de Windows que aparece en la parte inferior del menú Inicio, Programas.
- Utilizar el comando Explorar del menú emergente de cualquier ordenador, disco, carpeta o archivo que estés viendo en cualquier ventana.

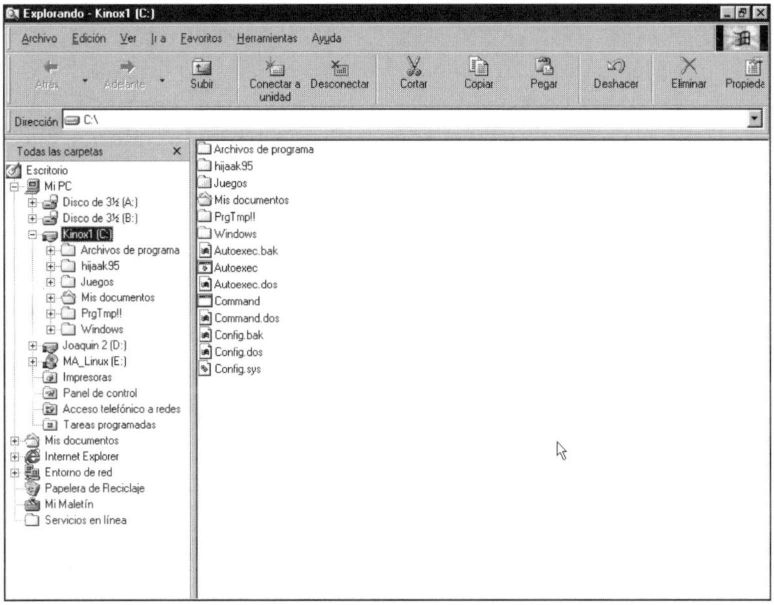

Figura 6.7. El Explorador de Windows 98

Truco

Puedes explorar cualquier ordenador, disco o carpeta haciendo doble clic sobre él mientras mantienes pulsada la tecla Mayús.

Una vez que aparezca la ventana del Explorador puedes operar con ella exactamente igual que con cualquier otra ventana del sistema de archivos.

La única particularidad es que, además de trabajar con el panel derecho de manera normal, también puedes utilizar el panel izquierdo para acceder de forma más rápida e intuitiva a cualquier lugar del sistema de archivos.

Los iconos de la sección izquierda se comportan exactamente igual que los de la derecha. Es decir, si haces doble clic en una carpeta de la sección izquierda, ésta se abrirá mostrando su contenido. Además, las dos secciones de la ventana están sincronizadas: cualquier acción que realices en una se ve reflejada inmediatamente en la otra. La única diferencia entre ambas secciones consiste en los símbolos más (+) y menos (-) que aparecen a la izquierda de algunos elementos de la sección izquierda, y que funcionan haciendo clic sobre ellos:

- El signo más (+) sirve para expandir el contenido de un elemento y así poder verlo sin necesidad de seleccionar ese elemento.
- El signo menos (-) sirve para contraer el contenido de un elemento y así simplificar la visión de la estructura jerárquica.

Mediante el uso combinado de los paneles izquierdo y derecho puedes simplificar las operaciones de copiar y mover archivos. Primero haz doble clic en la sección izquierda sobre el elemento que contenga los objetos que quieras copiar o mover, de manera que el contenido de ese elemento aparezca en la sección derecha. Luego utiliza los signos más y menos de la sección izquierda para llegar hasta el elemento al que vas a copiar o mover los objetos.

Cuando lo tengas a la vista, arrastra los objetos que vayas a copiar o mover desde la sección derecha a la sección izquierda, hasta que aparezca un recuadro alrededor del nombre del elemento en el que vas a realizar la copia o el desplazamiento. Luego suelta el botón del ratón. Con esta técnica evitas tener que abrir varias ventanas para realizar operaciones de este tipo.

El comando Buscar

Otra manera de moverse por el sistema de archivos, aunque más directa que las anteriores, es el comando Buscar del menú Inicio. Este comando te da acceso a una potente herramienta de Windows 98 cuya misión es, en general, buscar "cosas" en el sistema informático que te rodea. En concreto, dependiendo de los sistemas que estés utilizando, el comando Buscar te ofrecerá diversas opciones (figura 6.8):

- Archivos o carpetas: esta opción aparecerá siempre. Sirve para buscar en tu ordenador (o en un ordenador de la red) los archivos y carpetas que cumplan unos determinados criterios que tú introduzcas (consulta el siguiente apartado).
- PC: esta opción, que sólo aparecerá si estás conectado a una red, te permite encontrar un ordenador en dicha red. Las redes de ordenadores pueden llegar a ser realmente grandes, y encontrar un servidor concreto se puede convertir en una labor, cuando menos lenta y tediosa. Si utilizas esta opción del comando Buscar sólo tienes que introducir el nombre del ordenador que quieres buscar y dejar que Windows haga el trabajo por ti.

- En Internet: si tienes una conexión a Internet, esta opción te da acceso a una serie de motores de búsqueda de la red que te permitirán localizar cualquier cosa que estés buscando en Internet (si lo deseas, consulta el capítulo 13).
- Personas: esta opción te permite buscar a personas cuyo nombre o dirección de correo electrónico aparezca en tu propia agenda de direcciones o en cualquiera de las "páginas amarillas" que hay en Internet. (Consulta el capítulo 14.)

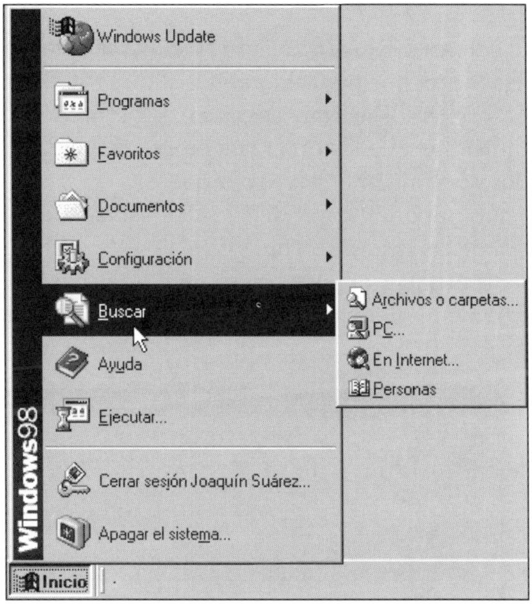

Figura 6.8. El menú Buscar *del menú* Inicio

El cuadro de diálogo Buscar está dividido en dos partes. En la parte superior es en la que se introducen los *criterios de búsqueda* de los objetos que quieres hallar, mientras que en la inferior (que sólo aparece tras iniciar la búsqueda) es en la que Windows te muestra los objetos encontrados.

En el caso de que realices una búsqueda de archivos, carpetas o PCs, la ventana en la que aparecen los resultados de la búsqueda es exactamente igual y se comporta de la misma manera que cualquier otra ventana del sistema de archivos. Siendo así, puedes operar sobre los objetos hallados en la búsqueda exactamente igual que si estuvieran en su propia ventana: puedes copiarlos, moverlos, abrirlos, borrarlos, etcétera. De igual manera puedes hacer que los resultados se vean como iconos grandes, pequeños, etcétera.

Nota

En caso de que los objetos encontrados provengan de ubicaciones diferentes, Windows los mostrará todos juntos en la misma ventana del cuadro de diálogo Buscar. *Esto es mucho más cómodo que abrir las respectivas ventanas de cada uno ya que puedes verlos todos juntos. Si quieres abrir la carpeta real en la que se encuentre cualquiera de ellos, selecciónalo y ejecuta el comando* Archivo, Abrir carpeta *del cuadro de diálogo* Buscar.

Buscar archivos o carpetas

Cuando se ejecuta el comando Inicio, Buscar, Archivos o carpetas aparece el cuadro de diálogo Buscar que puedes ver en la figura 6.9. Este cuadro de diálogo tienes tres fichas. La primera (Nombre y ubicación) te permitirá realizar la mayoría de las búsquedas, mientras que las otras dos proporcionan la manera de introducir criterios avanzados para buscar archivos o carpetas.

Lo más importante que debes saber es que todos los criterios de búsqueda (de cualquiera de las fichas) son optativos, es decir, puedes emplearlos o no; pero si los empleas debes saber que los objetos que estés buscando deberán cumplirlos todos para que Windows los muestre en la ventana de resultados.

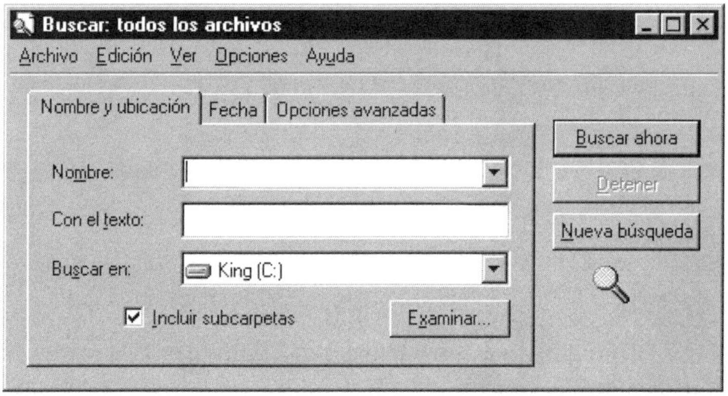

Figura 6.9. El cuadro de diálogo Buscar *cuando se buscan archivos o carpetas*

Para comenzar una búsqueda debes indicarle a Windows dónde buscar. Puede ser en una unidad de disco o en una carpeta del ordenador. Usa el cuadro desplegable Buscar en para especificar el lugar en el que buscar.

Si seleccionas Mi PC, Windows buscará en todas las unidades de disco del ordenador. Si seleccionas Discos duros locales, Windows buscará sólo en los discos duros que tengas. En caso de que quieras realizar la búsqueda en una carpeta concreta o, incluso, en otro ordenador de la red, usa el botón Examinar para explorar tu entorno informático y elegir el lugar de la búsqueda. También puedes activar la opción Incluir subcarpetas, de manera que Windows busque en el disco o carpeta seleccionada y en todas las carpetas que haya dentro de ella.

Una vez hayas determinado el lugar en el que buscar, deberás seleccionar los criterios de búsqueda:

- Nombre: cuando quieras buscar objetos por su nombre deberás introducir el criterio de búsqueda en el cuadro desplegable Nombre. (Si despliegas este cuadro podrás elegir algún criterio que hayas empleado en una búsqueda anterior.) El criterio puede ser todo el nombre (por ejemplo, buscar todos los archivos que se llamen "LEEME.TXT"), parte de él (por ejemplo, buscar todos los archivos que contengan la letra "L" en el nombre) y puede incluir los comodines * y ?. El comodín * sustituye a cualquier número de caracteres, mientras que el comodín ? sustituye a uno solo. Puedes utilizar ambos comodines las veces que quieras en el criterio (por ejemplo, podrías buscar según el criterio "Informe de * de *.txt" y encontrarías los archivos *Informe de ventas de mayo*, *Informe de compras de enero*, etcétera).
- Con el texto: si introduces un texto en este cuadro, Windows buscará los archivos que contengan ese texto.

Guardar la búsqueda y el resultado

Una vez introducidos los criterios de búsqueda y el lugar en el que buscar, debes hacer clic en el botón Buscar ahora para iniciar la búsqueda. A medida que Windows vaya encontrando archivos que cumplan los criterios de búsqueda los irá mostrando en la parte inferior del cuadro de diálogo, en la *ventana de resultados*.

Consejo

Si cambias de idea sobre la búsqueda, si ves que en la ventana de resultados aparece el archivo que estás buscando o si por cualquier otro motivo quieres interrumpir la búsqueda, haz clic en el botón Detener *del cuadro de diálogo. La búsqueda se interrumpirá inmediatamente.*

Si lo deseas, puedes guardar todos los criterios de búsqueda que has empleado, de manera que si más adelante deseas realizar una búsqueda igual, no tengas que reintroducirlos.

Para guardar la búsqueda ejecuta el comando Archivo, Guardar búsqueda. Entonces aparecerá en el escritorio un icono que representa la búsqueda efectuada. Si más tarde quieres repetir la búsqueda sólo tendrás que hacer doble clic sobre este icono.

También puedes guardar los resultados de la búsqueda con el comando Edición, Guardar resultados. Al igual que antes aparecerá un icono en el escritorio. Si haces doble clic sobre él aparecerá el cuadro de diálogo Buscar, pero esta vez contendrá el resultado de la búsqueda además de los criterios empleados para realizarla.

Si después de realizar una búsqueda quieres realizar otra distinta deberás hacer clic en el botón Nueva búsqueda, de manera que Windows borre todos los criterios introducidos en la búsqueda que acaba de terminar. A continuación puedes proceder a introducir los nuevos criterios de búsqueda.

Unidades de disco

Las unidades de disco son los dispositivos del ordenador en los que se almacena la información de manera permanente (es decir, aunque no la estés utilizando en ese momento o aunque apagues el ordenador). Durante el trabajo normal con Windows 98 se producirá una utilización constante de los discos por parte del sistema operativo de la que, afortunadamente, no tendrás que preocuparte. Sin embargo, hay una gran parte de las labores de gestión de los discos que tendrás que realizar por ti mismo. En este apartado y en los siguientes profundizaremos en los conocimientos necesarios que debes tener para poder gestionar tus discos con total confianza y seguridad.

Tipos de discos

Algo que sin duda ya sabes es que existen distintos tipos de unidades de disco, las cuales se clasifican, principalmente, atendiendo a los siguientes criterios:

- Removibles o fijos. Los primeros son dispositivos que permiten intercambiar el disco en la unidad (por ejemplo, los disquetes), mientras que los segundos permanecen fijos en la unidad (por ejemplo, los discos duros).
- Regrabables o Sólo lectura. Los primeros pueden ser utilizados tanto para guardar tu propia información como para recuperarla después (por ejemplo, los discos duros). Los segundos, por su parte, sólo se pueden grabar una vez, por lo que sólo se utilizan como sistemas de almacenamiento definitivo (por ejemplo, los CD-ROM).

También hay otros criterios que permiten catalogar las unidades de disco, pero son menos relevantes. Entre esos criterios se pueden incluir la capacidad de almacenamiento de los mismos (que, por ejemplo, es mucho mayor en un disco duro que en un disquete), su velocidad, el tipo de interfaz que utilizan para comunicarse con el ordenador y la tecnología empleada para su construcción (discos magnéticos, ópticos, magneto-ópticos, Bernoulli, cintas, etcétera).

Aviso

Aunque tecnológicamente son muy distintas de las unidades de disco, hemos incluido en este apartado a las unidades de cinta ya que su objetivo también es el almacenamiento permanente de información.

Los dispositivos más comunes de almacenamiento permanente de información que te puedes encontrar hoy día en un PC son los que aparecen en la tabla 6.2.

Tabla 6.2. Dispositivos de almacenamiento permanente de información

Icono	**Tipo de unidad**	**Características fundamentales**
	Disquete de 3 ½ pulgadas	Removible, de poca capacidad, lentos y extraordinariamente baratos.
	Disco duro	Fijos, de alta capacidad, muy rápidos y de precio asequible.
 	CD-ROM CD-ROM con un CD de música	Removibles y sólo de lectura, algo más lentos que los discos duros y de menor capacidad. La unidad tiene un precio asequible y los discos, al ser importante lo que contienen y no el soporte físico pueden costar, incluso, hasta varias veces el precio de la unidad. Estas unidades también se pueden usar para reproducir CDs musicales corrientes.
	Disco removible de gran capacidad	Los hay de muchos tipos, aunque los más populares son los de la casa Iomega (Zip y Jazz) cuyas unidades son relativamente baratas y los discos relativamente caros. Tienen una capacidad media y una velocidad bastante rápida.
	Cinta	Removibles, muy lentas y de bajo coste. Utilizan una tecnología casi obsoleta lo que hace que sean baratas. Su capacidad (de tamaño medio) las hace ideales para las copias de seguridad y para el almacenamiento definitivo de información.

Cualquier ordenador de los que se venden hoy día incluye, como mínimo, una unidad de disquetes y otra de disco duro. La mayoría incluyen también una unidad de CD-ROM, casi imprescindible hoy día.

El objeto unidad de disco

Si abres la ventana Mi PC podrás ver todas las unidades de disco conectadas a tu ordenador. Cada una de ellas tiene su propio menú emergente, menú en el que puedes encontrar opciones muy interesantes (figura 6.10):

- Abrir: abre una ventana con el contenido de la unidad (sus archivos y carpetas).
- Explorar: hace que aparezca el Explorador de Windows que muestra, en la sección izquierda la posición de la unidad de disco en la estructura jerárquica del sistema de archivos, en la sección derecha el contenido de la unidad.
- Buscar: hace que aparezca el cuadro de diálogo Buscar que hemos visto anteriormente en este capítulo, en el que aparece seleccionada por omisión la opción de buscar sólo en esta unidad de disco.
- Copia de seguridad: permite realizar una copia de seguridad del disco (consulta el apartado "Copia de seguridad de un disco" de este mismo capítulo.
- Ejecutar (sólo CD-ROM): ejecuta el programa de arranque automático del CD-ROM o reproduce el disco musical que esté introducido.

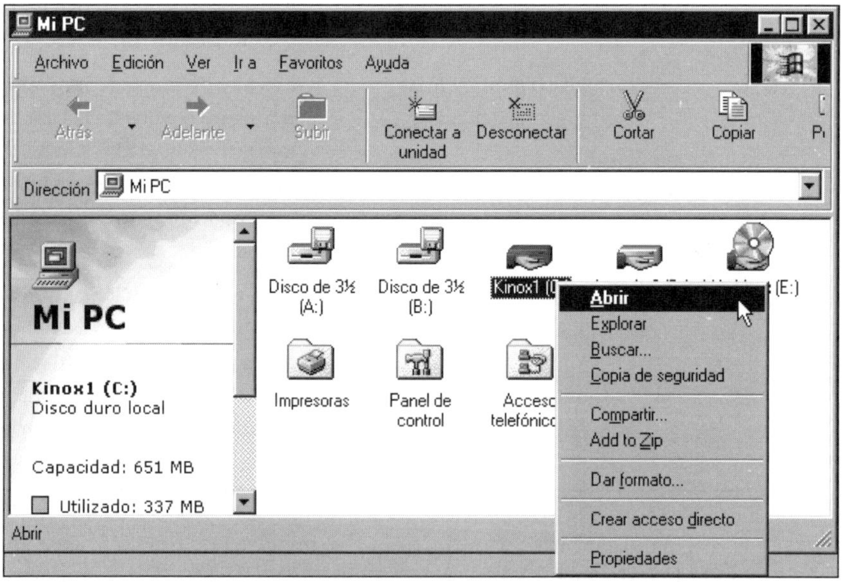

Figura 6.10. El menú emergente de un disco duro

- Copiar disco (sólo disquetes): permite realizar una copia idéntica de un disquete en otro.
- Compartir: abre la ficha Compartir de la hoja de propiedades de la unidad de disco. Consulta más adelante.
- Expulsar (sólo CD-ROM y discos removibles): sirve para expulsar el CD-ROM o disco de la unidad.
- Dar formato (sólo unidades de lectura/escritura): sirve para dar formato al disco, es decir, para prepararlo para recibir la información (consulta más adelante).
- Crear acceso directo: sirve para crear automáticamente un acceso directo a la unidad de disco. Como ya te dije al comienzo del libro, es muy aconsejable crear en el escritorio un acceso directo a los discos duros de tu ordenador para poder acceder a ellos con total comodidad.
- Propiedades: abre la hoja de propiedades de la unidad de disco, de la cual hablaremos a continuación.

Propiedades de las unidades de disco

La hoja de propiedades de una unidad de disco tiene hasta cuatro fichas (observa la figura 6.11):

- General: esta ficha es la que aparece por omisión y en ella encontrarás información sobre el tipo de disco de que se trata y sobre su capacidad, tanto la que resta libre como la que ya está utilizada. En esta ficha también puedes cambiar la etiqueta de la unidad, que es un seudónimo que hace más fácil identificarla y que aparece en todas partes junto al nombre del disco (por ejemplo, si tu disco *C:* se llama *KINOX1*, en la ventana Mi PC aparecerá con el nombre *KINOX1 (C:)*).
- Herramientas: esta ficha te ofrece el acceso más sencillo a tres de las principales herramientas de mantenimiento y gestión de discos. Todas ellas las veremos en sucesivos apartados al final de este capítulo.
- Compartir: esta ficha permite compartir la unidad de disco en la red, es decir, hacerla accesible para otro miembro de la red (consulta más adelante).
- Compresión: esta ficha permite comprimir una unidad de disco (normalmente, discos duros) de manera que pueda contener más información, lo que se consigue sacrificando la velocidad de la unidad en cierta medida. Además, las unidades comprimidas presentan a veces problemas de compatibilidad. Por tanto, te recomiendo que sólo comprimas un disco si realmente tienes muy poco espacio disponible y no puedes afrontar la compra de otro disco.

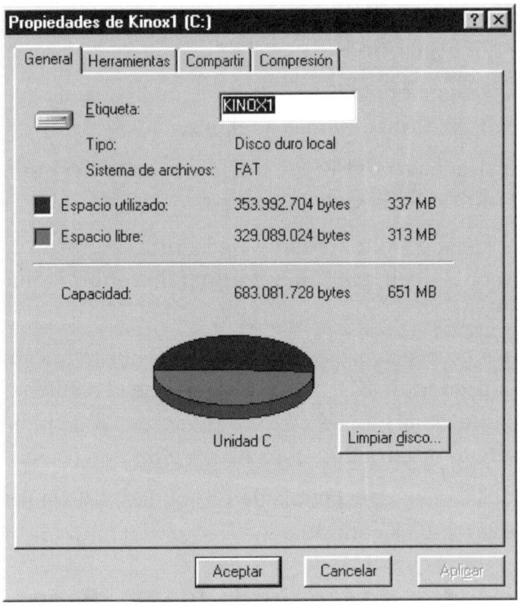

Figura 6.11. La hoja de propiedades de un disco duro

Operaciones en la red

La misión más habitual de una red de ordenadores es la de compartir los recursos informáticos de la organización (principalmente unidades de disco, impresoras y servicios de fax). Es decir, si los datos de un determinado trabajo están en un ordenador de la empresa, ¿por qué hacer copias de esos datos en diversos ordenadores? Es mucho más fácil permitir que los usuarios que necesiten esos datos accedan a la unidad de disco en la que están almacenados.

Nota

Otras ventajas de las redes es la posibilidad de disponer de correo electrónico, vídeo conferencia, acceso a Internet, etcétera.

Windows 98 integra funciones de red y, por tanto, si tienes instalado Windows 98 y una tarjeta de red en el ordenador cuentas con todos los elementos necesarios para conectarte a una red y, por tanto, para acceder a los recursos compartidos de tu organización (consulta el capítulo 9). Sin embargo, para que puedas acceder a un recurso compartido es necesario que el propietario del recurso haya autorizado tal cosa. Dicho de otro modo, el propietario del ordenador en el que están los datos a los que pretendes acceder ha de *compartir* la unidad de disco en la red.

Aviso

Todo lo explicado sobre las redes en este capítulo es aplicable a redes distribuidas que utilicen el protocolo NETBEUI. Otros tipos de red funcionan de una manera completamente distinta. En caso de que tu red sea de otro tipo, consulta con tu administrador de sistemas o de redes.

Por tanto, y resumiendo, hay dos operaciones básicas en la red que tienen que ver en el proceso de acceder a los recursos compartidos:

- En primer lugar, el propietario del recurso ha de *compartir* el recurso en la red.
- En segundo lugar, si pretendes acceder a un recurso compartido has de *conectarte* a ese recurso.

Consejo

Los procedimientos que vamos a ver a continuación para las unidades de disco son esencialmente idénticos cuando se trata de impresoras. Es posible que quieras volver aquí cuando estudiemos las impresoras en el capítulo 8.

Compartir un recurso en la red

Supongamos que quieres compartir una de las unidades de disco de tu ordenador en la red. Es decir, supongamos que quieras permitir que otros usuarios accedan a tu unidad de disco. Para ello abre la hoja de propiedades de la unidad de disco que quieras compartir y selecciona la ficha Compartir (figura 6.12).

Activa la opción Compartido como y da un nombre a la unidad de disco (lo mejor es dejar el nombre que aparece por omisión, que es el que tiene esa unidad en tu ordenador). Si quieres también puedes añadir un comentario opcional.

Ahora debes elegir el tipo de acceso que quieres otorgar a los otros miembros de la red:

- Sólo lectura permitirá que los otros usuarios puedan leer los datos de tu unidad de disco, pero no que los puedan modificar. Si quieres también puedes especificar una contraseña para que sólo puedan acceder a tu disco aquellos miembros de la red que la conozcan.
- Acceso total permitirá que los otros usuarios lean y escriban los datos de tu unidad de disco libremente, como si fuera de ellos.
- Acceso total en función de contraseña te permite definir dos contraseñas, una para sólo lectura y otra para acceso total. Los miembros de la red que conozcan la primera sólo podrán acceder en modo de lectura, y los que conozcan la segunda dispondrán de acceso total.

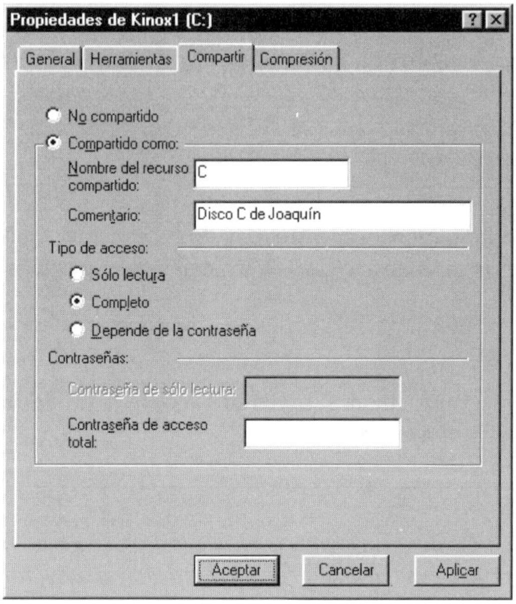

Figura 6.12. La ficha Compartir *de la hoja de propiedades de un disco duro*

También puede ocurrir que no quieras facilitar el acceso a toda la unidad de disco, sino sólo a una carpeta concreta (por ejemplo, a la carpeta en la que estén los datos a los que necesitan acceder terceras personas).

Pues bien, si abres la hoja de propiedades de una carpeta observarás que también tiene una ficha denominada Compartir que es idéntica a la de la unidad de disco. En lugar de activar la opción Compartido como en la hoja de propiedades de la unidad de disco, puedes activarla aquí.

Con ello conseguirás que los demás miembros de la red sólo puedan acceder a esta carpeta y no al resto de la unidad de disco.

Las opciones de nivel de acceso y de contraseñas son las mismas que las de la unidad de disco.

Aviso

Como verás en el capítulo 9, para poder compartir una impresora es necesario que tengas instalado el servicio Compartir impresoras y archivos para redes Microsoft *en el elemento* Red *del Panel de control.*

Sabrás que un disco o una carpeta está compartida en la red porque debajo de ella aparecerá el dibujo de una mano que la sostiene.

Conectar a un recurso de la red

Ahora supón el caso contrario: otro miembro de la red ha compartido un recurso (una unidad de disco o una carpeta) y tú quieres acceder a ese recurso. Para ello tienes dos opciones:

- Conectarte permanentemente a ese recurso.
- Acceder desde una aplicación sólo cuando lo necesites.

Si quieres conectarte permanentemente a ese recurso deberás abrir el icono Entorno de red. Luego busca el ordenador que contiene el recurso compartido (puedes usar el comando Inicio, Buscar).

Cuando lo encuentres, ábrelo haciendo doble clic sobre él y selecciona la carpeta o unidad de disco a la que quieres conectarte. Por último, ejecuta el comando Archivo, Conectar a unidad de red de la ventana Entorno de red. Aparecerá una cuadro de diálogo (figura 6.13) en el que podrás introducir el nombre que tendrá ese recurso en tu ordenador (puedes dejar el nombre por omisión) y si deseas volver a conectarte a él cada vez que inicies la sesión en la red.

Cuando hagas clic en Aceptar es posible que aparezca otro cuadro de diálogo en el que tendrás que proporcionar una contraseña para lograr el permiso de acceso al recurso. Si es así introdúcela.

Una vez conectado al recurso aparecerá un icono nuevo en la ventana Mi PC representando a la unidad de disco o carpeta a la que te has conectado.

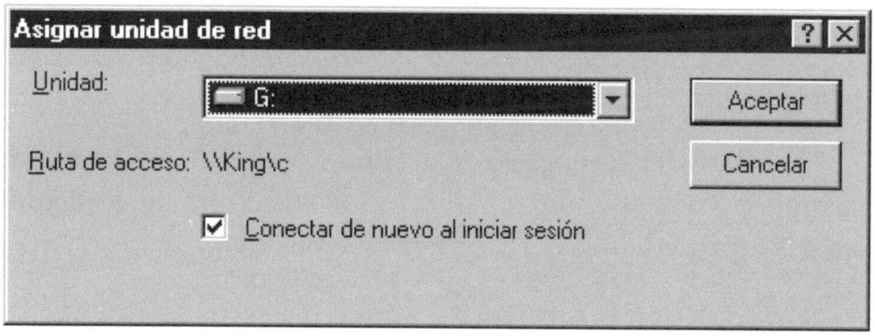

Figura 6.13. El cuadro de diálogo Asignar unidad de red

Aviso

Además de los iconos que aparecen en la tabla 6.2 y que representan los distintos tipos de discos que puedes tener conectados a tu ordenador, hay otro que representa a las unidades de disco de red a las que estés conectado (es decir, unidades de disco que están en otros ordenadores de la red). Éstos aparecerán en la ventana Mi PC *mientras estés conectado a esa unidad.*

Además, si compartes alguna unidad de disco tuya, el icono de esa unidad aparecerá con una mano por debajo, que indica que ese recurso está compartido.

También puede ocurrir que estés trabajando con una aplicación y quieras, por ejemplo, abrir un documento que esté en otro ordenador de la red. Si estás conectado permanentemente a ese recurso no tendrás más que seleccionarlo en el cuadro de diálogo Abrir cuando llegue el momento. En caso contrario deberás repetir el proceso del párrafo anterior pero abriendo el icono Entorno de red en el cuadro de diálogo Abrir, y no en el escritorio. El resto es igual, aunque con este sistema no crearás una conexión permanente a ese recurso (cosa que, por otra parte, puedes no desear).

Copiar un disco

Si quieres realizar una copia exacta de un disquete puedes utilizar el comando Copiar disco del menú emergente de la unidad de disco en la que esté el disquete original. Entonces aparecerá el cuadro de diálogo Copiar disco, en el que deberás indicar la unidad en la que está el disquete original y en la que está el disquete en el que se va a realizar la copia.

Si sólo cuentas con una unidad de disquete, Windows leerá primero todo el disquete original. Cuando termine te pedirá que extraigas el original e introduzcas el de destino. Si tienes dos unidades iguales puedes introducir el original y el de destino a la vez.

Aviso

Al hacer una copia de un disquete perderás todos los datos que hubiera en el disquete de destino. Asegúrate, pues, de que el disquete de destino no contiene información valiosa.

En caso de que el disco de destino no tenga formato (consulta más adelante), por ejemplo porque sea nuevo, Windows se encargará de darle formato antes de copiarle los datos procedentes del disquete original.

Dar formato a un disco

Lo primero que has de hacer con un disco nuevo para poder utilizarlo es darle formato. Los discos (ya sean discos duros o disquetes) no se pueden utilizar tal y como salen de la fábrica y es necesario someterlos a un proceso previo (denominado *darles formato*) antes de poder emplearlos.

Es habitual que cuando se compra un ordenador nuevo ya venga con formato el disco duro. Sin embargo, los disquetes suelen venir sin formato. También es habitual que sólo sea necesario dar formato a un disco una única vez. A pesar de todo ello, hay ocasiones en las que es necesario dar formato a un disco y para ello está el comando

Dar formato del menú emergente de la unidad de disco que contenga el disco al que hay que dar formato. Cuando ejecutes este comando aparecerá el cuadro de diálogo Formatear que cuenta con diversas opciones:

- Capacidad: si es un disco duro aquí aparecerá una sola opción: el máximo tamaño aprovechable del disco. Si es una unidad de disquete podrás elegir entre las dos o tres opciones con que cuentan la mayoría de los tipos de disquete. Normalmente deberás elegir la mayor.
- Tipo de formato: el tipo Rápido no es en realidad una operación de formato sino que sólo sirve para borrar rápidamente el disco marcando los archivos que contenga como borrados pero sin limpiarlo físicamente. El tipo Total borra completa y físicamente todo el disco. El tipo Copiar sólo archivos del sistema tampoco es una operación de formato sino que sólo sirve para transferir al disco los archivos de arranque del sistema (para que el ordenador pueda arrancar con ese disco). En caso de que quieras dar formato al disco y a la vez transferirle los archivos del sistema elige el tipo Rápido o Total y activa la opción Copiar archivos del sistema que está más abajo en el cuadro de diálogo.
- Etiqueta: sirve para introducir una etiqueta para el disco, es decir, un nombre que sólo tiene efectos informativos para el usuario y ninguno para el sistema. Si no quieres que el disco tenga etiqueta activa la opción Sin etiqueta.
- Mostrar resumen cuando se haya finalizado: si activas esta opción, Windows te mostrará información sobre el disquete cuando haya terminado la operación de formato.

Como te decía más arriba, normalmente sólo es necesario dar formato a un disco una vez. Por tanto, si el disco no es nuevo debería bastar con que utilices el formato Rápido. En caso de que el disco dé problemas de lectura o que se dañe físicamente (sectores defectuosos) deberás utilizar el formato Total. Este tipo es el que siempre debes utilizar con discos nuevos.

Aviso

Nunca debes dar formato a un disco duro a no ser que estés completamente seguro de que no te importa perder TODA la información que contenga y de que después serás capaz de volver a instalar Windows 98.

Mantenimiento de las unidades de disco

Como te decía al comienzo del apartado anterior, hay una gran parte de la labor de mantenimiento de las unidades de disco que tendrás que realizar tú mismo.

Afortunadamente, Windows 98 incorpora diversas herramientas de gran potencia que te facilitarán enormemente estas labores. En las siguientes páginas daremos un repaso a todas esas tareas y a las herramientas que Windows te proporciona para llevarlas a cabo.

Aviso

En caso de que no puedas encontrar en tu sistema alguna de las utilidades que te explico a continuación, ello puede deberse a que no se copiasen durante la instalación de Windows 98. Consulta el apéndice A para saber cómo agregar componentes de Windows.

Verificar un disco

La tarea más importante y que, además, debes realizar con frecuencia es la de verificar que el estado del disco sea correcto, es decir, que no presente errores ni fallos. El programa que se encarga de esta verificación del disco se denomina ScanDisk y puedes ejecutarlo desde la ficha Herramientas de la hoja de propiedades de la unidad de disco que desees verificar (haciendo clic en la opción Verificar ahora), o accediendo al menú Inicio, Programas, Accesorios, Herramientas del sistema y seleccionando en él el programa ScanDisk.

Nota

Con el fin de mantener organizada la información en el disco duro, éste se organiza en sectores, es decir, en grupos de 512 bytes. A su vez, los sectores se agrupan en clusters. Por tanto, un cluster no es más que un grupo de sectores contiguos de un disco.

ScanDisk recorre todos los clusters del disco en busca de dos tipos posibles de errores:

- Errores lógicos: aquellos producidos por la información almacenada en el disco de manera incorrecta. Los dos clásicos son los *clusters perdidos* (aquellos marcados como que contienen información pero que en realidad no pertenecen a ningún archivo) y los vínculos cruzados (que son clusters que están marcados como que pertenecen a dos archivos distintos).
- Errores físicos: aquellos producidos por fallos físicos en la superficie del disco. Al fin y al cabo, los discos no son más que una superficie magnética (como una cinta de casete) que puede deteriorarse.

Si ScanDisk encuentra errores lógicos tratará de solucionarlos según te explico a continuación. Si encuentra errores físicos tratará de traspasar la información que haya en el cluster dañado (si hay alguna) a otro cluster que no esté dañado, y luego marcará el cluster dañado como defectuoso para que Windows 98 no vuelva a utilizarlo para almacenar información.

Una vez que ejecutes ScanDisk aparecerá la ventana ScanDisk (figura 6.14) en la que podrás elegir las siguientes opciones:

- Unidad en la que buscar errores: aquí debes indicar las unidades a verificar. Si has ejecutado ScanDisk desde la ficha Herramientas de la hoja de propiedades de una unidad de disco, esa unidad aparecerá seleccionada por omisión. Si seleccionas más de una unidad, se verificarán una tras otra.
- Tipo de prueba: puedes elegir entre Estándar (que sólo busca errores lógicos) o Completa (que busca errores tanto lógicos como físicos y que, por tanto, tarda más en completarse).
- Reparar errores automáticamente: si activas esta opción, ScanDisk reparará los errores que encuentre automáticamente (si es posible), según la configuración que hayas definido con el botón Avanzado (mira más abajo). En caso contrario te mostrará un cuadro de diálogo con opciones cada vez que encuentre un error, de manera que tú decidas la acción a tomar. Si no eres un experto, resulta preferible mantener activada esta opción.

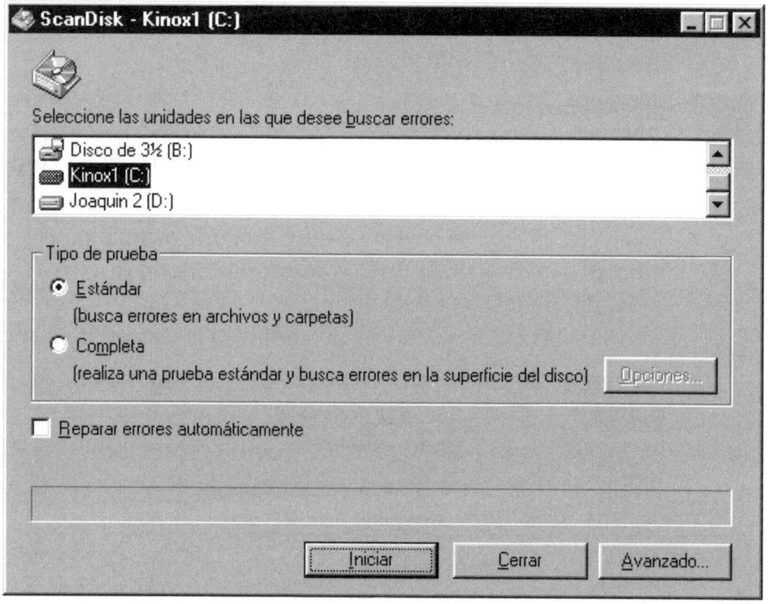

Figura 6.14. La ventana ScanDisk

En caso de que selecciones la opción para que ScanDisk repare los errores que encuentre automáticamente, éste realizará su tarea de acuerdo con los parámetros que indiques en el cuadro de diálogo Avanzado, al que se llega haciendo clic en el botón del mismo nombre. Las opciones avanzadas son las siguientes (figura 6.15):

- Mostrar resumen: sirve para determinar si ScanDisk debe mostrarte una ventana con información del resultado al terminar de verificar el disco. Es interesante que siempre observes la información del resultado.
- Archivo de registro: determina si ScanDisk debe guardar en un archivo de texto denominado SCANDISK.LOG (que aparecerá en el directorio raíz de la unidad C:) un registro de las operaciones realizadas. Puedes sobrescribir el archivo de registro cada vez que ejecutes ScanDisk o agregar las nuevas verificaciones al final.
- Archivos con vínculo cruzado: no puede haber ningún cluster que pertenezca a dos archivos distintos. Si ScanDisk encuentra un error de este tipo deberá Eliminar los archivos que estén compartiendo el cluster, Hacer copias para cada archivo al que esté asignado de manera que cada uno tenga su propio cluster (ésta es la opción preferible ya que al menos podrás recuperar uno) u Omitir el error, dependiendo de lo que tú elijas.
- Fragmentos de archivo perdidos: si ScanDisk se encuentra con clusters que no pertenecen a ningún archivo tendrás dos opciones: Eliminarlos o Convertirlos en archivos (para tratar de recuperar información de ellos). Como casi nunca se consigue recuperar nada a partir de clusters perdidos lo mejor es que actives la primera opción.
- Comprobar archivos buscando: si activas esta opción ScanDisk comprobará que los nombres y las fechas de los archivos sean correctos y que no haya nombres de archivo duplicados en la misma carpeta. Es conveniente activar siempre estas opciones.
- Comprobar primero la unidad del host: esta opción sólo tiene sentido si se trata de una unidad de disco comprimida. En tal caso, y si la opción está activada, ScanDisk verificará primero la unidad no comprimida. Si no activas esta opción Windows no verificará la unidad no comprimida.
- Informar sobre errores en nombres de archivo largos en modo MS-DOS: si activas esta opción, la versión de ScanDisk que funciona en modo MS-DOS te informará de nombres de archivo que no cumplen las normas de Windows 98.

Consejo

Ejecuta a menudo una verificación estándar de tus discos duros (al menos una vez por semana), y cada dos semanas realiza una verificación completa.

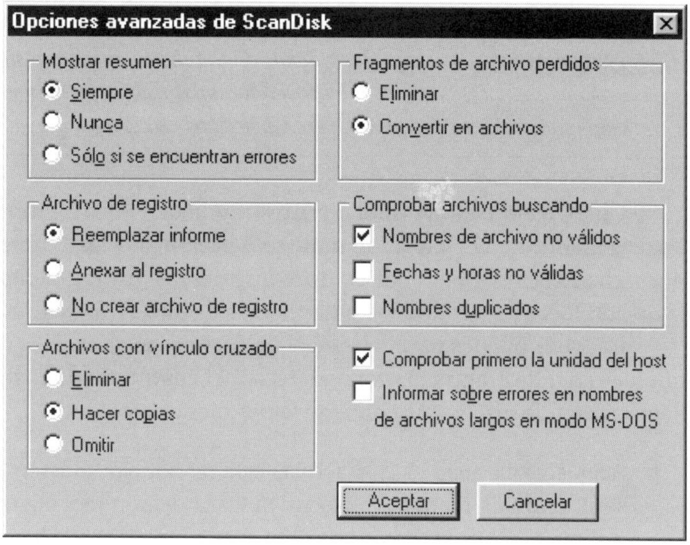

Figura 6.15. Opciones avanzadas de ScanDisk

Desfragmentar un disco

En el apartado anterior has visto que los archivos se almacenan en los clusters del disco. Sin embargo, no es necesario que sea en clusters consecutivos. De hecho, un problema que puede llegar a ser importante es que los trozos de un archivo pueden acabar repartidos por todo el disco. Ello implica que si quieres leer ese archivo, la cabeza lectora del disco duro (que es como el brazo de un antiguo tocadiscos) tiene que ir uno por uno a todos los lugares donde hay un trozo del archivo, leer ese trozo e ir al siguiente.

Como el tiempo que tarda la cabeza de un disco en llegar al sitio indicado es uno de los parámetros que más penaliza la velocidad de una unidad de disco, si el archivo está muy troceado en el disco el tiempo que tardará el ordenador en leer el archivo será grande.

La solución consiste en *desfragmentar* el disco, es decir, en situar consecutivamente todos los clusters pertenecientes a cada uno de los archivos que haya en el disco.

Con ello se logra que la cabeza del disco sólo tenga que realizar un acceso, gracias a lo cual se incrementa notablemente el rendimiento de la unidad de disco.

Para desfragmentar un disco debes hacer clic en el botón Defragmentar ahora que hay en la ficha Herramientas de la hoja de propiedades de la unidad de disco que desees desfragmentar, o bien seleccionar la utilidad Defragmentador de disco en el menú Inicio, Programas, Accesorios, Herramientas del sistema.

Consejo

Puedes realizar la desfragmentación de tus discos mientras sigues trabajando con el ordenador. Notarás que se ralentiza ligeramente el funcionamiento del ordenador, pero esto es mejor que tener que esperar de brazos cruzados a que termine la utilidad.

Cuando ejecutes la utilidad de desfragmentación desde el menú Herramientas del sistema aparecerá el cuadro de diálogo Seleccionar unidad (mira la figura 6.16), en el que deberás seleccionar el disco duro que deseas desfragmentar (puedes seleccionar la opción Todos los discos duros si tienes más de uno y quieres desfragmentarlos todos).

Después puedes hacer clic en el botón Configuración para determinar el comportamiento del desfragmentador. Aparecerá el cuadro de diálogo Configuración del desfragmentador de discos que contiene las siguientes opciones:

- Reordenar los archivos...: si activas esta opción, los clusters de cada archivo se situarán de manera consecutiva (es la opción recomendable). Si la desactivas el desfragmentador se limitará a impedir que haya clusters vacíos en medio de los clusters de archivos, pero no situará consecutivamente los pertenecientes al mismo archivo.
- Comprobar errores en la unidad: si esta opción está activada, el Desfragmentador de disco cancelará la desfragmentación en caso de encontrar algún error en el disco. Entonces tú deberás ejecutar ScanDisk para corregir el error y luego volver a intentar la desfragmentación. Si no activas esta opción, la desfragmentación se realizará aunque haya errores, lo cual puede agravarlos todavía más. Es conveniente mantenerla activada.
- Deseo usar estas opciones: creo que las dos posibilidades que te ofrece esta opción podrás entenderlas con sólo leerlas en el cuadro de diálogo.

Figura 6.16. El cuadro de diálogo Seleccionar unidad *del desfragmentador de discos*

Después de elegir las opciones que te parezcan oportunas haz clic en el botón Aceptar para volver al cuadro de diálogo Seleccionar unidad. Entonces, para iniciar la desfragmentación, haz clic en el botón Aceptar. Inmediatamente comenzará el proceso (mira la figura 6.17) y aparecerá la ventana Desfragmentando la unidad X (a este cuadro de diálogo es a donde llegarás automáticamente si inicias el desfragmentador desde la hoja de propiedades de una unidad de disco).

En esta ventana podrás comprobar el progreso de la operación con mayor o menor detalle si usas el botón Mostrar detalles), cancelar la operación con el botón Detener o pararla momentáneamente con el botón Pausa.

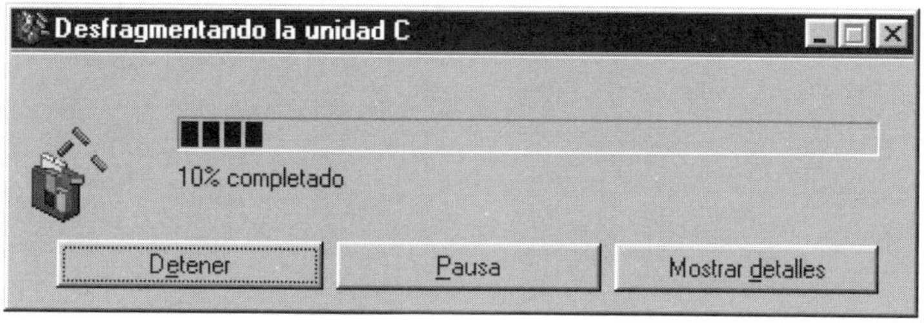

Figura 6.17. El desfragmentador de discos en acción

Liberar espacio en un disco

Durante el trabajo diario con el ordenador, tanto el propio Windows como muchas aplicaciones guardan archivos de trabajo y temporales en el disco duro. El espacio ocupado por estos archivo puede llegar a ser realmente grande, así que Windows 98 contiene un programa que permite liberar ese espacio.

Para ejecutar este programa selecciona la opción Inicio, Programas, Herramientas del sistema, Liberador de espacio en disco. Aparecerá el cuadro de diálogo Seleccionar unidad en el que podrás elegir la unidad en la que quieres liberar espacio. Después de hacerlo haz clic en Aceptar para que el programa calcule el espacio que se podría liberar de esa unidad. Cuando termine aparecerá el cuadro de diálogo Liberador de espacio en disco para (figura 6.18) donde podrás ver todas las opciones que te permitirían liberar espacio.

Para saber a qué corresponde cada opción selecciónala. En la parte inferior del cuadro de diálogo podrás ver una explicación y, si haces clic en el botón Ver archivos, los archivos que se borrarán. Si quieres liberar el espacio de una de las opciones haz que aparezca una marca de verificación en el cuadro que hay a su izquierda haciendo clic en él. En caso contrario haz que desaparezca la marca de verificación. Cuando hayas elegido las opciones que quieres eliminar haz clic en Aceptar.

Por su parte, la ficha Más opciones del Liberador de espacio te permite seleccionar opciones adicionales para liberar más espacio.

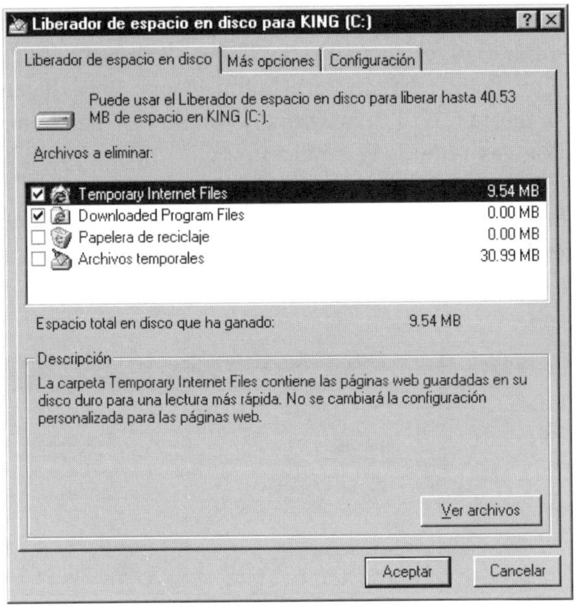

Figura 6.18. El Liberador de espacio

Y, por último, la ficha Configuración contiene una opción que, si está activada, hace que el Liberador de espacio se ejecute automáticamente cuando alguno de tus discos esté a punto de llenarse.

Otras herramientas de disco

Windows 98 dispone de varias herramientas adicionales para la gestión de los discos de tu ordenador.

Desgraciadamente, no disponemos de espacio para verlas todas con detalle aunque, al menos, es conveniente que conozcas su función. Luego, si crees que puedes hacerlo, investiga por ti mismo.

Todas estas herramientas se ejecutan seleccionando la opción correspondiente del menú Inicio, Programas, Herramientas del sistema.

- Agente de compresión: si has comprimido una unidad de disco con la herramienta DriveSpace (mira más adelante), el Agente de compresión te permite recomprimir la unidad con los parámetros que tú indiques.
- Asistente para mantenimiento: este programa te permite configurar Windows 98 para que ejecute automáticamente las tareas de mantenimiento de los discos que tú decidas y a las horas que indiques.

- Convertidor de unidades FAT32: Windows 98 incorpora un nuevo sistema de almacenamiento de archivos en el disco que optimiza el espacio disponible. Este sistema se denomina FAT32 (en contraposición con el antiguo FAT16). Si quieres convertir tu sistema de archivos a FAT32 debes utilizar esta herramienta. Sin embargo, antes de intentarlo asegúrate de saber lo que haces o pide consejo a alguien experto.
- Copia de seguridad: esta magnífica herramienta te permite realizar copias de seguridad de los datos que guardes en tus discos duros, de manera que si se produce una catástrofe (virus, daño físico en el disco, incendio, etcétera) no pierdas tu trabajo.
- DriveSpace: esta herramienta sirve para comprimir un disco de manera que aumente su capacidad de almacenamiento.
- Tareas programadas: esta herramienta te permite determinar que se ejecuten automáticamente los programas que desees con la regularidad que decidas.

7 La Ayuda

Durante tu trabajo con el ordenador te asaltarán multitud de dudas sobre la utilización del mismo. Esas dudas pueden referirse a la manera de realizar operaciones con el propio sistema operativo (Windows 98) o con los programas que uses. En muchos casos deberás acudir a los manuales para buscar la respuesta a tus dudas.

Sin embargo, en muchas otras bastará con que utilices la ayuda electrónica que te ofrece tanto Windows 98 como los programas que ejecutes en él. Este capítulo está dedicado a mostrarte la manera de hacer uso de esa ayuda.

Qué es la Ayuda

En la informática moderna (y nada más moderno que Windows 98), hay una tendencia creciente a facilitar la información que se necesita desde el propio programa. Incluso en aquellos programas que vienen acompañados de gruesos manuales es absolutamente normal que el programa esté acompañado de profusas explicaciones en pantalla. Esto es lo que se denomina *información en línea* o *ayuda* del programa.

Una de las principales ventajas de la Ayuda es que, en Windows 98, el sistema de obtenerla está estandarizado. Es decir, cuando aprendas a obtener ayuda de un programa habrás aprendido a obtenerla de cualquier otro, puesto que el sistema es idéntico. Otra de las ventajas de la ayuda es que es sensible al contexto. O sea, cuando solicitas ayuda, ésta te proporciona información sobre la tarea que estés realizando en ese momento, sin que tengas que andar buscando la información. Y, por último, la otra gran ventaja de la información electrónica es que su contenido está perfectamente interrelacionado entre sí, de manera que es posible pasar rápidamente de un tema a otro relacionado o ahondar en las explicaciones de un tema concreto con toda facilidad.

Desde el punto de vista del usuario se puede distinguir entre solicitar ayuda del propio Windows 98 (por ejemplo, sobre sus cuadros de diálogo, sobre cómo realizar una operación, etcétera) y solicitar ayuda de los programas que se utilicen en Windows 98. La diferencia principal entre ambas ayudas radica en que siempre que tengas activo Windows 98 (es decir, siempre que tengas encendido el ordenador) podrás solicitar ayuda de éste, pero sólo podrás solicitar ayuda de un programa si estás ejecutando ese programa. Aunque ambas cosas son prácticamente lo mismo, he preferido tratarlas por separado para que lo veas algo más claro.

Cómo obtener Ayuda de Windows 98

Como verás en las siguientes páginas, hay diversas maneras de obtener ayuda en Windows 98. Aun con el mismo objetivo final de encontrar la información que necesitas, los diversos métodos de acceso a la Ayuda tienen sus particularidades, lo cual hace que la búsqueda de información resulte muy versátil. En general, siempre que quieras buscar información sobre Windows 98 ejecuta el comando Ayuda del menú Inicio. Entonces aparecerá la ventana Ayuda de Windows, que puedes ver en la figura 7.1, pantalla principal de toda la ayuda que obtengas en Windows 98 (ya sea sobre Windows 98 o sobre un programa).

La ventana Ayuda de Windows tiene varias partes:

- La ficha Contenido te permite buscar ayuda sobre un tema. Los temas están organizados de la misma forma que el índice de un libro.

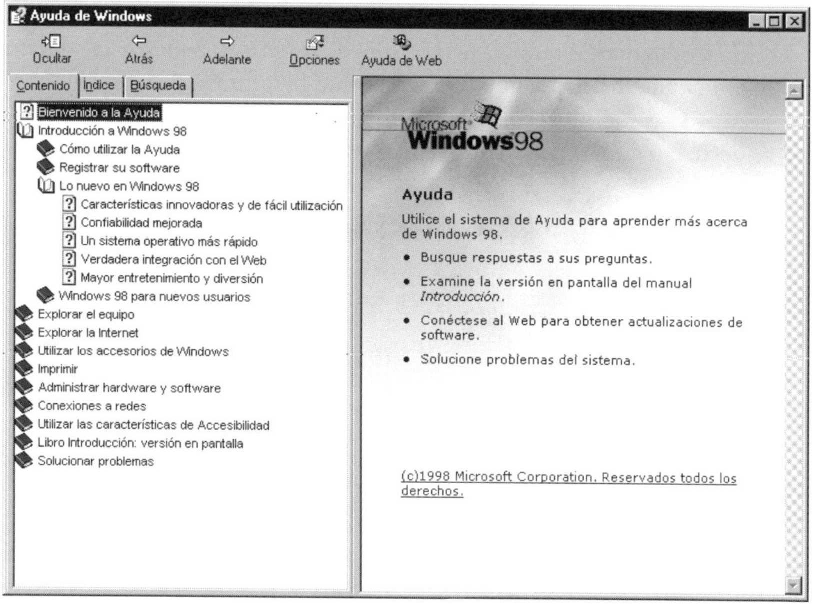

Figura 7.1. La ventana Ayuda de Windows

- La ficha Índice te permite buscar ayuda sobre un concepto introduciendo una palabra clave. Windows te mostrará todas las entradas de la Ayuda que contienen esa palabra clave, y tú podrás elegir la que más te interese.
- La ficha Buscar te permite buscar ayuda sobre cualquier aspecto a partir de una palabra o de una frase cualquiera, sin que sea necesario que conozcas si existe o no un tema o una palabra clave.
- En la zona derecha de la ventana es donde aparece la información de Ayuda que encuentres.
- En caso de que solicites ayuda de un programa (o sea, que no sea la propia Ayuda de Windows 98), también pueden aparecer otras fichas en esta ventana. Como es lógico, la función de esas fichas adicionales dependerá del programa de que se trate.

El Contenido de la Ayuda

Cuando selecciones la ficha Contenido verás que la información que aparece en la zona central se organiza con dos tipos de iconos a su izquierda: el icono de un *libro* y el icono de una *página* con un signo de interrogación sobre ella. Si haces clic sobre cualquier libro, éste se abrirá y podrás ver su contenido. El contenido pueden ser otros libros (que se pueden abrir a su vez) y páginas del libro. Si haces clic sobre una de las páginas, Windows te mostrará en la parte derecha de la ventana el contenido de esa página para que puedas leerla (mira la figura 7.2).

Cuando un libro está abierto (en la parte izquierda de la ventana de Ayuda), es decir, cuando se ve su contenido, puedes volver a hacer clic sobre él para cerrarlo.

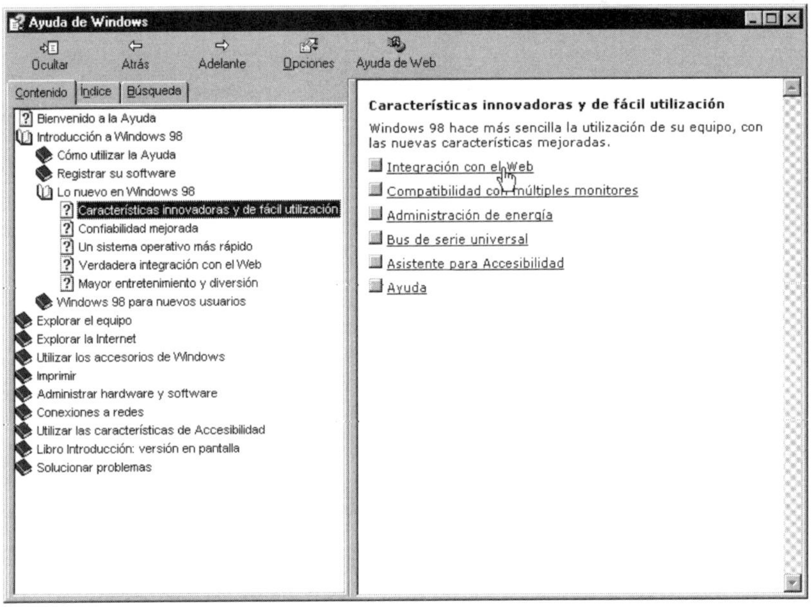

Figura 7.2. En la parte derecha de la ventana aparece la información de Ayuda *que has solicitado en la parte izquierda*

El Índice de la ayuda

La utilidad de la ficha Contenido queda muy limitada cuando se trata de buscar información sobre un tema concreto. En este caso, e igual que harías con un libro real, debes recurrir a consultar el índice alfabético para averiguar si el tema que te interesa aparece en él. Si es así, sólo te resta abrir el libro por la página indicada en el índice.

Cuando quieras buscar determinada información abre la Ayuda y selecciona la ficha Índice. Verás una larga lista de palabras y un cuadro de texto vacío encima de ella (figura 7.3). En ese cuadro de texto debes introducir el concepto sobre el que deseas información. A medida que vayas escribiendo letras, Windows irá avanzando por la lista de palabras hasta la entrada que más se parece a lo que has escrito. Cuando veas en la lista de palabras la entrada que te interese, haz clic sobre ella para seleccionarla y luego pulsa Intro o haz clic en el botón Mostrar. Entonces Windows te mostrará la información referente a la entrada elegida en la parte derecha de la ventana.

En esta ficha hay un par de cosas que debes notar. En primer lugar, que en la parte derecha de la lista del índice aparece una barra de desplazamiento. Si lo deseas, puedes usar esta barra para desplazarte manualmente por la lista. Una vez encuentres la entrada que buscas sólo tienes que seleccionarla haciendo clic sobre ella y hacer clic después sobre el botón Mostrar para ver la información de esa entrada (también puedes hacer doble clic directamente sobre la entrada del índice que te interese).

El segundo aspecto que debes notar es que algunas entradas aparecen sangradas (más a la derecha que otras). Esas entradas –igual que ocurre en un libro real– son subapartados de la entrada no sangrada que hay justo encima de ellas. Por ejemplo, en la figura 7.3 puedes ver que la entrada Internet Explorer tiene muchos subapartados: Active Desktop, Asistente para la conexión, etcétera. Todos esas entradas sangradas contienen información concreta de algún aspecto de la entrada principal.

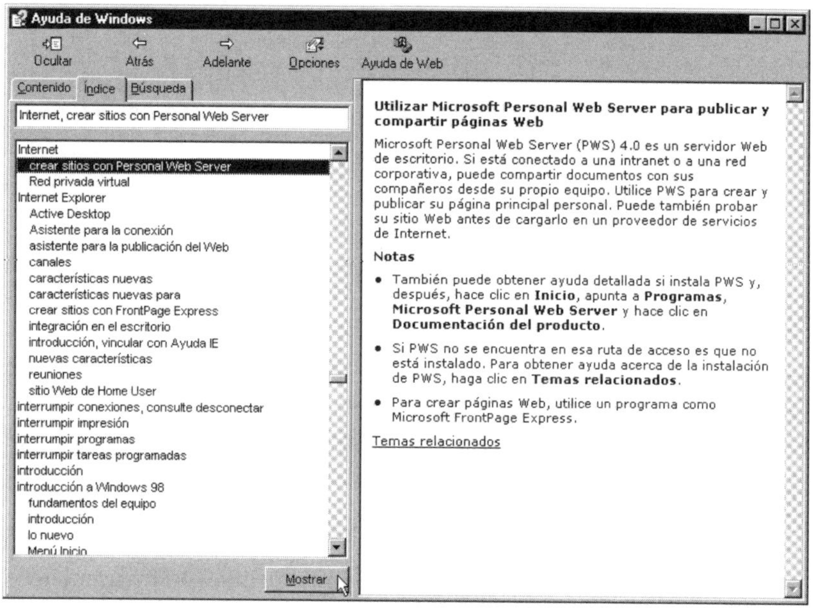

Figura 7.3. La ficha Índice *de la ventana* Ayuda de Windows

La ficha Buscar

En caso de que no hayas podido encontrar la información que necesitabas mediante las fichas Contenido e Índice, puedes recurrir a la tercera y última ficha de la ventana básica de la Ayuda de Windows: la ficha Buscar. La función de esta ficha es buscar por todos los temas de la Ayuda la palabra o palabras que hayas introducido. Así, si el concepto que estás buscando aparece en la Ayuda, Windows lo encontrará sin duda.

Para comenzar la búsqueda sólo tienes que empezar a escribir en el cuadro de texto vacío que aparece en la parte superior y que se denomina Escriba la palabra clave a buscar. Cuando termines haz clic en el botón Listar **temas** y aparecerá una lista de temas justo debajo. En caso de que haya muchos temas en la lista, puedes utilizar la barra de desplazamiento que hay a su derecha para recorrer la lista. Cuando encuentres el tema que te interesa haz clic sobre él para seleccionarlo y, a continuación, haz clic en el botón Mostrar para que aparezca la ayuda referente a ese tema en la parte derecha de la ventana (mira la figura 7.4).

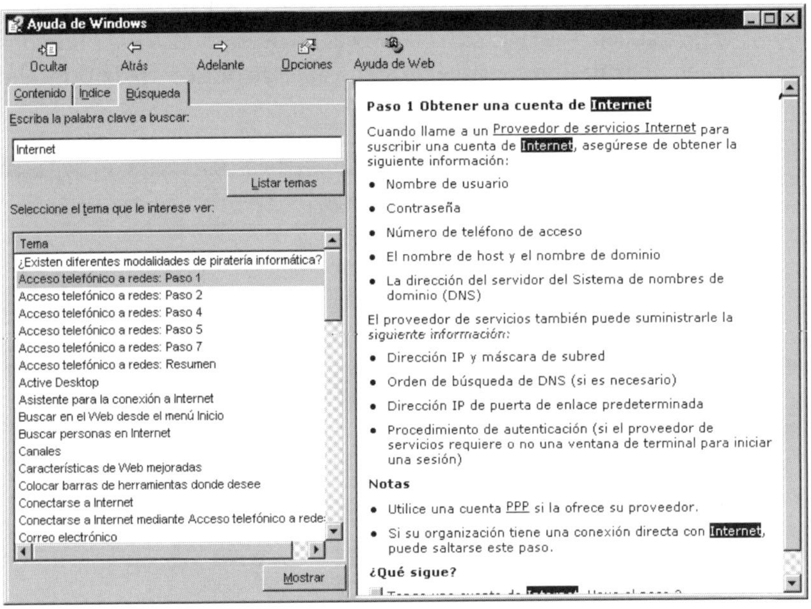

Figura 7.4. La ficha Buscar *de la* Ayuda de Windows

Cuando aparezca la información de ayuda en la parte derecha de la ventana observarás que Windows resalta todas las apariciones de la palabra clave que has introducido para la búsqueda, de forma que te resulte más sencillo localizar la información que estás buscando.

La ventana Ayuda

Además de las tres fichas que ya hemos visto en el apartado anterior, la ventana Ayuda de Windows contiene algunos otros elementos los cuales es conveniente que conozcas.

Botones Atrás y Adelante

Estos dos botones te permiten recorrer todas las páginas de Ayuda que hayas visitado durante tu actual sesión de trabajo con la Ayuda. Si haces clic en el botón Atrás volverás a ver en la zona derecha de la pantalla la página de Ayuda que hayas visto justo antes de pasar a la que estés viendo en este momento. Cada vez que hagas clic en este botón retrocederás una página.

Por su parte, el botón Adelante te permitirá recorrer las páginas de Ayuda hacia delante, es decir, después de haber utilizado el botón Atrás.

Botón Ocultar

Si haces clic en este botón, Windows ocultará de la vista toda la parte izquierda de la ventana de ayuda (mira la figura 7.5). Este botón se utiliza cuando se ha encontrado la información que se necesita y se quiere disponer de más espacio libre en la pantalla.

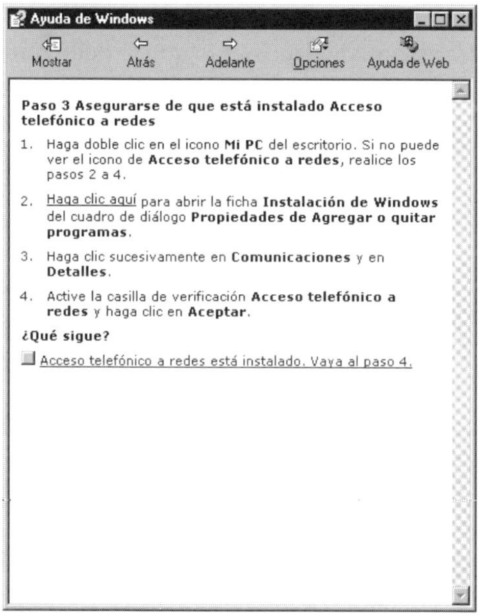

Figura 7.5. El efecto de hacer clic en el botón Ocultar

Una vez que hagas clic en el botón Ocultar, éste se transformará en el botón Mostrar. Si quieres que reaparezca la parte izquierda de la ventana de ayuda, deberás hacer clic en él.

Botón Ayuda de Web

Este botón hace que aparezca en la parte derecha de la pantalla un texto que te informa de cómo conseguir ayuda adicional a la que viene con Windows 98. Para ello es necesario acceder a una página Web de Microsoft, por lo que es necesario que tengas adecuadamente configurada tu conexión a Internet (capítulo 12). En ese texto aparecerá un enlace; si haces clic sobre él te conectarás con la página Web de Ayuda. Luego sigue sus instrucciones para buscar la ayuda que necesites.

Los enlaces

Cuando empieces a utilizar la Ayuda te darás cuenta enseguida de que la información que te suministra aparece resaltada de diversas formas. Algunos de esos resaltes son simplemente estéticos: su función es la de conseguir que la lectura del texto resulte más cómoda. Sin embargo, otros resaltes tienen una misión fundamental: permitirte acceder a otra parte de la Ayuda relacionada con la que estás viendo en este momento. Estos resaltes se denominan *vínculos* o *enlaces*.

La información de ayuda es lo que se denomina un *hipertexto*, es decir, un texto que tiene conexiones con otras partes de la misma Ayuda e, incluso, con otros lugares que nada tienen que ver con la Ayuda.

Para pasar de un lugar a otro de ese texto se utilizan los *vínculos*. Por tanto, los vínculos no son más que marcas especiales que aparecen en el texto y que te permitirán pasar de un lugar a otro de la Ayuda e, incluso, y como verás a continuación, a otros lugares de Windows.

En la Ayuda de Windows 98 los vínculos se reconocen porque son partes del texto que aparecen subrayadas y, normalmente con un tipo de letra especial o un color distinto (generalmente azul). Para utilizar cualquier vínculo sólo tienes que hacer clic sobre él.

Para saber si una parte de la información de Ayuda (por ejemplo, una palabra) es un vínculo tienes una manera muy sencilla. Sitúa el puntero del ratón encima del elemento sospechoso. Si el puntero se convierte en una mano con un dedo con el que puedes pulsar, el elemento es un vínculo (mira la figura 7.6).

Debes tener en cuenta que los vínculos no sólo te permiten acceder a otras partes de la Ayuda de Windows, sino que pueden realizar otras funciones. Por ejemplo, si estás leyendo la ayuda sobre cómo instalar un módem, un vínculo de esa página puede hacer que se abra el elemento Módem del Panel de control. Otro vínculo puede hacer que te conectes a Internet y accedas a una página Web que contenga las versiones más actualizadas de los controladores de módems. En resumen, los vínculos de la Ayuda están diseñados para que tengas a un solo clic de distancia el acceso a todo aquello que te pueda servir para solucionar tus dudas.

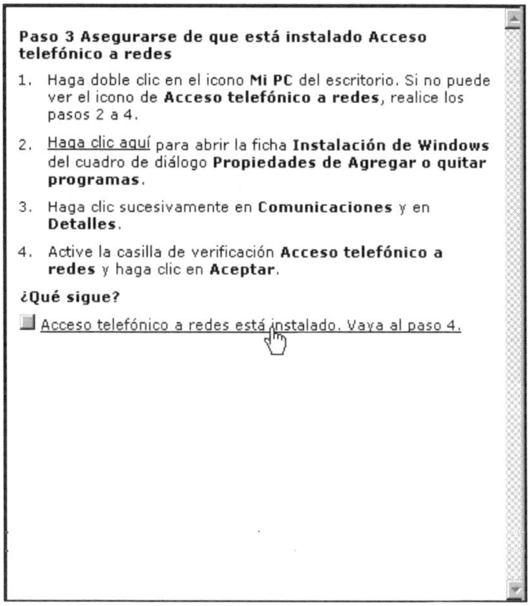

Figura 7.6. Un vínculo en la Ayuda de Windows

Solicitar ayuda desde los programas

El funcionamiento de la Ayuda en los programas de Windows es muy similar a la Ayuda del propio Windows 98. Pero hay una diferencia fundamental: la manera de acceder a esa ayuda. Como has visto, para acceder a la Ayuda de Windows hay que selecciona el comando Ayuda del menú Inicio. Los programas, sin embargo, tienen dos métodos distintos para acceder a la Ayuda : el *menú Ayuda* y la *ayuda sensible al contexto.*

El menú Ayuda

La mayoría de los programas tienen un menú en la barra de menús que se denomina Ayuda (en algunos programas se representa por el signo de interrogación cerrado). En este menú (figura 7.7) aparecerán diversos comandos que te permitirán acceder a la Ayuda de ese programa de diferentes maneras. Como puedes suponer, los comandos concretos que aparecen dependen del programa de que se trate, por lo que no puedo ofrecerte aquí ideas generales sobre el uso de este menú. El mejor consejo que puedo darte es que explores todas las posibilidades que te ofrezca la Ayuda de cada uno de los programas que tengas, ya que es la mejor manera de asegurarte de que no se te pasa nada importante por alto.

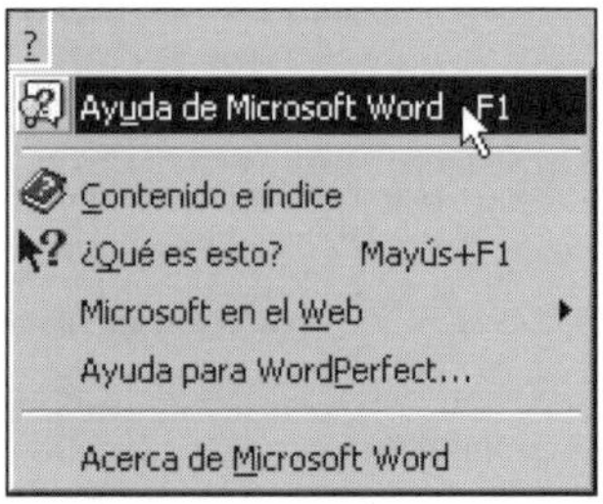

Figura 7.7. El menú Ayuda de Microsoft Word

La ayuda sensible al contexto

Seguramente, el sistema de Ayuda sensible al contexto será el que más emplearás durante tu trabajo normal, tanto con el propio Windows 98 como con los programas. La Ayuda sensible al contexto es un mecanismo por el que Windows o un programa te facilitan automáticamente información sobre lo que estés haciendo en el momento en que solicitas ayuda. Para obtener esta ayuda normalmente basta con pulsar la tecla F1.

Si accedes a la hoja de propiedades del escritorio y vas pulsando la tecla Tab hasta que se seleccione el botón Examinar y luego pulsas la tecla F1, aparecerá un recuadro que te proporcionará información sobre la función y utilidad de esa tecla (figura 7.8). Esto funciona prácticamente en todos los programas para Windows 98.

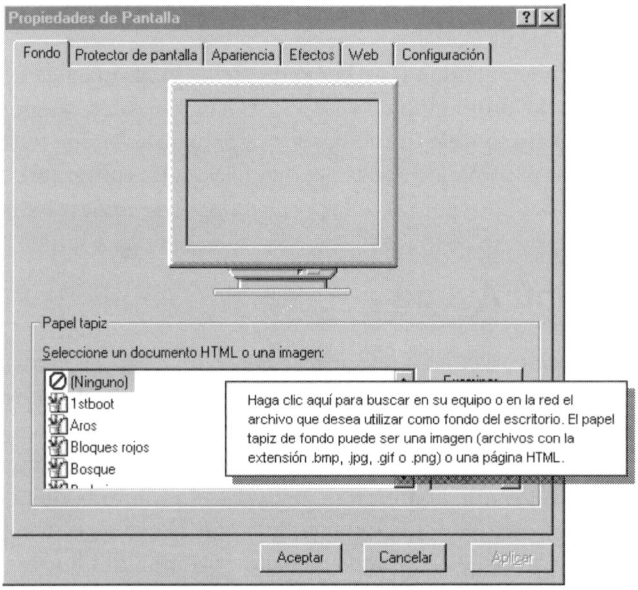

Figura 7.8. La Ayuda *sensible al contexto*

Esta misma función de Ayuda sensible al contexto la facilitan algunos cuadros de diálogo o barras de herramientas mediante un botón que tiene dibujado un signo de interrogación (solo o junto a una flecha). Al hacer clic en este botón, el puntero del ratón se transformará en una flecha junto a un signo de interrogación (este mismo efecto se consigue en muchos programas pulsando la combinación de teclas Mayús+F1). Si ahora haces clic en cualquier parte del cuadro de diálogo o de la barra de herramientas o si seleccionas cualquier comando o menú, aparecerá una ventana o un recuadro en el que verás información sobre ese elemento.

Por último, también obtendrás Ayuda sensible al contexto se haces clic sobre el botón Ayuda que aparecerá en muchas ventanas y cuadros de diálogo.

Los asistentes de Windows 98

El último aspecto que vamos a comentar de la Ayuda de Windows 98 es, sin embargo, uno de los más importantes: los *asistentes*. Los asistentes son algo así como unos tutores cuya misión más frecuente suele ser la de conducir al usuario a través de algún proceso complejo, bien por la propia naturaleza de éste, bien porque sea arduo o largo. Para ello aparece una sucesión de cuadros de diálogo en los que el usuario deberá realizar elecciones o introducir información. Cada vez que se termina con un cuadro de diálogo se pasa al siguiente, y así continuará el proceso hasta llegar al final. Entonces Windows 98 realizará las tareas pertinentes en virtud de los datos que el usuario haya aportado.

Aunque quizás no lo hayas notado, ya has tenido relación, al menos, con un asistente: todo el proceso de la instalación de Windows 98 es conducido por uno de ellos. Una de las grandes ventajas de los asistentes radica en que no es necesario llamarlos, sino que aparecen cuando se les necesita.

Es decir, si vas a instalar una impresora nueva, Windows se da cuenta y entonces él mismo hace aparecer un asistente (mira la figura 7.9) que te guiará por todo el proceso (como verás en el capítulo 8).

A pesar de que por su propia naturaleza es difícil mostrar unas indicaciones generales sobre la utilización de los asistentes, también es cierto que todos funcionan siguiendo unas pautas similares. La primera de ellas es que todas las explicaciones necesarias para el uso de cada uno de los cuadros de diálogo aparece en ellos mismos. Por tanto, es muy importante que leas toda la información que aparece en el asistente. Otra de las pautas generales del funcionamiento de los asistentes es la presencia de ciertos botones en los cuadros de diálogo por los que irás pasando:

- Siguiente: una vez introducida toda la información necesaria en el cuadro de diálogo, debes hacer clic en este botón para pasar al siguiente cuadro de diálogo. El botón permanecerá atenuado hasta que hayas introducido toda la información necesaria.

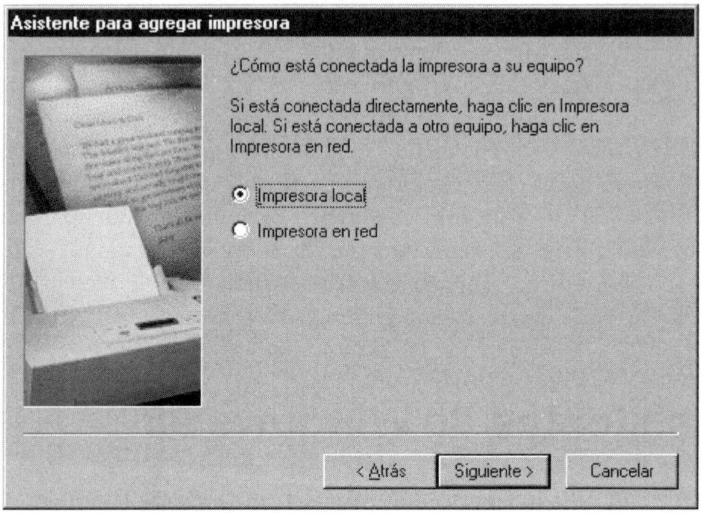

Figura 7.9. El asistente que te guía en la operación de instalar una impresora nueva

- Atrás: en cualquier momento podrás volver al cuadro de diálogo anterior, ya sea para consultar la información que has introducido, ya sea para modificarla. Para ello haz clic en este botón.
- Terminar: si haces clic en este botón finalizará la ejecución del asistente. Windows realizará la tarea de que se trate (por ejemplo, instalar una impresora) según la información que hayas introducido. Este botón no aparecerá en el asistente hasta que hayas pasado por todos los cuadros de diálogo necesarios e introducido la información necesaria.
- Cancelar: en cualquier momento puedes anular la ejecución del asistente haciendo clic en este botón. El asistente se cerrará y no se realizará ninguna operación.

La utilización de los asistentes simplifica enormemente muchas de las tareas que un usuario normal debe realizar con su ordenador. Gracias a los asistentes ya no será necesario tener conocimientos informáticos avanzados para poder realizar tareas tan sencillas como instalar una impresora. Por tanto, te animo a hacer uso de ellos y a explorar todos los asistentes que te encuentres en tu camino.

8 Imprimir

Imprimir un documento ha sido siempre la manera más sencilla, rápida y barata de conseguir una copia manejable del trabajo desarrollado en el ordenador. Sin embargo, hasta hace poco, la tarea de imprimir era lenta y pesada. Afortunadamente, las nuevas impresoras (mucho más rápidas y cómodas) y el sistema de impresión de Windows 98 te permitirán, prácticamente, olvidarte de que tienes una impresora conectada al ordenador excepto, eso sí, para recoger los documentos impresos.

El sistema de impresión

El sistema de impresión de Windows 98 está centralizado en la carpeta Impresoras que aparece en la ventana Mi PC (figura 8.1). También puedes encontrar un acceso directo de esta carpeta en el Panel de control (que veremos en el capítulo 9) y en el menú Inicio, Configuración. Dentro de la carpeta Impresoras sólo encontrarás dos cosas:

- El icono Agregar impresora, que sirve para instalar impresoras nuevas.
- Un icono por cada impresora que tengas conectada a tu ordenador.

Los iconos (figura 8.2) que aparecen en la ventana Impresoras pueden representar a tres tipos de impresoras:

- *Locales*, es decir, impresoras que realmente estén conectadas a tu ordenador.
- *De red*, es decir, impresoras conectadas a otro ordenador de la red o directamente a la propia red, pero no conectadas directamente a tu ordenador. Estas impresoras se reconocen porque bajo su icono aparece dibujado un cable.

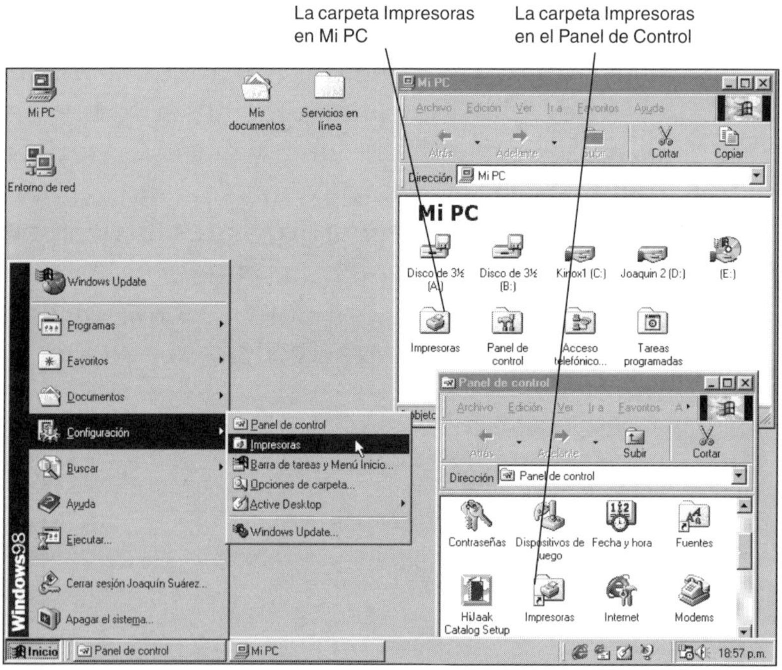

Figura 8.1. La carpeta Impresoras está en Mi PC, *pero puedes acceder a ella desde varios lugares*

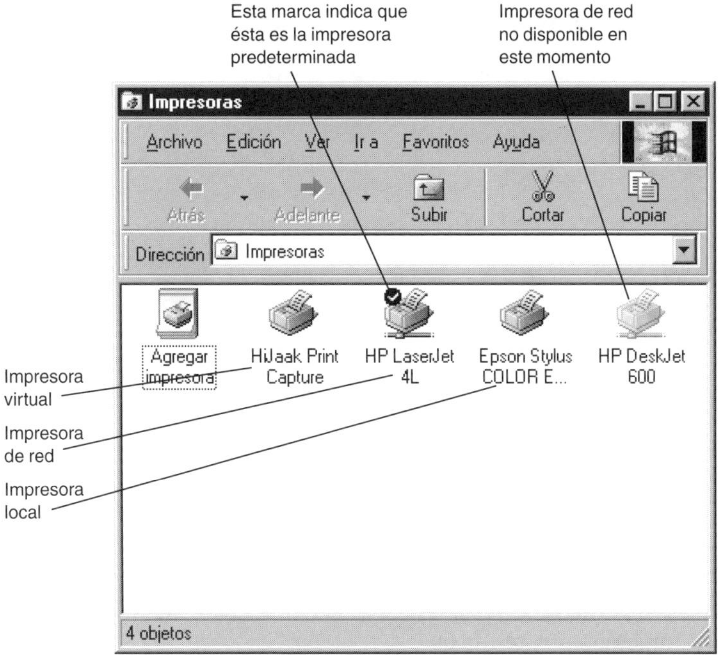

Figura 8.2. El contenido de la carpeta Impresoras

- *Virtuales*, es decir, impresoras que realmente no están conectadas a tu ordenador (ni directamente ni a través de la red), pero que tú deseas hacer creer a Windows que sí están conectadas. Por ejemplo, puedes tener dos iconos de la misma impresora (aunque realmente sólo tengas una impresora), cada uno con una configuración distinta, de manera que no tengas que cambiar toda la configuración de un impresora cuando quieras variar la impresión, si no sólo elegir el otro icono.

Además, observarás que uno de los iconos que aparezcan en tu carpeta Impresoras tiene una marca de verificación dentro de un círculo negro. Eso indica que ésa es la *impresora predeterminada* de Windows, es decir, en la que imprimirás por omisión a no ser que indiques otra cosa. Lógicamente, si sólo tienes una impresora, obligatoriamente será la impresora predeterminada.

Por último, el icono de alguna impresora de red puede aparecer atenuado. Eso indica que no está disponible en este momento (porque esté apagada ella o el ordenador al que esté conectada, o porque la red no funcione).

Cuando se hace doble clic sobre un icono de impresora se abre la ventana de esa impresora (figura 8.3). Desde esta ventana se controlan todas las facetas de la impresión de dicha impresora.

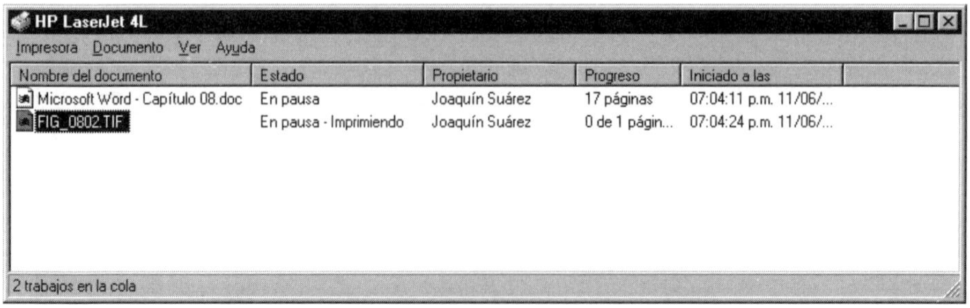

Figura 8.3. La ventana de la impresora

Además, cada impresora tiene su propia hoja de propiedades, mediante la que se puede configurar su funcionamiento.

El esquema normal de la impresión en Windows 98 consiste en lanzar el trabajo de impresión (consulta un poco más adelante). Cuando se hace tal cosa y se seleccionan las opciones correspondientes, el trabajo pasa rápidamente a la *cola* de la impresora seleccionada, una zona de memoria del ordenador que se hace cargo del trabajo de impresión para que el programa que lo lanzó quede liberado y puedas seguir trabajando inmediatamente con él.

La impresora comenzará la impresión del trabajo y la ventana de la impresora pasa a ser el centro de control de la impresión. Desde ella podrás detener la impresión del trabajo, cancelarla, modificar su prioridad, etcétera.

La impresora predeterminada

La impresora predeterminada es la impresora en la cual se imprimirán tus documentos a no ser que indiques otra cosa. Si sólo tienes instalada una impresora en tu sistema, la impresora predeterminada será esa y no tendrás que preocuparte de más. Sin embargo, si tu ordenador está conectado a una red, si tienes un módem-fax, si tienes instaladas impresoras virtuales o, simplemente, si tienes dos impresoras conectadas a tu ordenador, cada vez que vayas a imprimir deberás seleccionar la impresora en la que quieres hacerlo. Si especificas como impresora predeterminada aquella que uses más frecuentemente, te ahorraras tener que seleccionar una impresora la mayoría de las veces que imprimas.

Para determinar qué impresora debe ser la predeterminada sólo tienes que ejecutar el comando Configurar como predeterminada del menú emergente de la impresora que desees que lo sea.

Puedes cambiar la impresora predeterminada en el momento en que quieras. Para saber qué impresora es la predeterminada, abre la carpeta Impresoras y fíjate en el icono que tiene una marca de verificación dentro de un círculo negro en su extremo superior izquierdo (mira la figura 8.2).

Cómo imprimir un documento

En Windows 98 hay tres maneras de imprimir un documento:

- La forma tradicional consiste en ejecutar el comando Archivo, Imprimir del programa con el que pretendas imprimir. Por ejemplo, si quieres imprimir una carta que hayas escrito con el procesador de textos WordPad (que encontrarás en el menú Inicio, Programas, Accesorios), puedes ejecutar el comando Archivo, Imprimir de WordPad para imprimir esa carta. Entonces tendrás que seleccionar algunas opciones y se iniciará la impresión.
- Una nueva manera introducida por Windows 98 consiste en arrastrar el icono del documento que quieras imprimir sobre el icono de una impresora.
- Y una variante del método anterior consiste en ejecutar el comando Imprimir del menú emergente del documento que quieras imprimir (cuando éste aparezca como un icono en cualquier ventana).

En el apartado "Cómo imprimir" (más adelante en este mismo capítulo) veremos con más detalle cada uno de estos métodos de impresión.

Instalar una impresora

Para poder imprimir un documento es necesario que cumplas dos requisitos:

1. Que tengas una impresora *conectada* al ordenador, ya sea directamente o a través de una red.
2. Y que esa impresora esté *instalada* en Windows 98, es decir, que Windows esté configurado para utilizar la impresora. Si tienes una impresora conectada al ordenador pero no la has instalado en Windows, no podrás imprimir en ella. Sin embargo, si instalas una impresora en Windows pero no tienes esa impresora conectada a tu ordenador, sí podrás imprimir en un archivo. Más tarde puedes transportar ese archivo a la impresora correcta e imprimirlo realmente.

Si ya tenías una impresora moderna conectada al ordenador cuando instalaste Windows 98, lo más probable es que cuentes con el icono de ella en la carpeta Impresoras (ya que el propio Windows la detecta y la instala). Sin embargo, puede haber diversas razones por las que tengas que instalar una nueva impresora en Windows 98:

- Porque al instalar Windows 98 éste no reconoció automáticamente tu impresora y tú no le dijiste cuál tenías.
- Porque hayas conectado una impresora nueva a tu ordenador.
- Porque quieras hacer uso de un impresora que haya en la red.

- Porque quieras poder imprimir en un archivo correspondiente a una impresora concreta para enviarlo más tarde a esa impresora.

  Por ejemplo, si utilizas un portátil es posible que quieras instalar la impresora láser que tienes en la oficina e imprimir tus trabajos en un archivo; más tarde puedes enviar esos archivos a la impresora láser para que se impriman realmente (ya sea copiándolos mediante un disquete al ordenador al que está conectado la impresora o conectando el portátil a la red).

- Porque quieras tener diferentes configuraciones de la misma impresora física, de tal manera que puedas cambiar entre ellas sin que tengas que modificar la configuración de la impresora cada vez que quieras imprimir.

Pues bien, en todos estos casos necesitarás instalar la nueva impresora en Windows 98. Este procedimiento consiste únicamente en copiar al sistema un *controlador* de la impresora elegida.

El controlador es un pequeño archivo que contiene las instrucciones necesarias para que Windows pueda traducir tu documento a un lenguaje que la impresora comprenda.

Cada impresora necesita su propio controlador, aunque también existen algunos contralores estándar para los modelos más populares de impresoras. El controlador de tu impresora puede aparecer en los discos de Windows 98 o en los discos que el fabricante de la impresora adjuntará con ésta.

En cualquier caso, siempre debes instalar la versión más moderna que tengas del controlador de tu impresora, ya que el funcionamiento de éste es crítico para la eficacia del sistema de impresión, y las versiones más modernas suelen ser las más optimizadas.

La siguiente secuencia de pasos te muestra la manera de instalar una nueva impresora en Windows 98.

Para instalar una nueva impresora

1. Abre la carpeta Impresoras y haz doble clic en el icono Agregar impresora.

   Aparecerá en pantalla el Asistente para agregar impresora.

2. Haz clic en el botón Siguiente.

   En el nuevo cuadro de diálogo que aparecerá (figura 8.4) debes indicar a Windows si la impresora que vas a instalar está conectada a tu ordenador (local) o es una impresora de la red.

3. Selecciona la opción apropiada y luego haz clic en el botón Siguiente.

Si has elegido instalar una impresora de red consulta el apartado "Conectar a una impresora de red". En caso contrario aparecerá un cuadro de diálogo en el que deberás elegir la marca y modelo de la impresora que vas a instalar (figura 8.5).

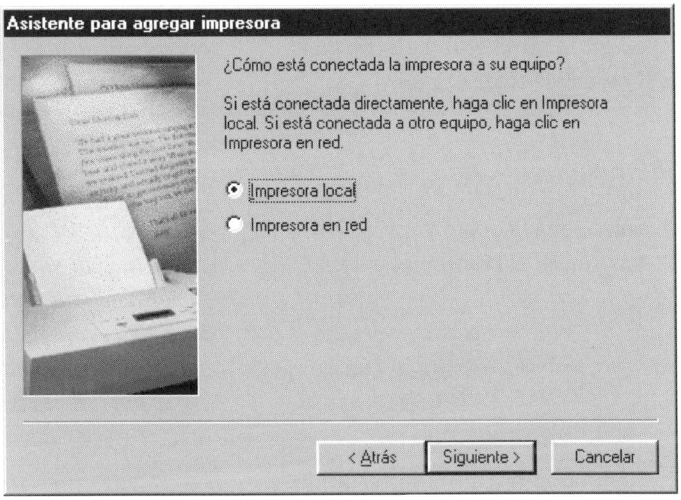

Figura 8.4. Debes indicar a Windows si la impresora está conectada a tu ordenador o es una impresora de la red

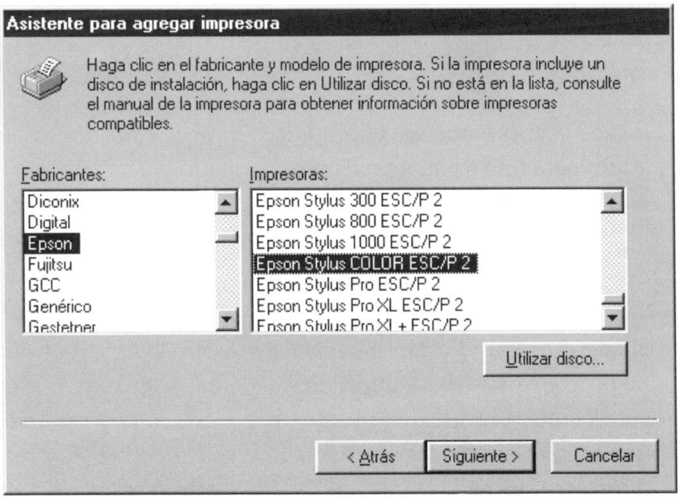

Figura 8.5. Indica a Windows la marca y el modelo de tu impresora

4. Cuando selecciones una marca en la lista de la izquierda aparecerán todos los modelos de ese fabricante en la de la derecha. Entonces selecciona el que corresponda a tu impresora. Si tu impresora no aparece en la lista consulta el apartado "Otros controladores". Después de elegir la impresora haz clic en el botón Siguiente.

   Ahora debes decirle a Windows a qué puerto está conectada tu impresora (figura 8.6). Normalmente el puerto será LPT1 y, a no ser que sepas que tu impresora está conectado a otro, elige éste. Si estás instalando una impresora virtual, pueden ocurrir dos cosas: si estás instalando una segunda configuración de una impresora ya instalada, elige el puerto real al que esté conectada la impresora; si estás instalando una impresora inexistente, da igual el puerto que elijas, ya que habitualmente imprimirás en un archivo.

5. Selecciona la opción apropiada y haz clic en el botón Siguiente.

   En el siguiente cuadro de diálogo deberás introducir un nombre para la impresora. También deberás decidir si quieres que esa impresora sea la predeterminada o no. La impresora predeterminada es aquella en la que se imprime a no ser que indiques otra cosa.

6. Da un nombre a tu impresora (o deja el que aparece por omisión) y selecciona si esa será la impresora predeterminada o no. Luego haz clic en el botón Siguiente.

   En el siguiente cuadro de diálogo Windows te preguntará si deseas imprimir una prueba cuando se instale la impresora de manera que puedas comprobar que todo está correcto.

7. Es recomendable que elijas imprimir la prueba. Si lo haces, asegúrate de que la impresora está encendida y lista para trabajar. Luego haz clic en el botón Finalizar.

   Windows pasará a instalar la impresora. Si el controlador ya está en tu disco duro podrás elegir entre utilizar el que ya hay o uno nuevo. En este último caso, o si el controlador no está en el disco duro, Windows te pedirá que introduzcas el disco que lo contiene (que puede ser el CD-ROM de Windows 98 o el disco del fabricante de la impresora).

8. Si has elegido imprimir la página de prueba, ésta deberá imprimirse correctamente tras un lapso de tiempo que puede variar de una impresora a otra.

   Windows te preguntará si la página se ha impreso bien. Si respondes No *aparecerán varias cuestiones que tratarán de solucionar el problema. Si respondes* Sí *acabará el proceso de instalación y aparecerá el icono de la nueva impresora en la carpeta* Impresoras.

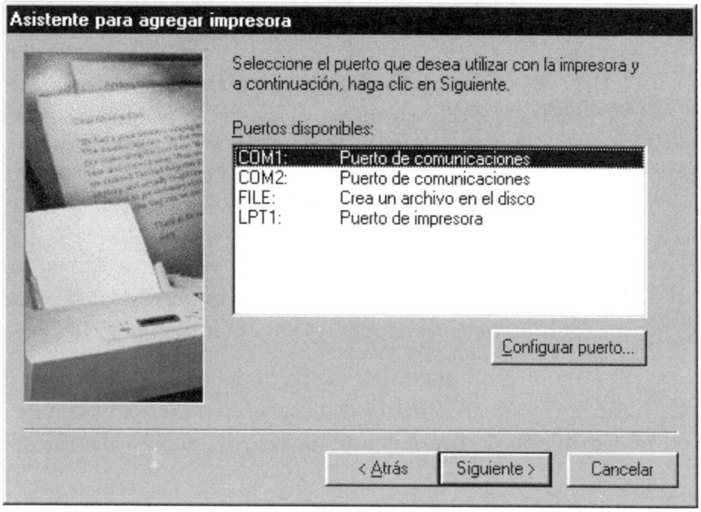

Figura 8.6. Indica a Windows a qué puerto de tu ordenador está conectada la impresora

Otros controladores

Aunque Windows 98 viene con una enorme cantidad de controladores de impresoras, puede darse el caso de que la tuya no aparezca en la lista.

El motivo más frecuente de que esto suceda es que sea un modelo de impresora que haya salido al mercado después de que comprases Windows 98. Si te sucede esto hay dos alternativas.

La primera alternativa, que será la mas frecuente, es que junto con la impresora que has comprado venga un disco con los contralores apropiados. En tal caso, introduce en una disquetera el disco que venga con tu impresora y haz clic en el botón Utilizar disco en el punto 3 de la secuencia de pasos anterior. Entonces aparecerá el cuadro de diálogo Instalar desde disco, en el que tendrás que decirle a Windows 98 en qué lugar del sistema de archivos está el controlador de tu impresora (normalmente, las unidades A o B, si estás utilizando el disquete del fabricante). Windows leerá la información del controlador y, si tiene varias opciones, te dará a elegir una. Cuando lo hagas podrás seguir con la instalación normalmente.

La segunda opción es que no tengas un disco con el controlador de tu impresora. En tal caso puedes probar alguna de estas soluciones:

1. Contacta con el fabricante de la impresora (o con el vendedor) y solicita el controlador de la misma para Windows 98. La mayoría de los fabricantes importantes de impresoras tienen una página Web en Internet con todos los controladores de sus impresoras. Cuando tengas el controlador procede como se explica en el párrafo anterior.

2. Prueba a instalar el controlador de una impresora de la misma marca pero de un modelo inferior (por ejemplo, si tienes una HP DeskJet 660, prueba a instalar el controlador de la HP DeskJet 600). Esto es posible que te permita usar tu impresora, aunque también es posible que la impresión no sea perfecta o que no puedas sacar provecho de todas las posibilidades de tu impresora.
3. Prueba a instalar un controlador genérico. La mayoría de las impresoras pertenecen a una de las grandes "familias" de impresoras. Por ejemplo, si tienes una impresora matricial es más que posible que funcione con un controlador de cualquier impresora sencilla de la marca Epson. Lo mismo ocurre con una impresora láser y el controlador de la impresora HP LaserJet II.
4. Si no consigues que funcione nada de lo anterior, instala el controlador Genérico/Sólo texto de la marca Genérico. No podrás imprimir gráficos ni formatos, pero es casi seguro que funcionará con cualquier impresora.

Conectar a una impresora de red

Además de instalar impresoras que estén directamente conectadas a tu ordenador, también puedes instalar impresoras de red, es decir, impresoras que estén conectadas a otro ordenador de la red o directamente a ésta.

El procedimiento es muy parecido al de instalar una impresora local, aunque tiene algunas diferencias importantes que puedes ver en la siguiente secuencia de pasos.

Para instalar una impresora de red

1. Abre la carpeta Impresoras y haz doble clic en el icono Agregar impresora.

   Aparecerá en pantalla el Asistente para agregar impresora.

2. Haz clic en el botón Siguiente.

   En el nuevo cuadro de diálogo que aparecerá (figura 8.4) deberás indica a Windows el tipo de impresora de que se trata.

3. Selecciona la opción Impresora de red y haz clic en el botón Siguiente.

   En el siguiente cuadro de diálogo aparecerá un cuadro en el que deberás introducir la ubicación de la impresora en la red. No hace falta que teclees la vía de acceso de la impresora de red. Puedes hacer clic en el botón Examinar *y buscar la impresora en el cuadro de diálogo* Buscar impresora, *que es muy parecido al Explorador (figura 8.7).*

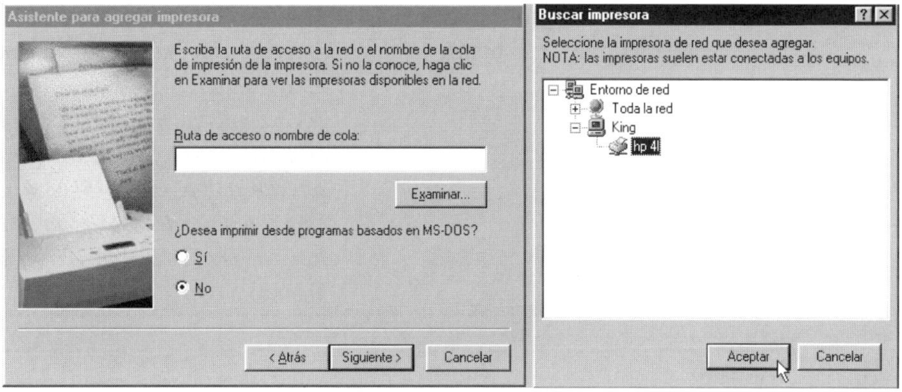

Figura 8.7. Indica a Windows la ubicación de la impresora en la red

4. Cuando encuentres la impresora, selecciónala y haz clic en Aceptar.

Volverás al Asistente y la vía de acceso a la impresora aparecerá automáticamente en el cuadro Ruta de acceso. *En caso de que Windows no pueda encontrar la impresora de red que le has indicado (por ejemplo, porque esté apagada ella misma o el ordenador al que esté conectada), el Asistente te advertirá de que no podrás utilizar esa impresora hasta que esté activada. Además, deberás seleccionar manualmente la marca y el modelo de la misma en el cuadro de diálogo que aparecerá.*

5. Haz clic en el botón Siguiente.

6. Ahora deberás introducir un nombre para la impresora. Procura que el nombre describa la impresora que es (por ejemplo, HP LaserJet 4L) y su ubicación en la red (por ejemplo, HP LaserJet 4L en KINOX). En el mismo cuadro de diálogo tienes que decidir si quieres que esa impresora sea la predeterminada o no. Elige la opción adecuada y a continuación haz clic en el botón Siguiente.

Finalmente, el Asistente te ofrecerá la posibilidad de imprimir una página de prueba para comprobar que la impresora se ha instalado correctamente. Es una buena idea hacerlo.

7. Cuando hayas elegido la opción adecuada haz clic en el botón Finalizar.

Si has elegido imprimir la página de prueba, ésta deberá imprimirse correctamente tras unos instantes. Windows te preguntará si la página se ha impreso bien. Si respondes No *aparecerán varias cuestiones que tratarán de solucionar el problema. Si respondes* Sí *acabará el proceso de instalación y aparecerá el icono de la nueva impresora en la carpeta* Impresoras.

Consejo

El nombre que se puede dar a una impresora (paso 6 de las dos últimas secuencias de pasos) puede tener hasta 32 caracteres de largo. Sin embargo, si la impresora es de red y vas a compartirla con usuarios de Windows 3.11 o de DOS, puede que quieras limitar el nombre a 12 caracteres, ya que éste es el número máximo que esos usuarios verán cuando busquen impresoras.

Las propiedades de la impresora

Una vez hayas instalado una impresora puedes hacer clic sobre su icono en la ventana Impresoras con el botón derecho del ratón para que aparezca su menú emergente. Entre los comandos de este menú aparece una llamado Propiedades. Si lo ejecutas aparecerá la hoja de propiedades de la impresora seleccionada (figura 8.8).

Como ocurre con las hojas de propiedades de otros objetos, la de una impresora también se organiza en fichas. Cada impresora tiene una hoja de propiedades distinta que permite configurar las particularidades específicas de esa impresora. Sin embargo, algunas de las fichas son comunes para todas las impresoras.

- En la ficha General aparece el nombre de la impresora y puedes introducir un Comentario opcional para la misma. Si la impresora está compartida en la red (consulta el próximo apartado), cualquier usuario que esté buscando una impresora en la red verá este comentario. En caso de que la impresora esté conectada directamente a tu ordenador (o sea, si no es una impresora de red), en esta ficha también puedes elegir un Separador de páginas. Un separador de páginas es una página que se imprime automáticamente entre cada dos trabajos de impresión. Si tu impresora está compartida en la red, esta página te servirá para identificar el comienzo y el final de cada trabajo de impresión y el propietario del mismo. Puedes elegir entre no utilizar separador, utilizar un separador Simple (sólo con texto) y o utilizar uno Completo (con gráficos), o bien crear uno personalizado (que debe tener el formato WMF, es decir, un meta-archivo de Windows).

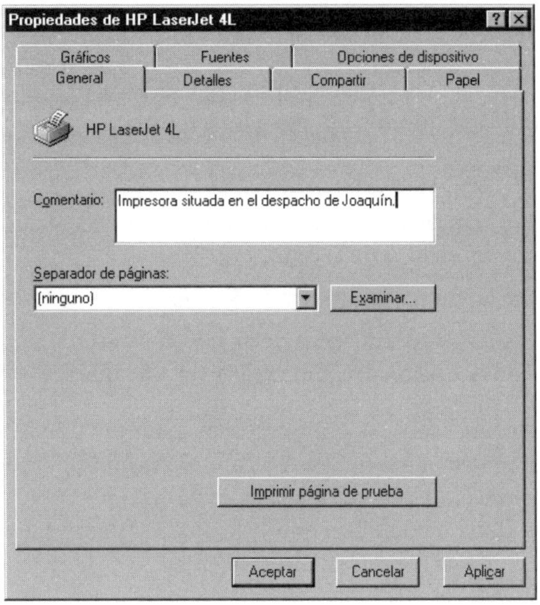

Figura 8.8. La hoja de propiedades de una impresora

- En la ficha Detalles se determina la configuración avanzada de la impresora. No debes modificar estos valores a no ser que estés completamente seguro de lo que haces.
- La ficha Compartir sirve para compartir la impresora en la red. En el siguiente apartado te explico los detalles.
- En la ficha Papel puedes elegir el tipo de papel que vas a usar y su orientación (vertical u horizontal) al imprimir. En caso de que tu impresora admita papel de más de una fuente (por ejemplo, una bandeja de folios y un alimentador de sobres), también podrás elegir qué fuente quieres utilizar.

Ve pasando de una ficha a otra de la hoja de propiedades de la impresora para conocer los aspectos susceptibles de configuración de tu impresora. Es conveniente que no modifiques esta configuración a no ser que necesites hacerlo, ya que los ajustes que aparecen por omisión seguramente permitirán que la impresora funcione bien, y cambiarlos podría originarte problemas.

Consejo

Si cambias alguna de las propiedades y la impresora deja de funcionar correctamente, puedes hacer clic en el botón Restaurar predeterminados *de la ficha (este botón sólo aparece en algunas fichas) para que ésta retome su configuración predeterminada.*

Compartir una impresora en la red

Un poco más arriba has visto que es posible utilizar una impresora de red para imprimir. Para que ello sea posible es necesario que concurran estos factores:

1. Que estés conectado a una red.
2. Que la impresora esté correctamente conectada e instalada para uso local en otro ordenador de la red.
3. Que la impresora que quieres utilizar esté *compartida* en la red.
4. Que tengas permiso (es decir, una contraseña) para utilizar esa impresora. (Esto es opcional, como verás más adelante.)

El primero de los puntos hemos asumido que se cumple. En este capítulo has aprendido la manera de llevar a cabo el segundo punto.

Ahora bien, ¿en qué consiste *compartir* una impresora en la red? Pues no es más que el trámite mediante el que se le dice a Windows que deseas que tu impresora (es decir, la que esté conectada directamente a tu ordenador) pueda ser utilizada por otros miembros de la red.

Nota

Como verás en el capítulo 9, para poder compartir una impresora es necesario que tengas instalado el servicio Compartir impresoras y archivos para redes Microsoft *en el elemento* Red *del Panel de control.*

Para compartir una impresora debes seleccionar la ficha Compartir de la hoja de propiedades de la impresora (figura 8.9) y activar la opción Compartido como. Después tendrás que introducir un nombre para la impresora.

Windows genera uno automáticamente a partir del nombre de su controlador. Si quieres puedes dejar éste o introducir otro. Los usuarios de DOS verán este nombre (por lo que deberá ser un nombre corto y que no contenga caracteres especiales). Los de Windows y los de otras redes pueden ver éste o el texto que introduzcas en el cuadro Comentario, que puede ser mucho más largo y contener espacios o símbolos no aceptables en los nombres DOS.

Introduce un Comentario sobre la impresora como, por ejemplo, la ubicación de la misma en la empresa para que los usuarios sepan dónde recoger sus trabajos de impresión.

Consejo

También puedes acceder a la ficha Compartir *de la hoja de propiedades de la impresora mediante el comando* Compartir *del menú emergente de la impresora.*

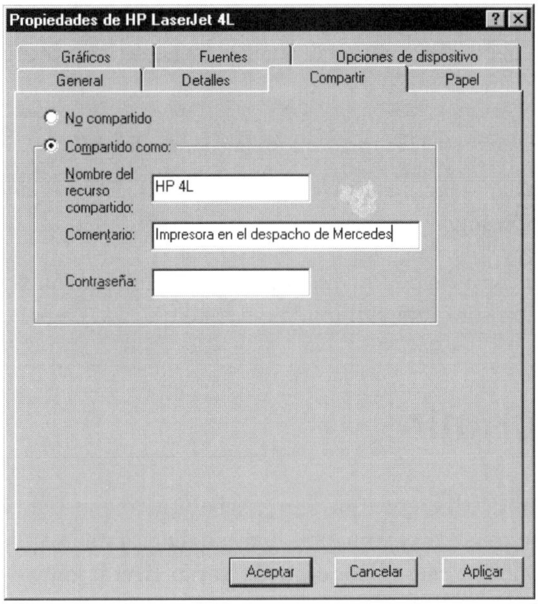

Figura 8.9. La ficha Compartir *de la hoja de propiedades de una impresora*

Por último, en caso de que quieras restringir el acceso a tu impresora, introduce una contraseña para la misma. Cuando un usuario de la red quiera imprimir en ella deberá introducir esa contraseña para poder hacerlo. Si sólo facilitas la contraseña a algunas personas, limitarás el uso de tu impresora en la red.

Nota

Si olvidas la contraseña de la impresora no tienes más que cambiarla en la ficha Compartir *para que entre en efecto otra.*

Cuando hayas terminado de introducir estos datos, haz clic en Aceptar y tu impresora pasará a estar compartida en la red. Podrás comprobar que esto es cierto porque aparecerá el dibujo de una mano debajo del icono de la impresora compartida.

Si quieres dejar de compartir una impresora vuelve a la ficha Compartir de la hoja de propiedades de la impresora y selecciona la opción No compartido.

Eliminar una impresora

Puede ocurrir que quieras eliminar una impresora después de haberla creado. Por ejemplo, si cambias de impresora querrás borrar la instalación de la antigua que ya no te sirve para nada. O, si estás conectado a una impresora de red y quieres dejar de estarlo, puedes querer eliminar el icono de la impresora de red. Para eliminar una impresora no tienes más que:

1. Seleccionar la impresora en la carpeta Impresoras.
2. Pulsar la tecla Supr o elegir el comando Eliminar del menú emergente de la impresora.

Windows te pedirá que confirmes la eliminación de la impresora. Si haces clic en Sí, la impresora será eliminada del sistema.

Cómo imprimir

El procedimiento que seguirás habitualmente para imprimir un documento consistirá en ejecutar el comando Archivo, Imprimir de la aplicación con la que has creado el documento. Este método puede variar ligeramente de una aplicación a otra pero, generalmente, será así o muy parecido.

Cuando ejecutes este comando, aparecerá en la pantalla el cuadro de diálogo Imprimir (figura 8.10) que, como recordarás del capítulo 4, es una de los cuadros de diálogo estándar de Windows 98 (aunque algunas aplicaciones pueden modificarlo

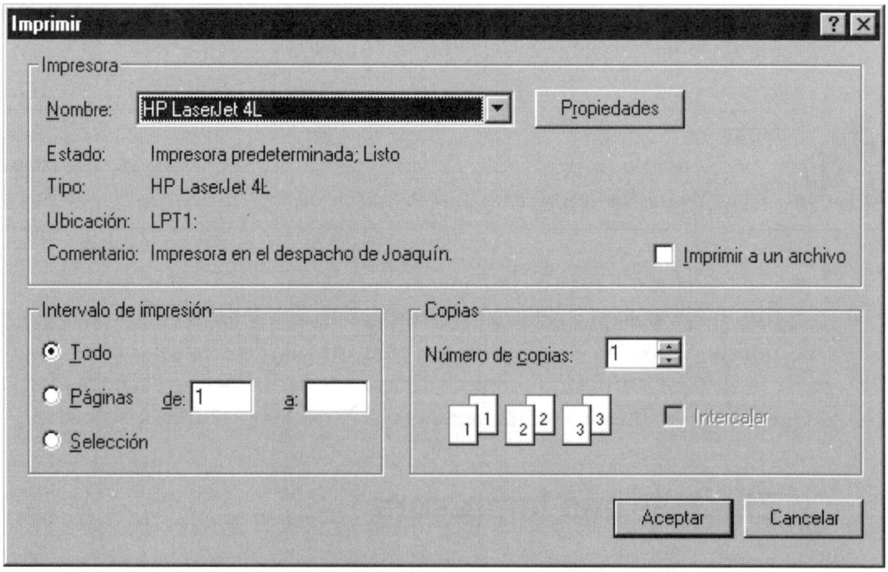

Figura 8.10. El cuadro de diálogo Imprimir

ligeramente). En este cuadro de diálogo podrás hacer clic directamente en el botón Aceptar para aceptar todos los ajustes predeterminados del cuadro o poder cambiar sus opciones:

- Nombre: en este cuadro desplegable aparecerá el nombre de la *impresora predeterminada* (consulta un poco más adelante). Si quieres utilizar una impresora que no sea ésta, despliega la lista y selecciona la impresora que desees. Dependiendo de la impresora seleccionada podrás ver el Estado de la impresora, su Tipo, su Ubicación y el Comentario introducido en su hoja de propiedades (si hay alguno).

  En caso de que selecciones una impresora de red cuyo acceso esté limitado por una contraseña, deberás suplir esa contraseña para que se te permita imprimir en esa impresora (mira la figura 8.11).

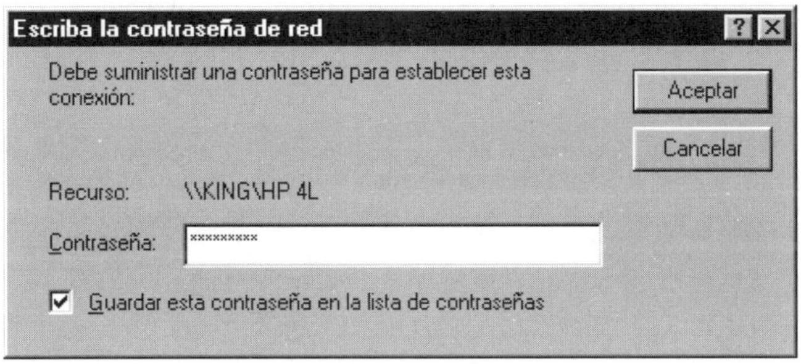

Figura 8.11. Debes facilitar una contraseña para poder imprimir en una impresora de red que no sea de libre utilización

- Propiedades: haciendo clic en este botón se abrirá la hoja de propiedades de la impresora seleccionada, en la que podrás cambiar los ajustes que desees antes de iniciar la impresión.
- Imprimir a un archivo: esta casilla de verificación te permite imprimir en un archivo en lugar de hacerlo en una impresora.
- Intervalo de impresión: puedes elegir entre imprimir Todo el documento, un rango de Páginas que determines o, dependiendo de la aplicación, la parte del documento que tengas Seleccionada.
- Copias: introduce en esta casilla el número de copias que quieres obtener de la impresión y el orden en que éstas se imprimirán. Si activas la casilla Intercalar, primero se imprimirá todo el documento completo, a continuación la segunda copia, etcétera. Si no la activas, primero se imprimirán todas las copias de la primera página, seguidamente de la segunda y así sucesivamente.

Cuando estés satisfecho con los valores del cuadro de diálogo, haz clic en Aceptar para iniciar la impresión (o en Cancelar para anularla). Entonces Windows creará un *trabajo de impresión* y lo pondrá en la *cola de impresión* de la impresora elegida, quedando la aplicación libre para que sigas trabajando con ella.

Nota

Un trabajo de impresión es el documento que tú pretendes imprimir ya preparado para ser impreso (es decir, convertido al lenguaje que la impresora entiende). Una cola de impresión, por su parte, es la lista de todos los trabajos de impresión pendientes de ser impresos en una impresora concreta.

Durante la impresión del documento se pueden producir acontecimientos que necesiten de tu atención (por ejemplo, que la impresora se atasque o se quede sin papel). En tal caso aparecerá en la pantalla un mensaje invitándote a corregir el problema para que pueda continuar la impresión (figura 8.12).

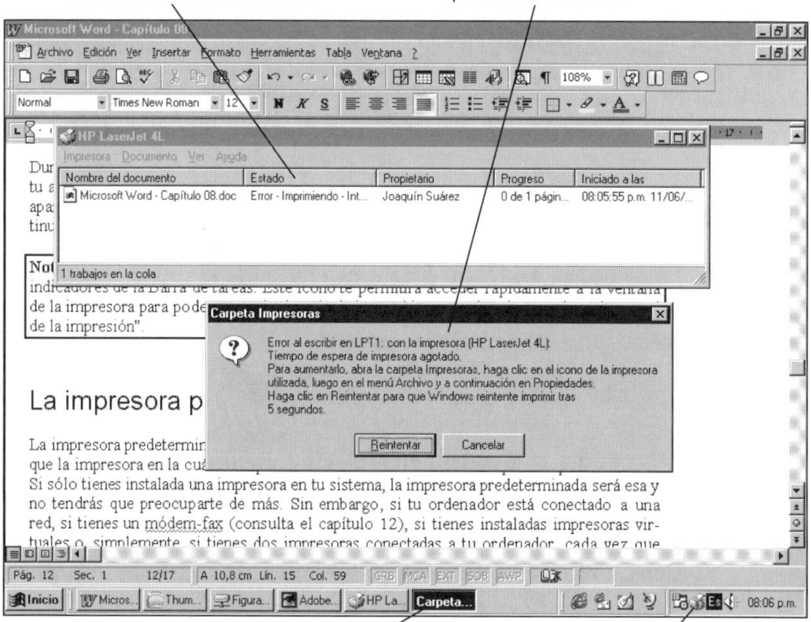

Figura 8.12. Windows te informa por diversos caminos de que hay un problema con la impresión

Nota

Cuando comience la impresión aparecerá un icono de la impresora en la zona de indicadores de la Barra de tareas (mira la figura 8.12). Este icono te permitirá acceder rápidamente a la ventana de la impresora para poder controlar la cola de impresión. Consulta el apartado "El control de la impresión".

Arrastrar un documento sobre una impresora

Otra manera de imprimir un documento consiste en arrastrarlo sobre el icono de la impresora en que quieras imprimirlo (o sobre un acceso directo de esa impresora). Sin embargo, debes tener en cuenta que esto sólo funciona si el documento está asociado con un programa.

Para imprimir mediante este método, organiza el escritorio de manera que tengas a la vista a la vez tanto el documento que quieres imprimir como el icono de la impresora en la que quieres hacerlo (o el icono de un acceso directo de esta impresora). Luego arrastra el documento sobre el icono de la impresora. Cuando éste quede seleccionado, suelta el botón del ratón.

Si el documento que estás tratando de imprimir no está asociado con un programa aparecerá un mensaje de error pidiéndote que crees la extensión antes de tratar de imprimir de esta manera (figura 8.13). En caso contrario se iniciará la impresión con las opciones predeterminadas de esa impresora.

Figura 8.13. Si el documento que estás tratando de imprimir no está asociado con un programa aparecerá un mensaje de error

También puedes arrastrar varios documentos a la vez sobre la impresora. En tal caso Windows te pedirá que confirmes que quieres imprimir varios documentos. Si lo haces, todos los documentos pasarán a la cola de impresión de esa impresora.

Truco

Al igual que puedes arrastrar un documento sobre el acceso directo de una impresora, también puedes arrastrar el acceso directo de un documento sobre el icono de una impresora e, incluso, sobre el acceso directo de una impresora. Este método funciona igual de bien con los accesos directos que con los objetos reales.

Un problema que se puede presentar al utilizar este método de impresión es que el programa asociado al documento sólo pueda imprimir en la impresora predeterminada (como el Bloc de notas).

Si es así, Windows te propondrá convertir la impresora seleccionada en la impresora predeterminada (en caso de que no lo sea ya). Si respondes Sí, Windows imprimirá el documento cambiando la impresora predeterminada. Si respondes No, se cancelará la impresión.

Imprimir con el menú emergente de un documento

La tercera forma de imprimir consiste en utilizar el comando Imprimir del menú emergente del documento (figura 8.14).

Sin embargo, no todos los documentos tienen este comando disponible, por lo que este método no funcionará con todos los documentos.

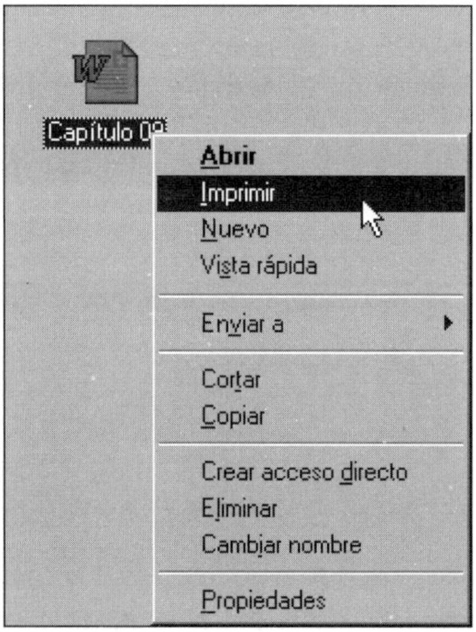

Figura 8.14. Utilizar el menú emergente de un documento para imprimirlo

Cuando selecciones el comando Imprimir del menú emergente del documento, se ejecutará el programa asociado de éste, el documento se cargará en el programa y se imprimirá.

Por último, el programa terminará automáticamente. Algunos programas te presentarán el cuadro de diálogo Imprimir para que elijas las opciones de impresión en lugar de utilizar las opciones predeterminadas.

El control de la impresión

La expresión *control de la impresión* se refiere a todos los aspectos de la impresión susceptibles de ser modificados por el usuario. Este control, que como verás a continuación incluye muchas posibilidades, lo podrás ejercer sobre las impresoras que estén conectadas directamente a tu ordenador, pero no sobre las impresoras de red (a no ser que seas el administrador de la red).

La ventana de la impresora

Todo el control de la impresión está centralizado en la *ventana de la impresora* (mira la figura 8.3). Puedes acceder a esta ventana haciendo doble clic en el icono de la impresora cuya ventana quieres ver o sobre un acceso directo de la misma. En caso de que haya trabajos de impresión pendientes en la cola, también podrás acceder a la ventana de la impresora haciendo doble clic en el icono con forma de impresora que aparecerá en la zona de indicadores de la Barra de tareas.

Truco

Cada vez que se lanza un trabajo de impresión, Windows pone un control Impresora *en la zona de indicadores de la Barra de tareas. Si haces doble clic en él accederás inmediatamente a la ventana de la impresora.*

Cuando abras la ventana de la impresora podrás ver la cola de impresión de esa impresora, es decir, la lista de todos los trabajos pendientes de imprimirse. Los trabajos aparecerán uno debajo de otro, y en cada uno podrás apreciar diversa información dispuesta en las siguientes columnas:

- Nombre del documento: aquí aparecerá el nombre del archivo que se está imprimiendo y, posiblemente, el nombre del programa asociado.
- Estado: aquí podrás ver si el documento se está imprimiendo, si se está eliminando o si su impresión está interrumpida. En caso de que no aparezca nada en esta columna significará que el documento está esperando su turno en la cola con normalidad.
- Propietario: aquí verás el nombre del usuario que ha enviado el trabajo de impresión (que puedes no ser tú si la impresora está compartida en la red).
- Progreso: en esta columna aparecerá el tamaño del documento y la parte de él que ya se ha impreso.
- Iniciado a las: aquí podrás ver la fecha y la hora a la que el trabajo se incorporó a la cola de impresión.

Consejo

Puedes variar la anchura de las columnas de la ventana de la impresora para ver con más comodidad los datos que te interesen.

Ahora que ya entiendes la información que aparece en la ventana de la impresora podemos pasar a ver todas las acciones que es posible emprender desde ella.

Actualizar la información de la cola

Si estás tratando de seguir el progreso de la cola de impresión de una impresora de red, es posible que notes que Windows no actualiza la información de la ventana de la impresora con mucha frecuencia. El objeto de esto es evitar sobrecargar la red con un exceso de tráfico inútil. Sin embargo, cada vez que quieras que se actualice la información de la ventana de la impresora sólo tienes que pulsar la tecla F5 (eso sí, cuando la ventana de la impresora esté activa).

Modificar el orden de impresión de los trabajos de la cola

El orden en que los trabajos se imprimirán en una impresora será, por omisión, el orden en que esos trabajos lleguen a la impresora. Si quieres cambiar ese orden haz clic sobre el trabajo cuya posición en la cola quieras cambiar y arrástralo hasta su nueva posición en la cola. Cuando sueltes el botón del ratón, los demás trabajos de la cola se desplazarán según convenga para hacer sitio al que has movido.

Aviso

Ten en cuenta que si se está imprimiendo un trabajo no podrás imprimir otro hasta que ése acabe. Es decir, no podrás mover un trabajo delante del que ya se esté imprimiendo.

Eliminar un trabajo de impresión

Si cambias de idea sobre imprimir un documento después de que lo hayas enviado a la impresora, puedes eliminarlo de la cola de impresión. Para ello selecciónalo en la ventana de la impresora y ejecuta el comando Documento, Cancelar impresión de la misma ventana o pulsa la tecla Supr.

Evidentemente, no te será posible eliminar trabajos de impresión que pertenezcan a otras personas si éstos están en una impresora remota, pero sí podrás eliminarlos si están en una impresora conectada directamente a tu ordenador.

Aviso

Los trabajos de impresión no impresos aún permanecerán en la cola de la impresora aunque apagues el ordenador al que ésta está conectado. Cuando vuelvas a encender el ordenador, los trabajos pendientes reaparecerán en la cola y, tras informarte del número de trabajos pendientes de imprimir, Windows te dará opción de eliminarlos o imprimirlos.

Cancelar todos los trabajos pendientes de una impresora

Si quieres eliminar a la vez *todos* los trabajos de impresión pendientes, ejecuta el comando Purgar trabajos de impresión del menú Impresora de la ventana de la impresora o del menú emergente de la misma. Esto eliminará todos los trabajos pendientes y, seguramente, te creará enemigos eternos entre los demás miembros de la red que pensaron que tendrían impresos sus documentos a la hora de la reunión. Utiliza este comando con cuidado, sobre todo si trabajas en entornos compartidos.

Interrumpir y reanudar la impresión

En la mayoría de los casos, la idea de eliminar todos los trabajos pendientes de imprimirse te vendrá a la mente si se ha producido una catástrofe en tu ordenador o en tu impresora (por ejemplo, un súper atasco de papel). Sin embargo, también en la mayoría de los casos bastará con que detengas temporalmente la impresión mientras arreglas los desperfectos y luego la reanudes.

- Si quieres interrumpir la impresión de un trabajo concreto, selecciona ese trabajo en la ventana de la impresora y ejecuta el comando Documento, Interrumpir impresión. El documento dejará de imprimirse (aunque puede que no instantáneamente si la impresora tenía datos pendientes en el buffer) y aparecerá la palabra En pausa en la columna Estado de la ventana de la impresora. Para reanudar la impresión del documento vuelve a seleccionarlo y a ejecutar el comando Documento, Interrumpir impresión (con lo que desaparecerá la marca de control de su izquierda).
- Si quieres interrumpir la impresión de todos los trabajos de la cola de una impresora ejecuta el comando Impresora, Interrumpir impresión. Mientras que la impresión esté detenida (cosa que sabrás porque en la barra del título de la ventana de la impresora aparece la expresión En pausa) puedes aprovechar para añadir papel, para modificar las propiedades de la impresora o para cualquier otra tarea. Cuando quieras reanudar la impresión vuelve a ejecutar el comando Impresora, Interrumpir impresión (con lo que desaparecerá la marca de control de su izquierda).

9

El Panel de control

El Panel de control de Windows 98 es el centro neurálgico del sistema. Desde él se controlan todos los aspectos de la configuración del mismo y, por tanto, su importancia es decisiva. Sin embargo, un usuario medio puede desarrollar su trabajo con Windows 98 durante largo tiempo sin necesidad de tener que modificar la configuración del Panel de control, ya que el propio Windows 98 se encarga, durante la instalación, de afinar su configuración.

En este capítulo te explicaremos la utilización del Panel de control y de sus componentes más comunes.

El Panel de control

Hay dos formas principales de llegar al Panel de control:

- Seleccionando la opción Panel de control del submenú Inicio, Configuración.
- Abriendo la carpeta Panel de control de la ventana Mi PC.

Cuando lo hagas se abrirá la ventana Panel de control, en la que podrás ver un gran número de iconos con distintos nombres (mira la figura 9.1).

Esos iconos representan los distintos aspectos del sistema susceptibles de configuración.

No todos los ordenadores tendrán los mismos elementos en el Panel de control, ya que muchos de ellos dependen de las características concretas de cada ordenador y de los dispositivos instalados en él.

Figura 9.1. La ventana del Panel de control

En la parte izquierda de la ventana podrás ver una descripción de la función del Panel de control así como dos vínculos que te permiten acceder a dos sitios Web de Microsoft. Si haces clic en cualquiera de los iconos del Panel de control podrás ver una descripción de la función del mismo.

Si haces doble clic en cualquier de los iconos del Panel de control se abrirá una ventana en la que aparecerán los aspectos de la configuración del sistema relacionados con el nombre del icono. En esa ventana podrás examinar o cambiar la configuración. Algunos de los elementos del Panel de control ya los conoces porque hemos trabajado con ellos en capítulos anteriores (aunque hayamos llegado a ellos por una vía indirecta y no abriendo el Panel de control). En los siguientes apartados encontrarás una descripción de los elementos del Panel de control que todavía no has visto y que tampoco se tratarán en capítulos posteriores.

Administración de energía

El elemento Administración de energía del Panel de control permite establecer la política de gestión de energía del ordenador. Aunque esto es más común en portátiles, casi todos los nuevos ordenadores de sobremesa ya contemplan las funciones de ahorro de energía. Haz doble clic para que se abra la ventana Propiedades de Administración de energía que puedes ver en la figura 9.2 y que tiene dos fichas.

En la ficha Combinaciones de energía puedes elegir un modelo de ahorro de energía. El modelo Escritorio u oficina es el propio para equipos de sobremesa (menos ahorro de energía), mientras que el modelo Equipo portátil es el propio de ordenadores portátiles

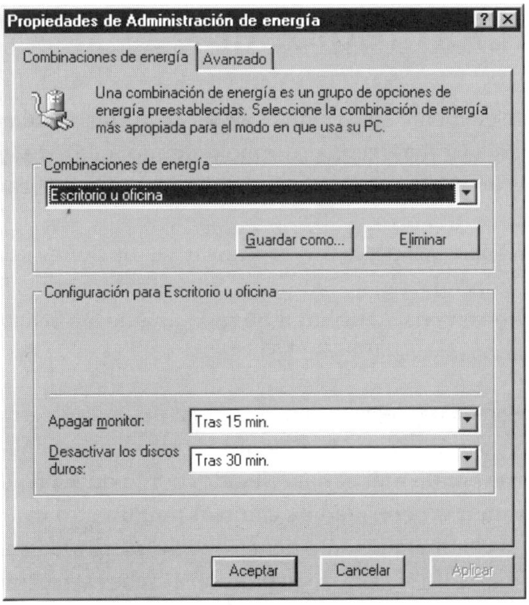

Figura 9.2. La ventana Propiedades de Administración de energía

(más ahorro). Si eliges la opción Siempre activo, tu ordenador nunca se suspenderá, es decir, nunca pasará a un estado latente de consumo mínimo que es muy frecuente en equipos portátiles.

Aviso

Si tienes un ordenador de sobremesa y te da problemas con la función Suspender *el equipo, selecciona la opción* Siempre activo *en este elemento del* Panel de control.

En esta ficha también puedes regular manualmente el tiempo que debe transcurrir sin que trabajes con el ordenador antes de que Windows apague el monitor y desactive los discos duros. Lógicamente, ambos dispositivos volverán a estar activos en cuanto continúes tu trabajo con el ordenador.

Por último, en la ficha Avanzado puedes hacer que aparezca el icono de energía en la zona de indicadores de la Barra de tareas, de manera que dispongas de un método rápido de acceder a las funciones de energía. Esto resulta muy útil en el caso de equipos portátiles.

Si tu ordenador es portátil, aparecerán más opciones en la ventana Propiedades de Administración de energía, opciones que dependerán en gran medida de las características del equipo.

Configuración regional

Este elemento sirve para especificar ciertas peculiaridades de tu país en materia de números (coma decimal, símbolo de moneda), de listas (separadores) de formatos de fecha y hora (incluyendo la zona horaria y el cambio estacional automático), etcétera.

No suele ser necesario modificar las opciones por omisión que se configuran durante la instalación de Windows. Sin embargo, por si llega el caso, a continuación te explico brevemente la utilidad de cada una de las fichas de la ventana Propiedades de Configuración regional (figura 9.3).

- Configuración regional: en esta ficha deberás elegir el conjunto de convenciones aplicables a tu país. Todas las demás fichas adoptarán los valores correspondientes al país elegido, por lo que si realizas la elección correcta no tendrás necesidad de cambiar ningún otro valor del cuadro de diálogo. Para elegir el país sólo tienes que desplegar la lista y seleccionar su nombre. En el caso de España sólo debes seleccionar la opción Español (España). Si cambias el país elegido deberás reiniciar Windows 98 para que los cambios surtan efecto.

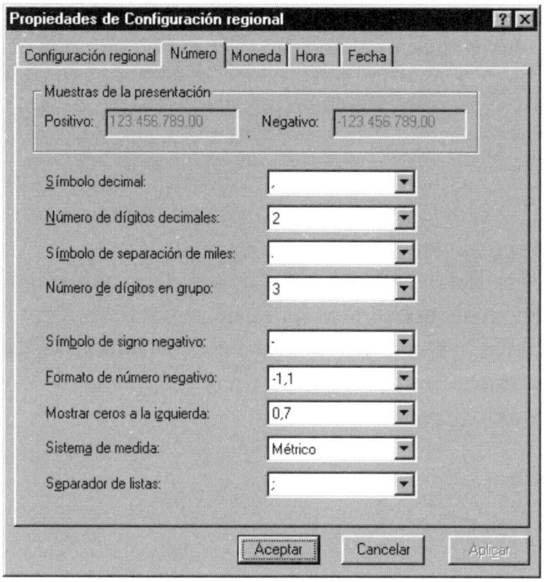

Figura 9.3. La ventana Propiedades de Configuración regional

- Número: en esta ficha podrás elegir todas las convenciones existentes en tu país para representar los números (por ejemplo, cantidad de dígitos decimales, si los números negativos deben ir entre paréntesis o con un signo menos delante, etcétera). También se puede modificar el carácter que se usa como separador en las listas (por ejemplo, si eliges el punto y coma como separador, la lista se representaría como 1; 2; 3;...).
- Moneda: esta ficha sirve para determinar el símbolo de la moneda de tu país y las convenciones que se siguen para representar cantidades monetarias. Por ejemplo, en España el símbolo de moneda es Pts., el símbolo se suele poner detrás de la cantidad y los números negativos se representan con el signo menos delante. En Estados Unidos, sin embargo, el símbolo de moneda es $, se suele poner delante de la cantidad y los números negativos se representan entre paréntesis.
- Hora: en esta ficha se indica el formato para representar la hora y el carácter separador entre horas, minutos y segundos. Para ello se usan los códigos H, M y S. Si pones un solo código se representará el número con un solo dígito (cuando sea posible). Si pones dos códigos siempre se usarán dos dígitos para representar el número. Por ejemplo, si introduces el formato MM, el minuto 7 aparecerá como 07, y si usas el formato M aparecerá como 7. También puedes incluir un indicador para informar si es mañana o tarde (AM o PM que dirían los anglófonos) en los relojes de 12 horas.

- Fecha: esta ficha sirve para determinar el formato de la fecha en tu país. La fecha tiene dos modalidades: corta (formada solamente por números) y larga (formada por números y palabras). Por ejemplo, una fecha corta es 11/11/95 y una fecha larga es 11 de noviembre de 1995. También se puede especificar el carácter separador en las fechas, que en este ejemplo es una barra inclinada (/). Igual que ocurría con los códigos de la hora, cuantas más veces lo repitas, más larga será la fecha resultante (si pones M saldrá 1, pero si pones MMMM verás Enero). Windows 98 ha solucionado la interpretación de las fechas del año 2000 en adelante cuando se introduzcan solamente dos dígitos (por ejemplo, si introduces la fecha 20-12-03, ¿estás haciendo referencia al año 1903 o al año 2003? La opción Calendario te permite seleccionar la interpretación que dará Windows a las fechas introducidas así.

Contraseñas

Este elemento (mira la figura 9.4) se utiliza para cambiar la contraseña de entrada en Windows, para permitir la administración remota del equipo y para establecer perfiles individuales que definen una configuración diferente de Windows para cada usuario que utilice el ordenador. Estas tres configuraciones se establecen cada una en su respectiva ficha.

- En la ficha Cambiar contraseñas podrás cambiar tu contraseña de entrada en Windows (haciendo clic en el botón Cambiar la contraseña de Windows) y otras contraseñas que puedas utilizar (haciendo clic en el botón Cambiar otras contraseñas), como la de acceso a otra red. Windows te pedirá que verifiques el cambio de la contraseña haciendo que la introduzcas dos veces.
- En la ficha Administración remota puedes activar la gestión a distancia de tu ordenador e introducir una contraseña para esa tarea. Esto significa que el administrador de tu red podrá utilizar los recursos del ordenador como si fueras tú mismo (recuerda que sólo tu puedes, por ejemplo, compartir un disco en la red). Para evitar que cualquiera pueda apropiarse de tales atribuciones, introduce una contraseña y facilítasela sólo al administrador.
- La ficha Perfiles de usuario sirve para indicar a Windows que el ordenador va a ser compartido por varios usuarios. En tal caso Windows guardará las preferencias de cada usuario y activará las que correspondan al que esté usando el ordenador en cada momento.

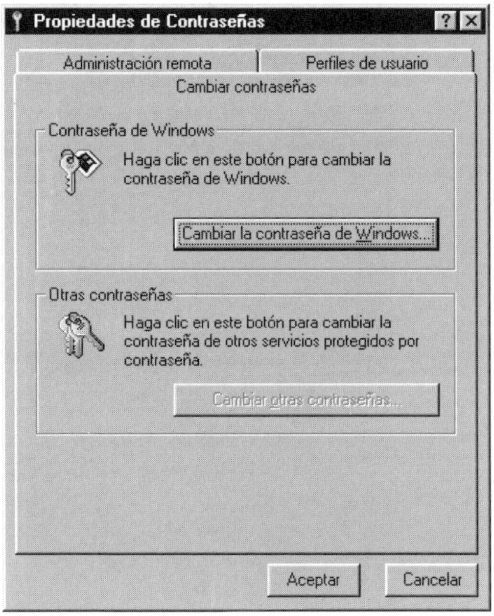

Figura 9.4. La ventana Propiedades de Contraseñas

Dispositivos de juego

Este elemento , que puedes ver en la figura 9.5, permite indicar a Windows los dispositivos de juego (joysticks y similares) que tengas conectados a tu ordenador, así como configurarlos.

En la pestaña General dispones de los botones Agregar (para añadir un dispositivo de juego) y Quitar (para eliminar un dispositivo que hayas agregado anteriormente). Por su parte, el botón Propiedades te permite configurar el dispositivo (por ejemplo, calibrarlo) y comprobar su funcionamiento una vez configurado.

Por último, la ficha Avanzado permite seleccionar opciones de configuración avanzadas para tus dispositivos de juego.

No debes cambiar las opciones que aparecen por omisión a no ser que así lo indiquen las instrucciones de tu dispositivo de juegos.

Fecha/Hora

La misión de este elemento es una de las más sencillas del Panel de control: sirve para indicar al ordenador la fecha y la hora (mira la figura 9.6).

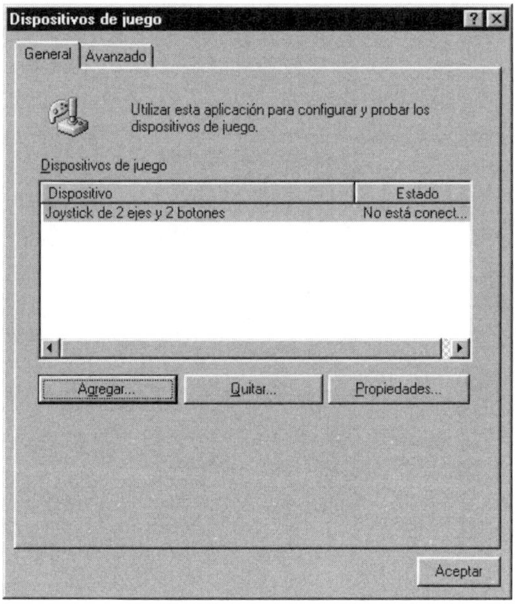

Figura 9.5. La ventana Dispositivos de juego

Figura 9.6. La ventana Propiedades de Fecha y hora

Si tu ordenador funciona bien, una vez establecida la fecha y la hora, ya no tendrás que volver a ajustarla.

En la ficha Fecha y hora puedes establecer la fecha y la hora. Para establecer la fecha selecciona el mes y el año en sus respectivos cuadros. Luego haz clic sobre el día del mes en el calendario.

Para establecer la hora haz clic sobre la hora, los minutos o los segundos, dependiendo del valor que quieras modificar. Luego usa las dos flechitas que aparecen a la derecha del cuadro para modificar el valor.

La ventana Propiedades de Fecha y hora tiene una segunda ficha (Zona horaria) que sirve para establecer la zona horaria en la que te encuentres. En esta segunda ficha también puedes activar la opción que hace que Windows cambie por sí mismo la hora en invierno y verano.

Si activas esta opción vigila que Windows cambie la hora de tu ordenador a la vez que el resto del país.

Truco

Recuerda que si activas la opción Mostrar reloj *de la hoja de propiedades de la* Barra de tareas*, siempre aparecerá un reloj en la zona de indicadores de la* Barra de tareas*. Si detienes el puntero del ratón sobre ese reloj podrás ver también la fecha. Y si haces doble clic sobre él se activará inmediatamente el elemento* Fecha y hora *del* Panel de control.

Fuentes

El elemento Fuentes del Panel de control (mira la figura 9.7) tiene la misión de gestionar las fuentes (tipos de letra) que vayas a utilizar en Windows.

El tema de las fuentes es realmente importante en la informática personal moderna, puesto que el aspecto de cualquier documento que generes con tu ordenador estará sujeto en gran medida a las fuentes que emplees en él. Por tanto, creo que es conveniente realizar un pequeño estudio de las fuentes a la vez que veamos este elemento del Panel de control.

Qué es una fuente

Una fuente es la manera que tiene el ordenador de dibujar una determinada letra (o símbolo) en la pantalla del ordenador o al imprimir un documento en la impresora. Por ejemplo, en la figura 9.8 que aparece seguidamente, puedes ver varias fuentes distintas a la vez.

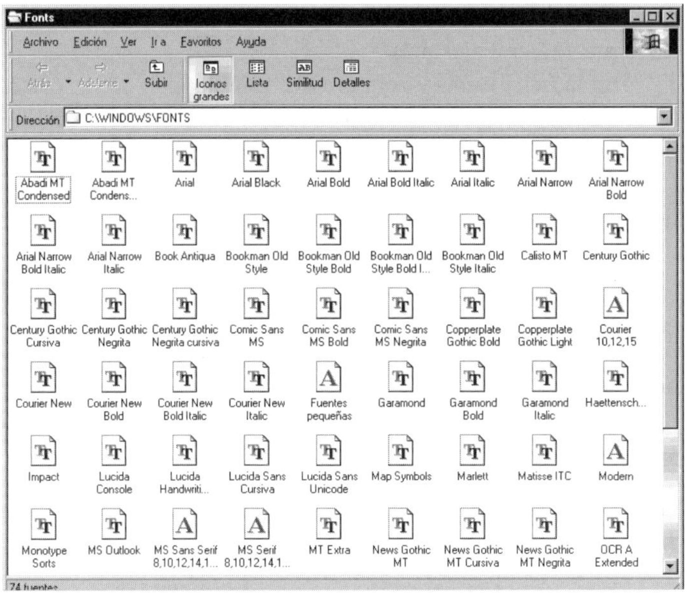

Figura 9.7. La ventana Fonts

Figura 9.8. Distintas fuentes en un documento

Las fuentes se identifican por una serie de características que las distinguen de las demás y que son:

- Familia: todas las letras, números y símbolos de una familia tienen un diseño particular que los identifica como pertenecientes a esa familia. Ese diseño da nombre a la fuente y viene determinado por una serie de parámetros tales como:
    - El *diseño gráfico* de la fuente.
    - El *espaciado*, es decir, el espacio en blanco que hay entre las letras. El espaciado puede ser proporcional a los caracteres (es decir, dos letras están más cerca o más lejos una de otra dependiendo de sus respectivas formas) o único (todas las letras están a la misma distancia unas de otras).
    - El *serif*: los caracteres de las fuentes *serif* acaban siempre en un pequeño rizo, mientras que los caracteres de las fuentes *sans serif* no tienen ese rizo.
- Tamaño: el tamaño de la fuente se mide en puntos, que son 1/72 de pulgada (una pulgada son 2,54 centímetros). Cuanto mayor sea el tamaño, más grande se verá la fuente en la pantalla o en el papel.
- Estilo: el estilo se refiere a una serie de alteraciones que pueden modificar de una manera predeterminada el aspecto de una fuente. Estilo son, por ejemplo, la negrita o la cursiva.
- Efectos: además del estilo, una fuente también puede contar con efectos especiales, como el color, el tachado o el sombreado.

Puede que todo esto te parezca un poco confuso. Piensa que si utilizas una fuente en tu procesador de textos para escribir una carta, todas las letras que emplees tendrán un gran parecido entre ellas.

Incluso aunque utilices estilos o efectos, el lector percibirá una sensación de homogeneidad. Sin embargo, si utilizas una fuente distinta, el lector lo notará inmediatamente. Todas las posibilidades y combinaciones que ofrece el empleo de fuentes se puede utilizar hábilmente para producir un efecto sobre la persona que va a recibir el documento.

Casi todas las fuentes representan todas las letras, números y símbolos especiales que se pueden necesitar en el lenguaje escrito normal (o sea, el alfabeto, los números y algunos símbolos).

Sin embargo, hay fuentes que no contienen todos los caracteres que sería de esperar, y otras que no contienen ninguno. Estas últimas suelen ser fuentes dedicadas a incluir símbolos especiales de uso habitual (como letras griegas, símbolos de marcas registradas y derechos de copia, flechas, etcétera).

Tipos de fuentes

Las fuentes se pueden clasificar de acuerdo a un gran número de criterios. Sin embargo, desde un punto de vista práctico, los principales criterios son los siguientes.

A la hora de imprimir la fuente o de mostrarla en pantalla, el ordenador o la impresora deben conocer cómo han de dibujar los puntos que componen la letra, número o símbolo que se va a representar. Dependiendo de la forma en que se generan las fuentes podremos distinguir entre:

- De mapa de bits: el número y la posición de cada punto está almacenado en un archivo que se transfiere al dispositivo adecuado (impresora o pantalla) cuando se quiere mostrar la letra. El inconveniente de este sistema es que han de definirse punto por punto y almacenarse cada uno de los caracteres que integren la fuente. Por ello, los tamaños utilizables para la fuentè suelen estar bastante limitados. Otro inconveniente del sistema es que la apariencia del carácter en pantalla suele no coincidir con lo que se obtiene en la impresora.
- Vectoriales: se crean a partir de unos modelos matemáticos de líneas. Cada carácter consta de varias líneas o segmentos. Se utilizan principalmente con dispositivos de salida que sólo pueden imprimir líneas, como los trazadores gráficos (*plotters*). Tienen la ventaja de que, al ser modelos matemáticos, pueden generarse a cualquier tamaño.
- Escalables: en este tipo de fuente hay una definición matemática de cada carácter de la fuente. Esa definición matemática es capaz de generar cada uno de los puntos que forman el carácter, tanto en la pantalla como en la impresora, a cualquier tamaño. Con estas fuentes es mucho más fácil conseguir un mayor parecido entre lo que aparece en pantalla y lo que se obtiene en el papel. Una de las fuentes escalables más famosas son las fuentes *TrueType*, que resultan ser las que emplea Windows 98 principalmente.

Otra clasificación que se realiza habitualmente de las fuentes atiende al lugar en el que reside la definición de las mismas.

- Residentes: las fuentes residentes son aquellas cuya definición está almacenada en el dispositivo de salida (normalmente la impresora o el trazador gráfico). Cuando se va a imprimir, el ordenador solamente tiene que indicar al dispositivo la fuente que ha de usar y los caracteres que se han de imprimir.
- Software: son aquellas cuya definición está almacenada en forma de archivos en el ordenador. A la hora de imprimir, el ordenador ha de enviar a la impresora la definición de las fuentes junto con el texto a imprimir.

Esta clasificación de las fuentes es muy importante, sobre todo cuando se crea un documento que se va a llevar a otro ordenador.

Para poder reproducir un documento con exactitud es necesario que el ordenador al que se ha transportado el documento cuente con los mismos tipos de letra que se han utilizado en él.

Si se trata de fuentes software bastaría con instalar en el sistema las fuentes que falten para solucionar el problema. Sin embargo, si has creado un documento utilizando fuentes de impresora, será necesario que la impresora del ordenador al que has transportado el documento cuente con las mismas fuentes que la tuya, cosa bastante improbable.

Otra clasificación de suma importancia es la que atiende al periférico en el que se va a representar la fuente.

- Pantalla: son fuentes diseñadas para ser mostradas en la pantalla del ordenador.
- Impresora: son fuentes diseñadas para ser impresas con la impresora.
- Trazador gráfico: son fuentes diseñadas para ser impresas con el trazador gráfico.

Esta clasificación de las fuentes se olvida con frecuencia, y ello es motivo de grandes dolores de cabeza para muchos usuarios.

La importancia de esta clasificación radica en que el usuario normalmente utiliza las fuentes de pantalla para crear su documento.

Sin embargo, si a la hora de imprimir no cuenta con una fuente que sea igual en la impresora que en la pantalla, el documento impreso no se parecerá en nada a lo que tiene en la pantalla.

Si la fuente de pantalla que estás utilizando no cuenta con una equivalente de impresora, a la hora de imprimir Windows tratará de utilizar la fuente de impresora más parecida posible que tenga a la de pantalla.

Y al revés: si creas un documento utilizando una fuente de impresora y ésta no cuenta con una equivalente para la pantalla, Windows representará esa fuente en la pantalla con la que más se le parezca de todas las que tenga disponibles. Afortunadamente, con Windows 98 no tienes que preocuparte mucho de este problema, ya que el tipo de fuentes que utiliza Windows por omisión (TrueType), son aptas tanto para pantalla como para impresora.

La última clasificación de fuentes que vamos a ver atiende al tipo de dispositivos en el que podrán utilizarse.

- Generales: estas fuentes son las que se pueden utilizar en cualquier tipo de dispositivo de salida (impresoras, monitores, etcétera) o bien en cualquier dispositivo de salida de un grupo concreto de ellos (por ejemplo, si es una fuente de impresora, en cualquier impresora).

- Especiales: estas fuentes solamente se pueden emplear en unos dispositivos de salida especialmente preparados para ellas (por ejemplo, en unas impresoras que cuenten con una determinada tecnología). Las más famosas de estas fuentes, debido a su amplio uso en la industria editorial, son las denominadas *PostScript*. En este caso concreto, y para evitar los problemas que se desprenden de no disponer de una fuente de pantalla equivalente a la fuente de impresora que se está utilizando, Adobe (la empresa propietaria de los derechos de copia de la tecnología PostScript) ha creado un programa denominado ATM (*Adobe Type Manager*) que permite convertir las fuentes de impresora PostScript en fuentes de pantalla para Windows.

Creo que con estas clasificaciones que acabas de ver te puedes haber formado una idea general del panorama de las fuentes. Es posible que la gran cantidad de conceptos y nombres empleados hagan que todo te resulte confuso. Sin embargo, ello mismo también te puede dar idea de que el asunto de las fuentes no es tan banal como parece desprenderse del simple hecho de cambiar el tipo de letra en el procesador de textos.

Las fuentes TrueType

De entre todos los posibles tipos de letra que existen, Windows 98 ha confiado en las denominadas fuentes TrueType para incluirlas como parte del sistema. ¿Cuáles han sido las razones de esta elección?

La primera razón radica en que las fuentes TrueType son escalables, es decir, pueden adoptar cualquier tamaño y se pueden imprimir con gran parecido tanto en la pantalla como en la impresora.

La segunda razón es que las fuentes TrueType son fuentes de uso general. Es decir, si Windows hubiera elegido utilizar otro tipo de fuentes escalables (como las fuentes PostScript), para poder utilizarlas hubiera sido necesario que todos los usuarios adquiriesen un dispositivo de impresión preparado para utilizar esas fuentes específicas, con el consiguiente encarecimiento que eso supondría.

Las fuentes TrueType se pueden imprimir en cualquier impresora que permita la impresión de gráficos y, además, el mismo documento impreso en dos impresoras distintas será prácticamente idéntico.

Otra razón de que Windows utilice las fuentes TrueType y no otras consiste en que éstas permiten mantener la compatibilidad entre distintos tipos de ordenadores. Por ejemplo, las fuentes TrueType están integradas también en el sistema operativo del ordenador Apple Macintosh. Así, un documento creado en un Macintosh utilizando fuentes TrueType tendrá exactamente el mismo aspecto en un PC si se traspasa a él.

Una cuarta razón es la facilidad con que se puede integrar la tecnología TrueType dentro de Windows. Gracias a esta facilidad, las fuentes TrueType están disponibles para todos los programas escritos para Windows y con todas sus características (escalables a cualquier tamaño, estilos, efectos, etcétera).

La última razón del empleo de fuentes TrueType en Windows es la posibilidad que tienen éstas de incrustarse en los documentos. Imagina que escribes una carta en tu ordenador utilizando determinadas fuentes y que luego envías ese documento a otra persona que no tiene las mismas fuentes instaladas en su ordenador. ¿Qué ocurriría? ¿Podría la otra persona ver o imprimir el documento si no dispone de las fuentes apropiadas? Si son fuentes TrueType sí, ya que éstas se incrustan en los documentos (aunque esto depende del procesador de textos empleado). Así, si la persona que recibe el documento no tiene las mismas fuentes empleadas en él, al menos podrá verlo en pantalla e imprimirlo e, incluso, en algunos casos hasta modificarlo.

La ventana Fonts

Después de esta larga introducción teórica, vamos a pasar por fin a ver el aspecto práctico de la gestión de las fuentes. Toda la gestión de las fuentes en Windows 98 se realiza a través del elemento Fuentes del Panel de control. Si haces doble clic sobre este elemento se abrirá la ventana de la carpeta Fonts, la cual tiene un aspecto muy similar a la de cualquier otra carpeta de Windows (mira la figura 9.7). Sin embargo, todos los objetos que aparecen dentro de ella son fuentes, y es desde aquí desde donde se realiza toda la gestión de las mismas.

Observarás dos tipos de iconos en la carpeta Fonts. Los iconos con la letra T de color azul corresponden a fuentes TrueType. Por su parte, los iconos con la letra A roja corresponden a fuentes de mapa de bits.

Nota

Las fuentes que aparecen en la carpeta Fonts *son sólo las fuentes software de Windows. Es decir, no aparecen las fuentes residentes de impresora. Si deseas ver las fuentes de impresora (entre las que se encuentran las PostScript) deberás abrir un procesador de textos (por ejemplo WordPad) y ejecutar el comando que se utiliza para cambiar la fuente del texto (en el caso de WordPad, el comando* Formato, Fuente*). Entonces aparecerá un cuadro de diálogo en el que podrás ver una lista de fuentes que incluye también a las de impresora. Distinguirás unas fuentes de otras porque las TrueType aparecen con una letra T a su izquierda, mientras que las fuentes de impresora aparecen con el dibujo de una impresora a su izquierda.*

Cada uno de los estilos de una fuente está almacenado en un archivo distinto y es por ello por lo que puedes ver hasta cuatro iconos por cada fuente (Normal, Negrita, Cursiva y Negrita-cursiva) en la ventana Fonts.

Los iconos de la ventana Fonts se pueden mostrar como los de cualquier otra ventana. Sin embargo, además de los métodos habituales también puedes mostrarlos en función de la similitud de cada fuente con otra que especifiques. Ejecuta el comando Ver, Mostrar fuentes por similitud para que aparezca la lista desplegable Mostrar fuentes por similitud con (mira la figura 9.10).

A continuación, selecciona cualquier fuente de la lista desplegable y todas las demás que aparecen en la ventana se ordenarán de mayor a menor parecido con la fuente seleccionada. Para que la ventana recobre su aspecto original solamente tienes que elegir otro comando del segundo grupo de opciones del menú Ver (por ejemplo, Iconos grandes).

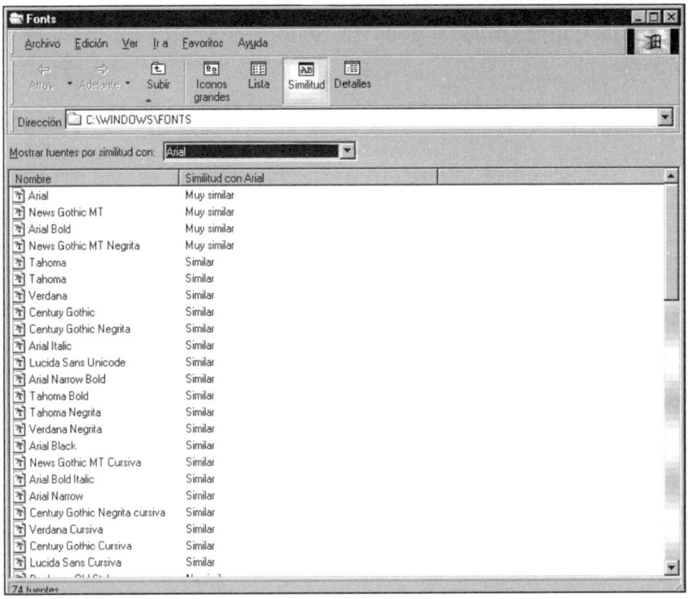

Figura 9.10. Puedes ver las fuentes clasificadas por su similitud con cualquier otra

Ver e imprimir las fuentes

Una vez vistas las posibilidades de la carpeta Fonts, seguramente querrás pasar a trabajar con las propias fuentes.

Lo primero que haremos será ver el aspecto real que tiene cada una de las fuentes. Para ello, nada más fácil que abrir cualquiera de los iconos de fuente (haz doble clic sobre el icono que quieras abrir o selecciónalo y ejecuta a continuación el comando Archivo, Abrir).

Se abrirá una ventana que contendrá información sobre la fuente, el juego completo de caracteres que esa fuente puede representar y varios ejemplos a distintos tamaños del aspecto real de la fuente (mira la figura 9.11).

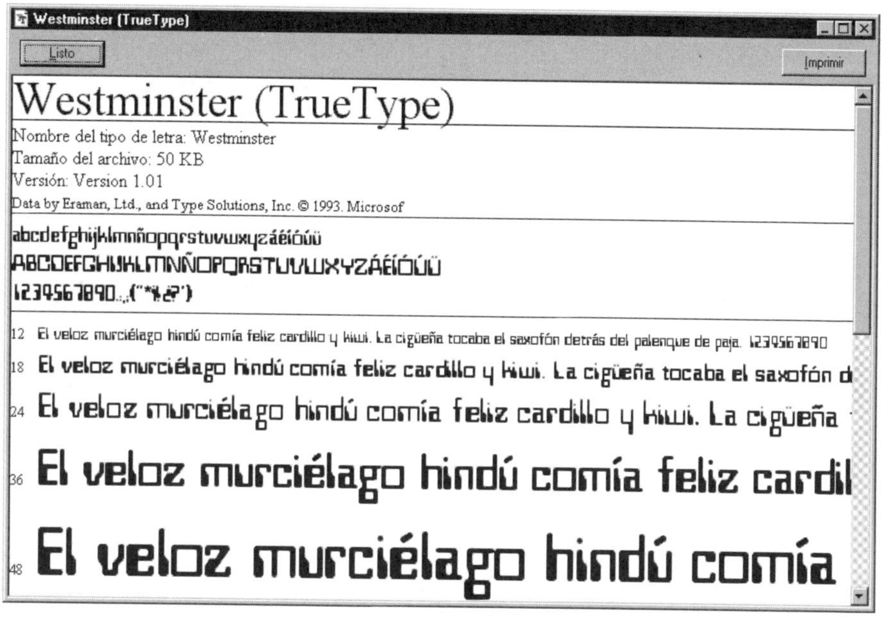

Figura 9.11. La ventana de una fuente

Truco

Si deseas comparar unas fuentes con otras puedes abrir varias de ellas a la vez y luego organizar las ventanas para poder verlas todas en pantalla simultáneamente.

En la ventana de la presentación preliminar de la fuente también podrás ver dos botones. El botón Listo sirve para cerrar la ventana cuando hayas acabado de ver la fuente. Por su parte, el botón Imprimir sirve para imprimir el contenido de la ventana en la impresora. De esa manera podrás comprobar el aspecto que tiene la fuente impresa en papel.

Truco

Si quieres imprimir varias fuentes a la vez, primero selecciónalas todas y luego ejecuta el comando Archivo, Imprimir *de la ventana* Fonts.

Añadir y eliminar fuentes

Las fuentes que puedes ver en la carpeta Fonts son las que Windows ha añadido al sistema durante su instalación. Hay muchos programas (sobre todo los procesadores de texto y los programas de presentaciones) que, al instalarse, también suelen añadir nuevas fuentes. Y, además, tú mismo puedes añadir o eliminar fuentes a discreción (con las limitaciones que te explico en el siguiente apartado).

En la siguiente secuencia de pasos te explico la manera de añadir una nueva fuente a Windows.

Para añadir una nueva fuente

1. Abre el Panel de control y haz doble clic sobre el elemento Fuentes.
   Windows muestra la carpeta Fonts *con todas las fuentes instaladas en este momento.*
2. Ejecuta el comando Archivo, Instalar nueva fuente de la ventana Fonts.
   Aparecerá el cuadro de diálogo Agregar fuentes.
3. Selecciona la unidad de disco y el directorio en el que estén almacenados los archivos de las fuentes que quieras instalar (normalmente estarán en un CD-ROM o en un disquete).
   En el cuadro Lista de fuentes *aparecerán todas las fuentes que haya en esa vía de acceso.*
4. Selecciona en el cuadro Lista de fuentes todas las fuentes que quieras instalar.
   Para seleccionar varias contiguas mantén pulsada la tecla Mayús mientras haces clic. Si quieres seleccionar varias salteadas, pulsa la tecla Ctrl mientras vas haciendo clic.
5. Haz clic en Aceptar.
   Las fuentes se instalarán y pasarán a estar disponibles inmediatamente para todos tus programas.

Nota

Si tratas de instalar una fuente que ya está instalada, Windows no te lo permitirá. Por tanto, no te preocupes de que pueda ocurrir esto. Si ves que aparecen varias fuentes con el mismo nombre, ello se deberá a que son distintos tipos de la misma fuente; por ejemplo, puedes tener una Courier del tipo TrueType y una Courier de tipo mapa de bits.

Las fuentes ocupan una gran cantidad de espacio en el disco duro (entre 50 y 150Kb). Además, cuantas más fuentes tengas instaladas más memoria RAM consumirás y, por tanto, más recursos del ordenador. Por todo ello, puede que en algún momento quieras eliminar fuentes del ordenador. La siguiente secuencia de pasos te explica cómo hacerlo, aunque no debes eliminar ninguna fuente de tu ordenador antes de leer el siguiente apartado.

Para eliminar fuentes del sistema

1. Abre el Panel de control y haz doble clic sobre el elemento Fuentes.

   Windows muestra la carpeta Fonts *con todas las fuentes instaladas en este momento.*

2. Si quieres eliminar toda la familia de una fuente (es decir, la fuente Normal, la Cursiva, la Negrita y la Negrita-cursiva), ejecuta el comando Ver, Ocultar variaciones para activar esta opción. Si quieres eliminar estilos individuales de una fuente no ejecutes este comando (si ya lo has ejecutado vuelve a hacerlo para desactivarlo).

   Si has activado el comando Ocultar variaciones *sólo verás en pantalla un icono por cada familia de fuentes. En caso contrario verás un icono por cada estilo.*

3. Selecciona la fuente o fuentes que quieras eliminar.

   Si quieres seleccionar más de una a la vez puedes usar las teclas Mayús y Ctrl a la vez que haces clic.

4. Ejecuta el comando Archivo, Eliminar de la ventana Fonts o el comando Eliminar del menú emergente de cualquiera de las fuentes seleccionadas.

   Un cuadro de diálogo te pedirá que confirmes que quieres eliminar las fuentes. Haz clic en Sí *para enviar las fuentes a la* Papelera de reciclaje.

Aviso

Siempre debes utilizar los comandos Instalar nueva fuente *y* Eliminar *del menú* Archivo *de la carpeta* Fonts *para instalar y eliminar fuentes respectivamente. De esta manera te aseguras de que las fuentes se registran adecuadamente en Windows 98. Si utilizas la técnica de arrastrar directamente las fuentes a la carpeta* Fonts *o desde ésta a la* Papelera de reciclaje *corres el riesgo de que Windows no interprete adecuadamente tus intenciones.*

Fuentes requeridas por Windows 98

Aunque teóricamente es posible eliminar todas las fuentes de la carpeta Fonts, esto no es muy recomendable. Windows utiliza ciertas fuentes para realizar importantes labores del sistema (como por ejemplo, mostrar el texto de los cuadros de diálogo), y es imprescindible que no borres estas fuentes si no quieres que tu ordenador cambie de aspecto y de proporciones de manera radical. En concreto, una fuente que nunca debes eliminar es la fuente del sistema, o sea, la que utiliza Windows para los menús, cuadros de diálogo, etcétera. Esta fuente es la familia MS Sans Serif.

Propiedades de las fuentes

Las fuentes, como cualquier otro objeto de Windows 98, tienen sus propiedades. Y como ocurre con los demás objetos de Windows, para ver esas propiedades debes ejecutar el comando Propiedades del menú emergente de la fuente (también puedes seleccionar la fuente en la ventana Fonts y ejecutar luego el comando Archivo, Propiedades). Cuando lo hagas, Windows te mostrará la hoja de propiedades de la fuente elegida, en la que podrás ver distinta información sobre la misma.

El accesorio Mapa de caracteres

Aunque será en el capítulo 10 donde veamos los principales accesorios de Windows 98, éste es el mejor sitio del libro para dar un repaso a uno de ellos: el Mapa de caracteres. Este accesorio (es decir, pequeño programa) se ejecuta mediante el comando Inicio, Accesorios, Mapa de caracteres. Al arrancar, el Mapa de caracteres muestra una pequeña ventana en la que podrás ver todo el juego de caracteres de la fuente que esté seleccionada en la lista desplegable Fuente (en la parte superior de la ventana). Si quieres ver el juego de caracteres de cualquier otra fuente que tengas instaladas en el ordenador basta con que selecciones esa fuente en la lista desplegable Fuente (figura 9.12).

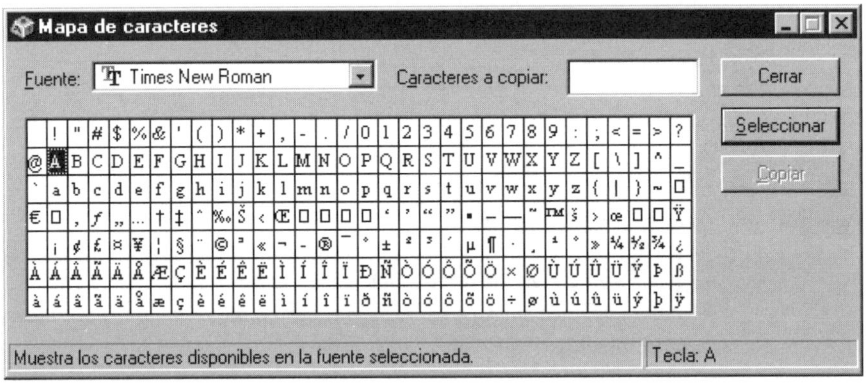

Figura 9.12. La ventana Mapa de caracteres

Consejo

Si quieres ver lo que se puede llegar a hacer con una fuente, selecciona las fuentes Symbol *o* WinDings *en la lista desplegable* Fuente.

Además de permitirte ver el juego de caracteres de una fuente, el accesorio Mapa de caracteres tiene otra misión muy importante: la de permitirte copiar caracteres extraños desde él mismo hasta el documento con el que estés trabajando. Supón que estás escribiendo una carta con tu procesador de textos y que quieres insertar el símbolo de *copyright* (©). ¿Qué teclas pulsarás para lograrlo? Gracias al Mapa de caracteres esto es muy sencillo.

Si haces clic sobre cualquier carácter del Mapa ocurrirán dos cosas:

- El carácter aumentará de tamaño para que puedas verlo con mayor facilidad. Si ahora haces clic en el botón Seleccionar, ese carácter pasará al cuadro Caracteres para copiar (esto también se consigue directamente haciendo doble clic sobre el carácter). Una vez hayas pasado a ese cuadro todos los caracteres que desees, haz clic en el botón Copiar para copiar todos esos caracteres en el portapapeles. Ya sólo te resta pasar a tu procesador de textos y ejecutar el comando Edición, Pegar.
- Lo segundo que ocurrirá si haces clic sobre un carácter del Mapa será que aparecerá una secuencia de teclas en el extremo derecho de la barra de estado de la ventana. Por ejemplo, si haces clic en el símbolo de *copyright* aparecerá la secuencia Alt+169. Esto significa que si en tu procesador de textos pulsas y mantienes pulsada la tecla Alt y luego pulsas los números 1, 6 y 9 en rápida sucesión, aparecerá este símbolo en la posición del punto de inserción (sin necesidad de copiar y pegar).

Mouse

Este elemento permite establecer diversas opciones del comportamiento del ratón, como la velocidad de desplazamiento o del doble clic, intercambiar los botones, etcétera. Aunque te puedan decir otra cosa, Windows 98 no se puede utilizar seriamente sin un ratón. Por tanto, resulta de una importancia fundamental que el usuario se sienta totalmente a gusto con este dispositivo, ya que su productividad con el ordenador dependerá de manera directa de la facilidad con que lo use.

La ventana Propiedades de Mouse (figura 9.13) cuenta con tres fichas en las que podrás personalizar al máximo el comportamiento del roedor:

- Botones: en esta ficha podrás indicar a Windows 98 si eres zurdo. En tal caso se invertirá el funcionamiento de los botones izquierdo (que pasará a ser el secundario) y derecho (que pasará a ser el primario). También podrás ajustar la velocidad de la acción de doble clic, es decir, la rapidez con que tienes que pulsar el botón primario del ratón dos veces consecutivas para que Windows se dé por aludido de que has hecho doble clic. Tienes un área de prueba en la zona inferior derecha para que puedas verificar que estás conforme con los ajustes efectuados.

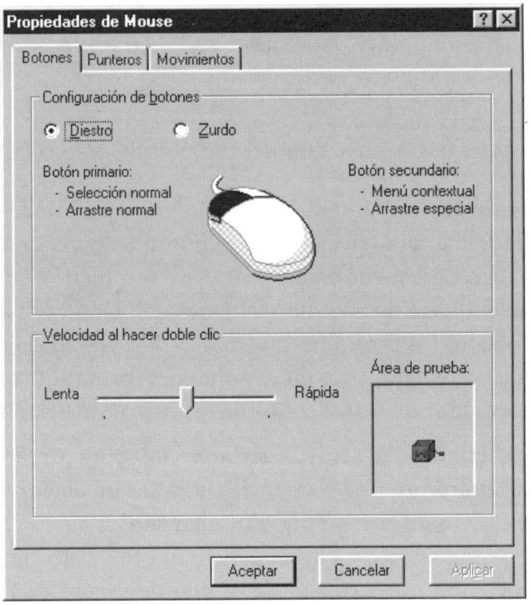

Figura 9.13. La ventana Propiedades de Mouse

- Punteros: en esta ficha podrás elegir los punteros del ratón que aparecerán en cada situación. Puedes cambiar punteros individuales o escoger una combinación en la lista desplegable Combinación. Cuando tengas personalizada la colección de punteros que quieres utilizar puedes guardarla como una combinación (para poder así recuperarla después si la cambias).
- Movimientos: en esta ficha podrás determinar la velocidad con que se moverá el puntero del ratón por la pantalla cuando desplaces el ratón por la mesa. Si tu ordenador es un portátil, es posible que también quieras activar la opción Mostrar estela del puntero, la cual produce que el puntero del ratón deje una estela en la pantalla cuando se mueve por ella, de manera que sea más fácil de distinguir en las pantallas de los ordenadores portátiles.

Red

El elemento Red permite establecer la configuración del sistema a efectos de la red (adaptador, protocolos, clientes y servicios), identificar el ordenador en la red, asignarse a un grupo de trabajo y establecer el tipo de sistema de seguridad.

Aunque la instalación y gestión de redes es una materia reservada sólo a usuarios expertos, si tienes unos conocimientos medios no te costará comprender el funcionamiento de este elemento del Panel de control.

La ventana Red (mira la figura 9.14) está organizada en tres fichas. A continuación veremos la utilidad de cada una de ellas.

Figura 9.14. La ficha Configuración *de la ventana* Red

Configuración

En esta ficha (figura 9.14) debes indicar a Windows los elementos físicos que te permiten conectarte a una red, así como los servicios de red de los que quieres disponer. El primer paso del proceso de configurar una red consiste en hacer clic en el botón Agregar. Entonces aparecerá la ventana Seleccionar tipo de componentes de red (mira la figura 9.15) que cuenta con cuatro tipos de componentes de red que puedes agregar a tu sistema:

- Cliente: antes de poder acceder a una red debes agregar un elemento de este tipo, concretamente aquél que sepa comunicarse con los servicios de la red a la que pretendes acceder. Dependiendo del tipo de red a la que vayas a conectarte deberás elegir uno u otro (si te vas a conectar a varias redes distintas, puedes agregar más de un cliente).

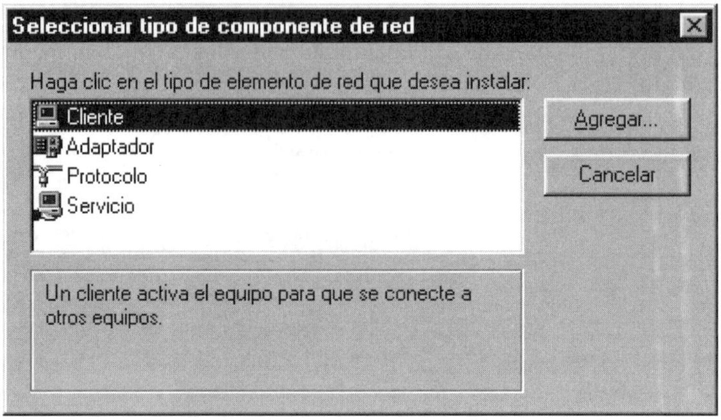

Figura 9.15. El cuadro de diálogo Seleccionar tipo de componente de red

- Adaptador: hay dos maneras principales de conectarse físicamente a una red: mediante una tarjeta de red y mediante un adaptador de acceso telefónico (que te permite conectar a una red mediante el teléfono).
- Protocolo: el protocolo es el "lenguaje" en el que habla la red. Hay muchos lenguajes de red, pero los más importantes son TCP/IP (Internet, redes Microsoft y redes UNIX), IPX (redes Novell) y NetBEUI (redes Microsoft).
- Servicio: los servicios son las facilidades que ofrece un servidor de red. Si tu ordenador va a ser un servidor o va a estar conectado a una red punto a punto, esta opción te permitirá indicar a Windows qué facilidades quieres que ofrezca a la red.

Una vez que hayas seleccionado cualquiera de los cuatro tipos de componentes deberás hacer clic en el botón Agregar. Entonces aparecerá el cuadro de diálogo Seleccione elemento del tipo seleccionado (figura 9.16). En la lista de la izquierda de este cuadro de diálogo debes seleccionar el fabricante del elemento, y en la lista de la derecha el elemento de ese fabricante que quieres agregar. En caso de que el elemento que quieres agregar no aparezca en la lista deberás hacer clic en el botón Utilizar disco e introducir el disco que te haya proporcionado el fabricante del elemento que estés instalando. Cuando termines, haz clic en el botón Aceptar para agregar el elemento.

Los elementos más comunes que se suelen instalar son los siguientes:

- Clientes: *Cliente para redes Microsoft* (si se trata de una red Windows). *Cliente para redes Novell* (si se trata de una red Novell).
- Adaptadores: *Tarjeta de red* (si se trata de una tarjeta de red que tenga su propio disco, utiliza éste; en caso contrario, en el Fabricante Novell/Anthem tienes un elemento –Compatible NE2000– que funcionará con la mayoría

de las tarjetas Ethernet). *Adaptador de acceso telefónico* (que te permite conectar a una red mediante el teléfono; lo encontrarás en el Fabricante Microsoft).

- Protocolos: *TCP/IP* (para Internet y para redes UNIX y Microsoft), *NetBEUI* (sólo para redes Microsoft) e *IPX* (sólo para redes Novell).
- Servicios: compartir impresoras y archivos (para el tipo de red que vayas a utilizar).

Cuando termines de agregar componentes de red vuelve a la ventana Red. En caso de que hayas instalado más de un adaptador verás que Windows ha asociado cada protocolo instalado con cada adaptador instalado.

Por ejemplo, la diferencia entre las figuras 9.14 y 9.17 sólo estriba en que en la última se ha añadido el Adaptador de acceso telefónico; Windows por su cuenta ha asociado el protocolo TCP/IP con ese adaptador. Esto significa que podrás utilizar cada protocolo de red con cada adaptador con el que esté asociado (en el caso de la figura 9.17 significa que podrás acceder a una red TCP/IP tanto a través de tu tarjeta de red como de tu adaptador de acceso telefónico).

Sin embargo, debes saber que cuantos más elementos de red tengas instalados más despacio funcionarán los servicios de red. Por tanto, agrega sólo los elementos que realmente vayas a emplear, y utiliza el botón Quitar de la ventana Red para eliminar los que no utilices.

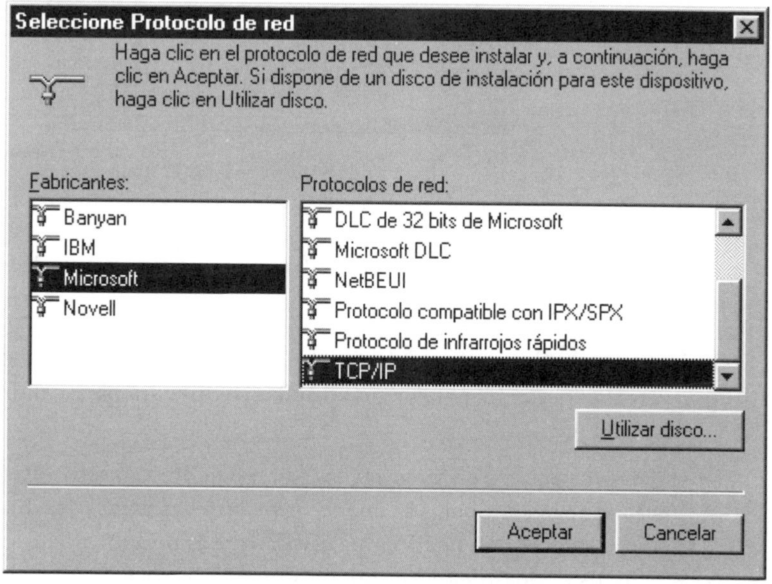

Figura 9.16. Seleccione Protocolo de red

Una vez instalados los elementos de red que necesites, puedes utilizar el botón Propiedades para modificar la configuración de cada elemento.

Esto suele ser bastante complejo, así que está reservado únicamente a usuarios avanzados y administradores de red. (En el caso de que accedas a Internet por teléfono a través de un proveedor de servicios de Internet, él mismo te dirá lo que tienes que cambiar).

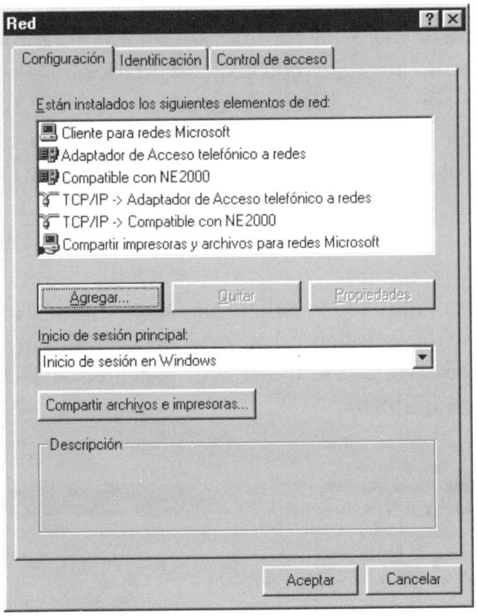

Figura 9.17. La ventana Red *a la que se ha agregado el* Adaptador de acceso telefónico

Otras dos opciones que se encuentran en la ficha Configuración de la ventana Red son las siguientes:

- Inicio de sesión principal: si instalas más de un cliente de red, esta lista desplegable te permite elegir cuál de ellos se utilizará para validar tu acceso a la red.
- Compartir archivos e impresoras: este botón aparecerá activado si has instalado el servicio Compartir impresoras y archivos para redes. Si haces clic en él aparecerá un cuadro de diálogo que te permitirá seleccionar qué recursos de tu ordenador quieres poner a disposición de la red (discos, impresoras o ambos). Consulta el apartado "Operaciones en la red" del capítulo 6.

Identificación

En esta ficha, que puedes ver en la figura 9.18, podrás determinar el Nombre que tu ordenador tendrá en la red, el Grupo de trabajo al que pertenecerá (válido solamente para redes Windows 98, Windows 95 y Windows 3.11) y, opcionalmente, una Descripción de tu ordenador (para que otros usuarios de la red puedan reconocerlo con facilidad). Es decir, podrás determinar los elementos que identificarán a tu ordenador en la red.

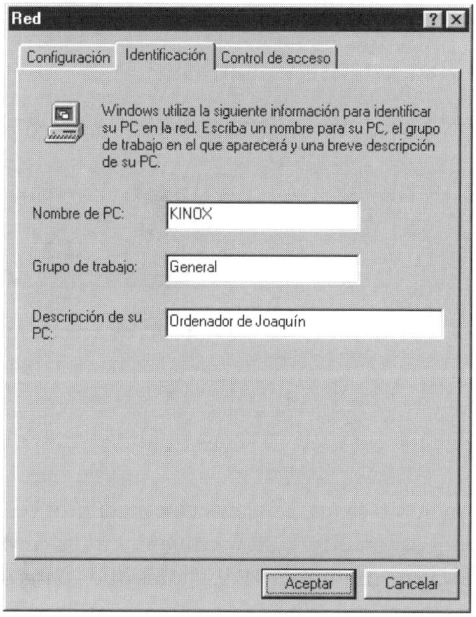

Figura 9.18. La ficha Identificación *de la ventana* Red

Control de acceso

Y por último, esta ficha (que puedes ver en la figura 9.19) te permite determinar cómo accederán los usuarios a los diferentes recursos de tu ordenador: en función de la configuración descrita en cada uno de los recursos (por ejemplo, mediante contraseñas de acceso a un disco o una impresora) o en función de los permisos de cada usuario.

A no ser que el administrador de tu red te indique otra cosa, lo más sencillo es activar la primera opción y determinar mediante contraseñas quién podrá acceder a los recursos de tu ordenador (quien no conozca la contraseña para utilizar tu impresora no podrá hacerlo).

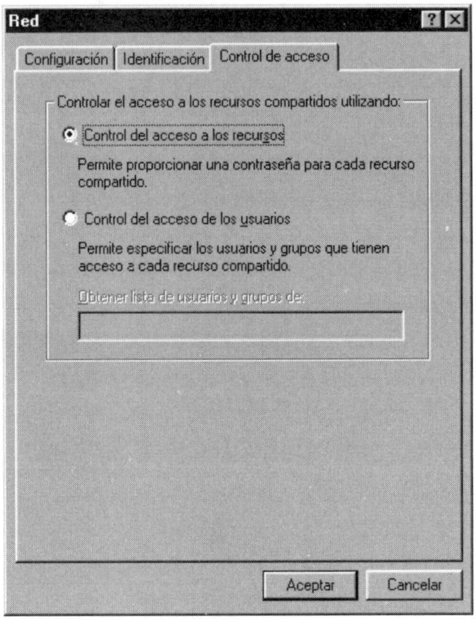

Figura 9.19. La ficha Control de acceso *de la ventana* Red

Sistema

El elemento Sistema del Panel de control proporciona el acceso al más bajo nivel de control del ordenador, a su hardware y a los controladores de éste. Por tanto, es importante que no modifiques los valores que aparecen en sus distintas fichas a no ser que seas un experto.

Cuando se hace doble clic sobre este elemento aparece la ventana Propiedades de Sistema, la cual contiene cuatro fichas que pasamos a revisar rápidamente.

- General: esta ficha es meramente informativa. En ella podrás ver la versión de Windows y de los componentes accesorios al sistema que hayas instalado. También verás el nombre del usuario registrado, el de su empresa y el número de serie del programa. Por último verás el tipo de ordenador que estás usando y la memoria con que cuenta.
- Administrador de dispositivos: esta ficha te muestra el Administrador de dispositivos (figura 9.20), un complejo programa que sirve para mostrar en una estructura jerárquica todos los componentes de hardware de tu ordenador, los programas controladores que los gestionan y los recursos que consumen. Debo prevenirte de los perjuicios que se pueden derivar de la alteración de los valores de esta ficha si no se tienen los conocimientos necesarios.

Figura 9.20. La ficha Administrador de dispositivos *de la ventana* Propiedades de Sistema

- Perfiles de hardware: pensada para ser empleada por el usuario medio, su finalidad es la de permitirte crear varias configuraciones de hardware para tu ordenador. Normalmente esto sólo le resultará útil a un usuario con un ordenador portátil y una *docking station,* o que conecte diferentes dispositivos a su ordenador portátil dependiendo de que esté en casa o en el trabajo.
- Rendimiento: sirve para obtener información sobre el rendimiento del ordenador y para cambiar algunos parámetros que pueden alterar ese rendimiento. Además de mostrar una lista con los principales parámetros del sistema, la ficha cuenta con tres botones que sirven para controlar de cerca los principales cuellos de botella del sistema: el sistema de archivo, el sistema gráfico y la memoria virtual. Al igual que antes, no cambies ningún valor a no ser que seas un experto. Lo que sí puedes hacer sin peligro es consultar la Ayuda sobre cada elemento de esta ficha: haz clic en el botón interrogación que aparece en la parte superior derecha de la ventana para que aparezca un signo de interrogación junto al puntero del ratón; luego haz clic sobre el elemento de la ventana del que desees información.

Nota

También puedes llegar a la ventana Propiedades de Sistema *ejecutando el comando* Propiedades *del menú emergente de* Mi PC.

Teclado

El elemento Teclado del Panel de control sirve para configurar las muchas características del teclado del ordenador. Junto con el ratón, éste es el periférico de entrada más importante del ordenador y, por las mismas razones que aquél, resulta muy importante configurarlo de la manera más cómoda posible. La ventana Propiedades de Teclado tiene dos fichas (figura 9.21):

- Velocidad: si pulsas una tecla del teclado aparecerá su carácter en la pantalla, y si la mantienes pulsada, tras un lapso de tiempo comenzará a repetirse ese carácter en la pantalla. En la ficha Velocidad puedes determinar el lapso de tiempo de espera hasta que el carácter comience a repetirse y la velocidad con que se repetirá. Si haces modificaciones, luego podrás comprobar el resultado en el cuadro de texto que hay al efecto. En esta ficha también puedes determinar la velocidad de parpadeo del cursor.
- Idioma: en esta ficha (mira la figura 9.22) podrás instalar y desinstalar configuraciones de teclado propias de otros idiomas. Si necesitas trabajar con dos (o más) idiomas distintos alternativamente, esta opción te permite cambiar la distribución del teclado sin ninguna dificultad. Por ejemplo, la letra ñ sólo se utiliza en el idioma español. Si quieres pasar a trabajar con la distribución del teclado para el idioma Inglés (EE.UU.), al pulsar esta tecla aparecería el símbolo de dos puntos (:). Una vez instalados los idiomas que desees (mediante el botón Agregar), puedes cambiar de un idioma a otro por dos caminos:
    - Pulsando la secuencia de teclas elegida en el recuadro Cambiar idiomas de la propia ficha Idioma de la ventana Propiedades de Teclado.
    - Haciendo doble clic en el indicador Idioma de la zona de indicadores de la Barra de tareas. Entonces aparecerá un cuadro con todos los idiomas instalados. Haz clic sobre el idioma al que desees cambiar. Para que aparezca este indicador en la Barra de tareas es necesario que actives la opción Activar el indicador en la barra de tareas que aparece en la parte inferior de la ficha Idioma de la ventana Propiedades de Teclado.

Otros

Además de todos los elementos vistos en los apartados anteriores, el Panel de control cuenta con otros componentes que no te voy a explicar en este capítulo. Ello se debe a que esos componentes se han explicado dentro de su propio contexto, bien en capítulos anteriores o bien en alguno de los capítulos que restan del libro, o a que son

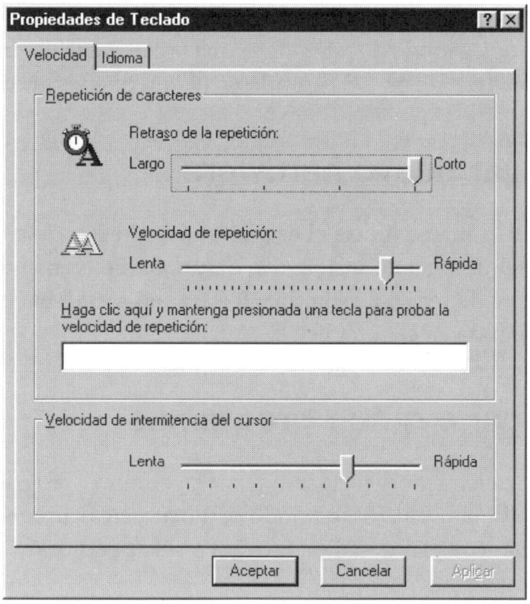

Figura 9.21. La ventana Propiedades de Teclado

Figura 9.22. La ficha Idioma *de la ventana* Propiedades de Teclado

elementos que no tienen cabida en este libro. Sin embargo, me ha parecido interesante incluir aquí, a modo de referencia, una breve descripción de todos esos elementos, así como una indicación del capítulo en el que puedes encontrar su explicación.

Agregar nuevo hardware

Este elemento inicia el Asistente para agregar nuevo hardware, el cual te conduce a través del proceso de instalación de un nuevo elemento de hardware (por ejemplo, una tarjeta de red, o de sonido, etcétera) en el ordenador. Este elemento del Panel de control se trata en el apéndice B.

Agregar o quitar programas

Este elemento sirve para instalar y eliminar programas del ordenador, para instalar y eliminar partes de Windows y para crear un disco de emergencia por si hay problemas con el ordenador. Se trata en el apéndice A.

Correo

Este elemento permite crear y gestionar los perfiles de mensajería de Microsoft Exchange (un programa de correo electrónico de Microsoft). El correo electrónico con Internet se trata en el capítulo 14, pero este elemento del Panel de control no se trata en este libro.

Impresoras

Esta carpeta es, en realidad, un acceso directo a la carpeta Impresoras que vimos en el capítulo 8 (recuerda que se puede llegar a ella también a través del comando Inicio, Configuración). Sirve para instalar y configurar impresoras.

Internet

Este elemento te permite configurar tu acceso a Internet. Se trata más adelante, en el capítulo 12.

Módems

Este elemento sirve para instalar y configurar módems. Las comunicaciones mediante Windows 98 se tratan en el capítulo 12.

Multimedia

Sirve para configurar un amplio abanico de opciones multimedia. Puedes configurar los ajustes del mezclador y de otros dispositivos de audio, instalar y configurar dispositivos multimedia (por ejemplo, un CD-ROM), instalar y configurar opciones de compresión de audio y vídeo, etcétera. El capítulo 11 está dedicado a la gestión multimedia y a los juegos.

ODBC

Este elemento permite configurar los elementos que permiten a las aplicaciones de Windows utilizar bases de datos. Al ser un aspecto muy concreto de la utilización de este tipo de programas, no se trata en este libro.

Opciones de accesibilidad

Este elemento permite establecer vías alternativas de trabajo con el ordenador para personas con discapacidades. A pesar de su enfoque concreto, lo cierto es que muchas de estas técnicas alternativas resultan muy cómodas también para las personas que tienen una capacidad normal.

Las opciones que aparecen en este elemento son numerosísimas, aunque creo que casi todas se explican por sí mismas. Si tienes problemas para configurar las opciones de accesibilidad puedes emplear el Asistente para accesibilidad que se encuentra en el menú Inicio, Programas, Accesorios, Accesibilidad. En ese menú también encontrarás el accesorio Ampliación que sirve para aumentar de tamaño la parte de la pantalla que elijas (lo que resulta útil para personas con problemas visuales o para cualquier usuario que necesite ver ampliada una parte de su pantalla.

Pantalla

Permite establecer el tipo de monitor que se utiliza, la resolución con la que se quiere trabajar y diversas opciones de presentación, como los colores de Windows, el papel del escritorio o el salvapantallas. Todas sus opciones están explicadas en el capítulo 3.

Sonidos

Este elemento te permite asignar sonidos a eventos del sistema. En el capítulo 11 (dedicado a multimedia) te explico la manera de utilizarlo.

Telefonía

Este elemento sirve para indicar a Windows cómo debe llamar por teléfono (por ejemplo, para acceder a Internet por teléfono). Se trata en el capítulo 11.

Temas de escritorio

En caso de que quieras dar a Windows una apariencia más personalizada, puedes utilizar este elemento. Podrás elegir entre una gran variedad de combinaciones que cambian radicalmente el aspecto del escritorio, o bien podrás configurar por ti mismo muchas opciones.

Usuarios

En caso de que tu ordenador vaya a ser empleado por más de una persona, este elemento te permitirá determinar cómo se ha de comportar Windows cuando sea empleado por cada persona (lo cual se determina por el nombre de usuario y la contraseña introducidos al iniciar la sesión de trabajo).

10 Accesorios

Si bien Windows 98 es un sistema operativo que debería estar dedicado exclusivamente a gestionar las tareas propias del sistema, lo cierto es que sus diseñadores le han incluido algunos pequeños programas de aplicación. Estos programas, conocidos por el nombre de *accesorios*, tienen la misión, en principio, de permitirte comenzar a trabajar en Windows desde el primer momento, incluso aunque no tengas ningún otro programa.

Además, los accesorios tienen una misión mucho más importante: aumentar tu productividad como usuario de Windows 98, facilitándote el acceso a características complejas o avanzadas.

Los accesorios de Windows 98

Todos los accesorios de Windows 98 se encuentran en el submenú Inicio, Programas, Accesorios (mira la figura 10.1). Dentro de este submenú te puedes encontrar algunos accesorios y otros menús. Veamos cómo se organizan los accesorios:

- Los accesorios que aparecen directamente dentro del submenú Inicio, Programas, Accesorios son los siguientes:
  - Bloc de notas: es un pequeño editor de texto. Consulta el apartado del mismo nombre en este capítulo.
  - Calculadora: es un accesorio que imita el funcionamiento de una calculadora de bolsillo. Consulta el apartado del mismo nombre en este capítulo.
  - Imaging: programa avanzado para retoque de imágenes. Consulta el apartado "Paint e Imagen" en este capítulo.
  - Paint: programa de dibujo para crear y editar imágenes. Consulta el apartado "Paint e Imagen" en este capítulo.
  - WordPad: procesador de textos con importantes características. Con-sulta el apartado del mismo nombre en este capítulo.

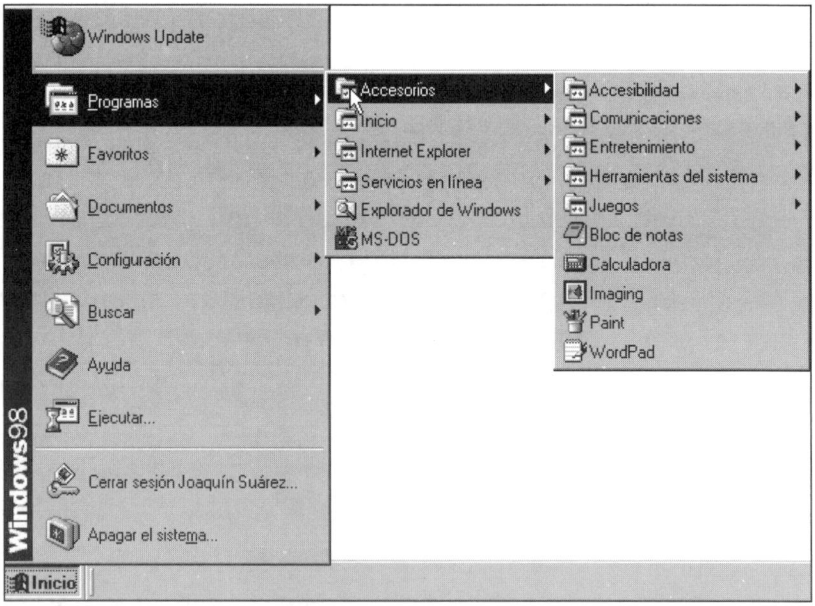

Figura 10.1. El submenú Accesorios

- En el menú Inicio, Programas, Accesorios, Accesibilidad encontrarás dos accesorios relativos a las opciones de accesibilidad de Windows 98 para discapacitados: el Asistente para Accesibilidad que te permite configurar todas las opciones de accesibilidad de manera sencilla, y el Ampliador, una utilidad que permite ampliar cualquier zona del escritorio de Windows para verla con más comodidad.
- En el menú Inicio, Programas, Accesorios, Comunicaciones podrás encontrar varias utilidades relacionadas con la comunicación entre ordenadores. Consulta el apartado "Comunicaciones" de este capítulo, además del capítulo 12.
- En el menú Inicio, Programas, Accesorios, Entretenimiento encontrarás los accesorios necesarios para la utilización de las posibilidades multimedia de tu ordenador. Esto lo veremos en el capítulo 11.
- En el menú Inicio, Programas, Accesorios, Herramientas del sistema encontrarás las herramientas de mantenimiento de disco que vimos en el capítulo 6 así como algunos accesorios más de los que trata brevemente el apartado "Herramientas del sistema" de este capítulo.
- En el menú Inicio, Programas, Accesorios, Juegos encontrarás varios juegos para Windows 98.
- Por último, en este capítulo también trataremos dos utilidades de Windows 98 que, aunque no se pueden denominar accesorios en sí, lo cierto es que resultan de una gran utilidad:
    - Enviar a: característica del sistema que permite copiar un objeto directamente en un lugar. Consulta el apartado del mismo nombre en este capítulo.
    - Mi Maletín: herramienta que sirve para mantener actualizado un conjunto de documentos que se mantienen en dos lugares distintos (por ejemplo, en la oficina y en casa). Consulta el apartado del mismo nombre en este capítulo.

Puede ocurrir que no encuentres alguno de estos programas en tu menú Accesorios. Ello se deberá, seguramente, a que ese programa no se instaló automáticamente durante la instalación de Windows 98. En tal caso deberás instalarlo manualmente para poder utilizarlo. En el apéndice A encontrarás las instrucciones necesarias para hacerlo.

- Conexión directa por cable: utilidad para conectar dos ordenadores mediante un simple cable.
- HyperTerminal: programa de emulación de terminal para conectarse a servicios de información *on-line* y BBS. Consulta el capítulo 12.

- Mapa de caracteres: accesorio que muestra en pantalla el juego de caracteres de cada una de las fuentes que tengas instaladas. Consulta el capítulo 9.
- Marcador de teléfono: utilidad para almacenar números de teléfono y marcarlos automáticamente mediante un módem. Consulta el capítulo 12.
- Visor del Portapapeles: utilidad para ver el contenido del portapapeles. Consulta el capítulo 5.

Bloc de notas

El Bloc de notas es un editor de textos, es decir, un programa que sirve al usuario para ver en pantalla y para modificar documentos de texto sin formato (o sea, sin distintos tipos de letra, sin negritas, etcétera: sólo texto). Los archivos de texto han tenido y siguen teniendo mucha importancia en el mundo de la informática, puesto que al carecer de formato han sido el tipo de archivo preferido para intercambiar información entre ordenadores. Normalmente, los archivos de texto se reconocen porque tienen la extensión TXT, aunque también hay archivos con otras extensiones que únicamente contienen texto (como los archivos BAT, INI, etcétera).

Cuando ejecutes el Bloc de notas verás una ventana típica de Windows (mira la figura 10.2). Podrás cargar cualquier archivo de texto con el comando Archivo, Abrir,

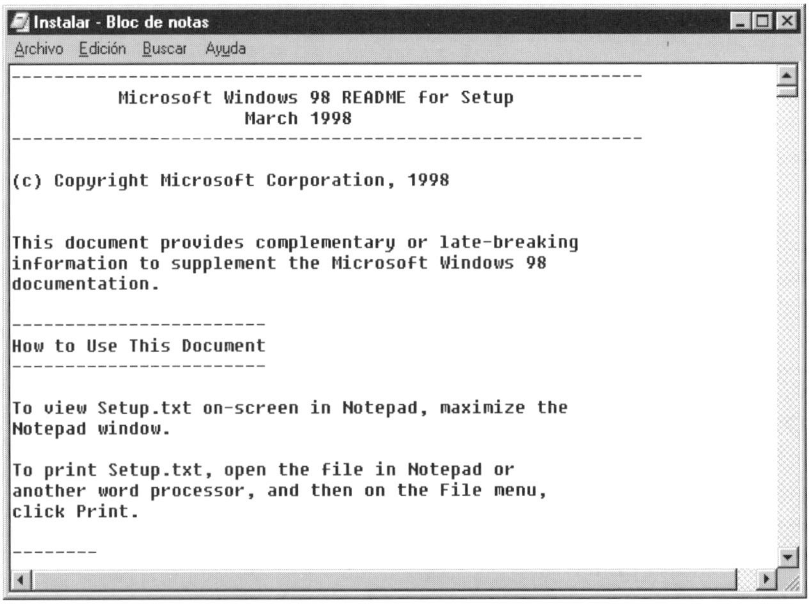

Figura 10.2. El Bloc de notas

verlo en pantalla y modificarlo. Luego podrás guardar las modificaciones realizadas con el comando Archivo, Guardar.

También puedes crear un archivo de texto nuevo (Archivo, Nuevo) y guardarlo con el comando Archivo, Guardar como.

El Bloc de notas es un programa muy sencillo que apenas cuenta con opciones. Destaca el comando Edición, Ajuste de línea, el cual, cuando está activado, ajusta la longitud de las líneas de texto a la anchura de la ventana. Con ello evitas tener que utilizar la barra de desplazamiento horizontal para poder leer las líneas completas. En caso de que no te guste el tipo de letra que utiliza el Bloc de notas, puedes cambiarla con el comando Edición, Establecer fuente (aunque esto sólo afecta a cómo se ve el documento en pantalla ya que, como te he dicho, los documentos de texto sólo contienen texto, y no formatos).

También puedes buscar palabras o partes de ellas con los comandos del menú Buscar, así como insertar la fecha y la hora actuales con el comando Edición, Hora/Fecha. Por último, puedes imprimir el archivo de texto que tengas cargado en el Bloc de notas mediante el comando Archivo, Imprimir (según te expliqué en el capítulo 8) después de haber configurado la impresión con el comando Archivo, Preparar página.

Aviso

El Bloc de notas no puede abrir archivos de texto que tengan un tamaño muy grande. Sin embargo, no te preocupes. Si se da el caso, el mismo Bloc de notas te avisará de la contingencia y te propondrá abrir el archivo de texto con el accesorio WordPad que veremos un poco más adelante.

Calculadora

La Calculadora será, seguramente, uno de los accesorios con los que más rápidamente te sentirás a gusto. La razón de esta afirmación se basa en que es una imitación casi perfecta de una calculadora de bolsillo convencional (mira la figura 10.3). Para realizar una operación se procede como en una calculadora normal, con la excepción de que se utiliza el ratón para pulsar los botones en lugar de los dedos. Primero se introduce un número, luego el operador y luego el segundo número. Por último se hace clic en el signo igual (=) para ver el resultado. También puedes utilizar el teclado numérico para realizar las operaciones en lugar de usar el ratón; en este caso, la tecla Intro hace de signo igual.

La Calculadora tiene dos aspectos notables. El primero de ellos es que, además de ofrecer el aspecto de una inofensiva calculadora escolar, si ejecutas el comando Ver, Científica podrás ver cómo se transforma en una potente calculadora científica con multitud de funciones avanzadas (trigonométricas, logarítmicas y estadísticas).

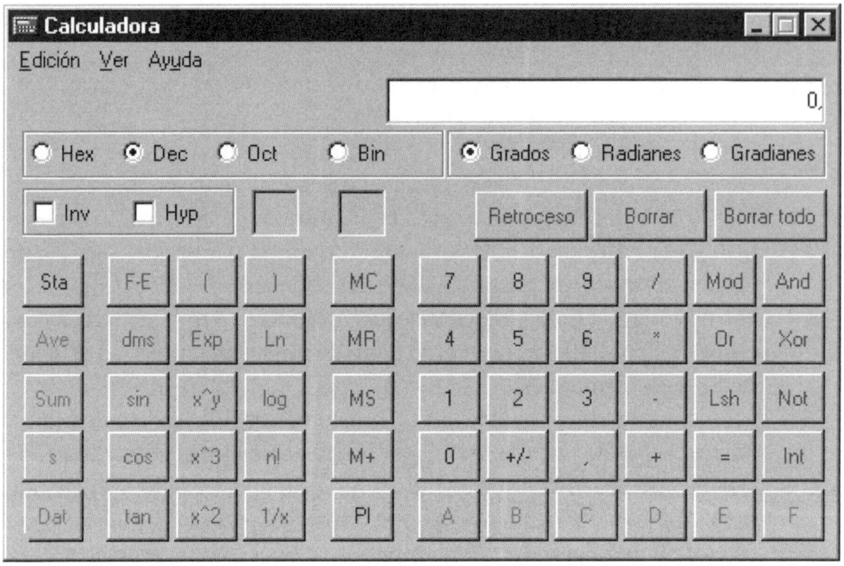

Figura 10.3. La Calculadora *en el modo* Científico

El segundo aspecto digno de destacar es que puedes utilizar el portapapeles de Windows 98 tanto para pegar datos en la Calculadora como para copiarlos de ésta y pegarlos más tarde en otro lugar. Por ejemplo, si estás realizando un informe con tu procesador de textos, puedes copiar los datos que haya en el informe y pegarlos en la Calculadora para realizar un cálculo. Luego, cuando tengas el resultado, puedes copiar ese dato que aparece en la Calculadora y pegarlo de vuelta en el procesador de textos.

Paint e Imaging

Ambos accesorios son programas de dibujo, es decir, un programa que te permite realizar dibujos o retocar dibujos e imágenes (mira las figuras 10.4 y 10.5). Las diferencias entre ambos programas son notables:

- Paint es mucho más sencillo que Imaging en todos los sentidos.
- Paint sólo puede trabajar con archivos gráficos de los tipos BMP y PCX, mientras que Imaging puede trabajar prácticamente con todos los tipos de archivos gráficos que se utilizan normalmente.
- Paint sólo te permite utilizar imágenes de las que ya dispongas, mientras que Imaging te permite adquirir imágenes si dispones de un escáner o digitilizador.

Figura 10.4. Paint

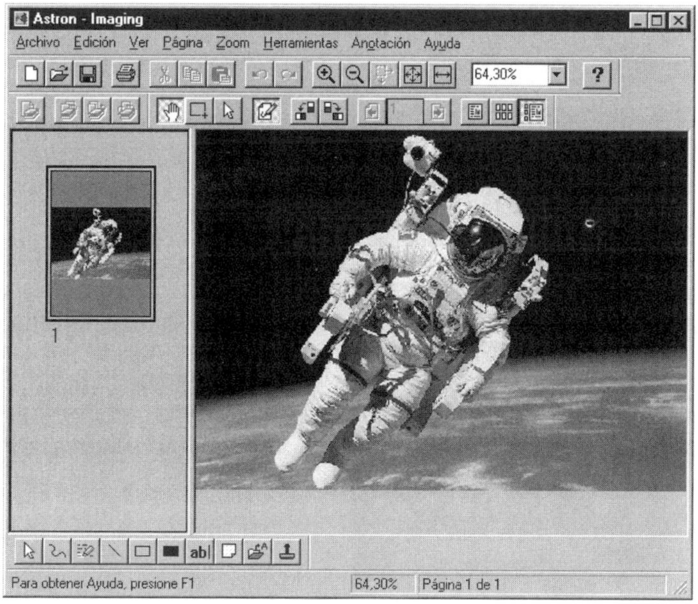

Figura 10.5. Imaging

A favor de Paint hay que decir que es mucho más sencillo de manejar que Imaging, así que es más fácil comenzar a trabajar con él si no tienes mucha soltura con Windows o con los programas de retoque de imágenes.

Desgraciadamente, no disponemos de espacio para explicar el funcionamiento de estos accesorios, pero puedes practicar por tu cuenta. Para empezar puedes abrir alguna de las imágenes que hay en la carpeta Windows y trabajar con ellas para conocer las posibilidades de ambos programas. Luego puedes probar a crear tus propias imágenes.

WordPad

El accesorio WordPad es un programa procesador de textos que incluye una gran cantidad de funciones (mira la figura 10.6). Con él podrás escribir todo tipo de documentos y proporcionarles un formato digno de la mejor presentación.

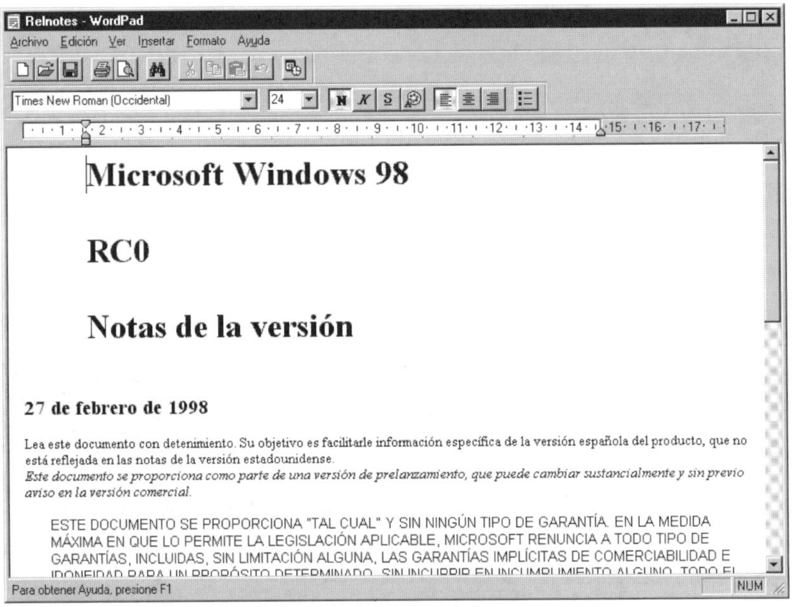

Figura 10.6. WordPad

Además, WordPad está pensado para realizar las funciones de procesador de textos universal de Windows 98, por lo que es capaz de utilizar archivos de muy distinto tipo.

En concreto, WordPad puede leer y guardar archivos de los distintos tipos:

- Documentos de texto para DOS (TXT): los archivos de texto realizados bajo el sistema operativo DOS utilizan el juego de caracteres ASCII, que es distinto del juego de caracteres ANSI que utilizan los archivos de texto creados para Windows. WordPad puede trabajar con los primeros con sólo seleccionar la opción Documentos de texto - formato MS-DOS en el cuadro de lista desplegable Archivos de tipo del cuadro de diálogo Abrir. Este cuadro de diálogo es el que se utiliza para cargar archivos en WordPad y aparece cuando se ejecuta el comando Archivo, Abrir. También puedes guardar un archivo con este formato seleccionando la misma opción en el cuadro de diálogo Guardar como. Si intentas abrir un archivo de este tipo con el Bloc de notas verás en la pantalla símbolos extraños en lugar de ciertas letras.
- Documentos de texto (TXT): estos archivos son los archivos de texto propios de Windows. Usualmente tienen la extensión TXT, pero también hay muchos archivos de texto que tienen otras extensiones (como INI, BAT, etcétera) y que también puedes editar con WordPad. Los archivos de texto (ni los de DOS ni los de Windows) no pueden contener formatos (negritas, cursivas, sangrados, etcétera): sólo contienen texto.
- Documentos de texto unicode (TXT): también son archivos de texto, pero utilizan el código UNICODE en lugar de los códigos ASCII o ANSI. Será extraño que te encuentres con un archivo de este tipo.
- Formato de texto enriquecido (RTF): este tipo de archivos se ha hecho muy popular para intercambiar documentos con formato de unos programas a otros. Al contrario que los archivos de texto, estos archivos sí incluyen formato junto con el texto.
- Windows Write Write (WRI): el procesador de textos WRI fue el antecesor de WordPad en anteriores versiones de Windows. Como era de esperar, WordPad también puede trabajar con este tipo de archivos.
- Word para Windows (DOC): Word es el procesador de textos comercial de Microsoft. WordPad puede utilizar los archivos de Word sin ningún problema lo cual, sin duda, facilitará la utilización de este formato como formato de intercambio de archivos en los próximos años.

Cómo funciona WordPad

WordPad tiene una gran zona central denominada área de trabajo que es dónde tú debes escribir. Una vez hayas escrito tu documento (o a la vez que lo escribes), podrás aplicarle todo tipo de formatos. Para ello podrás utilizar los comandos de los menús o las herramientas de las dos barras de herramientas que tiene WordPad.

Nota

Dar formato es el procedimiento por el que se le dice a cualquier programa el aspecto exacto que debe tener un documento en el momento en que se imprima o cuando se presente en pantalla.

El procedimiento para aplicar un formato varía :

- Si es un formato de carácter, es decir, si sólo afecta a una palabra o a unas pocas, en primer lugar debes seleccionar esas palabras. Para ello haz clic delante de la primera y luego arrastra el ratón hasta la última mientras mantienes pulsado el botón; cuando hayas resaltado las palabras que te interesan ejecuta el comando de formato (o haz clic en la herramienta) que te interese.
- Si es un formato de párrafo, es decir, si afecta a un párrafo entero, basta con que sitúes el punto de inserción en cualquier lugar del párrafo y luego ejecutes el comando de formato o hagas clic en la herramienta apropiada. Si quieres dar formato a más de un párrafo a la vez basta con que selecciones una parte de todos ellos.
- Si es un formato de página, es decir, si afecta a toda la página, deberás ejecutar primero el comando Archivo, Configurar página y realizar allí tus elecciones.

Las opciones de WordPad son muchísimas y me extendería varios capítulos si tratase de explicártelas todas. Mi mejor consejo es que investigues por tu cuenta todas las posibilidades de este potente programa, aunque aquí te doy algunas pistas de por dónde empezar:

- El entorno de trabajo de WordPad es totalmente personalizable, pudiendo mostrar y ocultar las barras de herramientas, la regla y la barra de estado. Prueba con los comandos del menú Ver.
- Se pueden insertar todo tipo de objetos en WordPad. Prueba a crear una imagen en Paint. Luego selecciónala y ejecuta el comando Archivo, Copiar. Vuelve a WordPad y ejecuta el comando Archivo, Pegar.
- WordPad te permite seleccionar por separado las opciones para cada uno de los tipos de archivo con los que puede trabajar. Utiliza el comando Archivo, Opciones.
- Es muy fácil crear listas con WordPad. Selecciona varios párrafos y ejecuta el comando Formato, Estilo de viñeta.
- Antes de imprimir el documento puedes ver cómo va a quedar en la página. Utiliza el comando Archivo, Vista preliminar.

Maletín

El Maletín es una interesante herramienta de Windows 98 que permite que el usuario tenga siempre actualizadas dos copias de los mismos documentos, aunque éstas estén en ordenadores diferentes. Por ejemplo, supón que tienes en tu oficina un ordenador de sobremesa con el que estás escribiendo un informe, y que cuando te vas a casa copias ese informe en un ordenador portátil para poder seguir trabajando con él. Puede llegar un momento en el que no sepas qué copia del informe está más actualizada, si la del portátil o la del ordenador de sobremesa. Pues bien, el Maletín es la herramienta apropiada para asegurarte de que siempre tendrás en ambos ordenadores la copia más actualizada.

Resumiéndolo, el funcionamiento del Maletín es como sigue:

1. Se crea un Maletín en la segunda ubicación que va a contener los archivos duplicados. Por ejemplo, si tienes el informe en tu ordenador de sobremesa y quieres duplicarlos en el portátil, deberás crear el Maletín en el ordenador portátil.
2. Luego se copian los archivos dentro del Maletín. Ten en cuenta que el Maletín no es más que una carpeta (como cualquier otra carpeta de Windows) que tiene unas características particulares.
3. Entonces se creará un vínculo entre el archivo que hay en el Maletín y el archivo original. Cada vez que se abra el Maletín, Windows utilizará ese vínculo para comprobar cuál de las dos copias es la más moderna y actualizará el archivo más antiguo con el permiso del usuario. Por ejemplo, si por la noche trabajas en tu casa con el informe que tienes en el portátil y a la mañana siguiente abres el Maletín en la oficina (cuando los dos ordenadores estén conectados, claro está), Windows se dará cuenta de que la versión del portátil es más moderna que la del ordenador de sobremesa, y te dará la oportunidad de actualizar esta última.

La secuencia de pasos que aparece a continuación resume el procedimiento para crear un Maletín.

Para crear un Maletín

1. Abre la unidad de disco o carpeta en la que quieras crear el nuevo Maletín (o sea, el lugar donde van a estar las copias de los archivos). Puede ser una carpeta de otro ordenador o, simplemente, un disquete.

2. Ejecuta el comando Nuevo, Maletín del menú emergente de la carpeta (haz clic con el botón derecho del ratón dentro de ella).

   Windows creará un Maletín *nuevo en la ubicación elegida y le asignará el nombre* Nuevo Maletín. *Si quieres, cámbiale el nombre.*

3. Arrastra al icono del Maletín todos los archivos que quieras mantener actualizados.

   Windows creará un vínculo entre las dos copias de esos archivos.

4. Haz clic ahora sobre el botón Finalizar del cuadro de diálogo que aparecerá. Ahora ya puedes trabajar con normalidad con los archivos, tanto con los originales como con los que se encuentran en el Maletín.

   Si más tarde quieres añadir más archivos al Maletín *sólo tienes que arrastrarlos sobre él.*

Nota

Si quieres romper el vínculo entre un archivo del Maletín *y su original, abre el* Maletín, *selecciona a continuación el archivo y ejecuta luego el comando* Maletín, Separar del original. *Desde ese mismo momento el archivo quedará desvinculado y no se actualizará.*

Una vez hayas modificado los archivos que pretendes mantener sincronizados (ya sean los originales o los que están en el Maletín) deberás actualizar el Maletín para que tanto el original como la copia sean las versiones más modernas.

La secuencia de pasos que aparece a continuación te explica la manera de actualizar un Maletín.

Para actualizar un Maletín

1. Abre el Maletín haciendo doble clic sobre él.

   Aparecerá una ventana muy similar a la de de una carpeta en modo Detalles *en la que podrás ver todos los archivos que se encuentran en el* Maletín. *Además de las columnas informativas habituales verás otras dos:* Copia de sincronización, *que te dice dónde se encuentran los archivos originales y* Estado, *que te indica si el archivo está actualizado o necesita actualizarse (observa la figura 10.7).*

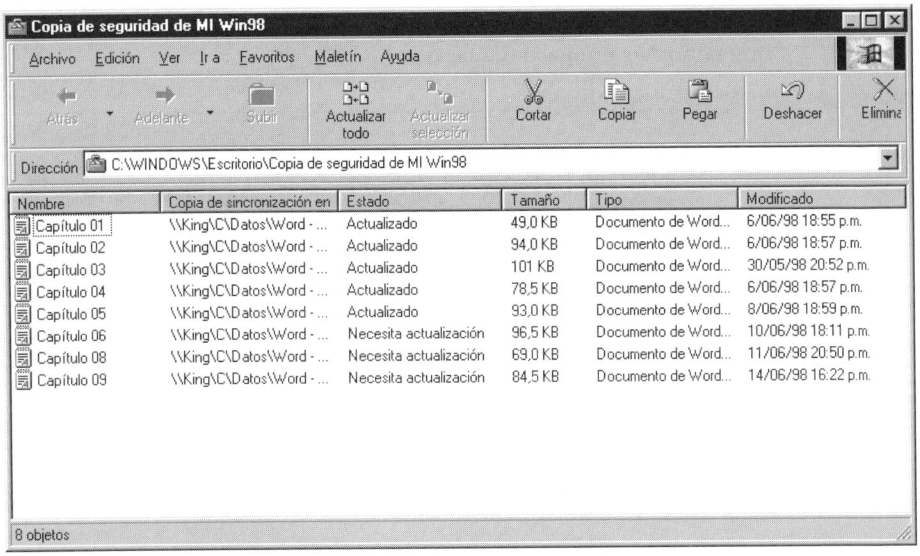

Figura 10.7. El maletín te informa de los archivos que necesitan actualización

2. Ejecuta el comando Maletín, Actualizar todo.

Windows contrastará los archivos originales y los del Maletín *para averiguar cuáles de ellos son los más recientes y te mostrará una ventana denominada* Actualizar Maletín *con un resumen de la situación (mira la figura 10.8). En la columna izquierda de esta ventana aparecerá el estado del archivo en el* Maletín *y en la columna de la derecha aparecerá el estado en su ubicación original. Entre ambas columnas aparecerá un símbolo que indicará la operación que se realizará por omisión cuando hagas clic en el botón* Actuallizar *de la ventana.*

3. Si deseas modificar alguna de las operaciones de actualización que el Maletín realizará automáticamente, deberás hacer clic con el botón derecho del ratón sobre el símbolo que quieres cambiar y elegir una nueva acción del menú emergente.

Las acciones se explican a continuación de esta secuencia de pasos.

4. Haz clic en el botón Actualizar para que Windows ponga al día las dos copias de los archivos.

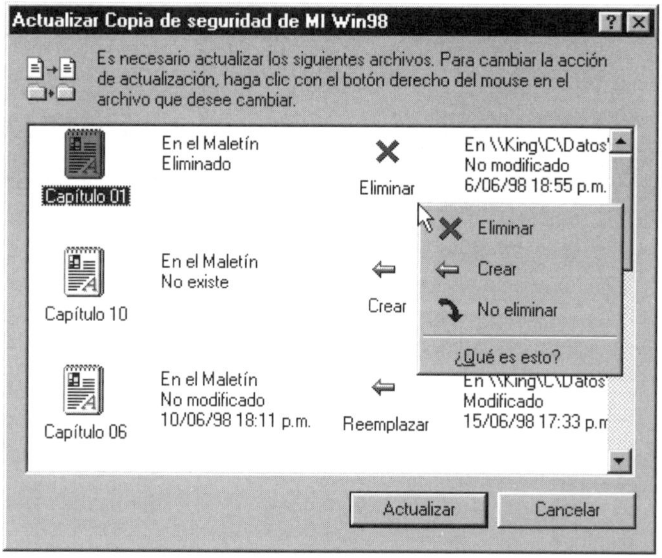

Figura 10.8. La ventana Actualizar Maletín

Cuando Windows te muestra la ventana Actualizar Maletín con el estado de los archivos originales y de los que están en el Maletín, incluye unos símbolos que te indican la acción que emprenderá el Maletín para actualizar los archivos. Las acciones que el Maletín realizará por omisión serán las siguientes:

- Si has modificado un archivo en alguno de los dos sitios, el Maletín tratará de copiar la copia más moderna sobre la más antigua y aparecerá una flecha que indicará el sentido de la copia. Si haces clic sobre esta flecha con el botón derecho del ratón para que aparezca su menú emergente, podrás cambiar esta acción por la de realizar la copia en sentido contrario (es decir, te quedarías con la versión antigua del documento) o por la de Omitir el archivo (o sea, no hacer nada con este archivo y mantener dos copias no sincronizadas).
- Si has eliminado un archivo en alguno de los dos sitios, el Maletín tratará de borrar también la copia que hay en el otro e indicará la operación con una equis. Ten cuidado con este funcionamiento por omisión del Maletín, ya que si te descuidas te puedes quedar sin ninguna copia del documento

(aunque, por otra parte, puede ser eso lo que quieras). Si quieres modificar esta acción por omisión, haz que aparezca el menú emergente y selecciona No eliminar (para prevenir la eliminación de la copia que queda) o Crear (para que el Maletín cree una copia del archivo que queda en el lugar donde se borró).

- Si por algún motivo no se pudo copiar alguno de los archivos en el Maletín cuando lo creaste a cuando le añadiste archivos, el Maletín tratará de crear la copia en este momento.

Truco

Puede que te llame la atención el icono Mi Maletín *que aparece en el escritorio. Ese* Maletín *lo crea Windows durante su instalación. Si quieres utilizarlo sólo tienes que arrastrar a él los archivos que desees mantener actualizados y luego copiar el* Maletín *en otro ordenador o en un disquete. También puedes cambiar su nombre o borrarlo si quieres (para crear otro sólo tienes que usar el comando* Nuevo, Maletín *del menú emergente de una ventana o del escritorio).*

Enviar a

La característica Enviar a no es un accesorio en realidad, pero su utilidad es tan grande que me ha parecido interesante explicarlo aquí. Si abres el menú emergente de la mayoría de los objetos verás que uno de sus comandos es Enviar a. Este comando tiene varias opciones. Si seleccionas cualquiera de ellas, Windows tratará de enviar el objeto al lugar representado por la opción seleccionada. Evidentemente, dependiendo de la naturaleza de la opción, Windows "enviará" el objeto de una manera distinta, como verás a continuación.

Las opciones que aparecen por omisión cuando se selecciona el comando Enviar a del menú emergente de un objeto son las siguientes (mira la figura 10.9):

- Asistente para la publicación en Web. Windows ejecutará un programa que te permitirá enviar el objeto al servidor en el que tengas tus páginas Web. Éste es un tema avanzado que no se trata en este libro.
- Destinatario de correo. Windows enviará el objeto en un mensaje de correo electrónico. Por ejemplo, si el objeto es un archivo de texto, el contenido del archivo se enviará como un mensaje de correo electrónico al usuario que tú elijas. El correo electrónico se trata en el capítulo 13.
- Disco de 3 ½. Windows enviará el objeto (lo copiará) en el disquete.
- Escritorio como acceso directo. Windows creará un acceso directo del objeto en el escritorio.

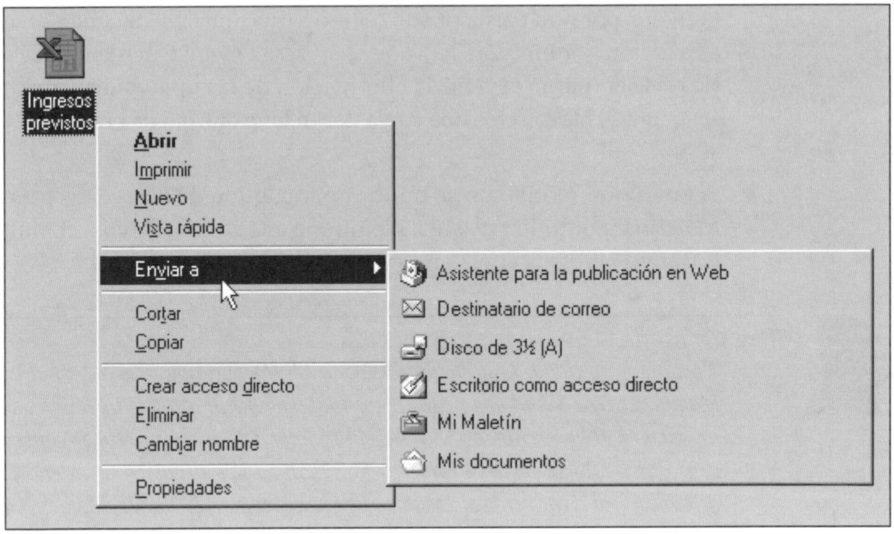

Figura 10.9. Las opciones por omisión del comando Enviar a

- Mi Maletín: Windows enviará el objeto (lo copiará) en Mi Maletín (consulta el apartado anterior).
- Mis documentos: Windows moverá el objeto a la carpeta Mis documentos.

Lo más interesante de esta característica es que tú puedes añadir los destinos que quieras a la característica Enviar a. Esos destinos aparecerán como opciones del comando Enviar a del menú emergente de cualquier objeto, exactamente igual que las opciones que aparecen por omisión.

Sigue estos pasos para agregar un nuevo destino a la característica Enviar a:

1. Abre la unidad de disco en la que esté el directorio de Windows. Normalmente será la unidad C y podrás abrirla haciendo doble clic sobre su icono en la ventana Mi PC.
2. Abre la carpeta Windows haciendo doble clic sobre ella.
3. Abre la carpeta SendTo que encontrarás dentro de la carpeta Windows.
4. Ahora ya sólo te queda crear un acceso directo dentro de la carpeta SendTo del nuevo destino que quieras agregar.

A modo de ejemplo, algunos destinos interesantes que puedes añadir son:

- El acceso directo de las impresoras que utilices más frecuentemente si tienes instaladas más de una, puesto que así basta con que selecciones el comando Imprimir del menú emergente del objeto que quieras imprimir.

- El acceso directo del programas Bloc de notas. Así, si quieres ver el contenido del archivo WIN.INI (o de cualquier otro que no tenga la extensión TXT) bastará con que lo *envíes* al Bloc de notas.

Herramientas del sistema

Las Herramientas del sistema son un conjunto de accesorios de Windows 98 especializados en realizar funciones que facilitan las labores de mantenimiento relacionadas con el sistema operativo. Algunas de estas herramientas ya las hemos visto en capítulos anteriores, y las otras te las comentaré brevemente a continuación.

Bienvenido a Windows

Este accesorio hace que reaparezca el cuadro de diálogo Bienvenido a Windows 98 que vimos en el capítulo 1. Si cierras este cuadro de diálogo o si le dices a Windows que no quieres que vuelva a aparecer la próxima vez que arranques el ordenador, mediante este accesorio puedes volver a verlo.

Información del sistema

Este accesorio es una potente herramienta (especialmente indicada para usuarios avanzados) que proporciona una abundante información sobre los aspectos más relevantes de tu ordenador, tanto a nivel de hardware como de software (observa la figura 10.10).

Además de toda la información que proporciona, Información del sistema también te permite ejecutar una gran cantidad de procedimientos de diagnóstico sobre el estado de tu ordenador.

Medidor de recursos

El Medidor de recursos es un pequeño accesorio que, cuando se ejecuta, crea un icono en la zona de indicadores de la Barra de tareas. Si haces doble clic en ese indicador aparecerá una ventana que te mostrará el porcentaje libre de los recursos del sistema (mira la figura 10.11).

La utilización de esta herramienta es un poco peliaguda ya que, cuando se utiliza simplemente por el gusto de saber qué cantidad de recursos está libre no tiene mucha utilidad. Sin embargo, cuando se utiliza porque realmente quedan pocos recursos libres y se quieren administrar eficazmente, el propio Medidor de recursos consume a su vez recursos, por lo que puede ser peor el remedio que la enfermedad.

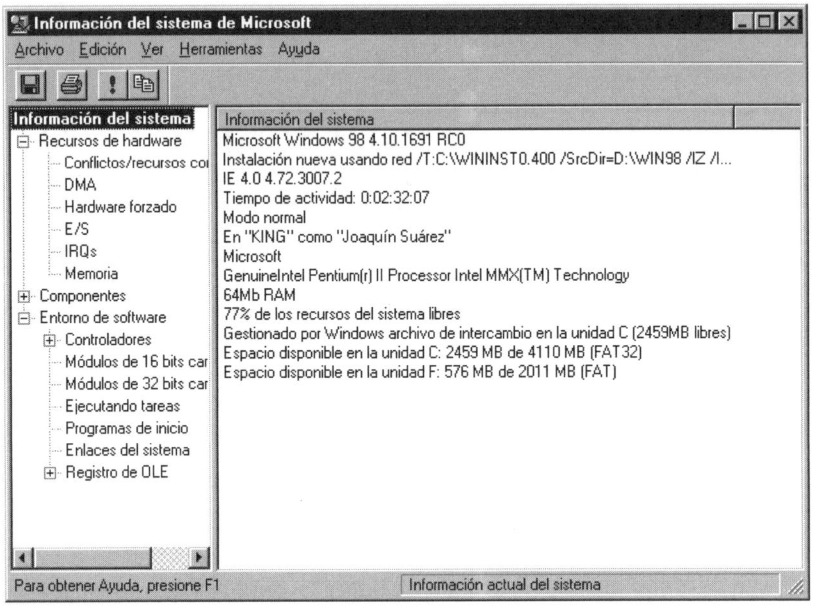

Figura 10.10. El accesorio Información del sistema

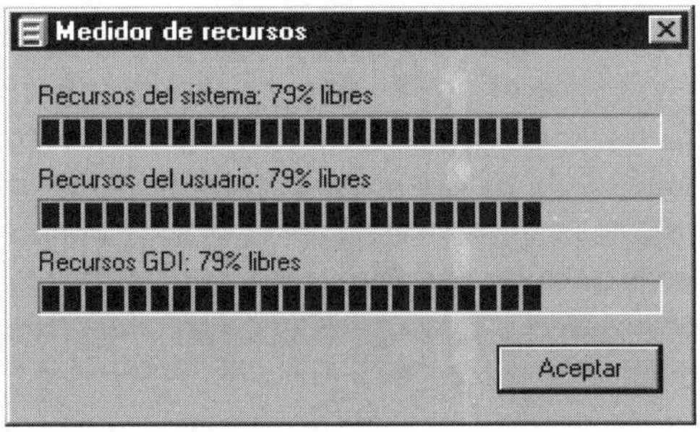

Figura 10.11. El Medidor de recursos

Monitor de red

Esta herramienta está pensada para permitir que el usuario o el administrador de la red comprueben el consumo de recursos de red que se está produciendo en un servidor (es decir, en un ordenador que tiene recursos compartidos en la red). Ese consumo de recursos se puede ver en función de las conexiones establecidas con el servidor, en función de las carpetas compartidas en el servidor o en función de los archivos abiertos en el servidor por los ordenadores clientes de la red. Estas tres opciones se seleccionan a través de los comandos del menú Ver del programa.

En caso de que seas el administrador de la red (cosa que no sería nada extraña si se trata de una pequeña red que haya en la oficina), mediante el comando Administrar, Seleccionar servidor podrás elegir el ordenador que quieres monitorizar. Otras opciones disponibles son las de gestionar los recursos de la red (compartir y dejar de compartir recursos) y la de desconectar a un usuario de un recurso.

Un comando importante es el comando Ver, Actualizar, el cual te permite actualizar instantáneamente el contenido de la ventana del monitor de red. Con el objeto de no sobrecargar el tráfico de la red, la actualización de esa información no se produce con mucha frecuencia. Si necesitas adelantarte a la siguiente actualización automática utiliza este comando.

Monitor del sistema

Este accesorio sirve para representar de forma gráfica algunos de los parámetros más importantes del sistema. Esos parámetros aparecerán representados por tres tipos de gráficos (de líneas, de barras y numéricos) en la parte central de la ventana. El tipo de gráfico se elige con el respectivo comando del menú Ver. Los gráficos se actualizan a intervalos regulares que se definen con el comando Opciones, Gráfico (figura 10.12).

Para añadir el gráfico de un parámetro del sistema debes ejecutar el comando Edición, Agregar elemento. Entonces aparecerá el cuadro de diálogo Agregar elemento, en

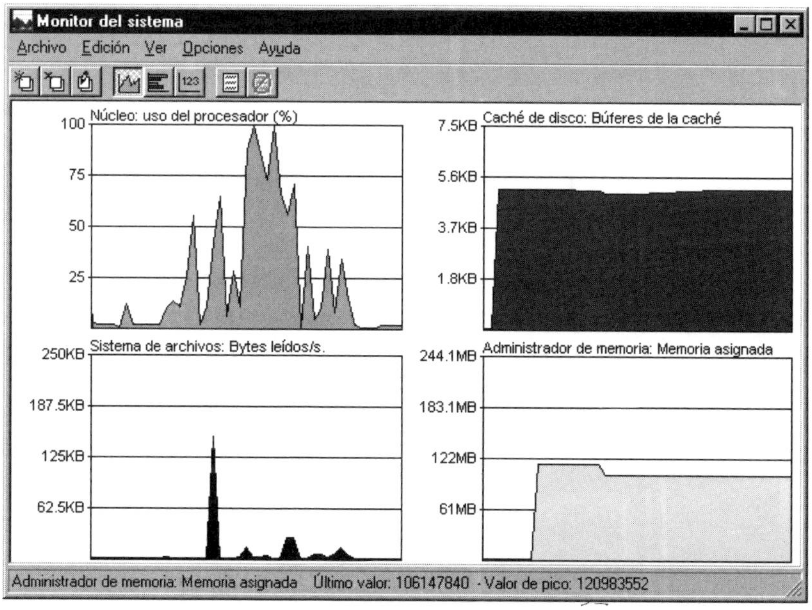

Figura 10.12. La ventana Monitor del sistema

el que podrás ver dos listas. En la de la izquierda aparecen varias categorías de datos, y cuando se selecciona una haciendo clic sobre ella con el ratón, entonces aparecen en la lista de la derecha los distintos tipos de parámetros de esa categoría que se pueden representar gráficamente. Selecciona uno de ellos haciendo clic sobre él y, por último, haz clic en Aceptar para que el gráfico de ese parámetro se añada a la ventana. Si lo deseas, antes de hacer clic en Aceptar puedes hacer clic en el botón Explicar para que Windows te ofrezca una breve descripción del sentido del parámetro.

Por último, si transcurrido un tiempo quieres que los gráficos comiencen de nuevo su representación desde cero, puedes utilizar el comando Edición, Borrar la ventana.

11 Multimedia

Todo usuario de ordenador personal ha escuchado en alguna ocasión el término *multimedia*. Incluso en ambientes que no tienen nada que ver con la informática, este vocablo se utiliza cada vez con más frecuencia.

Ahora bien, ¿qué es multimedia?, ¿por qué se ha hecho tan popular? Y, sobre todo, ¿qué tiene que ver Windows 98 con multimedia? Pues bien, la pretensión de este capítulo consiste en responder a todas estas preguntas.

¿Qué es multimedia?

El término *multimedia* se ha hecho muy popular en el mundo de la informática personal desde hace unos pocos años. Este término se refiere a la capacidad del ordenador de ofrecer al usuario la información a través de múltiples medios, y no sólo a través de texto o de gráficos estáticos. En la práctica, hoy día un ordenador con capacidad multimedia es aquel capaz de reproducir sonido y vídeo digitales. Esto, que a priori puede no parecer nada del otro mundo, supone un importantísimo avance en el ámbito de la comunicación del ordenador con el usuario, puesto que éste podrá recibir una información mucho más completa y rica con las nuevas posibilidades multimedia.

El ejemplo más utilizado para mostrar las posibilidades que ofrece el mundo multimedia es el de una enciclopedia. Supón que buscas en una enciclopedia información sobre el término *violín*. ¿De qué manera te harás una mejor idea de qué es, cómo funciona y para qué sirve un violín: leyendo una descripción (sistema tradicional) o leyendo una descripción a la vez que ves una película en la que un virtuoso toca el violín mientras éste suena en los altavoces de tu ordenador (sistema multimedia)?

Windows 98 ofrece un soporte muy completo para las prestaciones multimedia que se pueden añadir a cualquier PC. En los siguientes apartados estudiaremos cómo convertir tu PC en un ordenador multimedia y cómo hacer uso de las posibilidades multimedia de Windows 98.

Conceptos básicos

Antes de comenzar a estudiar las posibilidades multimedia de Windows 98 es imprescindible que aclaremos algunos conceptos básicos sobre esta moderna tecnología. Además, las breves explicaciones que siguen también te pueden servir para ayudarte a decidir qué dispositivos multimedia debes añadir a tu ordenador.

Tarjeta de sonido

Es el dispositivo multimedia necesario para grabar y reproducir sonidos con el ordenador. Junto con el CD-ROM, es un dispositivo imprescindible para convertir el ordenador en un equipo multimedia. Si no dispones de tarjeta de sonido no podrás escuchar los sonidos del ordenador, ni de los programas ni la banda sonora de películas.

Unidad de CD-ROM

El CD-ROM es un sistema de almacenamiento permanente de grandes cantidades de información. Es decir, es algo así como un disco duro. Las ventajas de los CD-ROM frente a los discos duros son que los discos CD-ROM son extraordinariamente pequeños (son exactamente iguales que un CD de música) y además son removibles, es decir, se pueden intercambiar, mientras que los discos duros deben permanecer fijos en el ordenador. La desventaja de los discos CD-ROM frente a los discos duros radica en que en los CD-ROM sólo es posible grabar la información una vez (aunque esto se presta a algunas matizaciones), quedando ésta permanente y definitivamente insertada en él.

Ahora bien, si los CD-ROM son prácticamente iguales que los discos duros, ¿por qué son éstos los que forman parte de un equipo multimedia? La razón es que el sonido y el vídeo que forman parte de los documentos multimedia ocupan una gran cantidad de espacio de almacenamiento. Debido a ello, su distribución resulta casi imposible de realizar en disquetes, siendo necesario utilizar un sistema de almacenamiento de mayor capacidad. El dispositivo ideal es el disco CD-ROM, al ser pequeño, barato y versátil.

La unidad de CD-ROM es, junto con la tarjeta de sonido, uno de los componentes imprescindibles que añaden al ordenador capacidades multimedia.

Nota

Observa la diferencia que existe entre unidad de CD-ROM y disco CD-ROM. La primera es el dispositivo capaz de leer los segundos. Los discos CD-ROM son iguales que los CD de audio mientras que las unidades de CD-ROM son parecidas a una disquetera grande.

En el momento de escribir estas líneas está comenzando la comercialización a gran escala de un dispositivo que ha sido diseñado para sustituir al CD-ROM a medio plazo: me refiero al DVD. Básicamente, un DVD y un CD-ROM son dispositivos muy parecidos. Sin embargo, hay una diferencia importante entre ambos: en un DVD cabe muchísima más información que en un CD-ROM, tanta que es posible grabar una película entera.

Otras

Además de los dos dispositivos que son imprescindibles para dar a un ordenador capacidad multimedia (el CD-ROM y la tarjeta de sonido), hay otros dispositivos que, si bien no son imprescindibles, sí que pueden aumentar notablemente las capacidades multimedia de tu equipo:

- Kit multimedia: en realidad, un kit multimedia no es más que la oferta conjunta de una unidad de CD-ROM y de una tarjeta de sonido (aunque normalmente suelen incluir también altavoces y algunos discos CD-ROM). Los kits multimedia más modernos incluyen una unidad DVD en lugar de una unidad de CD-ROM.

- Tarjeta de captura de vídeo: estas tarjetas sirven para grabar vídeo digital en el PC. Si dispones de una tarjeta de sonido y de un micrófono (como verás más adelante) podrás grabar sonido digital sin ningún problema. Pero para grabar vídeo necesitarás de una tarjeta de captura de vídeo y de una cámara de vídeo (puede ser una cámara de vídeo doméstica).
- Tarjeta de compresión de vídeo en tiempo real: el problema del vídeo digital es que consume una cantidad de espacio de almacenamiento enorme. Debido a ello se hace necesario comprimir la información para que ocupe menos espacio. Cuando se va a realizar un trabajo intensivo con el vídeo, la mejor solución suele ser incorporar una tarjeta de compresión de vídeo en tiempo real, que es capaz de comprimir y descomprimir el vídeo digital al mismo tiempo que se está grabando o reproduciendo.
- Tarjeta de sintonización de televisión: estas tarjetas permiten ver la televisión en el monitor del PC, ya sea convirtiendo la señal PAL de televisión en una señal que pueda utilizar el monitor, o bien enviando la señal adecuadamente tratada a una ventana de Windows.
- Convertidores RGB a PAL: estas tarjetas tienen la misión de convertir la salida RGB del ordenador en una salida PAL. Así, es posible enviar esa señal a un televisor o a un vídeo, pudiendo de esta manera grabar en un vídeo doméstico cualquier cosa que estuviera diseñada para verse en el ordenador.
- Tarjetas 3D: aunque estas tarjetas se podrían considerar parte del sistema de vídeo del ordenador, debido a su innegable aspecto lúdico se les considera parte del equipo multimedia. Su misión es descargar al microprocesador del ordenador de los cálculos necesarios para representar objetos tridimensionales en la pantalla. Gracias a estas tarjetas, las prestaciones gráficas de un PC han aumentado espectacularmente.

Sonido

El sonido que tú escuchas y que viaja por el aire tiene un carácter analógico. Sin embargo, un ordenador no puede almacenar información analógica tal cual, sino que tiene que convertirla en información digital previamente. La manera en que la información analógica se convierte en digital es toda una disciplina independiente, pero lo que a ti te interesa saber es que existen múltiples medios de representar digitalmente el sonido analógico.

Windows 98 es capaz de entender y reproducir 3 tipos de sonidos digitales. El sonido digital se almacena en archivos corrientes, cada uno de los cuales tiene su propio icono para que se reconozcan a simple vista. Cada uno de estos tipos de sonido utiliza un canal de transmisión independiente en el ordenador, los cuales se pueden utilizar simultáneamente. Es decir, puedes reproducir a la vez sonido de onda y sonido CD. Sin embargo, no es posible reproducir a la vez dos sonidos del mismo tipo (por ejemplo, no puedes reproducir a la vez dos CD de audio). Veamos con un poco más de detalle cada uno de los tipos de sonido digital que puedes emplear con Windows 98.

Sonido de onda

El sonido de onda se caracteriza porque la conversión de sonido analógico a sonido digital se realiza tomando muestras del sonido analógico muchas veces por segundo y asignando un valor a cada una de las muestras tomadas.

Cada uno de esos valores se almacena en un archivo que tendrá la extensión WAV (que viene del inglés *WAVE*, onda) y que se representa con el icono que puedes ver en la figura 11.1.

A la hora de reproducir el sonido se realiza el proceso inverso: el dato digital almacenado se transforma en analógico en función de su valor.

Hay tres parámetros principales que definen un archivo de sonido de onda. Como éste es el único tipo de sonido que podrás grabar con el accesorio Grabadora de sonidos de Windows 98 (que veremos más adelante en este mismo capítulo), es muy importante que entiendas bien los parámetros para poder realizar más tarde las mejores grabaciones.

- Velocidad de muestreo: este parámetro indica el número de muestras de sonido que se tomarán por segundo. Cuando mayor sea este valor mayor será el parecido del sonido digital con el real, pero también será mayor el espacio necesario para almacenarlo. La velocidad de muestreo se mide en KHz (kilohercios), siendo 1KHz igual a mil muestras por segundo.
- Tamaño de la muestra: este parámetro indica el número de bits que se utilizarán para almacenar el valor de cada muestra. Cuanto mayor sea, más fiel resultará la digitalización, pero también ocupará más sitio ésta en el disco.
- Mono o estéreo: este parámetro indica si el sonido se grabará en un solo canal (mono) o en dos (estéreo).

Figura 11.1. El icono de un archivo WAV

Al digitalizar un sonido mediante este método se podrán elegir muchas combinaciones posibles de estos tres parámetros. El factor común es que, a mayor fidelidad, más espacio de almacenamiento se necesitará. Por tanto, es importante que siempre que realices una digitalización contrapeses fidelidad con el espacio requerido para almacenarla.

Si quieres conocer el valor adoptado por cada uno de estos parámetros en cualquier archivo de sonido, abre la hoja de propiedades del mismo y selecciona la ficha Detalles (mira la figura 11.2).

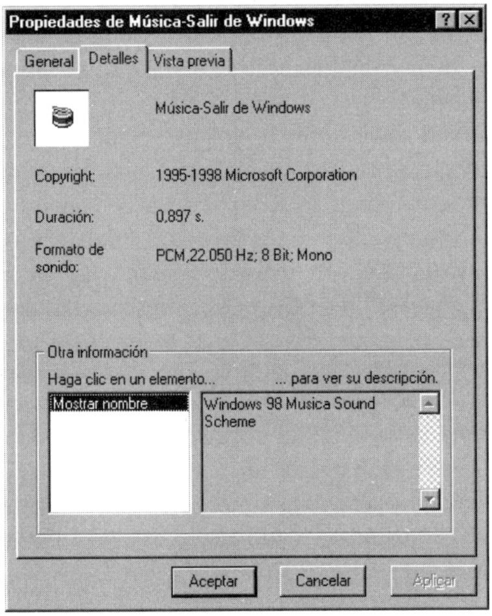

Figura 11.2. Propiedades de un archivo de sonido del tipo WAV

Si además tienes instaladas las capacidades multimedia de Windows 98 podrás escuchar el sonido seleccionando la ficha Presentación preliminar y haciendo clic en el botón Reproducir.

Sonido CD

El sonido CD (o CD Audio) también es un sonido de onda, pero se diferencia del sonido WAV en dos aspectos:

- Siempre se digitaliza con una velocidad de muestreo de 44,1 KHz y con un tamaño de muestra de 16 bits (esto es lo que se denomina *calidad CD*).

- No se almacena en archivos, sino que viene grabado en unas pistas especiales de los CD-ROM. Un disco compacto puede tener sólo pistas de sonido y ser, por tanto, un disco CD de audio convencional; puede contener sólo datos y ser un CD-ROM; y puede contener pistas de audio y de datos. En este último caso también se considera que el disco es un CD-ROM y deberás reproducirlo con la unidad CD-ROM de un ordenador. En la figura 11.3 puedes ver el icono que representa el sonido CD.

Figura 11.3. El icono que representa el sonido CD

Consejo

Casi todas las unidades de CD-ROM tienen un conector para auriculares en su parte delantera. Mediante ese conector podrás escuchar el sonido CD de los CD Audio que tengas, pero no podrás escuchar el sonido de onda ni el sonido MIDI. Por su parte, las tarjetas de sonido suelen tener un conector para altavoces que puedes emplear para escuchar el sonido de onda y el sonido MIDI de tu ordenador. Si además quieres escuchar el sonido CD a través de la tarjeta de sonido deberás conectar un cable especial entre el CD-ROM y la tarjeta de sonido. (Sin este cable también podrás escuchar el sonido CD a través de la tarjeta de sonido, pero para ello deberá intervenir el ordenador activamente, con la consiguiente penalización en la velocidad de funcionamiento del mismo.)

Sonido MIDI

A diferencia del sonido de onda, el sonido MIDI no es una representación numérica de una onda analógica. Las tarjetas de sonido incorporan un sintetizador capaz de reproducir el sonido de muchos instrumentos musicales. Un archivo MIDI (que aparece con la extensión MID y el icono de la figura 11.4) contiene, únicamente, las instrucciones necesarias para interpretar las notas que se deben tocar con esos instrumentos.

Figura 11.4. El icono que representa a un archivo MIDI

La calidad ofrecida por el sonido MIDI es muy inferior a la del sonido de onda pero, a cambio, los archivos MIDI ocupan un espacio mucho menor por lo que es posible almacenar mucho más tiempo de música en el mismo espacio.

Vídeo

El concepto del vídeo digital es idéntico al de sonido digital, con la diferencia de que se trata de convertir señal de vídeo (y no de audio) analógica en información digital. Sin embargo, por su carácter más tangible, es más fácil entender cómo funciona el vídeo digital que el audio. Piensa que una película es una sucesión rápida de fotogramas. Cada uno de esos fotogramas es, en realidad, una fotografía compuesta por un determinado número de puntos de colores. Por tanto, para convertir un película en información digital sólo hay que asignar un número a cada color y guardar un número por cada punto de cada fotograma.

Aunque la teoría es muy sencilla, la práctica se enfrenta con un problema muy grave: el espacio necesario para almacenar tanta información es enorme. Para almacenar una imagen de 640x480 puntos (resolución habitual de los monitores de un PC) con 256 colores (8 bits) se necesitan 300 Kb de espacio. Si ahora piensas que para dar sensación de movimiento son necesarios, al menos, 20 fotogramas por segundo (y recomendables 30), estamos hablando de casi 6 Mb de información por cada segundo de película. O sea, que si utilizases los 600 Mb disponibles en un CD-ROM para almacenar una película solamente podrás almacenar 1 minuto y 40 segundos de película de regular calidad.

La solución más habitual que se da a este problema consiste en reducir la calidad del vídeo digital para que ocupe mucho menos espacio (por ejemplo, reduciendo el tamaño de los fotogramas, el número de colores o el número de fotogramas por segundo). También se utilizan sistemas de compresión y descompresión en tiempo real de la información de vídeo, sistemas que cada vez son más populares y que con la llegada del DVD se harán comunes.

Archivos de vídeo

El vídeo digital también se almacena en archivos comunes. Los archivos de vídeo pueden tener muy distintos formatos, aunque los más comunes son el de Microsoft, denominado *Video for Windows* (que tienen la extensión AVI) y el de Apple, denominado *QuickTime* (que tienen la extensión MOV). Otro formato que es cada vez más común es el formato MPG. Windows 98 incorpora de serie la capacidad para reproducir en pantalla estos tres tipos de archivo.

El icono que utiliza Windows 98 para representar todos los archivos de vídeo digital es el que aparece en la figura 11.5 y que, como puedes ver, es la representación de una cámara de vídeo sobre una hoja de papel.

Para distinguir de qué tipo de archivo se trata debes observar el color de la cámara: si la cámara es gris se trata de un archivo AVI, si es azul se trata de un archivo MPG y si es verde se trata de un archivo MOV.

Figura 11.5. El icono que representa a un archivo de vídeo

Si abres la hoja de propiedades de cualquiera de los archivos de vídeo, podrás ver todas sus características (en la ficha Detalles), entre las que se encuentran algunas como el tamaño del fotograma (o, lo que es lo mismo, de la ventana en la que se reproducirá), el número de colores, el número de fotogramas por segundo, etcétera (mira la figura 11.6).

En la ficha Presentación preliminar podrás contemplar la película si haces clic en el botón Reproducir.

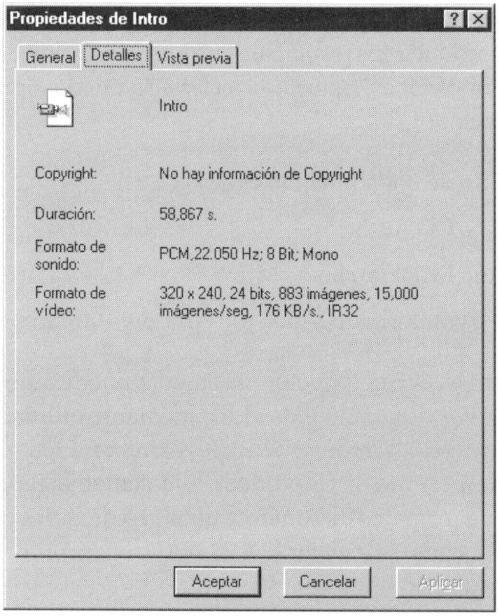

Figura 11.6. La hoja de propiedades de una película AVI

Accesorios multimedia

Windows 98 viene con un amplio surtido de programas dedicados a la explotación de las posibilidades multimedia de tu ordenador.

Puedes acceder a todos ellos a través de la opción Programas, Accesorios, Entretenimiento del menú Inicio.

Los siguientes apartados se dedican a describir cada uno de los accesorios multimedia que vienen con Windows 98.

Nota

En caso de que no tengas alguno (o ninguno) de los accesorios que aquí te explico, ello se puede deber a dos causas. La primera es que tu ordenador no tenga posibilidades multimedia (o sea, que no tenga tarjeta de sonido o CD-ROM, por ejemplo). La segunda es que estos accesorios no se instalasen durante la instalación de Windows (por ejemplo, porque en aquel momento no tuvieras dispositivos multimedia que ahora sí tienes). En este segundo caso puedes agregar estos programas tal y como se explica en el apéndice A.

Reproductor multimedia

Ésta es la principal herramienta multimedia de Windows 98, puesto que con ella podrás reproducir los principales formatos multimedia de sonido y vídeo.

En concreto, el Reproductor multimedia puede reproducir los formatos que vemos a continuación:

- Sonido de onda (archivos WAV).
- Sonido CD Audio.
- Sonido MIDI (archivos MID).
- Vídeo con formato Video for Windows (archivos AVI).

Además, el Reproductor multimedia puede aumentar su capacidad para reproducir archivos de sonido y de vídeo mediante utilidades añadidas.

En concreto, Windows 98 incluye una utilidad multimedia denominada ActiveMovie que permite al Reproductor multimedia reproducir archivos de una gran variedad de formatos de sonido y de vídeo digitales que no son muy corrientes en el mundo PC, como por ejemplo MPG, AU, etcétera (consulta el apartado "Control de ActiveMovie").

Si instalas otros programas o utilidades multimedia puedes incrementar los formatos multimedia que puede interpretar el Reproductor.

Si quieres reproducir un archivo de cualquiera de estos formatos con el Reproductor multimedia puedes optar por cualquiera de estos dos caminos:

- Ejecutar el Reproductor multimedia (mira la figura 11.7), abrir el formato de que se trate con el comando Archivo, Abrir y reproducirlo haciendo clic en el botón Reproducir.
- Hacer doble clic directamente sobre el archivo multimedia. Windows ejecutará el Reproductor multimedia, el cual reproducirá ese archivo. En caso de que el archivo multimedia tenga un formato que no pueda ser interpretado directamente por el Reproductor multimedia, sino que deba serlo por alguna de las herramientas adicionales que hayas instalado (como ActiveMovie), será ésta la que se ejecutará para que puedas ver o escuchar ese archivo multimedia.

Figura 11.7. El Reproductor multimedia

A medida que se reproduce el formato multimedia podrás ver una barra de tiempo con un indicador que va avanzando por ella. En cualquier momento podrás detener la reproducción, continuar, avanzar, retroceder, etcétera, de la misma manera que con un equipo de música.

Truco

Puedes encontrar un montón de archivos WAV y MID en la carpeta MEDIA que hay dentro de la carpeta WINDOWS. Recuerda que para escucharlos basta con que hagas doble clic sobre ellos.

En el caso de que quieras reproducir un CD de audio, deberás insertar el disco compacto en la unidad de CD-ROM y seleccionar a continuación el comando Dispositivo, CD audio. El Reproductor multimedia explorará el CD y te mostrará su duración total en la escala.

Si prefieres que aparezcan las pistas en la escala selecciona el comando Escala, Pistas. Podrás utilizar los controles del Reproductor multimedia igual que los de un equipo de música convencional.

Si decides reproducir una película con el Reproductor multimedia deberás observar algunos detalles. En primer lugar, si haces doble clic directamente sobre el icono de la película, ésta aparecerá en una ventana de ActiveMovie (consulta el apartado "Control de ActiveMovie") con un solo control de reproducción y una escala en su parte inferior. Por el contrario, si la reproduces desde el Reproductor multimedia, la película aparecerá sola en una ventana y el Reproductor multimedia (con todos sus controles) en otra (mira la figura 11.8).

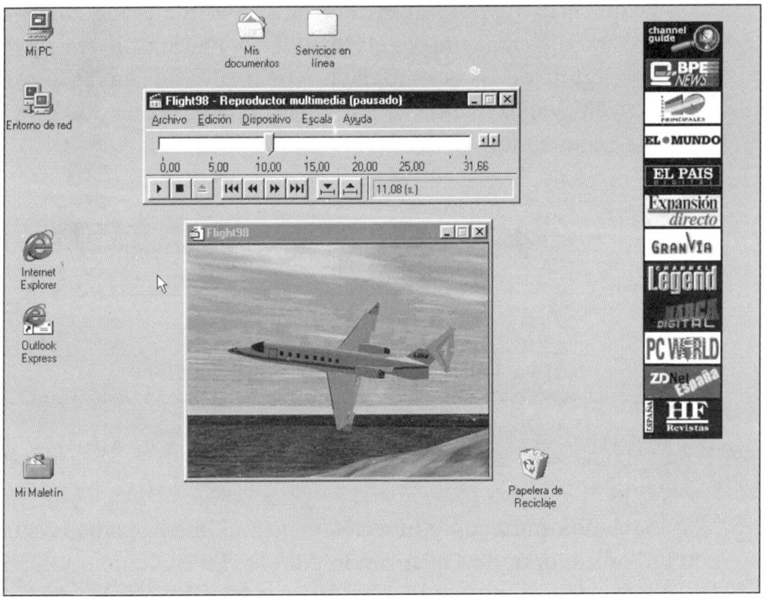

Figura 11.8. Una película en el Reproductor multimedia

Aviso

Si al tratar de ver una película con el Reproductor multimedia *aparece un mensaje del tipo "Vídeo no disponible, no se puede encontrar el descompresor", eso significa que la única manera posible de ver ese vídeo es mediante el control de* ActiveMovie.

En segundo lugar, puedes cambiar la escala de tiempo que aparece por omisión durante la reproducción por una escala de fotogramas, la cual te resultará más útil en la mayoría de las ocasiones. Para ello selecciona el comando Escala, Cuadros.

Y, en tercer lugar, observa que puedes cambiar el tamaño de la ventana en la que se está reproduciendo la película (arrastrando sus bordes). Esto traerá como consecuencia, normalmente, la pérdida de calidad en la reproducción de la película, pero eso es algo que debes valorar tú.

Si quieres cambiar el tamaño de la ventana en la que se reproduce una película concreta, arrastra los bordes de esa ventana. Si quieres cambiar el tamaño de todas las ventanas utiliza la ficha Vídeo del elemento Multimedia del Panel de control, tal y como verás posteriormente en este mismo capítulo.

Sea cual sea el formato multimedia que reproduzcas, un elemento común será el volumen a que suenen la música y los sonidos. Si quieres alterar el volumen utiliza el accesorio Control de volumen que se explica en el próximo apartado.

Control de volumen

El control del volumen del elemento multimedia que estés reproduciendo se realiza a través de un accesorio de Windows 98 que lleva el apropiado nombre de Control de volumen. Puedes acceder a este accesorio a través de tres caminos diferentes:

- Mediante el control Control de volumen que aparece en la zona de indicadores de la Barra de tareas si tienes instalada una tarjeta de sonido. Si haces clic sobre este indicador aparecerá un control que te permitirá cambiar el volumen maestro de todos los sonidos que emita Windows 98 (mira la figura 11.9). También puedes anular todos los sonidos activando la casilla Silencio del cuadro. Si haces doble clic sobre el indicador aparecerá el cuadro de diálogo Control de volumen, en el que podrás determinar el volumen con mucha mayor flexibilidad (mira la figura 11.10).

Nota

Si tienes instalada la tarjeta de sonido y no aparece el Control de volumen en la Barra de tareas, activa la opción Mostrar control de volumen en la barra de tareas que hay en la ficha Audio del elemento Multimedia del Panel de control.

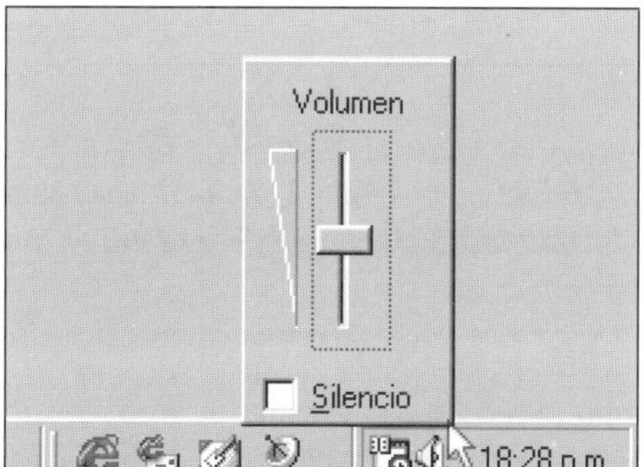

Figura 11.9. El Control de volumen en la Barra de tareas

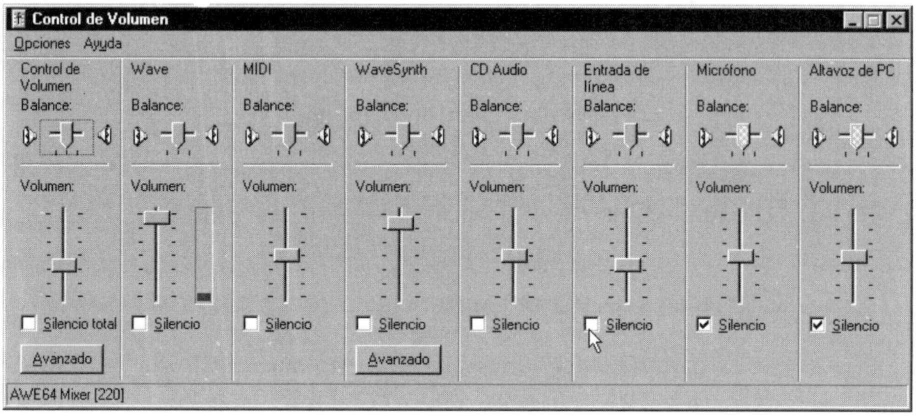

Figura 11.10. El cuadro de diálogo Control de volumen

- Seleccionando la opción Inicio, Programas, Accesorios, Entretenimiento, Control de volumen para que aparezca el cuadro de diálogo Control de volumen.
- Ejecutando el comando Control de volumen que aparece en el menú Dispositivo del Reproductor multimedia y en el menú Ver del Reproductor de CD para que aparezca el cuadro de diálogo Control de volumen.

En el cuadro de diálogo Control de volumen podrás determinar el volumen de cada tipo de sonido por separado, el balance (si tu tarjeta de sonido es estéreo) y el tono (graves y agudos). Además hay un control adicional que sirve para establecer el volumen maestro o general de todos los dispositivos. Es decir, si estableces un volumen para los sonidos de onda, ese volumen podrá variar hacia arriba o hacia abajo a partir del nivel que tú hayas determinado mediante el control maestro. Este control maestro o general (que es el que aparece en la barra de tareas) facilita el ajuste del volumen al centralizarlo en un solo mando.

Nota

Dependiendo de tu tarjeta de sonido, el Control de volumen *puede mostrar unos controles u otros. Por ejemplo, en la figura 11.10 puedes ver el* Control de volumen *de la tarjeta SoundBlaster AWE 64 que muestra el control WaveShynth que es propio de esta tarjeta.*

Si ejecutas el comando Opciones, Propiedades del accesorio Control de volumen aparecerá el cuadro de diálogo Propiedades (figura 11.11) en el que podrás seleccionar los elementos de audio que quieres que aparezcan en el Control de volumen. Algunos de ellos (como la Entrada de línea) los utilizarás con poca frecuencia, por lo que puedes eliminarlos del control para simplificar su apariencia (haciendo clic sobre un elemento activarás y desactivarás su aparición en el Control de volumen).

En este cuadro de diálogo también podrás decidir el tipo de controles que quieres ver: los de reproducción o los de grabación. Los primeros afectan al volumen que escucharás por los altavoces, mientras que los segundos afectarán al nivel de grabación de la fuente de sonido de que se trate.

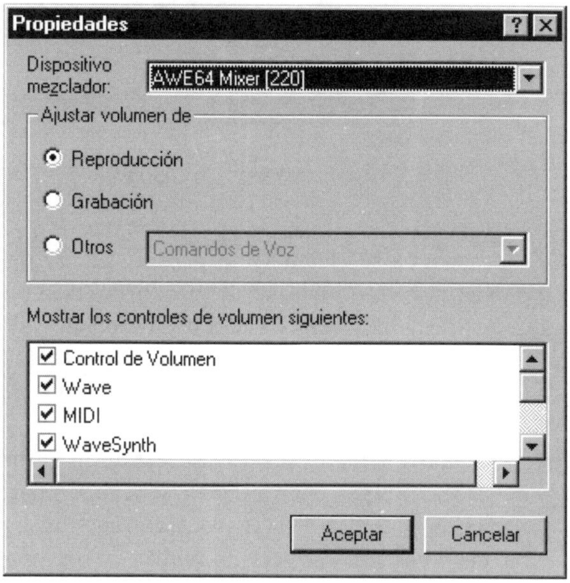

Figura 11.11. El cuadro de diálogo Propiedades *del* Control de volumen

Grabadora de sonidos

Este accesorio de Windows 98 sirve para que tú mismo crees archivos de ondas, es decir, para que digitalices los sonidos que quieras y los guardes en forma de archivos de onda (WAV).

Estos archivos de sonido los podrás utilizar más tarde para lo que desees: por ejemplo, para asociarlos a eventos de Windows 98. Además, la Grabadora de sonidos también se comporta como un pequeño estudio de sonido con el que podrás añadir efectos especiales a los archivos de onda (los que tú crees o los que ya tengas).

Grabar un sonido es muy sencillo, siempre que dispongas de un micrófono conectado a la tarjeta de sonido. Ejecuta la Grabadora de sonidos (mira la figura 11.12), haz clic en el botón Grabar (el que tiene el punto rojo) y comienza a hablar (o reproduce un sonido) en el micrófono. Cuando termines haz clic en el botón Detener (el que tiene un cuadrado negro). Si quieres comprobar el resultado de la grabación, haz clic en el botón Reproducir. Luego ya sólo te queda grabar tu digitalización mediante el comando Archivo, Guardar como.

Figura 11.12. La Grabadora de sonidos

La Grabadora de sonidos no sólo permite grabar desde el micrófono, sino que también puedes utilizar otra fuente de sonido. Por ejemplo, puedes utilizar la entrada de línea de la tarjeta de sonido, o el CD de audio. Para ello ejecuta el accesorio Control de volumen y selecciona la opción Ajustar volumen de Grabación en el cuadro de diálogo Propiedades (al que se accede mediante el comando Opciones, Propiedades). Cuando hagas clic en Aceptar, el Control de volumen te mostrará los controles que determinan el nivel de grabación. Activa la casilla Seleccionar de la fuente de sonido que quieras grabar y ajusta su volumen (su nivel de grabación). A partir de ese momento, cuando hagas clic en el botón Grabar de la Grabadora de sonidos se grabará lo que esté sonando por el canal elegido. Si has seleccionado más de un canal se grabará una mezcla de ambos sonidos.

Nota

Si tratas de grabar y no se escucha nada, posiblemente necesitarás aumentar el volumen (en nivel de grabación) de la fuente de sonido. Asegúrate de elegir los ajustes de Grabación *en* Control de volumen *antes de modificar el volumen.*

Parámetros de la grabación

Como ya te expliqué en el apartado "Conceptos básicos", hay ciertos parámetros que definen la calidad del sonido digitalizado mediante muestras. Cuando mayor sea esa calidad, mejor será el sonido, pero más espacio ocupará su almacenamiento. Jugar adecuadamente con los parámetros de grabación te permitirá llegar a un compromiso aceptable entre calidad y espacio.

Cuando quieras modificar los parámetros de grabación con los que digitalizará la Grabadora de sonidos deberás ejecutar el comando Archivo, Propiedades. Entonces aparecerá el cuadro de diálogo Propiedades de Sonido, en cuya parte inferior hay un cuadro de lista desplegable y un botón. Selecciona la opción Formatos de grabación en la lista desplegable y haz clic en el botón Convertir ahora para que aparezca el cuadro de diálogo Selección de sonido (mira la figura 11.13).

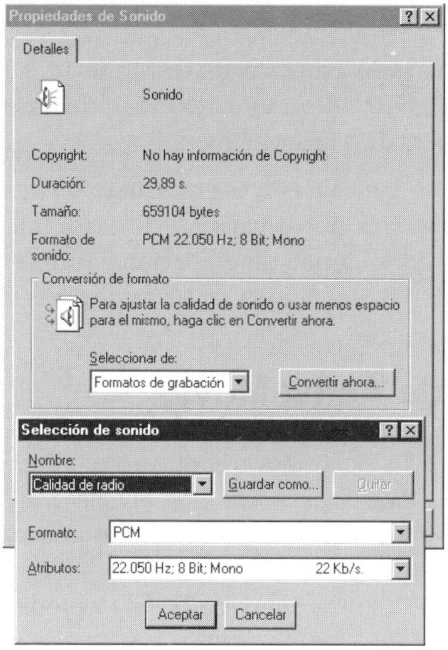

Figura 11.13. Los cuadros de diálogo Propiedades de Sonido *y* Selección de sonido

En este cuadro de diálogo podrás escoger uno de los formatos de grabación predefinidos seleccionándolo en el cuadro desplegable Nombre o elegir uno manualmente en el cuadro desplegable Atributos.

Luego haz clic en Aceptar en el cuadro de diálogo Selección de sonido y luego otra vez en Propiedades de sonido. La grabación que realices a continuación se efectuará con los parámetros que hayas elegido.

Aviso

Si ya tienes digitalizado un sonido y utilizas el botón Convertir ahora *para cambiar los parámetros de grabación, modificarás los parámetros del sonido ya grabado, aunque no su calidad (puesto que se grabó con otros parámetros). El resultado será que obtendrás un archivo de mayor tamaño pero idéntica calidad que uno de tamaño menor. Por tanto, si quieres cambiar los parámetros de la grabación hazlo antes de grabar o después de haber guardado el último sonido que hayas digitalizado.*

Los tres formatos de grabación predeterminados que trae Windows 98 tienen las siguientes características:

- Calidad de CD: este formato graba con la máxima fidelidad y es el que crea archivos más grandes (172 Kb por segundo de grabación). Utiliza una velocidad de muestreo de 44 KHz, un tamaño de muestra de 16 bits y en estéreo.
- Calidad de radio: este formato consume unos 22 Kb de espacio por segundo de grabación. Utiliza una velocidad de muestreo de 22 KHz, un tamaño de muestra de 8 bits y en mono.
- Calidad de teléfono: éste es el formato de peor calidad, aunque resulta suficiente para grabar palabras dichas al micrófono. Consume 11 Kb de espacio por segundo de grabación y utiliza una velocidad de muestreo de 11 KHz, un tamaño de muestra de 8 bits y en mono.

Control de ActiveMovie

El Control de ActiveMovie es otro accesorio multimedia que puedes encontrar en el menú Inicio, Programas, Accesorios, Entretenimiento. También aparecerá si tratas de reproducir un archivo multimedia que no pueda tratar directamente el Reproductor multimedia.

Su función es muy similar a la del Reproductor multimedia, pero con dos diferencias importantes:

- ActiveMovie puede reproducir archivos multimedia de más tipos que el Reproductor.
- Al ser un programa que utiliza la tecnología ActiveX de Microsoft, este control se puede utilizar desde dentro de otros programas con gran facilidad, permitiendo a esos programas reproducir archivos multimedia. El ejemplo más notable que encontramos de esta característica de ActiveMovie es el Explorador de Internet de Windows 98 (que veremos en el capítulo 13).

Trabajar con ActiveMovie es muy sencillo. Si haces doble clic sobre un archivo multimedia que sea competencia de ActiveMovie, éste se ejecutará automáticamente y reproducirá el archivo (mira la figura 11.14).

También puedes ejecutar ActiveMovie mediante el comando Inicio, Programas, Accesorios, Entretenimiento, Control de ActiveMovie. Entonces aparecerá el cuadro de diálogo Abrir que te permitirá seleccionar el archivo multimedia que quieres reproducir con ActiveMovie. Selecciónalo y haz clic en Aceptar. ActiveMovie reproducirá el archivo.

Figura 11.14. ActiveMovie *reproduciendo un vídeo*

Reproductor de CD

A pesar de que es posible reproducir discos compactos con el Reproductor multimedia, si quieres tener una sensación más parecida a la que produce una cadena musical deberás utilizar el accesorio Reproductor de CD.

Nota

El Reproductor de CD *se ejecutará automáticamente en cuanto introduzcas un CD de audio en la unidad de CD-ROM y comenzará a reproducir el disco. Si quieres evitarlo mantén pulsada la tecla Mayús mientras se cierra la bandeja del CD-ROM al introducir el disco (consulta el apartado "Ejecución automática de un CD-ROM").*

Cuando lo ejecutes mediante el comando Inicio, Programas, Accesorios, Entretenimiento, Reproductor de CD, verás que el Reproductor de CD es muy similar al lector de discos compactos de la mayoría de los equipos de música (mira la figura 11.15). La principal diferencia entre ambos es que con el Reproductor de CD puedes introducir el nombre del disco y de las pistas de música, y éstas aparecerán en pantalla mientras se ejecutan. Además, esa información no se pierde aunque cambies el disco. La próxima vez que introduzcas ese disco, el Reproductor de CD lo reconocerá y te mostrará los nombres de sus canciones apropiadamente.

Figura 11.15. El Reproductor de CD

Truco

Cuando cierras el Reproductor de CD *(haciendo clic en el botón* Cerrar *de su ventana o ejecutando el comando* Disco, Salir*) el disco deja de reproducirse automáticamente. Si quieres que el disco se siga reproduciendo aunque cierres el* Reproductor de CD*, desactiva la opción* Dejar de reproducir el CD al salir *que hay en el cuadro de diálogo* Preferencias *al que se llega ejecutando el comando* Opciones, Preferencias *del* Reproductor de CD.

Si quieres editar el nombre del disco y de sus pistas ejecuta el comando Disco, Editar lista de reproducciones. Aparecerá el cuadro de diálogo Configuración del disco, en la que podrás dar nombre al disco, a su autor y a cada una de las pistas.

Para cambiar el título del disco y el autor, simplemente haz clic en los cuadros Intérprete y Título y escribe lo que desees.

Para cambiar los nombres de las pistas primero haz clic en la pista cuyo nombre quieres cambiar en la lista Orden de interpretación. Luego haz clic en el cuadro de texto que aparece en la parte inferior del cuadro de diálogo e introduce el nombre apropiado. Por último haz clic en el botón Establecer nombre. Luego repite el proceso con la siguiente pista.

Truco

Puedes cambiar cíclicamente la información que aparece en la pantalla del Reproductor de CD *haciendo clic sobre la propia pantalla.*

Si lo deseas, también puedes establecer en este cuadro de diálogo la lista de pistas del disco que deseas escuchar y su orden. En primer lugar haz clic en el botón Borrar todo para eliminar todas las entradas de la lista Orden de interpretación. Luego ve seleccionando pistas en la lista Pistas disponibles y haciendo clic en el botón Agregar para que pasen a la lista Orden de interpretación. En caso de que desees restaurar la interpretación de todas las pistas en su orden natural haz clic en el botón Restablecer. Cuando termines haz clic en Aceptar.

Truco

Si quieres escuchar solamente unos segundos del comienzo de cada pista del CD, ejecuta el comando Opciones, Exploración de pistas. *Cuando escuches la canción que quieres oír vuelve a ejecutar este comando para que continúe la reproducción normal.*

Multimedia y el Panel de control

En el Panel de control podrás encontrar dos elementos que te permitirán controlar las posibilidades multimedia de tu ordenador a nivel del sistema. El primero se denomina Multimedia, y quizás resulte demasiado técnico para tu gusto. El segundo, que se llama Sonidos, posiblemente hará tus delicias.

El elemento Multimedia

Este elemento del Panel de control sirve para controlar algunos aspectos generales de los dispositivos multimedia conectados a tu ordenador (figura 11.16).

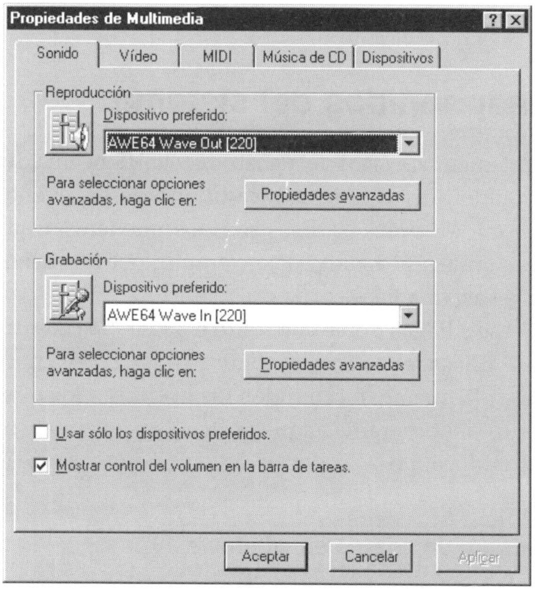

Figura 11.16. El cuadro de diálogo Propiedades de Multimedia

Las opciones se organizan en unas fichas que sólo aparecerán si tienes instalados los dispositivos correspondientes. Son éstas:

- Audio: en esta ficha podrás elegir el dispositivo que quieres utilizar para reproducir y grabar sonido, así como sus volúmenes respectivos y podrás activar y desactivar el control de volumen en la Barra de tareas.
- Vídeo: en esta ficha podrás elegir entre reproducir las películas de vídeo digital a pantalla completa o en una ventana. En este último caso podrás elegir, a su vez, entre reproducirlas a su tamaño predeterminado o variar el tamaño de la ventana. Si cambias el tamaño de la ventana o si decides reproducir la película a pantalla completa posiblemente perderás calidad de imagen. Las opciones que selecciones aquí se aplicarán por omisión a todas las películas que reproduzcas (recuerda que en el apartado "Reproductor multimedia" te expliqué la manera de cambiar el tamaño de reproducción de una película concreta).
- MIDI: en esta ficha podrás elegir los instrumentos MIDI que quieres usar.
- Música de CD: en esta ficha podrás determinar el volumen de reproducción del sonido CD audio por los auriculares. Si tu unidad de CD-ROM no tiene control externo de volumen, éste será el único sitio en el que podrás cambiar el volumen de tus auriculares.
- Dispositivos: mediante esta ficha podrás ver y modificar las propiedades de todos los dispositivos multimedia instalados en tu ordenador. Sólo para expertos.

Asignar sonidos del sistema

El elemento Sonidos del Panel de control tiene una divertida función: permite asignar el sonido que tú quieras a cada uno de los eventos o acciones que se pueden producir en Windows 98. Esos sonidos pueden ser archivos WAV que ya tengas u otros que grabes tú mismo. Por ejemplo, podrías asignar un sonido de retrete a la acción de vaciar la Papelera de reciclaje.

Cuando hagas doble clic sobre el icono Sonidos del Panel de control aparecerá la ventana Propiedades de Sonidos (figura 11.17). En ella podrás ver una lista denominada Sucesos en la que aparecen todos los eventos a los que se puede asignar un sonido precedidos del programa al que pertenecen (encima y más a la izquierda). Para asignar un sonido sigue la secuencia de pasos que aparece a continuación.

Para asignar un sonido en Windows 98

1. Abre el Panel de control y haz doble clic sobre el elemento Sonidos.

   Aparecerá la ventana Propiedades de Sonidos.

Figura 11.17. El cuadro de diálogo Propiedades de Sonidos

2. Desplázate por la lista Sucesos hasta encontrar el programa al que pertenece el evento al que quieres asignar un sonido. Luego encuentra el evento y haz clic sobre él para seleccionarlo.

   Windows resalta el evento seleccionado.

3. Selecciona un sonido de la lista Nombre o haz clic en el botón Examinar para seleccionar otro archivo de sonido distinto que no aparezca en la lista. Recuerda que debe ser un archivo de onda con formato WAV.

   Si haces clic en el botón Examinar, *Windows te mostrará el cuadro de diálogo* Buscar el sonido *que es muy similar al cuadro de diálogo* Abrir. *Explora tu sistema de archivos hasta encontrar el sonido que desees y luego haz clic en* Aceptar.

4. Vuelve al paso 2 para asignar otro sonido. Cuando hayas terminado de asignar todos los sonidos que desees, haz clic en el botón Guardar como para guardar tu combinación de sonidos.

   Windows te mostrará el cuadro de diálogo Guardar combinación como *y te pedirá un nombre para tu combinación de sonidos. Dáselo y haz clic en* Aceptar.

5. Haz clic en Aceptar para que los nuevos sonidos entren en acción.

Truco

Si quieres escuchar un sonido antes de asignarlo utiliza el botón Presentación preliminar *que aparece tanto en el cuadro de diálogo* Buscar el sonido *como en la propia ventana* *Propiedades de sonido.*

Consejo

Puedes usar alguna de las combinaciones de sonido predefinidas en Windows (o una que tú hayas creado) seleccionándola en el cuadro de lista desplegable Combinaciones.

Ejecución automática de un CD-ROM

Cuando se introduce un disco en una unidad de CD-ROM, Windows se da cuenta. En función del tipo de CD que se haya introducido, el sistema realizará una acción determinada. Esta característica de Windows 98 se denomina AutoPlay y, como te he dicho, su funcionamiento exacto dependerá del disco introducido:

- Si es un CD de audio (o sea, un CD convencional de música), AutoPlay ejecutará automáticamente el Reproductor de CD e interpretará el disco.
- Si es un CD-ROM, AutoPlay buscará un archivo llamado AUTORUN.INF y, si lo encuentra, lo ejecutará. En caso contrario, no hará nada especial.

La característica *AutoPlay* tiene otra vertiente. Al hacer doble clic sobre el icono de una unidad de CD-ROM, Windows busca en primer lugar el archivo AUTORUN.INF para interpretarlo. Este archivo contiene las instrucciones necesarias para ejecutar algún programa del disco y, si existe, el efecto práctico de AutoPlay es que se ejecutará un programa nada más introducir el disco en la unidad de CD-ROM. Si AutoPlay no encuentra el archivo AUTORUN.INF, mostrará una ventana con el contenido del disco.

Truco

Si quieres evitar que la característica AutoPlay *funcione al introducir un disco en una unidad de CD-ROM, mantén pulsada la tecla Mayús mientras introduces el disco.*

De igual forma, si abres el menú emergente de un CD-ROM verás dos comandos: Reproducción automática y Abrir. El primero sirve para ejecutar el comando *AUTOPLAY*.INF (y sólo aparecerá si en el disco hay un archivo con ese nombre), mientras que el segundo sirve para abrir una ventana que muestre su contenido. En caso de que el disco introducido sea de música verás los comandos Ejecutar y Abrir: el primero para ejecutar el Reproductor de CD e interpretar el disco y el segundo para abrir una ventana que muestre su contenido.

12

El módem y la conexión a Internet

El impresionante auge de Internet en unos pocos años ha hecho que cualquier sistema operativo actual que se precie disponga de todos los elementos necesarios que faciliten al usuario el acceso a la Red. Y, como no podía ser de otra manera, Windows 98 contiene todos esos elementos. En este capítulo vamos a estudiar la manera en que la mayoría de los usuarios se conectan a Internet: por teléfono.

Opciones de conexión a Internet

Aunque sin duda en los próximos años las opciones se incrementarán (con la llegada de la conexión por cable y de la conexión vía satélite), en la actualidad el usuario dispone de tres maneras básicas de conectarse a Internet:

- Conexión directa: en este caso, el ordenador del usuario está conectado a una red de área local que, a su vez, está conectada a Internet. En esta situación el usuario dispone de una conexión permanente a la red y, normalmente, de gran velocidad. Ésta es la situación de los usuarios de empresas de tamaño mediano o grande y de instituciones públicas y privadas. La manera de configurar Windows 98 para acceder a Internet en esta caso depende totalmente de la red local, así que es difícil dar unas ideas comunes. Si éste es tu caso, la mejor solución consiste en pedir ayuda al administrador de tu red.
- Conexión telefónica: en este caso, el ordenador del usuario se conecta a la red mediante una conexión telefónica analógica convencional (la misma que se utiliza para las llamadas telefónicas normales). Para ello es necesario que el usuario contrate el acceso a un Proveedor de Servicios de Internet, que es quién suple la tecnología de una red de área local por la tecnología de acceso telefónico. Este sistema de acceso es el más extendido entre los usuarios particulares.
- RDSI: en este caso el sistema de conexión es igual al anterior, con la diferencia de que la conexión no se realiza mediante una línea analógica convencional, sino mediante una línea digital de alta velocidad. Este sistema, que es casi tan barato como el anterior, permite unas velocidades de conexión más elevadas y se va haciendo más popular cada día.

Durante el resto del capítulo vamos a estudiar con detalle la conexión telefónica convencional (puesto que es la que usan la mayoría de los usuarios particulares). En caso de que dispongas de una conexión RDSI, la única diferencia que encontrarás será la necesidad de instalar el software de tu tarjeta RDSI en lugar del software del módem (por lo demás, todo será igual). Y si dispones de una conexión permanente, insisto en que tu administrador de red te indicará la manera de configurar la conexión.

Configuración de la conexión a Internet

En caso de que vayas a acceder a Internet mediante una conexión telefónica necesitarás realizar varios pasos antes de terminar de configurar Windows 98 para acceder a Internet.

Estos pasos son:

- Configuración del módem (o, en su caso, de la tarjeta RDSI).
- Configuración del Acceso telefónico a redes.
- Ejecutar el Asistente para la conexión a Internet.

En los siguientes apartados veremos con detalle cada uno de estos pasos.

El módem

El módem es el dispositivo que te permitirá conectar tu ordenador con el resto del mundo. Esa conexión se realizará a través de las líneas telefónicas convencionales, que utilizan una tecnología analógica. Como el ordenador sólo utiliza información digital, se necesita un dispositivo que convierta esa información digital en analógica, para así poder enviarla por la línea telefónica. Luego, el mismo dispositivo deberá convertir la respuesta (que también vendrá en forma analógica por la línea telefónica) en información digital que el ordenador pueda aprovechar. Pues bien, el módem es el dispositivo que se encarga de esas labores.

Hay muchos parámetros que definen a un módem. Del modelo que compres dependerá el tipo de servicios a los que tendrás acceso y el rendimiento de las comunicaciones. Por ello, no está de más que te informes antes de comprar uno.

A modo de resumen, la tabla 12.1 te muestra las principales características que definen a un módem.

Tabla 12.1. Principales características que definen a un módem

Característica	**Explicación**
Interno/Externo	El módem puede ser interno, en cuyo caso se conecta a una ranura de expansión del ordenador, o externo, en cuyo caso se conecta a un puerto serie. Cada tipo tiene sus ventajas e inconvenientes.
Velocidad	Hoy día no debes comprar un módem de menos de 33600 bps y, si puedes permitírtelo, compra uno de 56000 bps.
Protocolos	Debes comprobar que el módem que vayas a comprar sea compatible con los principales protocolos de comunicaciones existentes (v34, v32, v32bis, v42, v42bis, MNP, etcétera).
Fax	Es muy importante que el módem también sea fax. Hoy día casi todos los módems incluyen esta característica y ello te permitirá enviar y recibir faxes desde tu ordenador.

Una vez hayas instalado el módem, mediante Windows 98 podrás acceder a una gran variedad de nuevas posibilidades, como son:

- Mediante el programa Marcador de teléfono podrás hacer que el ordenador marque por ti cuando vayas a llamar por teléfono.
- Mediante el programa HyperTerminal podrás acceder a cualquier BBS u ordenador remoto en modo terminal.
- Mediante la utilidad Acceso telefónico a redes podrás configurar el ordenador para acceder a cualquier red a través del teléfono (puede ser la de tu oficina o Internet, por ejemplo). Luego puedes utilizar el Explorador de Internet (capítulo 13) y Outlook Express (capítulo 14) para navegar por Internet y para enviar y recibir correo electrónico respectivamente.
- Mediante cualquier otro programa de comunicaciones podrás acceder a todo tipo de servicios electrónicos. Por ejemplo, con el programa WinCIM podrás acceder a CompuServe y mediante el programa Amaris podrás acceder a Ibertex (estos dos programas son comerciales y no tienen nada que ver con Windows 98).

El espectro de posibilidades que se le presenta al usuario que tenga instalado un módem es casi infinito. Además, en los últimos años ha descendido excepcionalmente el precio de estos aparatos, siendo posible encontrar hoy día módems de buena calidad por un precio asequible. Si no dispones de una conexión permanente a Internet, el módem representa hoy por hoy la manera más barata de acceder a la Red. Si aún no tienes módem, no te lo pienses más. Si lo tienes, sigue leyendo. En los próximos capítulos te explicaré algunas de las cosas que puede hacer Windows 98 con un módem.

Aviso

Tanto éste como los dos próximos capítulos están dedicados a funciones de Windows 98 que requieren disponer de un módem (o de una conexión permanente a Internet). Si no tienes un módem puedes seguir leyendo para conocer estas características pero, evidentemente, obtendrás mucho más partido de ellos si dispones del aparato.

Configurar el módem

El módem se configura mediante el elemento Módems del Panel de control. Cuando hagas doble clic sobre él pueden ocurrir dos cosas:

- Si no tienes instalado ningún módem en Windows 98, aparecerá un Asistente que te dará la oportunidad de hacerlo (mira figura 12.1). Sigue sus instrucciones para instalar tu módem (consulta el apéndice B).

- Si tienes instalado un módem aparecerá la ventana Propiedades de Modems, que tiene dos fichas: General y Diagnóstico (mira la figura 12.2).

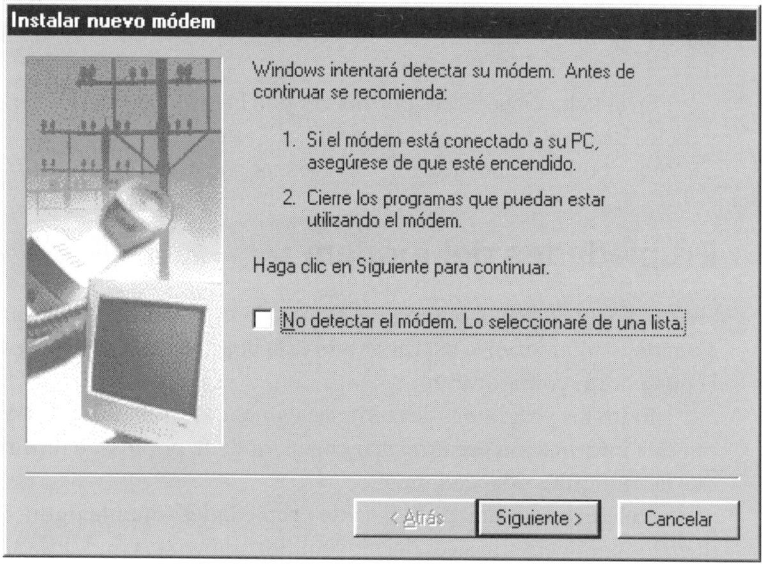

Figura 12.1. Este Asistente te ayudará a instalar tu módem

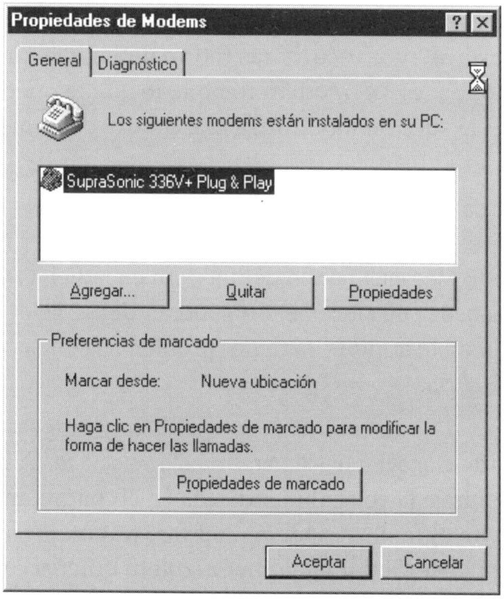

Figura 12.2. El cuadro de diálogo Propiedades de Módems

En la ficha General podrás ver un cuadro en el que debe aparecer tu módem. Si no aparece puede deberse a que no lo tuvieras cuando instalaste Windows 98 o a que éste no lo detectase. En caso de que no aparezca haz clic en el botón Agregar para iniciar el Asistente Instalar nuevo módem, el cual te guiará por los pasos necesarios para instalar tu módem. Sigue esos pasos y, cuando termines, el nombre de tu módem deberá aparecer en la lista.

En la ficha Diagnósticos podrás ver una lista de los puertos serie de tu ordenador y de los dispositivos conectados a ellos. Si seleccionas cualquier dispositivo y haces clic en los botones Controlador y Más información podrás obtener más datos sobre ellos.

Propiedades del módem

Si haces clic en el botón Propiedades de la ficha General después de haber seleccionado tu módem en la lista accederás a la hoja de propiedades de ese módem, desde la que podrás configurarlo.

Todos los programas de comunicaciones desarrollados para Windows 98 utilizarán esta información para trabajar con el módem, por lo que resulta muy importante que la configures adecuadamente.

En la ficha General de la hoja de propiedades (mira la figura 12.3) podrás introducir los parámetros básicos del módem. Seguramente, Windows ya habrá configurado estos datos automáticamente, pero no está de más que conozcas su significado.

- Puerto: indica el puerto serie al que está conectado el módem.
- Volumen del altavoz: sirve para establecer el volumen del altavoz del módem. Por este altavoz escucharás (normalmente) el progreso de la conexión de tu módem con el módem remoto, lo que te puede ayudar a interpretar lo que está sucediendo. Utiliza este control deslizante para establecer el volumen a tu gusto.
- Velocidad máxima: sirve para indicar a Windows la velocidad máxima a la que puede funcionar el módem. Puedes determinar esta velocidad solicitando Más información del módem en la ficha Diagnóstico de la ventana Propiedades de Modems. En general, debes seleccionar la velocidad más alta posible aunque, si tienes problemas con las comunicaciones, prueba a reducirla.

  Debajo de este cuadro desplegable hay una casilla de verificación denominada Conectar únicamente a esta velocidad. Si la activas, el módem sólo conectará a la velocidad indicada en el cuadro, interrumpiendo la conexión si no lo logra. Los módems siempre tratan de conectar a la velocidad más alta posible. Si por cualquier razón tú quieres conectar con algún servicio electrónico a una velocidad determinada en lugar de conectar a la máxima velocidad posible, activar esta opción puede ser la solución.

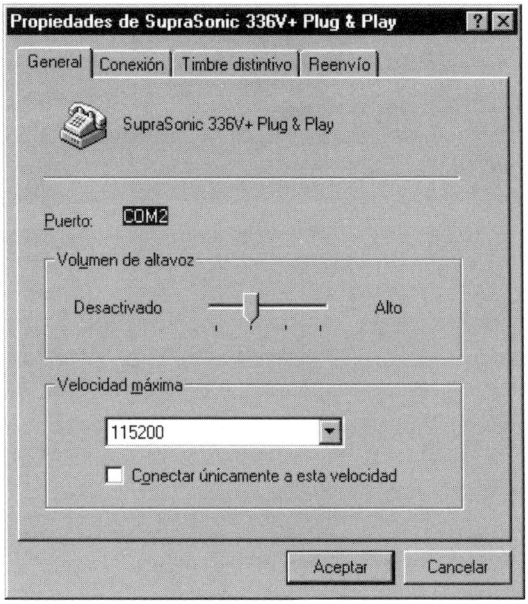

Figura 12.3. La ficha General *de la hoja de propiedades de* Módems

Nota

Observa que la velocidad máxima a que hace referencia la ficha General *de la ventana* Propiedades *de tu módem es la que se establece entre el puerto serie del ordenador y el módem, no entre los dos módems que hay a cada extremo de la línea telefónica. Por tanto, esa velocidad incluirá la resultante de la velocidad que se establece entre los dos modems más el factor de compresión que se haya utilizado en la transmisión.*

La ficha Conexión (figura 12.4), por su parte, se utiliza para introducir parámetros más avanzados. Son los siguientes:

- Preferencias de conexión: estos tres valores indicarán el tipo de paquetes que el módem transmitirá y esperará recibir. A tus efectos debes saber que, normalmente, sólo se utilizan dos combinaciones de todas las posibles: 8N1 (es decir, 8 Bits de datos, Ninguna Paridad y 1 Bit de parada), la más popular con diferencia (y la que utiliza, por ejemplo, Infovía), y 7E1 (es decir, 7 Bits de datos, Paridad Par y 1 Bit de parada). El servicio electrónico al que te conectes te informará de los parámetros que debes emplear.
- Esperar tono antes de marcar: mantén esta opción activada para evitar que el módem comience a marcar en cuanto descuelgue el teléfono y hacer que espere hasta escuchar el tono de marcar.

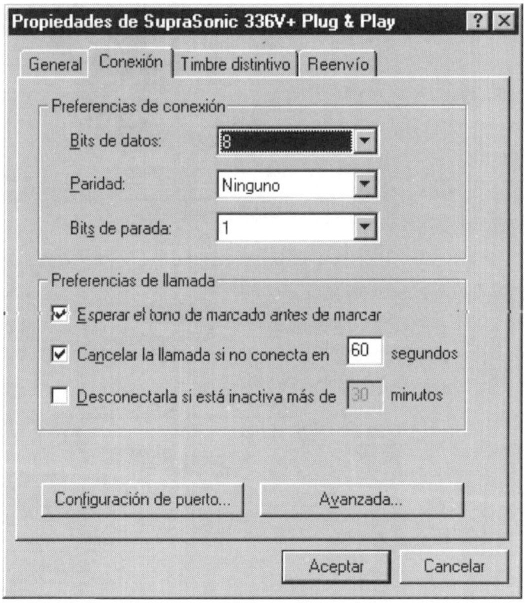

Figura 12.4. La ficha Conexión

- Cancelar la llamada: aquí puedes indicar los segundos que deberá esperar el módem antes de colgar si no logra establecer la comunicación. Como el proceso de conexión consume algo de tiempo, no conviene poner un valor inferior a 60, no sea que no dé tiempo a finalizar el proceso de conexión.
- Desconectar si está inactiva más de: aquí puedes indicar el número de minutos que deberá estar inactiva la conexión (es decir, que no se transmitan datos) para que Windows cuelgue la llamada. Esta opción no es conveniente activarla, ya que puede darse el caso de que transcurran esos minutos mientras tú o el ordenador remoto estáis realizando alguna labor auxiliar. Lo mejor es estar atento para no derrochar teléfono.
- Avanzada: si haces clic en este botón accederás al cuadro de diálogo Configuración avanzada de la conexión, en el que podrás introducir parámetros más avanzados. Si has seleccionado adecuadamente el nombre de tu módem al instalarlo no será necesario que modifiques ningún valor de este cuadro de diálogo. En caso de que, a pesar de todo, necesites modificar algún valor, consulta en la documentación de tu módem los valores correctos para el Control del errores y el Control de flujo.
- Configuración de puerto: este botón da paso al cuadro de diálogo Configuración avanzada de puerto. En él podrás modificar los valores para optimizar la transmisión, tal y como el propio cuadro de diálogo te explica.

La ficha Timbre distintivo permite instruir al módem para que identifique el tipo de llamada que estás recibiendo en caso de que la línea telefónica contemple esta posibilidad. En España, la compañía Telefónica no dispone de este servicio. Por su parte, la ficha Reenvío permite reenviar a otra línea las llamadas que recibas (si tu línea telefónica cuenta con este servicio).

Cuando termines de explorar la ventana Propiedades de tu módem haz clic en los botones Aceptar o Cancelar para volver a la ventana Propiedades de Módems.

Propiedades de marcado

La ventana Propiedades de Módems tiene otro botón denominado Propiedades de marcado. Si haces clic en él accederás al cuadro de diálogo del mismo nombre (mira la figura 12.5), en el que deberás introducir los datos necesarios para que Windows sepa cómo ha de marcar para establecer comunicación con el exterior.

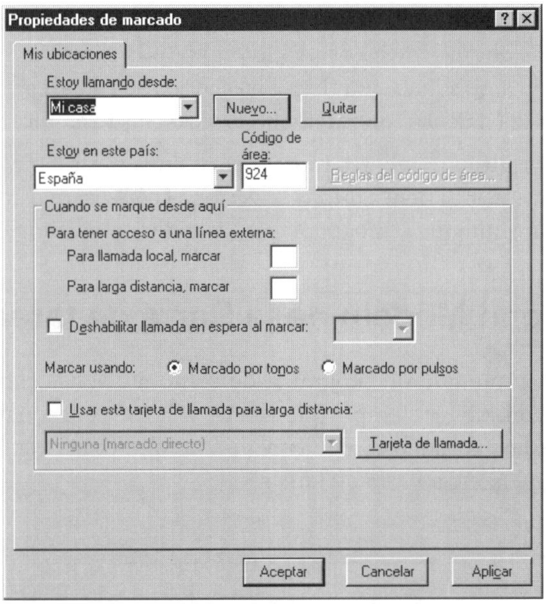

Figura 12.5. El cuadro de diálogo Propiedades de marcado

Este cuadro de diálogo es muy interesante, puesto que te permite establecer una configuración que luego usarán todos los programas de comunicaciones para llamar por teléfono. Además, es posible crear distintas ubicaciones, lo cual es muy importante si tienes un portátil que utilizas para establecer conexiones desde lugares distintos.

Hay algunos aspectos de este cuadro de diálogo que merece la pena comentar a continación:

- Aunque hay varias maneras de hacerlo, la manera más sencilla de configurar las llamadas que realice tu módem consiste en dejar en blanco el cuadro Código de área y agregar el prefijo de la provincia al propio número al que llames.
- En caso de que trabajes en una oficina es posible que debas introducir un número para conseguir línea externa (por ejemplo, el 0). Si es así introduce ese número en el cuadro Para llamada local. Si además hay que esperar tono antes de poder marcar, pon una W detrás del número (por ejemplo, introduce 0W).
- De igual manera que antes, en caso de que debas introducir un número para realizar llamadas de larga distancia, hazlo en la casilla Para larga distancia.
- Si tienes contratado el servicio de llamada en espera, es importante que lo desactives antes de iniciar la comunicación con el módem, ya que los pitidos de aviso de este servicio provocarán errores en la comunicación. Para ello activa la casilla Ubicación con llamada en espera e introduce el código #43# (si tienes contratado el servicio con Telefónica).
- Por último, deberás indicar si tu línea permite marcar por Tonos o por Impulsos. Si tienes dudas selecciona Impulsos, puesto que siempre funcionará, aunque también puedes consultar a tu compañía telefónica.

El icono Módem de la Barra de tareas

Siempre que un programa de comunicaciones escrito para Windows 98 establezca conexión, y siempre que ésta no se haya realizado mediante un Acceso telefónico a redes (consulta el siguiente apartado), podrás ver que aparece el icono Módem (figura 12.6) en la Barra de tareas.

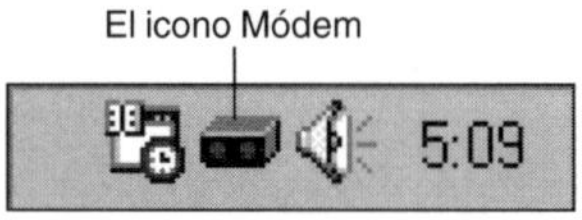

Figura 12.6. El icono Módem *de la Barra de tareas*

En caso de que se haya utilizado un Acceso telefónico, el icono que aparecerá será el icono Conexiones (que veremos más adelante en este mismo capítulo).

El icono Módem te informará del estado de la transmisión de datos de tres maneras distintas:

- Si sitúas el puntero del ratón sobre el icono durante unos instantes podrás ver el número de bytes enviados y recibidos.
- Si haces doble clic sobre el icono aparecerá un cuadro de diálogo (mira la figura 12.7.) en el que podrás ver el número de bytes enviados y recibidos y la velocidad a la que se ha realizado la conexión.
- El propio icono Módem tiene dos luces indicadoras: la de la izquierda indica que se están enviando datos y la de la derecha que se están recibiendo. Si el color de la luz es verde, ello indica que en ese momento se están trasmitiendo datos, y si es roja indica que no. Esto no será de mucha utilidad si tienes un módem externo (ya que éste tendrá sus propios indicadores) pero sí en caso de que tu módem sea interno.

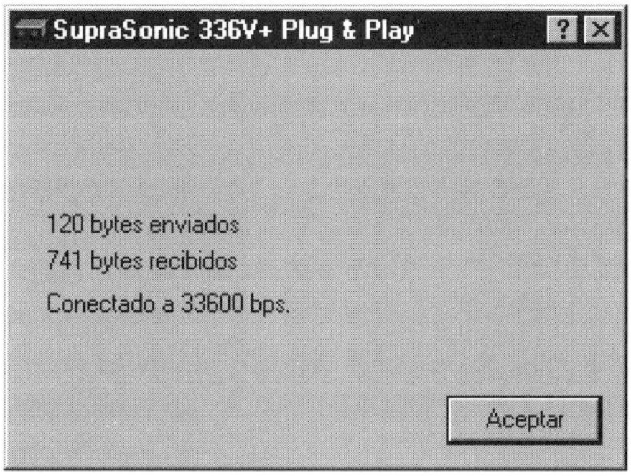

Figura 12.7. Si haces doble clic sobre el icono Módem *de la Barra de tareas podrás ver este cuadro de diálogo (o uno similar)*

Acceso telefónico a redes

Una vez que hayas instalado y configurado tu módem en Windows 98, deberás utilizar el Acceso telefónico a redes si quieres acceder a Internet o a cualquier otra red (como, por ejemplo, la de tu empresa). Mediante el Acceso telefónico se indican a Windows las características que deben utilizarse en la conexión, características que son mucho más complejas que las que se emplean para conectarse a una BBS o a un ordenador remoto en modo terminal (y de ahí que se necesite el Acceso telefónico).

Los parámetros concretos que debes utilizar para configurar tu Acceso telefónico dependen del proveedor de Internet con el que tengas contratado el acceso a la Red o del administrador de redes de tu empresa. Por tanto, antes de proceder a configurar un Acceso telefónico es necesario que dispongas de esos parámetros.

En este apartado vamos a ver las labores básicas que han de seguirse para crear un Acceso telefónico; luego deberás completar la configuración con los datos que te hayan suministrado.

Aviso

Para crear un Acceso telefónico a redes *es necesario tener instalado un módem. Si no lo tienes, Windows te sugerirá que lo instales y en ningún caso te permitirá crear un acceso sin que antes lo hayas instalado.*

Para abrir la carpeta Acceso telefónico a redes tienes dos opciones:

- Abre Mi PC y haz clic en el icono Acceso telefónico a redes.
- Ejecuta el comando Inicio, Programas, Accesorios, Comunicaciones, Acceso telefónico a redes.

Si no tienes creado todavía ningún Acceso telefónico aparecerá un Asistente que te ayudará a crear tu primer acceso:

Para crear un Acceso telefónico a redes

1. Ejecuta el comando Inicio, Programas, Accesorios, Comunicaciones, Acceso telefónico a redes.

   Si todavía no has creado ningún acceso aparecerá la primera ventana del Asistente. Si ya tienes creado alguno haz doble clic en el icono Realizar conexión nueva *para que aparezca el Asistente.*

2. Haz clic en el botón Siguiente.

   Si no has instalado un módem aparecerá un Asistente para que lo instales. Si ya tienes instalado un módem (o cuando termines con el Asistente de instalación del módem) aparecerá el cuadro de diálogo Realizar conexión nueva *que puedes ver en la figura 12.8.*

3. Introduce un nombre descriptivo para el Acceso telefónico que estás creando y selecciona un dispositivo de conexión (un módem o un adaptador RDSI). Luego haz clic en el botón Siguiente.

   Aparecerá otro cuadro de diálogo en el que tendrás que introducir el número al que deseas llamar (figura 12.9).

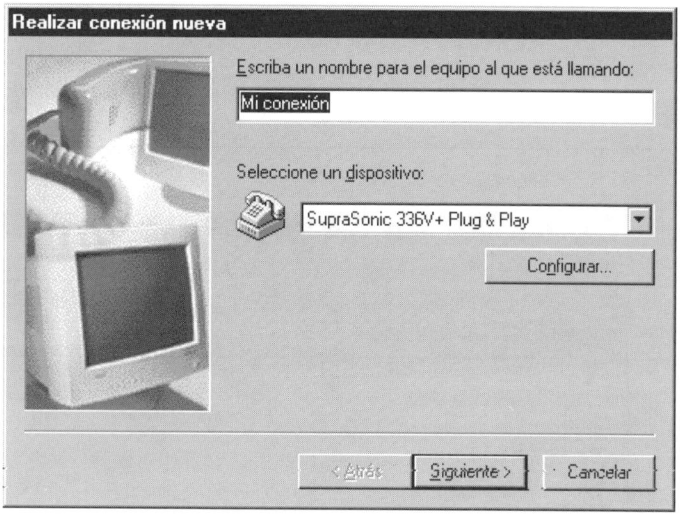

Figura 12.8. El cuadro de diálogo Realizar conexión nueva

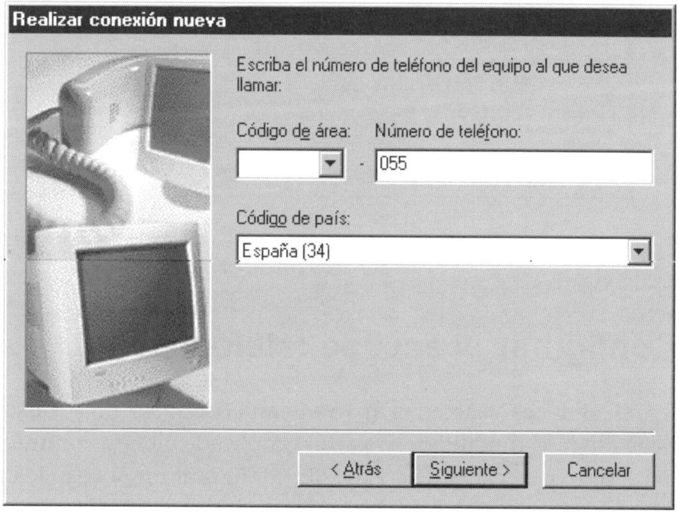

Figura 12.9. Introduce el número de teléfono al que debe llamar el acceso telefónico

4. Introduce el número de teléfono al que va a llamar esta conexión (por ejemplo, el de Infovía o el número de tu empresa que tiene instalado el módem). Haz clic en el botón Siguiente.

Aparecerá el último cuadro de diálogo del Asistente.

5. Haz clic en el botón Finalizar.

El Asistente se cerrará y podrás ver la ventana Acceso telefónico a redes *donde aparecerá un icono por cada acceso telefónico que hayas creado (figura 12.10).*

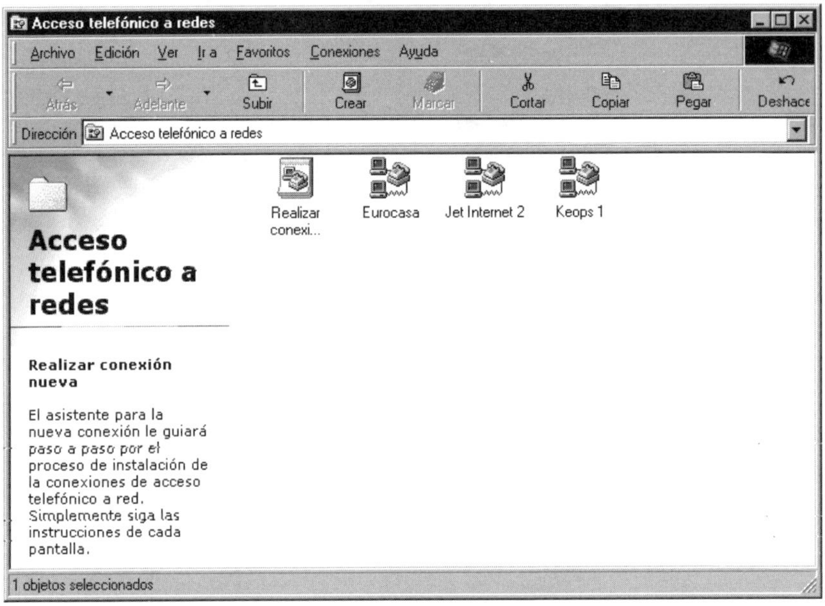

Figura 12.10. La ventana Acceso telefónico a redes *con un icono por cada conexión que hayas creado*

Configurar el acceso telefónico

Como has visto en el apartado anterior, crear un Acceso telefónico a redes no tiene ninguna dificultad. La parte complicada viene a continuación: la configuración del acceso que acabas de crear. Para configurar un Acceso telefónico debes hacer clic con el botón derecho del ratón sobre su icono. Cuando aparezca el menú emergente selecciona la opción Propiedades. Entonces aparecerá la hoja de propiedades de esa conexión (mira la figura 12.11).

Como puedes ver en la figura 12.11, esta hoja de propiedades contiene cuatro fichas. En la ficha General están los parámetros básicos que has introducido durante la creación del acceso.

En la ficha Tipo de servidor debes especificar la manera de conectarte a la red a la que estás llamando (éstos son los datos que te debe proporcionar tu proveedor de Internet o el administrador de la red de tu empresa). En la ficha Automatización puedes seleccionar un archivo que contenga la secuencia de órdenes necesarias para realizar la conexión (de nuevo, consulta con tu proveedor de Internet o con el administrador de la red). Y, por último, la ficha Multienlace te permite utilizar dos o más dispositivos (módems o canales RDSI) a la vez para aumentar la velocidad de conexión.

Antes de poder conectar a Internet es necesario que, al menos, configures correctamente la ficha Tipo de servidor. Una vez hayas terminado, haz clic en Aceptar para guardar los cambios.

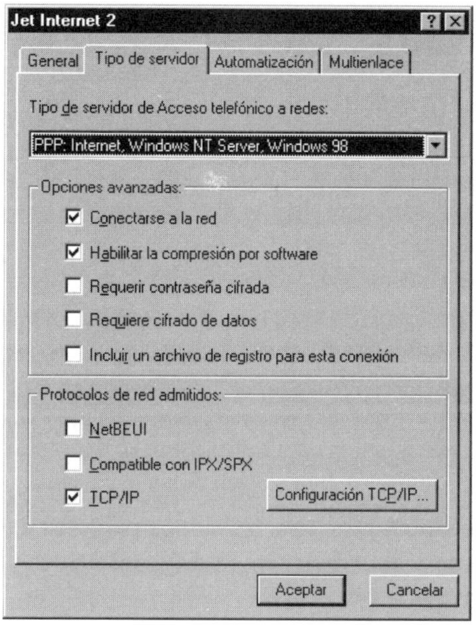

Figura 12.11. La hoja de propiedades de un Acceso telefónico a redes

Utilizar un Acceso telefónico

Una vez hayas creado y configurado un Acceso telefónico puedes comenzar a utilizarlo. Para establecer una conexión telefónica con Internet o con cualquier otra red para la que hayas preparado el acceso telefónico sólo tienes que hacer doble clic sobre el icono del acceso. Aparecerá el cuadro de diálogo Conectar con (figura 12.12) en el que deberás introducir tu nombre de usuario y la contraseña que tengas asignada. Luego haz clic en el botón Conectar para que Windows se encargue de instruir al módem para que marque el número de teléfono y establezca los protocolos necesarios con el ordenador remoto.

Si todo va bien, tras unos instantes aparecerá un cuadro de diálogo que te informará de que se ha realizado la conexión con éxito. También aparecerá el icono Conexión

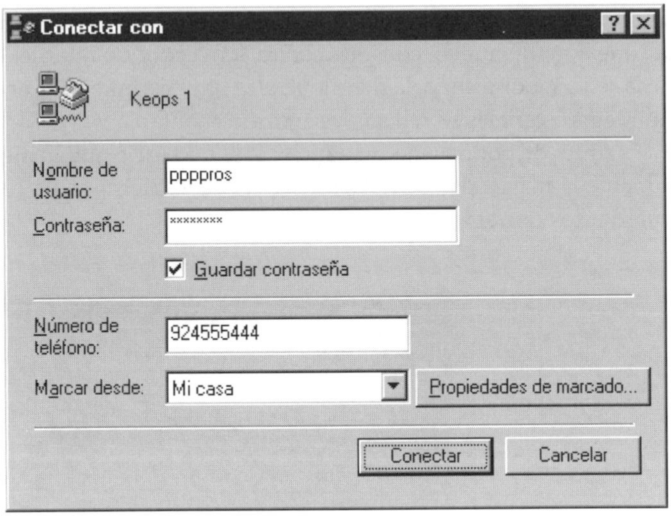

Figura 12.12. El cuadro de diálogo Conectar con

en la zona de indicadores de la Barra de tareas (figura 12.13). Al igual que ocurría con el icono Módem, el icono Conexión te informa sobre el estado de la conexión:

- Si sitúas el puntero del ratón sobre el icono durante unos instantes podrás ver el número de bytes enviados y recibidos.
- Si haces doble clic sobre el icono aparecerá un cuadro de diálogo (mira la figura 12.14.) en el que podrás comprobar diversos detalles sobre el estado de la conexión.
- Las dos luces indicadoras del icono te informarán (si se encienden) de que se están enviando o recibiendo datos.

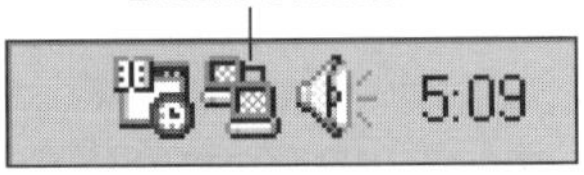

Figura 12.13. El icono Conexión *en la Barra de tareas*

Cuando desees finalizar la conexión tendrás dos opciones:

- Haz clic con el botón derecho del ratón sobre el icono Conexión y selecciona el comando Desconectar del menú emergente.
- Haz clic en el botón Desconectar del cuadro de diálogo Conectado con.

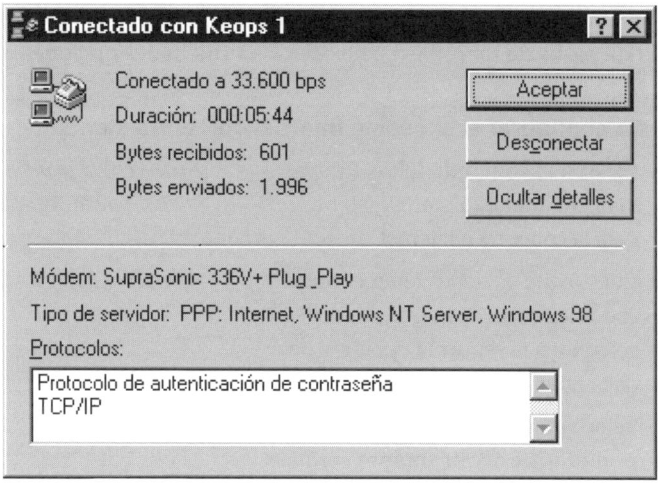

Figura 12.14. El cuadro de diálogo Conectado con

Automatización

Todo lo explicado en el apartado anterior presupone una utilización manual de los accesos telefónicos. Sin embargo, en muchos casos los propios programas que uses durante una sesión de acceso telefónico se encargarán de ejecutar automáticamente el Acceso telefónico y de cortar la conexión cuando convenga.

Por ejemplo, si abres el Explorador de Internet (que veremos en el próximo capítulo), introduces una dirección URL en la barra Dirección y pulsas la tecla Intro, el propio Explorador ejecutará automáticamente el Acceso telefónico para conectarse a Internet.

Cuando termines de navegar y cierres el Explorador, éste te preguntará si deseas interrumpir la conexión; si respondes que Sí, él mismo se encargará de finalizarla.

El Asistente para la conexión a Internet

Ya hemos completado dos de los tres pasos necesarios para que Windows 98 quede listo para acceder a Internet. El tercer paso (que es el que vamos a ver aquí) sólo es necesario realizarlo si piensas utilizar las herramientas de Windows 98 para acceder a Internet. Por el contrario, si piensas utilizar programas de otros fabricantes no es necesario que lo lleves a cabo.

Este tercer paso que nos queda consiste, básicamente, en proporcionar a Windows 98 todos los detalles necesarios para acceder a Internet. De todo el proceso se encarga el Asistente para la conexión a Internet, el cual puedes ejecutar mediante el comando

Inicio, Programas, Internet Explorer, Asistente para la conexión a Internet. La siguiente secuencia de pasos da un repaso general a las principales opciones de este Asistente.

Para configurar el acceso a Internet con el Asistente

1. Ejecuta el comando Inicio, Programas, Internet Explorer, Asistente para la conexión a Internet.

   Aparecerá la primera pantalla del Asistente, la cual puedes ver en la figura 12.15.

2. Puesto que ya debes tener configurado un acceso telefónico a redes, selecciona la segunda opción y haz clic en Siguiente.

   Aparecerá la segunda pantalla del Asistente.

3. Selecciona la opción que corresponda (que seguramente será la primera) y haz clic en Siguiente. En el siguiente cuadro de diálogo deberás indicar si vas a conectarte mediante la línea telefónica (es decir, usando un acceso telefónico) o mediante una red de área local (conexión permanente).

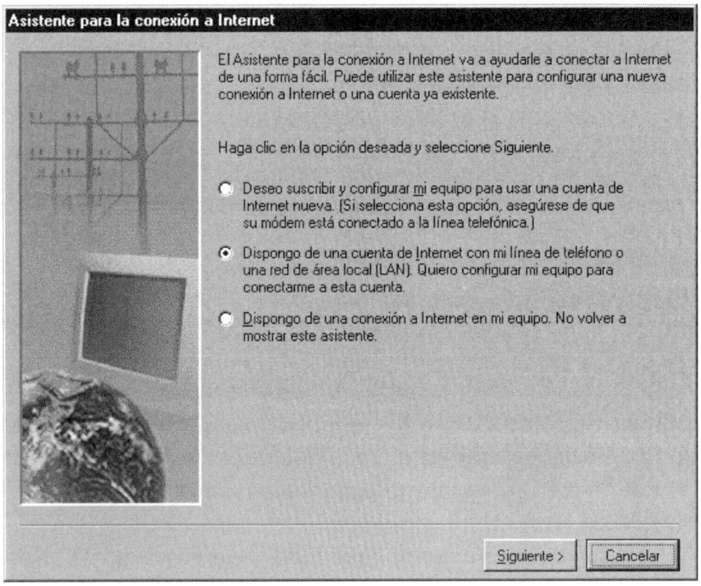

Figura 12.15. La pantalla inicial del Asistente para la conexión a Internet

4. Como en este ejemplo estamos suponiendo que accedes telefónicamente a Internet, selecciona la primera opción y haz clic en Siguiente. (Si utilizas una red de área local para acceder a Internet selecciona la segunda opción y consulta con el administrador de tu red.)

   El siguiente cuadro de diálogo te da a elegir entre crear una nueva conexión de acceso telefónico o usar una existente.

5. Como ya debes tener creado tu acceso telefónico, activa la segunda opción y luego selecciona el acceso telefónico que quieres usar para acceder a Internet (mira la figura 12.16). Luego haz clic en Siguiente.

   En el siguiente cuadro de diálogo tendrás la oportunidad, si fuera necesario, de modificar la configuración del acceso telefónico.

6. Selecciona No y luego haz clic en Siguiente.

   A partir de este punto ya has configurado la conexión a Internet. En los siguientes pasos, el Asistente te pedirá información para configurar tu cuenta de correo electrónico, de noticias y del directorio de Internet. Para todo ello debes disponer de los parámetros necesarios, parámetros que te debe suministrar tu proveedor de Internet. La configuración de la cuenta de correo electrónico la dejaremos para el capítulo 14, mientras que las noticias y el directorio de Internet no tienen cabida en este libro.

7. Selecciona la opción No y haz clic en Siguiente en los sucesivos cuadros de diálogo que aparecerán, hasta que llegues al cuadro de diálogo Configuración completada. En él haz clic en el botón Finalizar.

Con esto queda completado el proceso de preparar a Windows 98 para que puedas acceder a Internet.

Como tú mismo has podido ver, las opciones disponibles a cada paso del camino son innumerables, así que no es posible realizar un estudio en profundidad del tema (hay libros especializados sobre ello).

En caso de que se te presente algún problema que no puedas resolver con la información que te he proporcionado aquí, te sugiero que consultes con tu proveedor de servicios de Internet, con el administrador de la red o que consultes a un libro especializado.

Figura 12.16. Selecciona el acceso telefónico que tienes creado para acceder a Internet

13 El Explorador de Internet

Éste es un libro dedicado al sistema operativo Windows 98 y, por tanto, su contenido está orientado a explicar las funciones principales del mismo. Sin embargo, junto con el propio sistema operativo vienen una serie de herramientas y programas, algunos de las cuales debemos tratar, aunque sea de manera concisa, debido a la importancia que tienen en la informática personal actual.

Dentro de estos programas de acompañamiento se encuentran los relativos a Internet. En este libro vamos a ver dos de ellos: el Explorador de Internet y Outlook Express. Lo que leerás aquí debe ser más que suficiente para que aprendas a navegar por Internet y a enviar y recibir correo electrónico. Cuando necesites más información de la que aparece en estos dos capítulos, te sugiero que consultes alguno de los muchos libros que tratan específicamente de Internet.

El Explorador de Internet

En Windows 98, el programa que sirve para navegar por Internet (el navegador) se llama Internet Explorer o, en castellano, Explorador de Internet. Para poder utilizarlo es necesario que dispongas de una conexión a Internet, ya sea telefónica (como vimos en el capítulo anterior) o permanente (mediante una red de acceso local conectada a Internet).

Antes de comenzar a estudiar el Explorador de Internet es conveniente aclarar qué es un navegador y qué tiene que ver con Internet.

¿Qué es navegar por Internet?

Internet es un cúmulo de recursos y servicios puestos a disposición de cualquier usuario que cuente con las herramientas necesarias para sacarles provecho. Dentro de Internet, el servicio que sin duda más ha contribuido a popularizar la red es el de *páginas Web*.

Una página Web es un documento escrito en un lenguaje especial denominado *HTML* y que contiene la información que una persona determinada quiere publicar en la red. Estas páginas Web se colocan en ordenadores especiales conectados a la red que se denominan *servidores HTTP*.

Cuando un usuario quiera ver una página Web deberá utilizar un programa especial que realice las siguientes funciones: conectarse con el servidor HTTP, pedirle a ese servidor que le envíe la página que quiere ver y mostrar la página recibida en la pantalla. Pues bien, esta aplicación especial que realiza todas esas tareas se denomina *navegador*.

Ahora bien, de los millones de páginas Web que se pueden encontrar en Internet, ¿cómo puedes localizar la que te interesa? Eso se consigue mediante los denominados localizadores de recursos o *URL*. Un URL consta de dos partes: la dirección del servidor en la red y la vía de acceso a la página Web en el servidor.

Por ejemplo, el URL *http://www.microsoft.com/ie4/ie4.htm* hace referencia al servidor HTTP *www.microsoft.com* y, dentro de éste, a la página Web *ie4.hmt* que está en el directorio *ie4*.

Nota

El código http:// que aparece al comienzo del URL indica que esa URL corresponde a un servidor HTTP. El Explorador de Internet también se puede conectar a servidores que no son HTTP (como, por ejemplo, a servidores FTP). En cualquier caso, ese código se puede omitir al introducir el URL en el navegador (y poner sólo www.microsoft.com), puesto que éste es capaz de determinar por sí mismo el tipo de servidor al que se está conectando.

Un concepto importantísimo relacionado con las páginas Web es el de *vínculo*. Un vínculo es un elemento de la página Web que establece una relación con otra parte de la misma página Web o con otra página Web, tanto si esa página está en el mismo servidor o en otro diferente (recuerda los vínculos de la Ayuda de Windows que vimos en el capítulo 7). Por ejemplo, una página Web que trate de la liga española de fútbol puede tener un vínculo con otra página Web que trate de la liga italiana.

Nota

También se emplean los términos hipervínculo, enlace e hiperenlace como sinónimos de vínculo.

Los vínculos se reconocen porque generalmente aparecen en la pantalla en color azul y subrayados. Para activar un vínculo sólo tienes que hacer clic sobre él. En el ejemplo anterior, si haces clic sobre el vínculo de la liga italiana, el navegador automáticamente se conectará con el servidor en el que esté esa página y te la mostrará en pantalla. De esta manera, puedes recorrer Internet saltando de un vínculo a otro.

Pues bien, a todo el mundo de las páginas Web y de los vínculos que las unen se le denomina *WWW, World Wide Web* o *telaraña mundial de páginas Web*, puesto que es fácil imaginarse Internet como una gran red de conexiones que tiene una página Web en cada uno de sus nudos.

Cómo ejecutar el Explorador de Internet

El Explorador de Internet se puede ejecutar de muchas maneras diferentes. La manera que elijas para arrancarlo cada vez que quieras usarlo dependerá de tus gustos y de lo que estés haciendo en ese momento. Algunas de ellas son (figura 13.1):

- En el menú Inicio, Programas hay una carpeta denominada Internet Explorer y, en el interior de ésta, un icono llamado Internet Explorer. Si haces clic sobre este icono arrancarás el navegador.
- También puedes iniciar el navegador haciendo doble clic en el icono Internet Explorer que aparece en el escritorio.
- En la barra de herramientas **Inicio rápido** de la Barra de tareas de Windows 98 hay un botón denominado Iniciar el explorador Internet Explorer que también sirve para ejecutar el navegador.
- El navegador también se ejecutará automáticamente si tratas de acceder a una página Web desde cualquier lugar de Windows. Por ejemplo, si tienes un documento en tu procesador de textos que contenga un vínculo a una página Web, el navegador se ejecutará inmediatamente para conectarse con el servidor HTTP y mostrarte el contenido de la página (figura 13.5).

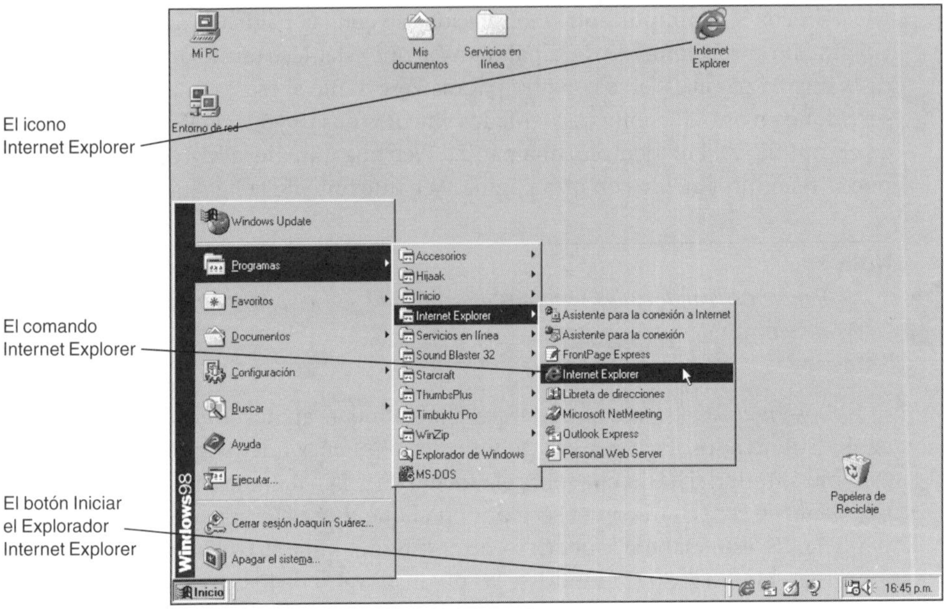

Figura 13.1. Diversas maneras de ejecutar el Explorador de Internet

Aviso

En cuanto ejecutes el navegador éste tratará de conectarse a Internet automáticamente. Si accedes a Internet por teléfono y no quieres que esto suceda (por ejemplo, para poder leer el siguiente apartado sin que te cueste dinero), haz clic en el botón Cancelar *del cuadro de diálogo* Progresión de marcado *en cuanto aparezca. A continuación, el Explorador te preguntará si quieres trabajar sin conexión a la red. Contesta afirmativamente y podrás estudiar la pantalla del navegador sin consumir teléfono.*

La pantalla del navegador

Una vez hayas arrancado el navegador podrás ver su pantalla principal, que es la que aparece en la figura 13.2. Los elementos principales de esta pantalla son:

- La barra del título: en la barra del título podrás ver el nombre del programa (Microsoft Internet Explorer) y el nombre de la página Web que estés visualizando en cada momento. Por ejemplo, en la figura 13.2 aparece el nombre "Bienvenidos a Microsoft España", que es la página Web que aparece en el navegador. Además, tienes los habituales botones Minimizar, Maximizar/Restaurar y Cerrar.

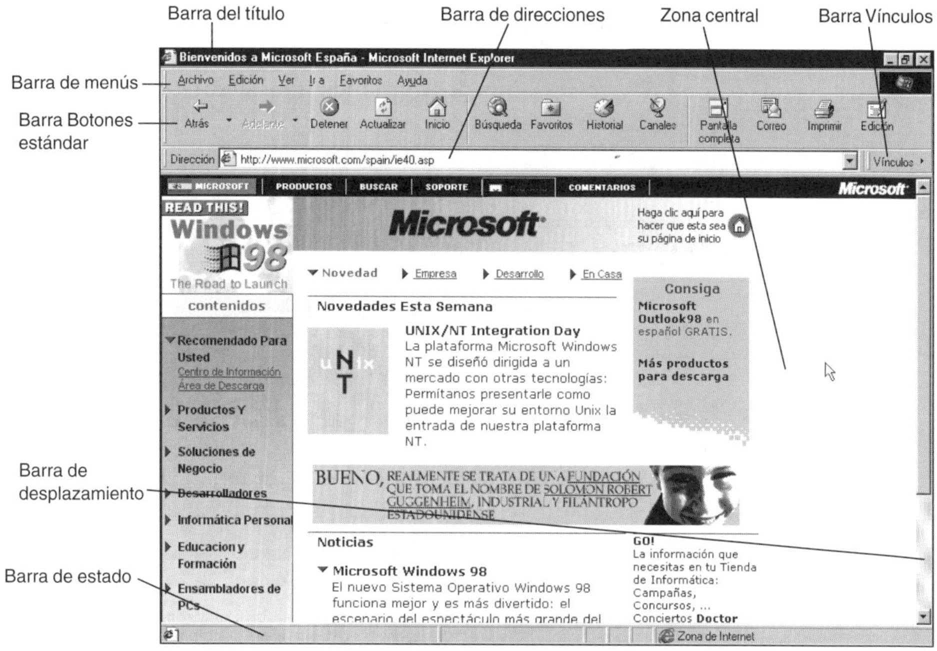

Figura 13.2. La pantalla principal del Explorador

- La barra de menús: la barra de menús contiene todos los comandos del navegador. En el extremo derecho de la barra de menús aparece el logotipo del Explorador. Este logotipo puede ser una imagen fija o animada. Si está animada quiere decir que el navegador está recibiendo datos desde el servidor HTTP. Cuando se queda fijo quiere decir que el navegador ha terminado de cargar la página Web.
- La barra de estado: es la zona más inferior de la pantalla del navegador. Su misión consiste en mostrarte información general del estado del navegador y de lo que está haciendo en cada momento.
- La gran zona central: en esta zona es donde el navegador te mostrará el contenido de la página Web que le hayas indicado. Aquí aparecerá el texto, los gráficos, los vídeos y demás elementos que conforman cada página Web.
- Las barras de desplazamiento: en caso de que el tamaño de la página Web que estás viendo exceda del tamaño de la zona central del navegador (cosa que es bastante frecuente), el navegador te mostrará unas barras de desplazamiento a la derecha y por debajo de la zona central (según sea necesario). Para ver las partes de la página Web que no caben en la zona central sólo tienes que emplear estas barras de desplazamiento.

- La barra de Direcciones: esta barra contiene la dirección URL de la página Web que estés viendo en cada momento (mira la figura 13.3). Si deseas ir a una página Web concreta puedes introducir aquí su dirección y pulsar Intro. El navegador se conectará con el servidor HTTP apropiado y te mostrará la página solicitada.

Figura 13.3. La barra de Direcciones

- La barra Botones estándar: esta barra contiene botones que cumplen las mismas funciones que los comandos más utilizados de los menús (mira la figura 13.4). Es decir, si haces clic en uno de los botones de esta barra producirás el mismo efecto que si ejecutas un determinado comando de la barra de menús. La diferencia estriba en que es más rápido hacer clic en uno de estos botones que ejecutar un comando.

Figura 13.4. La barra Botones estándar

- La barra Vínculos: esta barra contiene accesos directos a determinadas páginas Web que aparecen como botones en la barra (mira la figura 13.5). Para acceder a cualquiera de esas páginas Web sólo tienes que hacer clic en el botón que desees.

Figura 13.5. La barra Vínculos

Aviso

Puede ocurrir que cuando ejecutes el Explorador por primera vez, la barra Vínculos *aparezca en el extremo derecho de la barra de* Direcciones *y que no puedas ver más que su nombre tal y como ocurre en la figura 13.2. Si te sucede esto, sitúa el puntero del ratón sobre la rayita vertical que hay a la izquierda de la palabra* Vínculos *hasta que se convierta en una flecha horizontal de dos cabezas. En ese momento haz clic y, manteniendo pulsado el botón del ratón, arrastra ésta hacia la izquierda. Cuando la barra alcance el tamaño que desees suelta el botón del ratón.*

Navegar

Una vez que conoces los elementos que conforman la pantalla del Explorador de Internet es el momento de comenzar a navegar por Internet.

Conectarse a Internet

Como ya sabes, en cuanto ejecutes el navegador éste tratará de conectarse a Internet inmediatamente.

Si no se lo impediste cuando ejecutaste antes el navegador, ahora ya debes estar conectado. En tal caso ya podemos comenzar a navegar.

En caso contrario, es decir, si impediste que el navegador se conectase a Internet cuando lo ejecutaste antes, ahora estás trabajando en el modo "Sin conexión a la red". Para comprobar que es así puedes desplegar el menú Archivo. En su parte inferior hay un comando denominado Trabajar sin conexión a la red. Si aparece una marca de verificación a su izquierda, es que estás trabajando sin conexión a la red. En caso contrario es que estás conectado.

Si estás trabajando sin conexión a la red y quieres conectarte deberás escribir una dirección URL en la barra Direcciones y pulsar Intro. Entonces pueden ocurrir dos cosas:

1. Si ya has visitado antes esa página Web, Internet Explorer te mostrará el contenido que tenía la página la última vez que la visitaste, sin necesidad de conectarte a Internet. Ejecuta el comando Ver, Actualizar y aparecerá el cuadro de diálogo Actualizar sin conexión a la red que te ofrece la opción de conectarte a Internet o de seguir desconectado. Si haces clic en el botón Conectar, Explorer se conectará a Internet.
2. Si no habías visitado antes esa página Web, Internet Explorer te mostrará el cuadro de diálogo Actualizar sin conexión a la red que te ofrece la opción de conectarte a Internet o de seguir desconectado. Si haces clic en el botón Conectar, el Explorador se conectará a Internet.

Si has hecho clic en el botón Conectar y si todo ha ido bien, en este momento deberás estar conectado a Internet y el navegador te estará mostrando la página Web correspondiente a la dirección URL que introdujiste en la barra de Direcciones.

Navegar

Una vez conectado a Internet ya puedes comenzar a navegar libremente. Navegar no consiste más que en pasar de una página Web a otra.

Para pasar de una página a otra tienes varios caminos:

- Introducir la dirección URL de la página que quieras visitar en la barra de Direcciones y pulsar Intro.
- Hacer clic en la flecha que hay en el extremo derecho de la barra de Direcciones para que se despliegue la lista de todas las direcciones URL que has introducido en ella. Luego sólo tienes que desplazarte por la lista hasta encontrar el que te interesa y hacer clic sobre él.
- Hacer clic en un vínculo de una página Web para pasar a otra página. Recuerda que las paginas Web pueden contener vínculos, es decir, elementos que te permiten pasar de una página Web a otra o de una parte de una página Web a otra parte de esa misma página. Como ya hemos visto, los vínculos se reconocen porque suelen ser textos que aparecen en color azul y subrayados. También hay vínculos asociados con una imagen. Si tienes dudas sobre si un texto o una imagen son un vínculo sitúa el puntero del ratón sobre ellos. Si el puntero se convierte en una mano con un dedo señalando, entonces ese elemento es un vínculo. Para activar el vínculo sólo tienes que hacer clic sobre él.

  En una página Web también te puedes encontrar con otros elementos, como campos de un formulario, controles multimedia, etcétera. La utilización de estos elementos suele ser muy sencilla e intuitiva, y tu propia experiencia te ayudará a emplearlos.
- Utilizar un acceso directo que tengas en tu carpeta Favoritos (consulta el apartado "Favoritos" más adelante en este mismo capítulo).

En cualquiera de los casos, el navegador se conectará con el servidor HTTP apropiado y te mostrará la página Web solicitada.

Consejo

Navegar con soltura por Internet es cuestión de práctica. Mi recomendación es que dediques unas horas a visitar todas las páginas Web que puedas para familiarizarte con el mecanismo.

Controlar la navegación

A medida que vayas navegando por Internet te darás cuenta de que hay páginas Web que se cargan (es decir, que aparecen en el navegador) mucho más deprisa que otras. La velocidad con la que puedes visualizar una página Web depende de la calidad de la conexión que tiene el servidor HTTP con la red.

En algunos casos, la espera necesaria para poder cargar una página Web no te compensará con lo que esa página te ofrezca.

En otras ocasiones, las páginas Web no están bien diseñadas y tienen un tamaño desproporcionado debido a que contienen una cantidad enorme de texto y de imágenes. Cuando trates de ver una de esas páginas deberás esperar una considerable cantidad de tiempo a que se transfiera la información desde el servidor HTTP a tu navegador.

Éstos son dos casos en los que puede que te gustase interrumpir la carga de la página Web. Explorer ha previsto esa contingencia y cuenta, en la barra de Botones estándar, con un botón denominado Detener que sirve precisamente para eso: detiene la carga de la página Web que estés tratando de visualizar (mira la figura 13.6).

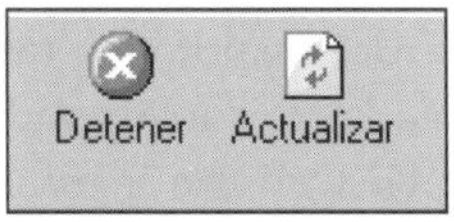

Figura 13.6. Los botones Detener *y* Actualizar *de la barra de* Botones estándar

Otro caso en el que el botón Detener te puede resultar útil es aquél en el que comiences a cargar una página y, cuando ya estés viendo una parte de ella, te des cuenta de que su contenido no te interesa. En esta situación puedes hacer clic en el botón Detener para ahorrarte la espera de cargar la página completa, pudiendo así pasar a otra cosa inmediatamente.

Otro botón muy importante con el que cuenta Explorer es el botón Actualizar. Si utilizas el botón Detener para interrumpir la carga de una página Web, el navegador sólo te mostrará en la pantalla la parte de la página que le haya dado tiempo a recibir antes de que hicieses clic en Detener. Si luego cambias de idea y decides que quieres ver la página completa deberás hacer clic en el botón Actualizar para que el navegador vuelva a conectar con el servidor HTTP y transfiera la página completa.

Pero también hay otras situaciones en las que deberás utilizar el botón Actualizar si quieres ver la versión más reciente de las páginas Web que visites. Por ejemplo, si accedes a Internet a través de un servidor proxy (consulta a tu administrador de red o proveedor de Internet), deberás hacer clic en el botón Actualizar cada ver que visites una página Web cuyo contenido sepas que cambia a menudo.

Favoritos

A medida que vayas navegando accederás a páginas que te resultarán de un especial atractivo, así como a muchas otras que no tendrán mucho interés para ti. Como en Internet hay millones de páginas Web, volver más adelante a una página que te haya gustado puede resultar una labor muy difícil y, en algunos casos, casi imposible.

Para solucionar este problema, el Explorador cuenta con un mecanismo que permite que crees una agenda con las direcciones URL de tus páginas Web predilectas. Este mecanismo se denomina *favoritos*.

Los favoritos no son más que accesos directos a determinadas páginas Web. Todos tus favoritos (es decir, todos los accesos directos a tus páginas Web preferidas) se almacenen dentro de una carpeta denominada Favoritos que hay dentro de la carpeta Windows.

Para tu mayor comodidad puedes organizar los favoritos en carpetas y subcarpetas dentro de la carpeta Favoritos. Por ejemplo, si eres aficionado a la astronomía, puedes crear una carpeta de favoritos que se denomine *Astronomía* y que contenga los accesos directos a todas las páginas Web de astronomía que hayas encontrado mientras navegabas. Más tarde, cuando quieras volver a una de estas páginas sólo tendrás que seleccionarla de la carpeta correspondiente, en lugar de pasarte horas tratando de averiguar la dirección URL en la que estaba situada.

Cada vez que te encuentres con una página Web cuya dirección quieras conservar deberás ejecutar el comando Favoritos, Agregar a Favoritos. Entonces aparecerá el cuadro de diálogo Agregar a Favoritos que puedes ver en la figura 13.7.

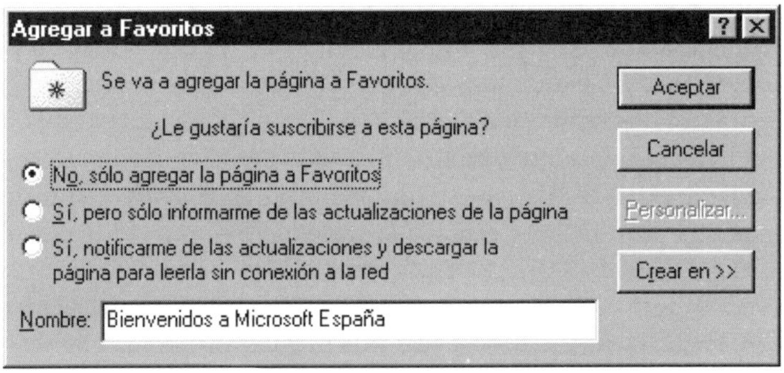

Figura 13.7. El cuadro de diálogo Agregar a Favoritos

Las opciones de este cuadro de diálogo son:

- Nombre: introduce el nombre que quieras dar a este favorito. Por omisión, Explorer le da como nombre el título de la página Web que estás viendo pero, si quieres, le puedes dar otro.
- ¿Le gustaría suscribirse a esta página? Esta opción te da la opción de suscribirte a la página Web además de crear el favorito. Las suscripciones no se tratan en este libro.

- Crear en: si haces clic en este botón el cuadro de diálogo aumentará de tamaño y aparecerán una zona nueva en su parte inferior y un botón denominado Carpeta (mira la figura 13.8). Esta zona nueva te permite elegir la subcarpeta en la que quieres almacenar tu nuevo favorito. Por omisión los favoritos se almacenan en la carpeta Favoritos, pero si lo deseas puedes almacenarlos en subcarpetas dentro de la carpeta Favoritos (con el objeto de tenerlos organizados por temas).

  Cuando vayas a almacenar un favorito en una subcarpeta pueden ocurrir dos cosas: que la subcarpeta ya exista o que no. Si la subcarpeta ya existe sólo tienes que hacer clic sobre ella para seleccionarla. Si no existe deberás crearla.

  Para crear una subcarpeta nueva deberás, en primer lugar, elegir la carpeta dentro de la que quieres crear la nueva (puede ser la carpeta Favoritos o cualquiera de las subcarpetas que ya tengas creadas). Para elegir esa carpeta basta con hacer clic sobre ella. A continuación, haz clic en el botón Carpeta y el Explorador te mostrará el cuadro de diálogo Crear nueva carpeta, en el que deberás introducir el nombre de tu nueva subcarpeta. Luego haz clic en Aceptar. Explorer creará la subcarpeta nueva dentro de la que hubieras seleccionado y le dará el nombre que hayas introducido.

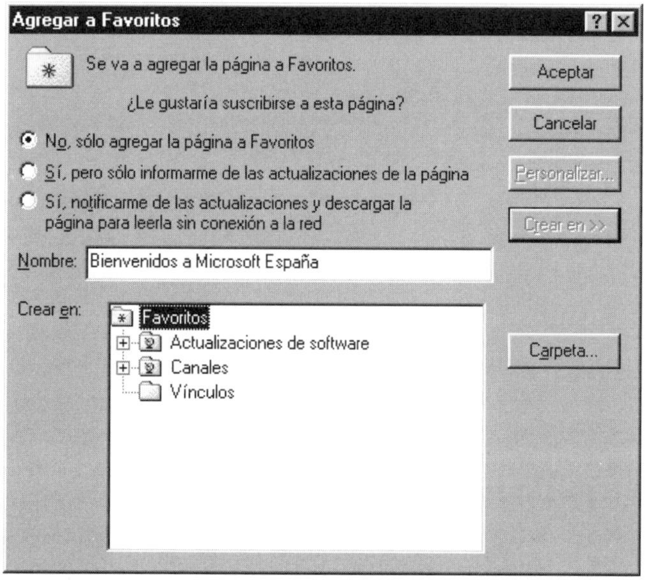

Figura 13.8. El cuadro de diálogo Agregar a Favoritos *completo*

- Aceptar: una vez hayas introducido el nombre del favorito, seleccionado las opciones de suscripción y elegido la carpeta en la que quieres almacenarlo, haz clic en este botón para que el Explorador almacene el favorito.
- Cancelar: si cambias de idea con respecto a crear el favorito, haz clic en este botón para anular el proceso.

Después de crear un favorito podrás volver a esa página Web de una manera muy sencilla. Despliega el menú Favoritos y verás que en su parte inferior aparecen todos los favoritos que hayas ido añadiendo (figura 13.9), así como todas las subcarpetas que hayas ido creando. Para volver a una de las páginas Web que aparecen aquí sólo tienes que hacer clic sobre el favorito correspondiente. En caso de que el favorito esté dentro de una subcarpeta, sitúa el puntero del ratón sobre la subcarpeta en cuestión para que el Explorador te muestre su contenido; luego haz clic sobre el favorito. En cuanto hagas clic sobre un favorito, el navegador se conectará con el servidor HTTP correspondiente y te mostrará la página Web seleccionada.

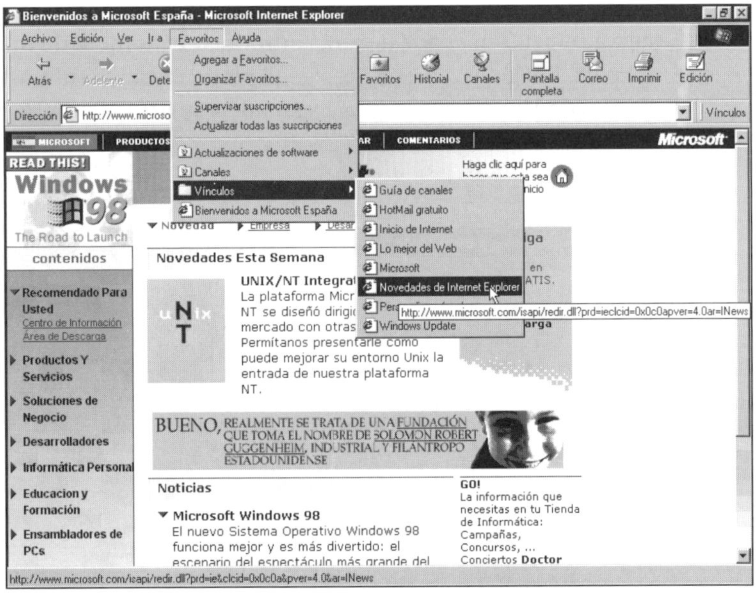

Figura 13.9. El menú Favoritos *desplegado*

Organizar los favoritos

Si vas añadiendo abundantes favoritos a medida que navegas por Internet, llegará un momento en que tendrás que reorganizar el menú Favoritos para poder encontrar tus favoritos con comodidad.

Cuando quieras organizar tus favoritos ejecuta el comando Favoritos, Organizar Favoritos. Aparecerá el cuadro de diálogo Organizar Favoritos que puedes ver en la figura 13.10 y que es similar a cualquier ventana del Explorador de Windows. Aquí puedes mover los favoritos, cambiar sus nombres, borrarlos, crear subcarpetas nuevas, etcétera, tal y como harías en tu trabajo normal con archivos en Windows. Cuando termines de organizar los favoritos haz clic en el botón Cerrar para volver al Explorador.

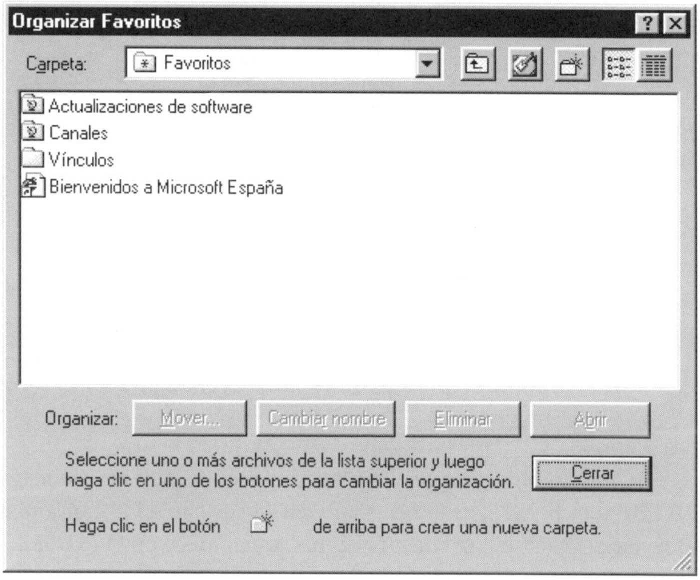

Figura 13.10. El cuadro de diálogo Organizar Favoritos

Recorrer los favoritos

Otra forma de utilizar los favoritos consiste en hacer clic en el botón Favoritos de la barra de Botones estándar. Cuando lo hagas, la zona central del navegador se dividirá en dos paneles (mira la figura 13.11).

En el panel izquierdo podrás ver el contenido de tu carpeta Favoritos: accesos directos y otras subcarpetas. En el panel derecho seguirás viendo la zona central del navegador. Si quieres acceder a un sitio favorito sólo tienes que hacer clic sobre su acceso directo en el panel de la izquierda. Si el favorito está dentro de una subcarpeta, primero haz clic sobre la subcarpeta para ver su contenido y luego haz clic sobre el acceso directo.

Cuando estés recorriendo los favoritos de esta manera, el contenido de las páginas Web aparecerá en el panel derecho de la pantalla, mientras que en el izquierdo seguirás viendo la lista de favoritos.

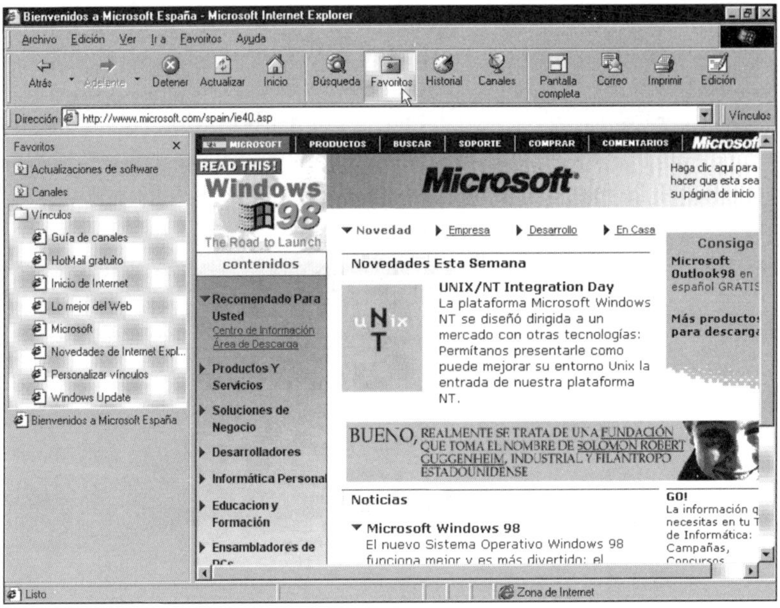

Figura 13.11. Recorrer los favoritos

Cuando quieras que el navegador recupere su apariencia original, es decir, que se oculte el panel izquierdo, vuelve a hacer clic en el botón Favoritos de la barra de Botones estándar o haz clic en el aspa que aparece en el extremo superior derecho del panel izquierdo.

Acceder a los favoritos desde el menú Inicio

Otra manera de acceder a los favoritos consiste en usar el menú Inicio de la Barra de tareas de Windows 98. Si ejecutas el menú Inicio, Favoritos verás que se despliega un submenú que contiene todos los favoritos que hayas creado (figura 13.12). Para acceder a cualquiera de ellos basta con que hagas clic sobre su nombre. Explorer ejecutará el navegador (si no lo tenías ya en funcionamiento), se conectará a Internet y te mostrará la correspondiente página Web. En caso de que tu favorito esté dentro de una subcarpeta, sitúa el puntero del ratón sobre esa subcarpeta. Se desplegará otro submenú con el contenido de dicha subcarpeta y podrás hacer clic sobre el favorito que deseas.

Volver a una página Web que ya hayas visitado

Cuando estés navegando por Internet puede suceder que quieras volver a una página Web que ya hayas visitado durante esta misma sesión de trabajo con el Explorador

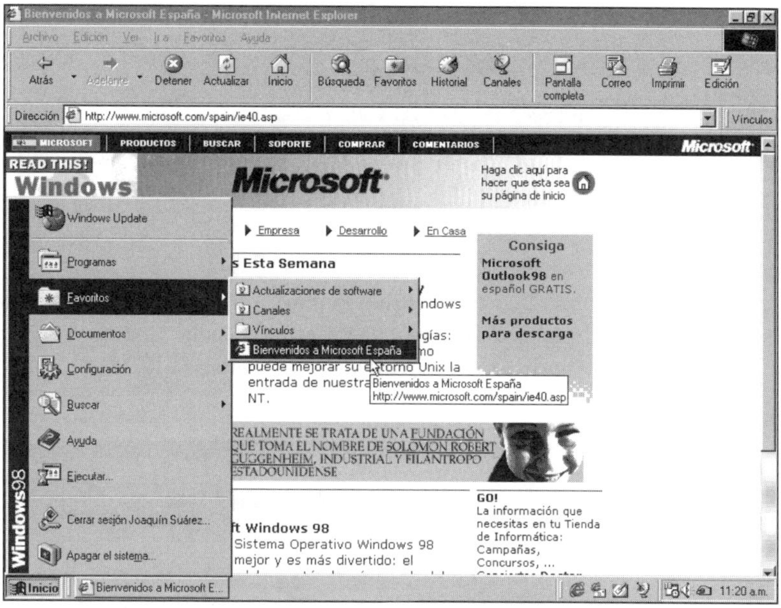

Figura 13.12. El menú Inicio, Favoritos

de Internet (y que no hayas convertido en favorita). Pues bien, para eso se utiliza el botón Atrás de la barra de Botones estándar (figura 13.13) o el comando Ir a, Atrás.

Cada vez que hagas clic en el botón o que ejecutes el comando, el Explorador de Internet te irá mostrando las páginas Web que has visitado, recorriéndolas en orden inverso al que empleaste para ir accediendo a ellas. Por ejemplo, si durante esta sesión has visitado las páginas:

- *www.microsoft.com*
- *www.catalunya.net*
- *www.jet.es*
- *www.yahoo.com*

en este momento te encontrarás en la última (*www.yahoo.com*). Si haces clic una vez en el botón Atrás, Internet Explorer te mostrará la página *www.jet.es*. Si haces clic por segunda vez te mostrará la página *www.catalunya.net*. Y así sucesivamente.

De la misma manera, el botón Adelante (figura 13.13) y el comando Ir a, Adelante sirven para pasar a la siguiente página que visitaste, siempre y cuando hayas retrocedido con el botón Atrás. Es decir, si estás en la página *www.yahoo.com* y haces clic en el botón Atrás pasarás a la página *www.jet.es*. Si ahora haces clic en el botón Adelante volverás a la página *www.yahoo.com*.

Figura 13.13. Los botones **Atrás** *y* **Adelante** *de la barra de* **Botones estándar**

Historial

Otra manera de volver a una página Web que ya hayas visitado consiste en utilizar el botón **Historial** de la barra de **Botones estándar**. Cuando hagas clic en este botón la pantalla se dividirá en dos paneles (mira la figura 13.14).

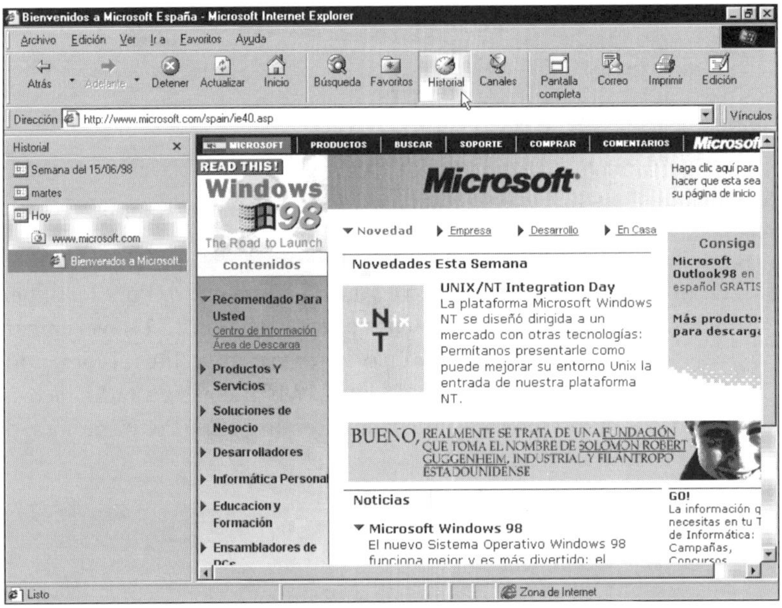

Figura 13.14. Consultar el **Historial**

Nota

El **Historial** *te permite volver a una página que ya hayas visitado antes, ya sea en esta sesión de trabajo con el Explorador de Internet o cualquier otro día.*

Como puedes ver, en el panel de la izquierda aparecen unos iconos que representan semanas y días. Las semanas corresponden a semanas pasadas, mientras que los días corresponden a los días de la semana en curso.

Para acceder a una página Web recogida en el Historial deberás, en primer lugar, seleccionar la fecha en la que accediste a esa página. Si ha sido un día de esta misma semana haz clic en el día oportuno. Si ha sido tiempo atrás haz clic en la semana correspondiente. Entonces aparecerá una lista con todas las páginas Web que has visitado en esas fechas. Recorre la lista hasta encontrar la página Web que estás buscando y haz clic sobre ella. El Explorador se conectará con el servidor HTTP y te mostrará la página Web solicitada.

El panel del Historial permanecerá en la parte izquierda de la pantalla hasta que vuelvas a hacer clic sobre el botón Historial.

Desconectarse de Internet

Cuando hayas terminado tu sesión de navegación por Internet deberás desconectarte de la red. Como recordarás del capítulo anterior, para desconectarte de Internet debes hacer clic con el botón derecho del ratón sobre el icono Conexión (mira la figura 12.13) que aparece en el extremo derecho de la Barra de tareas. Cuando aparezca el menú emergente, haz clic en el comando Desconectar.

Por último, para terminar tu sesión con el Explorador de Internet deberás ejecutar el comando Archivo, Salir. Con esto se cerrará el programa.

Truco

Si ejecutas el comando Archivo, Salir *del Explorador sin haberte desconectado antes de Internet, el propio Explorador te dará la oportunidad de hacerlo en ese mismo momento.*

Trabajar sin conexión a la red

A lo largo de este capítulo hemos mencionado en un par de ocasiones un concepto denominado "Trabajar sin conexión a la red", pero sin entrar en demasiadas profundidades. Realmente es un concepto importante, por lo que merece la pena detenerse unos instante para conocer con más detalle qué significa.

Trabajar sin conexión a la red significa utilizar el Explorador para ver páginas Web sin necesidad de estar conectados a Internet, lo que implica un ahorro en tiempo de conexión. Si quieres trabajar sin conexión a la red debes ejecutar el comando Archivo, Trabajar sin conexión a la red de la ventana del Explorador. Cuando lo hagas ocurrirán tres cosas que te informarán de que estás trabajando sin conexión a la red:

- En la barra del título del Explorador aparecerá el mensaje [Trabajar sin conexión a la red].
- A la izquierda del comando Archivo, Trabajar sin conexión a la red aparecerá una marca de verificación.

- En la zona central de la barra de estado aparecerá un icono con forma de disco conectado a un cable sobre el que hay un aspa de color rojo.

Aviso

El modo Trabajar sin conexión a la red *sólo es aplicable a los usuarios que no disponen de una conexión permanente con Internet, es decir, que acceden a Internet por teléfono.*

A partir de este momento podrás ver páginas Web sin estar conectado a Internet. Ahora bien, ¿qué páginas Web se pueden ver sin estar conectados a la red?

- Podrás ver sin conexión a la red las páginas Web a las que estés suscrito con la opción de descargar el contenido de las mismas cuando cambien (las suscripciones a páginas Web no se tratan en este libro).
- También podrás ver los canales a los que estés suscrito con la opción de descargar el contenido de los mismos cuando cambien (las suscripciones a canales no se tratan en este libro).
- También podrás ver sin conexión a la red las páginas Web que figuren en la carpeta Historial (consulta el apartado "Historial").

Una vez entres en el modo Trabajar sin conexión a la red permanecerás en él hasta que vuelvas a ejecutar el comando Archivo, Trabajar sin conexión a la red. Esto es cierto incluso si sales del Explorador y vuelves a ejecutarlo más tarde.

Puede ocurrir que mientras estés en el modo Trabajar sin conexión a la red trates de acceder a una página Web que no sea posible ver en este modo (porque no pertenezca a una de las categorías de la lista anterior). En tal caso, el Explorador te mostrará un cuadro de diálogo similar al que puedes ver en la figura 13.15.

Si haces clic en el botón Conectar, el Explorador saldrá del modo Trabajar sin conexión a la red, se conectará a Internet y te mostrará la página Web que pretendes

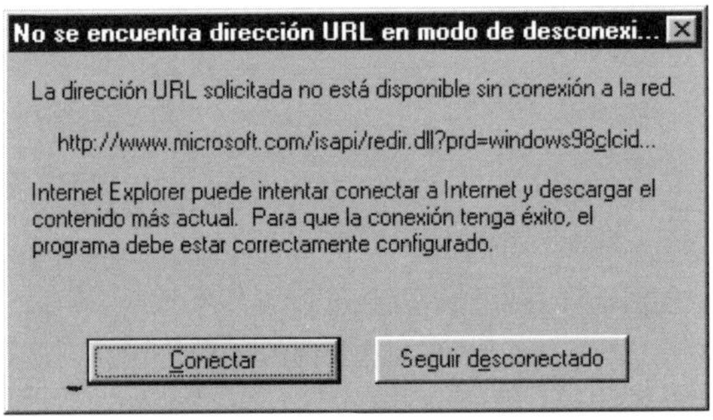

Figura 13.15. En este cuadro de diálogo deberás decidir si quieres conectarte a Internet o si prefieres seguir desconectado

ver. Si haces clic en el botón Seguir desconectado permanecerás en el modo Trabajar sin conexión a la red y no podrás ver en ese momento la página Web que deseas.

Búsquedas en Internet

Debido a la inmensa cantidad de páginas Web que hay en Internet se hace imprescindible disponer de algún sistema de búsqueda de las páginas Web que nos interesan. Afortunadamente, la comunidad de Internet se dio cuenta de esto hace mucho tiempo y hoy día se dispone de muchos y variados sistemas de búsqueda en Internet.

Internet Explorer incluye una gran cantidad de mecanismos para facilitar al usuario la búsqueda de páginas Web. Todos estos mecanismos los vamos a ver en este apartado.

Buscar con el Explorador

La manera más común de buscar una página Web con Explorer 4 consiste en hacer clic en el botón Búsqueda de la barra de Botones estándar del Explorador. Cuando lo hagas observarás que la ventana del Explorador se divide en dos paneles (mira la figura 13.16).

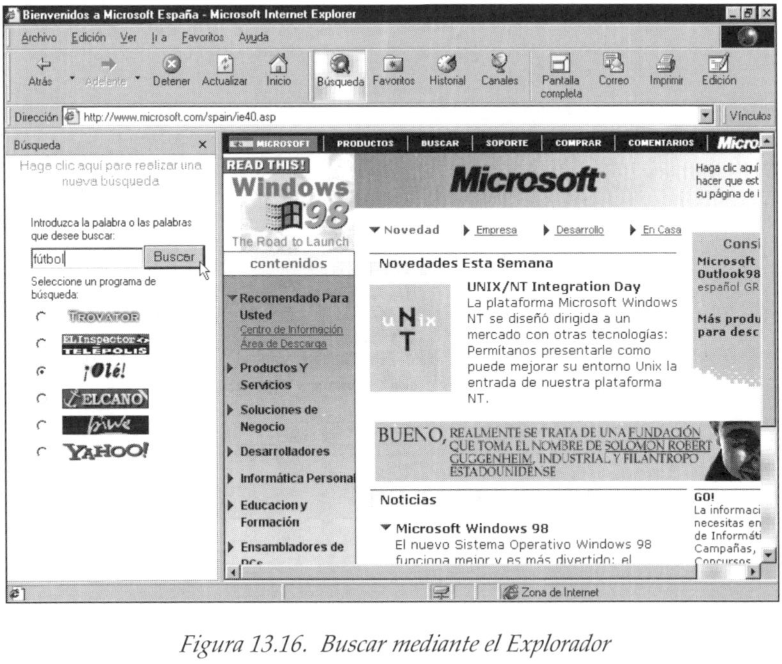

Figura 13.16. Buscar mediante el Explorador

En el panel izquierdo aparece un cuadro de texto en el que podrás introducir el objeto de tu búsqueda. Por ejemplo, si quieres buscar páginas Web que hablen de fútbol, introduce la palabra *fútbol* en ese cuadro. Luego deberás seleccionar uno de los servicios de búsqueda disponibles que aparecen debajo del cuadro. Por último, haz clic en el botón Buscar para iniciar la búsqueda. El Explorador se conectará con el servicio de búsqueda seleccionado y éste te mostrará en el panel izquierdo de la ventana el resultado de la búsqueda.

Consejo

Un servicio de búsqueda es una página Web especializada en buscar páginas Web en la red que cumplan un determinado criterio. Los servicios de búsqueda que aparecen en el panel izquierdo de la pantalla del Explorador funcionan todos en castellano, aunque también hay otros que funcionan en inglés que son muy potentes como, por ejemplo, www.yahoo.com. Si quieres acceder a servicios de búsqueda que no aparecen en el panel izquierdo no tienes más que escribir su dirección URL en la barra Direcciones *del Explorador y pulsar Intro.*

Cuando aparezca el resultado de la búsqueda en el panel izquierdo de la ventana del Explorador sólo te quedará hacer clic en cualquiera de los vínculos que hayan aparecido para ver el contenido de esa página Web en el panel derecho (figura 13.17).

Figura 13.17. Ver una página Web encontrada tras una búsqueda

El resultado de la búsqueda permanecerá en el panel izquierdo, de manera que si la página a la que has accedido no contiene la información que buscabas puedes hacer clic en otro vínculo del panel izquierdo para pasar a otra página. En caso de que ninguno de los vínculos que han aparecido como resultado de la búsqueda te proporcione lo que tú buscabas, haz clic en la frase Haga clic aquí para comenzar una nueva búsqueda que aparece en la parte superior del panel izquierdo para comenzar la búsqueda desde el principio.

Una vez hayas llegado a una página Web que te interese puedes volver a hacer clic en el botón Búsqueda de la barra de Botones estándar del Explorador para que se oculte el panel izquierdo y dispongas de toda la pantalla para ver la página Web.

Buscar mediante la barra de Direcciones

Otra manera de buscar páginas Web consiste en utilizar la barra de Direcciones. Para buscar mediante este procedimiento sigue estos pasos:

- Escribe el símbolo ? o las palabras go o find en la barra de direcciones.
- Escribe un espacio en blanco.
- Escribe el tema sobre el que quieres buscar páginas Web.
- Pulsa Intro.

Por ejemplo, escribe en la barra de direcciones lo siguiente: ? toros. Inmediatamente Explorer se conectará con un servicio de búsqueda y te mostrará los resultados de la búsqueda. Haz clic en los vínculos resultantes de la búsqueda para acceder a las distintas páginas Web.

Aunque este procedimiento de búsqueda es más rápido que el del apartado anterior, tiene el inconveniente de que usa un único servicio de búsqueda predeterminado. Si los resultados de la búsqueda no te son útiles deberás emplear el procedimiento del apartado anterior para acceder a otros servicios de búsqueda.

Buscar mediante el menú Inicio

Otra manera de buscar en Internet consiste en utilizar el comando Inicio, Buscar y, cuando aparezca el submenú de esta opción, seleccionar el comando En Internet. Explorer se conectará a Internet y te mostrará una página Web en el navegador que te permite utilizar distintos servicios de búsqueda (mira la figura 13.18).

Introduce el tema de tu búsqueda en el cuadro de texto correspondiente al servicio de búsqueda que desees utilizar y luego haz clic en el botón Buscar que hay a la derecha del correspondiente cuadro. Explorer se conectará con ese servicio de búsqueda y te mostrará los resultados de la búsqueda. Haz clic en los vínculos resultantes de la búsqueda para acceder a las distintas páginas Web.

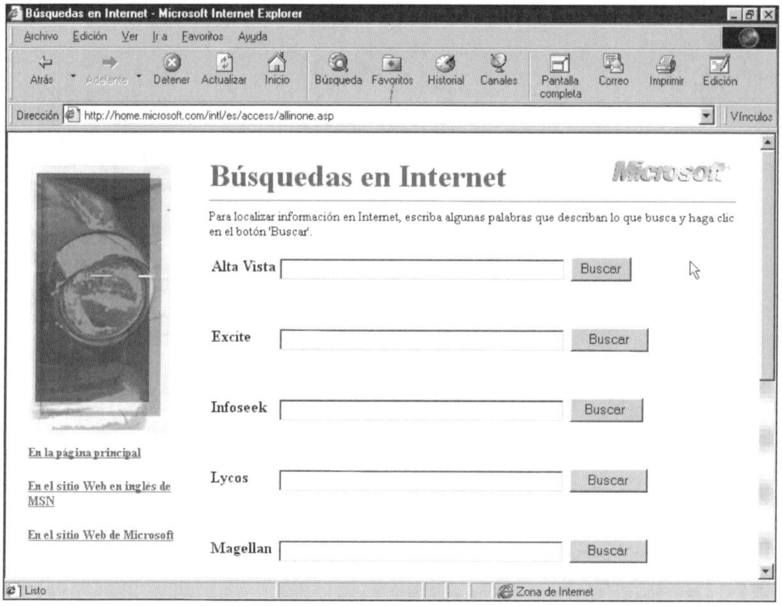

Figura 13.18. Otra manera de buscar en Internet

Aviso

Observa que los servicios de búsqueda que aparecen en esta página son distintos de los que aparecen cuando se utiliza el botón Buscar *situado en la barra de* Botones estándar *del Explorador. Combinando estos dos métodos de búsqueda tendrás a tu disposición los mejores servicios de búsqueda de Internet, tanto en castellano como en inglés.*

Búsquedas en la página Web

Será frecuente que te encuentres con páginas Web cuyo contenido es amplísimo, tanto que buscar la información que te interesa dentro de la página puede consumirte mucho tiempo.

Afortunadamente, el Explorador dispone de un mecanismo para buscar información concreta dentro de un página Web.

En la figura 13.19 puedes ver una página Web con información sobre la plantilla del Sevilla, C.F. (puedes acceder a esta página introduciendo la dirección *www.lsi.us.es/~mariano/sevillafc/sevillafc.html* en la barra de direcciones del Explorador y pulsando seguidamente Intro).

Figura 13.19. Esta página Web contiene información sobre la plantilla del Sevilla, C.F.

Truco

Te encontrarás con muchas páginas Web que contienen el símbolo ~. Este símbolo no se puede introducir directamente mediante el teclado que utilizan los ordenadores españoles, así que has de emplear un truco para hacerlo aparecer: mantén pulsada la tecla Alt y pulsa los números 1, 2 y 6 del teclado numérico en rápida sucesión. Luego suelta la tecla Alt y el símbolo aparecerá en pantalla.

Supón que estás interesado en buscar información sobre el jugador Iván Juric. El procedimiento normal para encontrar a este jugador consistiría en ir leyendo toda la página Web hasta encontrar su nombre, pero este procedimiento te puede llevar bastante tiempo.

Otro procedimiento más rápido consiste en utilizar el comando Edición, Buscar en esta página de la ventana del Explorador. Cuando lo hagas aparecerá un cuadro de diálogo como el que puedes ver en la figura 13.20.

Introduce el texto que quieras buscar en la página Web (en este caso, *Juric*) y haz clic en el botón Buscar siguiente. Inmediatamente el Explorador encontrará el texto buscado y lo resaltará.

El cuadro de diálogo Buscar permanecerá en la pantalla por si quieres buscar otras apariciones del mismo texto en la página Web. Si no es así, haz clic en el botón Cancelar para que desaparezca.

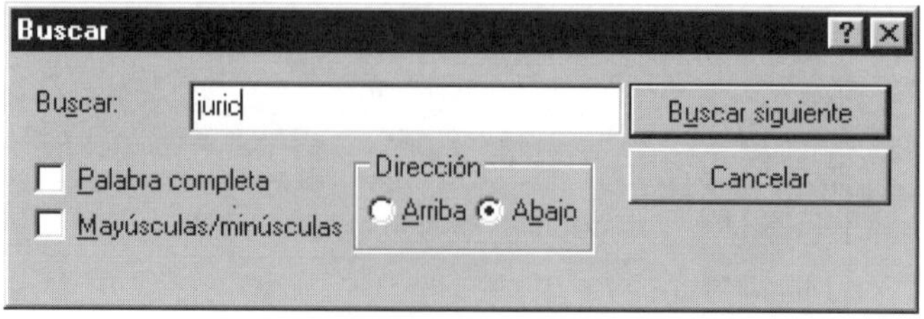

Figura 13.20. El cuadro de diálogo Buscar

Imprimir una página Web

Habrá ocasiones en las que te encontrarás con una página Web cuyo contenido te resulte tan interesante que te gustaría disponer de una copia en papel. Pues bien, si lo deseas Explorer puede imprimir cualquier página Web que tengas en la ventana del Explorador. Para lograrlo tienes que ejecutar el comando Archivo, Imprimir de la ventana del Explorador. Entonces aparecerá el cuadro de diálogo Imprimir que puedes ver en la figura 13.21 y cuyas opciones son las siguientes:

- Impresora: mediante este recuadro podrás especificar la configuración de la impresora que quieras utilizar (consulta el capítulo 8).
- Rango de impresión: puedes elegir las páginas (de papel) que deseas que se impriman: Todas, las que tú determines en los cuadros De y A, o sólo la parte de la página Web que hayas seleccionado con el ratón.
- Copias: indica el número de copias que quieres obtener.
- Imprimir marcos: puedes elegir entre imprimir la página Web tal y como aparece en pantalla, imprimir sólo el marco que tengas seleccionado o imprimir todos los marcos uno por uno.

Nota

El Explorador de Internet puede dividir su pantalla de manera que en cada una de las divisiones aparezca una página Web distinta. Pues bien, a cada una de esas divisiones se les denomina marcos. La aparición de marcos en la pantalla depende del diseño de la página Web a la que estés accediendo y, por tanto, no es algo que el usuario pueda hacer voluntariamente.

- Imprimir documentos vinculados: si seleccionas esta opción el Explorador imprimirá, además de la página Web que estés viendo en pantalla, todas aquellas a las que hagan referencias los vínculos que haya en la página que estás viendo.

- Imprimir tabla de vínculos: si seleccionas esta opción el Explorador imprimirá al final de la página Web una lista con todos los vínculos que haya en la página que está viendo en pantalla.

Una vez hayas seleccionado las opciones correspondientes haz clic en el botón Aceptar para imprimir la página Web.

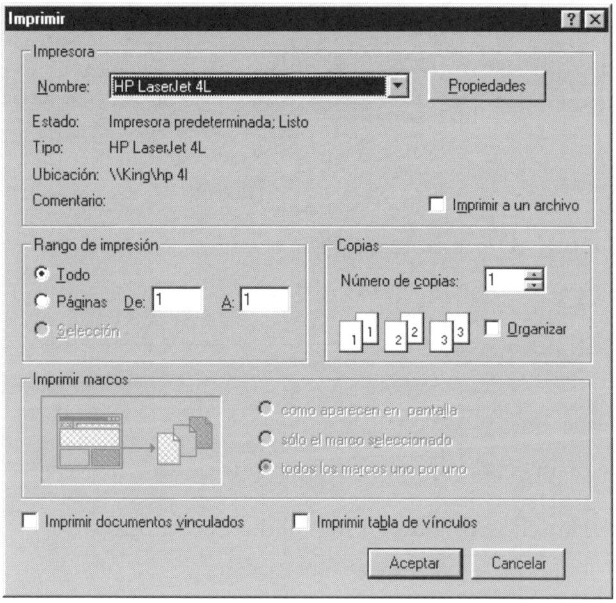

Figura 13.21. El cuadro de diálogo Imprimir

Configurar el encabezado y el pie de página

Una vez hayas impreso la página Web observarás que en la parte superior del papel y en la inferior aparecen, respectivamente, un encabezado y un pie de página que muestran información general sobre la página Web impresa.

Si quieres personalizar el encabezado y el pie de página deberás ejecutar el comando Archivo, Configurar página de la ventana del Explorador. Entonces aparecerá el cuadro de diálogo Configurar página que puedes ver en la figura 13.22 en el que, además, también puedes seleccionar el tipo de papel que quieres emplear.

Ahora observa los cuadros Encabezado y Pie de página. En su interior hay una serie de códigos y de palabras que determinarán lo que aparezca en las partes superior e inferior del papel. Para personalizar tu encabezado y tu pie de página deberás introducir en estos cuadros los códigos y palabras que desees.

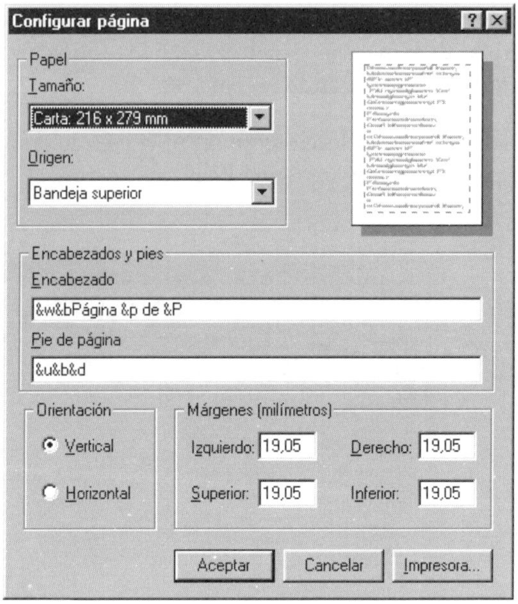

Figura 13.22. El cuadro de diálogo Configurar página

Si quieres conocer los códigos que puedes emplear utiliza este procedimiento:

1. Haz clic en el interior del cuadro Encabezado.
2. Pulsa la tecla F1.

Explorer te mostrará un recuadro con la descripción de todos los códigos que puedes emplear.

Guardar una página Web

En otras ocasiones puede ocurrir que prefieras guardar en tu disco duro la página Web que estás viendo, en lugar de imprimirla. Guardar una página Web en el disco es muy sencillo: ejecuta el comando Archivo, Guardar como de la ventana del Explorador. Entonces aparecerá el cuadro de diálogo Guardar documento HTML que puedes ver en la figura 13.23.

Lo único que debes hacer en este cuadro de diálogo es elegir la carpeta en la que quieres guardar la página Web e introducir un nombre para el archivo (si no te gusta el que aparece por omisión). Luego haz clic en el botón Guardar para almacenar la página en el disco duro.

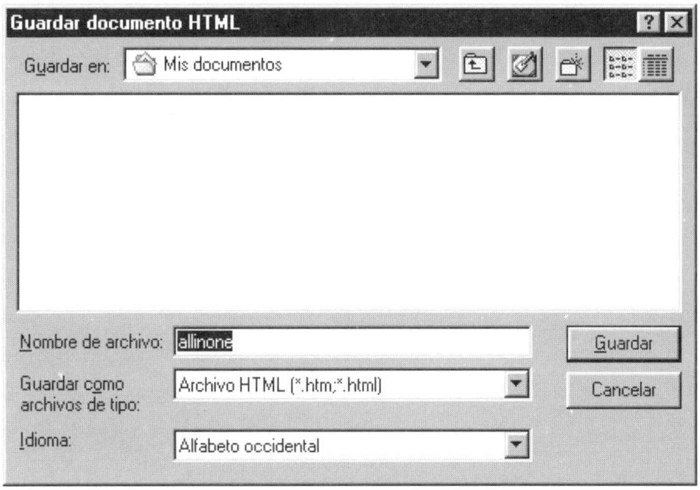

Figura 13.23. El cuadro de diálogo Guardar documento HTML

Si más tarde quieres volver a ver la página Web deberás emplear el comando Archivo, Abrir de la ventana del Explorador. Entonces aparecerá el cuadro de diálogo Abrir que puedes ver en la figura 13.24.

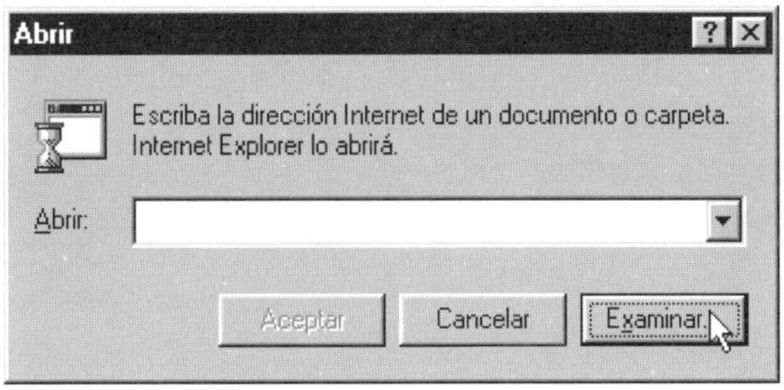

Figura 13.24. El cuadro de diálogo Abrir

Este cuadro de diálogo lo puedes utilizar para acceder a una página Web normal (igual que harías con la barra de Direcciones: introduce la dirección URL de la página Web en el cuadro y pulsa Intro o selecciona una dirección URL desplegando la lista y haciendo clic sobre ella), pero también sirve para abrir páginas Web que tengas almacenadas en el disco. Haz clic en el botón Examinar y aparecerá otro cuadro de diálogo (también denominado Abrir) que te permitirá acceder a la carpeta en la que tengas almacenada la página Web y seleccionarla. Después sólo tendrás que hacer clic en el botón Aceptar para que el Explorador te muestre esa página Web almacenada en tu disco.

14

Correo electrónico

Una de las aplicaciones más prácticas de Internet es la posibilidad de disponer de lo que se denomina correo electrónico. Windows 98 incluye un programa específicamente diseñado para hacer uso de todas las posibilidades que ofrece el correo electrónico en Internet: Outlook Express. En este capítulo veremos la manera de utilizar Outlook Express para enviar y recibir mensajes electrónicos.

Outlook Express

Al igual que ocurría con el Explorador, hay varias maneras de ejecutar Outlook Express:

- Selecciona el comando Inicio, Programas, Internet Explorer y, cuando aparezca el submenú de esta opción, haz clic sobre el comando Outlook Express.
- Haz doble clic en el icono de Outlook Express que se encuentra en el escritorio.
- Haz clic en el botón Iniciar Outlook Express que hay en la barra de herramientas Inicio rápido de la Barra de tareas del escritorio de Windows.
- Ejecuta el comando Ir a, Correo de la ventana del Explorador.
- Algunas páginas Web contienen vínculos de correo, es decir, vínculos que sirven para enviar un correo electrónico al propietario de la página Web. Cuando hagas clic en uno de estos vínculos, el Explorador ejecutará automáticamente Outlook Express.
- También ejecutarás Outlook Express si seleccionas un destinatario en la Libreta de direcciones y haces clic en el botón Enviar correo de su ventana (la Libreta de direcciones la veremos más adelante en este mismo capítulo).

Cuando ejecutes Outlook Express por primera vez verás una pantalla como la que aparece en la figura 14.1.

Aviso

Es posible que la primera vez que ejecutes Outlook Express aparezca un cuadro de diálogo de configuración del programa. Esto ocurrirá si no configuraste tu cuenta de correo cuando, en el capítulo 12, ejecutaste el Asistente para la conexión a Internet. En el apartado "Configurar tus cuentas de correo" de este mismo capítulo se explica la configuración de las cuentas de correo.

Además de la barra de menús, de la de herramientas y de la de estado, verás que la zona central de la pantalla está dividida verticalmente en dos paneles. El panel de la izquierda muestra la estructura de las carpetas de mensajes que tienes, mientras que el panel de la derecha muestra el contenido de la carpeta seleccionada en el panel de la izquierda. En este momento no está seleccionada ninguna carpeta en el panel de la izquierda, así que el panel de la derecha muestra la pantalla general de Outlook Express.

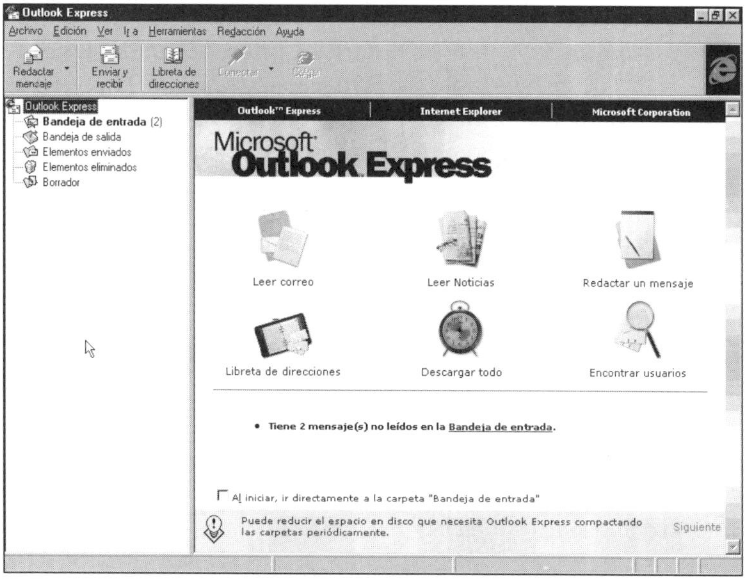

Figura 14.1. La pantalla principal de Outlook Express

Las carpetas de mensajes predeterminadas

Todos los mensajes que envíes o recibas con Outlook Express se almacenan en una carpeta. La estructura de carpetas que Outlook Express crea por omisión la puedes ver en la figura 14.1, en el panel izquierdo de la pantalla. La utilidad de cada una de esas carpetas es la siguiente:

- Bandeja de entrada. En esta carpeta se almacenarán todos los mensajes que recibas de Internet.
- Bandeja de salida. En esta carpeta se almacenarán los mensajes que tú hayas escrito y que no hayan sido enviados todavía.
- Elementos enviados. Cada vez que envíes un mensaje, una copia del mismo se almacenará en esta carpeta. En el caso de que los mensajes estuvieran en la carpeta Bandeja de salida, una vez enviados se borrarán de esa carpeta y se almacenarán en ésta.
- Elementos eliminados. Cuando borres un mensaje de una de las otras carpetas, en lugar de ser eliminado, el mensaje se moverá a esta carpeta. Si borras los mensajes de esta carpeta, entonces serán eliminados definitivamente. Esta carpeta hace las funciones de papelera en Outlook Express, dándote la opción de recuperar mensajes borrados hasta que los elimines definitivamente.

- Borrador. Si estás escribiendo un mensaje y decides abortar la creación del mismo, Outlook Express te dará la opción de guardar los cambios que has realizado. Si respondes afirmativamente, Outlook Express guardará el mensaje a medio terminar en esta carpeta. Posteriormente podrás terminar de escribir el mensaje si lo deseas o borrarlo.

Además de estas carpetas que aparecen por omisión, Outlook Express permite que crees otras, como veremos más adelante.

Configurar tus cuentas de correo

Antes de adentrarnos en las posibilidades de Outlook Express debemos configurar el programa adecuadamente. Para comenzar la configuración debes ejecutar el comando Herramientas, Cuentas. Entonces aparecerá el cuadro de diálogo Cuentas de Internet que puedes ver en la figura 14.2.

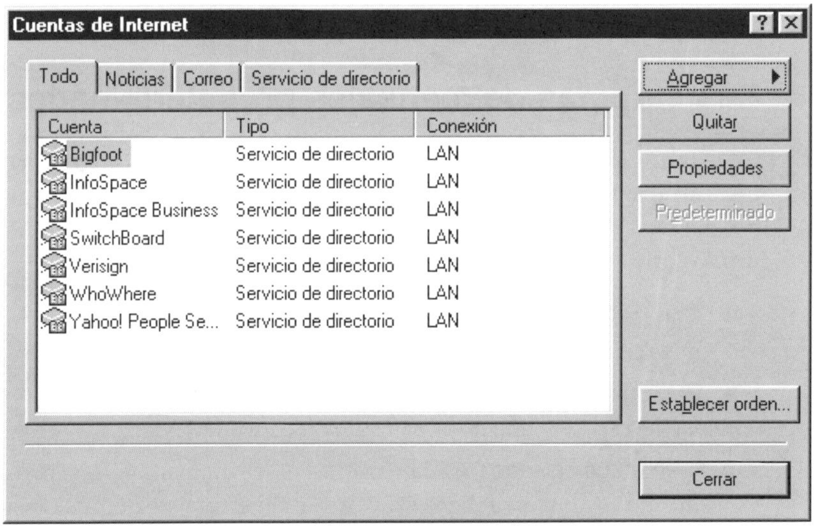

Figura 14.2. El cuadro de diálogo Cuentas de Internet

Este cuadro de diálogo se utiliza para introducir los datos correspondientes a tus cuentas de correo electrónico, a los servidores de noticias a los que quieras acceder (que no se tratan en este libro) y a los servicios de directorio (consulta el apartado "La libreta de direcciones" más adelante en este mismo capítulo). Como puedes ver en la figura 14.2, el cuadro de diálogo tiene una ficha para cada tipo de datos, así como otra denominada Todo en la que aparece toda la información introducida (esta ficha será la que estará seleccionada en este momento).

Aviso

Todos los datos referentes a los detalles técnicos de tu cuenta o cuentas de correo electrónico (puesto que Outlook Express te permite configurar tantas cuentas como quieras) te los debe suministrar tu proveedor de Internet o el administrador de tu red de área local. Si no dispones de estos datos, hazte de ellos antes de continuar con este capítulo.

En esta ocasión vamos a utilizar el cuadro de diálogo Cuentas de Internet para introducir información sobre tu cuenta de correo electrónico. Haz clic en el botón Agregar. Entonces aparecerá un pequeño menú, en el que deberás seleccionar la opción Correo (puesto que vamos a crear una cuenta de correo electrónico). A continuación aparecerá el primer cuadro de diálogo del Asistente para la conexión a Internet, en el que deberás introducir tu nombre completo. Después de hacerlo, haz clic en el botón Siguiente.

Nota

Observa que, en esta ocasión, el Asistente para la conexión a Internet *te hará preguntas sobre tu dirección de correo electrónico, y no sobre la manera de conectarte a Internet (como ocurría en el capítulo 12).*

En el siguiente cuadro de diálogo del Asistente para la conexión a Internet deberás introducir tu dirección de correo electrónico, tal y como te haya indicado tu proveedor de Internet o el administrador de tu red. Luego haz clic en el botón Siguiente.

El próximo cuadro de diálogo del Asistente te pedirá que introduzcas los nombres o direcciones de los servidores de correo que vas a utilizar (mira la figura 14.3). En el caso del servidor de correo entrante (es decir, del correo que tú recibas) deberás, en primer lugar, seleccionar su tipo en la lista desplegable Mi servidor de correo entrante es. Luego introduce los nombres o direcciones del servidor de correo entrante y del servidor de correo saliente (es muy posible que ambos nombres o direcciones IP coincidan). Por último haz clic en el botón Siguiente.

En el siguiente cuadro de diálogo del Asistente deberás introducir el nombre de tu cuenta de correo electrónico (que no tiene por qué coincidir con tu dirección de correo electrónico) y la contraseña necesaria para acceder a ella. Cuando hayas terminado haz clic en el botón Siguiente.

Por último, en el siguiente cuadro de diálogo del Asistente deberás introducir un nombre para la cuenta de correo electrónico que acabas de crear. Como ya te he dicho, Outlook Express permite tener más de una cuenta de correo, así que el nombre

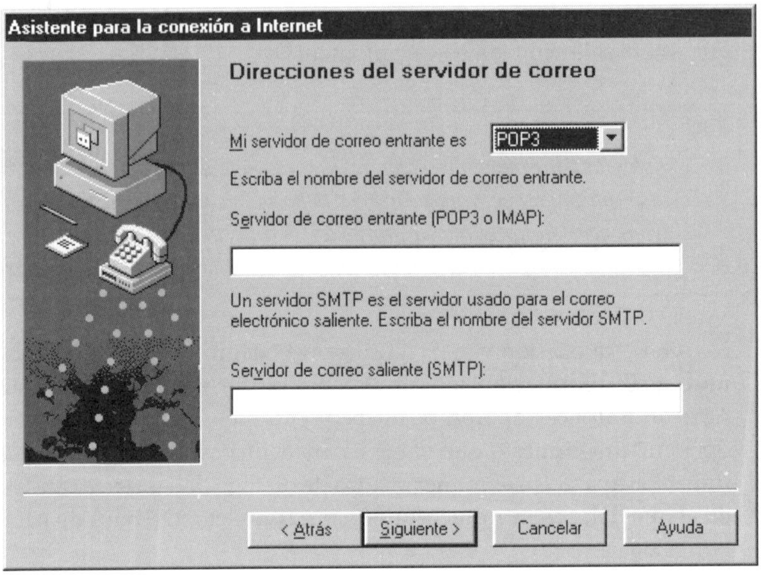

Figura 14.3. Introduce los nombres de los servidores de correo en este cuadro de diálogo

que introduzcas aquí te servirá para identificar la cuenta en el programa. Te recomiendo que utilices un nombre que te ayude a identificar la cuenta claramente como, por ejemplo, *Cuenta de Joaquín en Jet Internet.* Cuando termines haz clic en el botón Siguiente.

Los siguientes cuadros de diálogo que aparecen en el Asistente son idénticos a los que viste en el capítulo 12 cuando empleamos el Asistente para configurar la conexión con Internet. Comprueba que la información que aparece en cada cuadro de diálogo es correcta (realiza los cambios oportunos si no lo es) y ve haciendo clic en el botón Siguiente hasta que termines (consulta el capítulo 12 si es necesario). Por último haz clic en el botón Finalizar para completar la creación de la cuenta de correo electrónico.

Outlook Express cerrará el Asistente para la conexión a Internet y te devolverá al cuadro de diálogo Cuentas de Internet. Si ahora haces clic en la ficha Correo de este cuadro de diálogo podrás ver con comodidad que la cuenta que has creado aparece en la zona central del mismo. Cuando termines haz clic en el botón Cerrar para cerrar el cuadro de diálogo.

Modificar una cuenta de correo electrónico

Si después de haber creado una cuenta de correo electrónico quieres modificar su configuración, deberás seleccionarla en el cuadro de diálogo Cuentas de Internet y luego deberás hacer clic en el botón Propiedades. Entonces aparecerá el cuadro de diálogo Propiedades de que puedes ver en la figura 14.4, en el que podrás realizar todos los cambios que necesites.

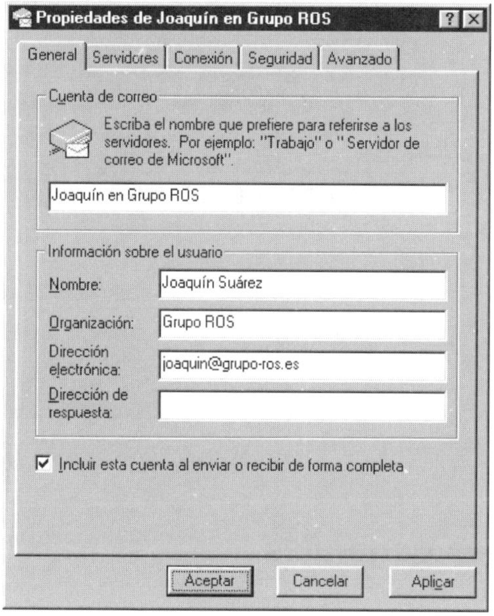

Figura 14.4. Modificar la configuración de una cuenta de correo

Configuración de Outlook Express

Una vez creadas tus cuentas de correo, es conveniente repasar las principales opciones de configuración de Outlook Express antes de comenzar a trabajar con él. Para acceder a las opciones de configuración debes ejecutar el comando Herramientas, Opciones. Entonces aparecerá el cuadro de diálogo Opciones que puedes ver en la figura 14.5.

Aviso

En este momento quizás no puedas comprender bien la utilidad de alguna de las opciones de las que se tratan en este apartado. Eso no debe preocuparte. Cuando termines de leer este capítulo y te hayas familiarizado con el funcionamiento general de Outlook Express te será más fácil reconocer la utilidad de cada opción. En ese momento puedes volver a repasar todas estas opciones.

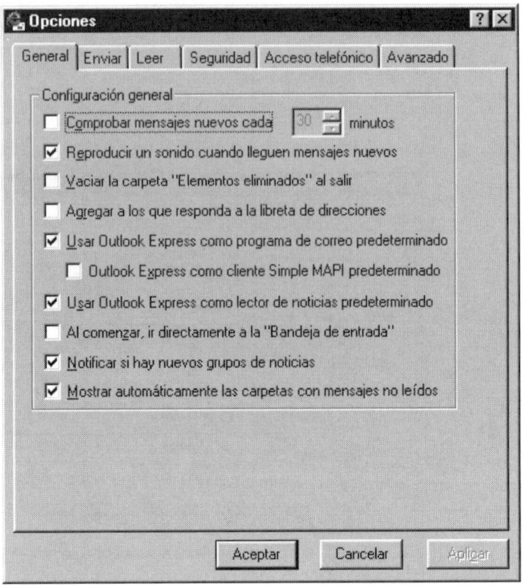

Figura 14.5. La ficha General *del cuadro de diálogo* Opciones

Opciones generales

Como puedes ver en la figura 14.5, el cuadro de diálogo Opciones muestra por omisión la ficha General. Repasemos las opciones más importantes de esta ficha:

- Comprobar mensajes nuevos cada X minutos. Si tienes una conexión permanente con Internet puede que te resulte interesante activar esta opción. Una vez activada, Outlook Express comprobará si has recibido mensajes nuevos cada cierto tiempo. Ese tiempo lo puedes especificar tú en minutos.
- Vaciar la carpeta "Elementos eliminados" al salir. Como veremos más adelante, cuando se borra un mensaje de alguna de las carpetas de mensajes, ese mensaje en realidad es movido por Outlook Express a la carpeta Elementos eliminados. Si activas esta opción, Outlook Express eliminará automáticamente todos los mensajes que contenga esa carpeta cuando salgas del programa. Si no la activas, deberás borrar definitivamente los mensajes que contenga la carpeta Elementos eliminados manualmente.
- Agregar a los que responda a la libreta de direcciones. En muchas ocasiones recibirás mensajes de personas que no estén en tu libreta de direcciones (consulta el apartado "La Libreta de direcciones"). Si activas esta opción, cuando respondas a uno de esos mensajes Outlook Express

añadirá automáticamente a la libreta de direcciones el nombre y la dirección electrónica del destinatario del mensaje.

- Usar Outlook Express como programa de correo predeterminado. Hay ocasiones en las que tratarás de utilizar un programa de correo electrónico sin que se esté ejecutando Outlook Express. Por ejemplo, si haces clic en un vínculo de correo de una página Web, Windows tratará de ejecutar un programa de correo electrónico para que puedas enviar un mensaje al propietario de la página Web. Si activas esta opción, el programa que ejecutará Windows en casos de ese tipo será Outlook Express.
- Al comenzar ir directamente a la carpeta "Bandeja de entrada". Como has visto antes, cuando se ejecuta Outlook Express aparece una pantalla general que no corresponde a ninguna de las carpetas de mensajes. Si activas esta opción, cuando ejecutes Outlook Express aparecerá automáticamente seleccionada la carpeta Bandeja de entrada en el panel izquierdo de la pantalla, mientras que en el derecho podrás ver su contenido. En general resulta muy útil activar esta opción.

Opciones al enviar mensajes

Si haces clic en la ficha Enviar del cuadro de diálogo Opciones podrás ver las alternativas con las que cuentas a la hora de enviar tus mensajes de correo electrónico (mira la figura 14.6).

Lo primero que debes decidir es el formato en el que quieres enviar tus mensajes. Las opciones son dos:

- HTML
- Texto sin formato

La primera opción (HTML) te permite enviar tus mensajes con el formato de una página Web y, por tanto, podrás utilizar distintos tipos de letras, colores, podrás insertar gráficos, etcétera. La desventaja de esta opción radica en que hay muchos programas de correo electrónico que no pueden interpretar mensajes que tengan el formato HTML y, como consecuencia, los destinatarios de tus mensajes que tengan programas de correo de este tipo verán en pantalla, además del texto de tu mensaje, un galimatías de códigos HTML.

La opción Texto sin formato te permite enviar tus mensajes con el formato de texto o, lo que es lo mismo, sin ningún formato. Esta opción tiene la ventaja de que podrás enviar mensajes que serán interpretados correctamente por cualquier otro programa de correo electrónico, pero tiene la desventaja de que no podrás añadir formatos a tus mensajes; en definitiva, no podrás aprovechar al máximo las posibilidades de Outlook Express.

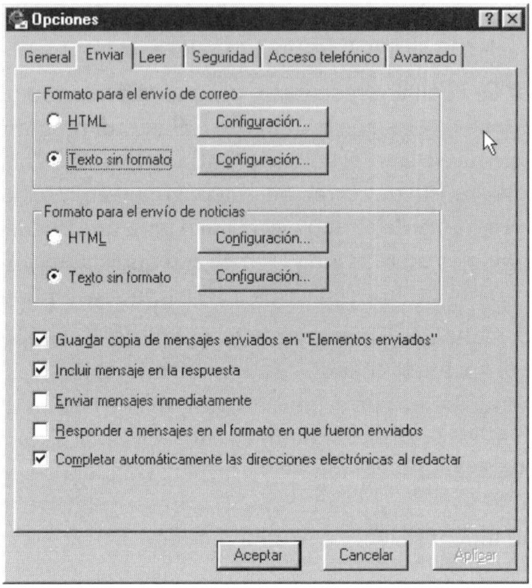

Figura 14.6. La ficha Enviar *del cuadro de diálogo* Opciones

En este capítulo sólo vamos a ver los mensajes creados con Texto sin formato, ya que los mensajes con formato HTML no pueden ser leídos por muchos programas de correo electrónico y porque ver los mensajes con formato HTML implicaría revisar ciertas características de las páginas Web, para lo que no disponemos de espacio.

Las otras opciones de esta ficha son las siguientes:

- Guardar copia de mensajes enviados en "Elementos enviados". Cuando envíes un mensaje de correo electrónico, éste desaparecerá de tu ordenador. Si quieres guardar una copia de los mensajes que envíes activa esta opción. Los mensajes que envíes se almacenarán en la carpeta Elementos enviados.
- Incluir mensaje en la respuesta. Cuando se responde a un mensaje que se ha recibido resulta útil incluir en la respuesta el texto del mensaje original, ya que así el destinatario del mensaje podrá ponerse en situación del tema del que estáis hablando. Esta opción sirve precisamente para que Outlook Express incluya automáticamente el mensaje original en tu respuesta. El texto del mensaje original se diferenciará del que tú escribas porque delante de cada una de las líneas de aquél aparecerá el símbolo *mayor qué* (>) en caso de que estés escribiendo el mensaje con formato de texto, o porque aparecerá una línea vertical negra a todo lo largo del margen izquierdo del mensaje original si estás escribiendo el mensaje con formato HTML.

- **Enviar mensajes inmediatamente.** Si activas esta opción, Outlook Express enviará el mensaje tan pronto como hagas clic en el botón Enviar. En caso contrario, cuando hagas clic en el botón Enviar Outlook Express almacenará tu mensaje en la carpeta **Bandeja de salida** y no lo enviará realmente hasta que ejecutes el comando **Herramientas, Enviar.** Es conveniente desactivar esta opción si no se dispone de una conexión permanente a Internet, de manera que Outlook Express no se conecte con Internet hasta que hayas terminado de escribir todos tus mensajes.
- **Responder al mensaje en el formato en que fueron enviados.** Si activas esta opción, cuando respondas a un mensaje lo harás automáticamente en el mismo formato del mensaje original (texto o HTML).

Opciones al leer mensajes

La ficha Leer del cuadro de diálogo Opciones te da acceso a la configuración relativa a la lectura de los mensajes (mira la figura 14.7). La mayoría de estas opciones hacen referencia a la lectura de noticias (que no se tratan en este libro), pero hay dos de ellas que tienen que ver con el correo electrónico.

La primera es la opción Mensaje leído después de verse X segundos. Si activas esta opción, Outlook Express marcará un mensaje como leído después de que lo

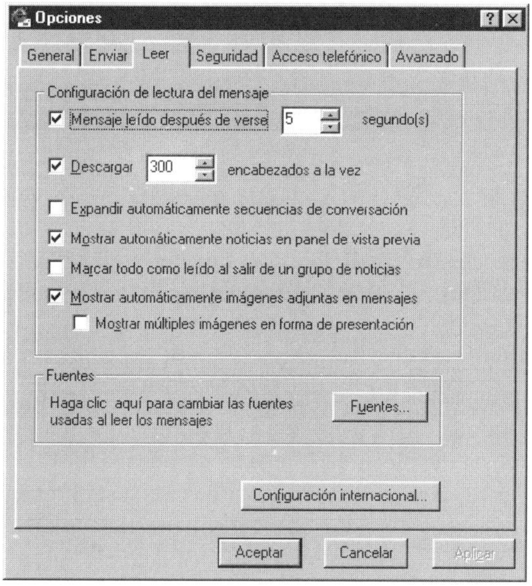

Figura 14.7. La ficha Leer del cuadro de diálogo Opciones

tengas en pantalla durante un cierto número de segundos que puedes especificar. Por omisión aparecen cinco segundos, pero si lo deseas puedes cambiar el lapso de tiempo. Si no activas esta opción, Outlook Express nunca marcará como leídos los mensajes. Mi recomendación es que actives la opción, puesto que así podrás saber en todo momento cuántos mensajes tienes pendientes de leer.

La otra opción de esta ficha que te puede resultar interesante en este momento es el botón Fuentes. Si haces clic en él aparecerá el cuadro de diálogo Fuentes que puedes ver en la figura 14.8.

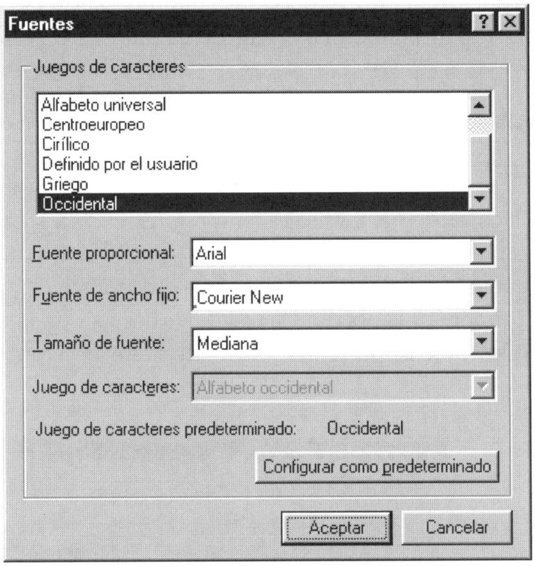

Figura 14.8. El cuadro de diálogo Fuentes

En este cuadro de diálogo puedes determinar los tipos y los tamaños de letra que utilizará Outlook Express para mostrarte los mensajes en pantalla. Esta opción sólo tiene sentido con los mensajes que tengan formato de texto y no para los que tengan formato HTML, ya que éstos emplearán sus propias fuentes. En caso de que recibas un mensaje en formato HTML que no especifique las fuentes que se deben emplear, Outlook Express utilizará las fuentes que definas aquí.

En la lista desplegable Fuente proporcional debes seleccionar el tipo de letra que quieres emplear para el texto de los mensajes. Esta fuente también se utilizará para el texto de los mensajes con formato HTML que deba mostrarse con este tipo de fuentes y que no especifiquen otra. En la lista desplegable Fuente de ancho fijo debes seleccionar el tipo de letra que quieres emplear para el texto de los mensajes con formato HTML que deba mostrarse con este tipo de fuentes y que no especifiquen otra.

Por último, la lista desplegable Tamaño de fuente te permite especificar el tamaño base de la fuente. En los mensajes con formato de texto esta opción te permite cambiar el tamaño del texto de los mensajes. En los mensajes con formato HTML esta opción establece el tamaño base del texto. Todos los demás tamaños de letra que aparezcan en ese mensaje se mostrará en relación con ese tamaño base.

Nota

Cuando se crea una página Web o un mensaje con formato HTML no es posible establecer un tamaño exacto para el texto, sino que se utilizan varios tamaños predefinidos. En primer lugar se selecciona un tamaño base y el tamaño de todo el texto se pone en relación con ese tamaño base. Así, por ejemplo, si quieres utilizar una letra de gran tamaño deberás emplear un tamaño dos o tres veces mayor que el tamaño base.

Acceso telefónico

La ficha Acceso telefónico del cuadro de diálogo Opciones (mira la figura 14.9) te da acceso a la configuración del comportamiento que tendrá Outlook Express en cuanto a la conexión con la red.

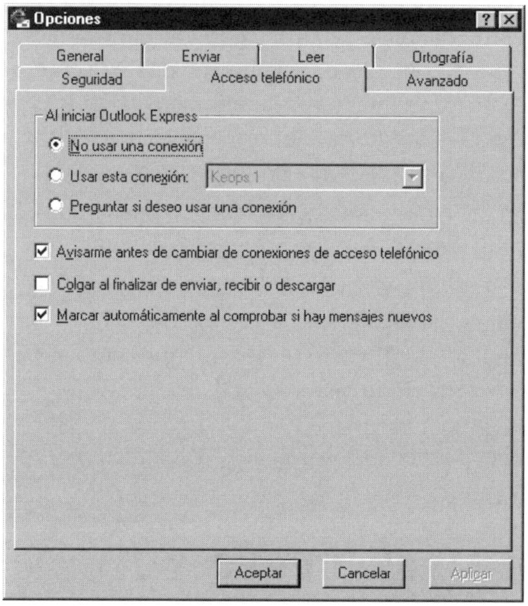

Figura 14.9. La ficha Acceso telefónico *del cuadro de diálogo* Opciones

El recuadro Al iniciar Outlook Express te da a elegir entre estas opciones:

- No usar una conexión. Si activas esta opción, Outlook Express no se conectará con Internet cuando lo ejecutes. Si no dispones de una conexión permanente con Internet esta opción es muy aconsejable, puesto que tú podrás controlar manualmente el momento en que Outlook Express debe conectarse con Internet.
- Usar esta conexión. Si activas esta opción y especificas una conexión de acceso telefónico en la lista desplegable de la derecha, Outlook Express se conectará con Internet cuando lo ejecutes usando la conexión que dé acceso telefónico que hayas designado (ya que puedes haber creado más de una).
- Preguntar si deseo usar una conexión. Si activas esta opción, cuando ejecutes Outlook Express, éste te preguntará si deseas conectarte a Internet y procederá en consecuencia con tu respuesta.

Además, la ficha Acceso telefónico dispone de estas otras opciones:

- Avisarme antes de cambiar de conexión de acceso telefónico. Es posible tener creadas más de una conexión de acceso telefónico. Si estás conectado a Internet mediante una conexión de acceso telefónico distinta a la que has especificado en Outlook Express para enviar y recibir mensajes de correo electrónico y tratas de enviar o recibir mensajes, Outlook Express te avisará de que estás utilizando una conexión distinta a la que has especificado. Entonces te dará la opción de finalizar esa conexión y volver a conectar con la que tienes definida en Outlook Express o bien tratar de localizar los servidores de correo electrónico utilizando la conexión que estás utilizando en este momento.
- Colgar al finalizar de enviar, recibir o descargar. Esta opción hace que Outlook Express termine automáticamente la conexión con Internet una vez haya finalizado una de las operaciones indicadas.
- Marcar automáticamente al comprobar si hay mensajes nuevos. Si tienes configurado Outlook Express para que compruebe la llegada de mensajes nuevos cada cierto tiempo y activas esta opción, cada vez que se cumpla el tiempo establecido Outlook Express se conectará automáticamente con Internet para comprobar la llegada de mensajes nuevos.

Crear un mensaje nuevo

Una de las principales misiones de un programa de correo electrónico es la de permitirte crear mensajes que luego enviarás a tus amigos o conocidos. Outlook

Express dispone de muchas características que facilitan enormemente esta labor, y a ello vamos a dedicar este apartado.

Para crear un mensaje nuevo debes hacer clic en el botón Redactar mensaje de la barra de botones de Outlook Express o ejecutar el comando Redacción, Mensaje nuevo. Entonces aparecerá la ventana Mensaje nuevo que tienes en la figura 14.10.

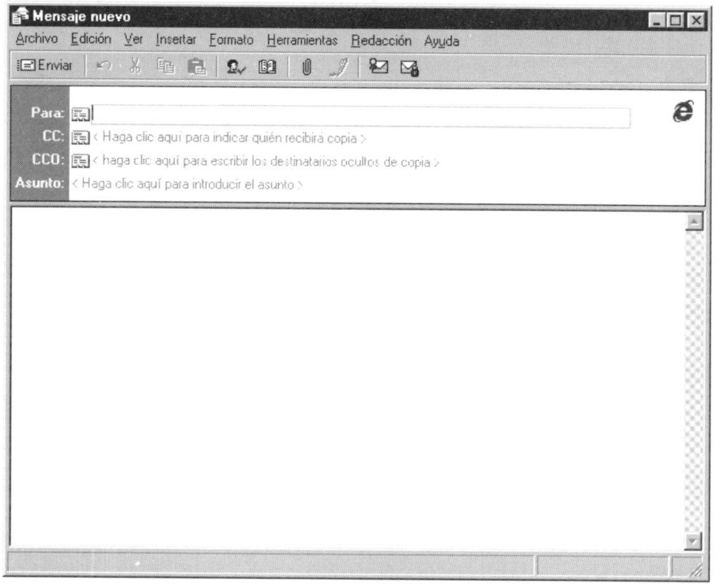

Figura 14.10. La ventana Mensaje nuevo, *en la que redactarás tus mensajes electrónicos*

Esta ventana será la que utilizarás para redactar todos los mensajes que escribas, tanto si son mensajes completamente nuevos como si son respuesta a otros mensajes. Crear un mensaje nuevo es muy sencillo. La siguiente secuencia de pasos te muestra cómo se hace.

Para crear un mensaje nuevo

1. Ejecuta el comando Redacción, Mensaje nuevo.

   Aparecerá la ventana Mensaje nuevo *y el punto de inserción se situará en el campo* Para.

2. Introduce la dirección electrónica del destinatario del mensaje (por ejemplo, joaquin@grupo-ros.es) y pulsa la tecla Tab.

   El punto de inserción se situará en el campo CC.

3. Si deseas que otras personas (aparte del destinatario) reciban una copia del mensaje, escribe aquí sus direcciones electrónicas separadas por coma o punto y coma. Todos esos destinatarios podrán ver que has enviado el mensaje a otras personas. Luego pulsa la tecla Tab.

   El punto de inserción se situará en el campo CCO.

4. Los destinatarios que introduzcas en este campo también recibirán una copia del mensaje, pero no sabrán que has enviado el mensaje a otras personas.

   El punto de inserción se situará en el campo Asunto.

5. Introduce una frase que resuma el contenido del mensaje. Así, cuando el destinatario reciba el mensaje sólo tendrá que dar un vistazo a este campo para saber de qué trata el mensaje. Cuando termines pulsa la tecla Tab.

   El punto de inserción se moverá a la gran zona blanca de la ventana.

6. Introduce el texto del mensaje.

7. Ahora debes establecer la prioridad del mensaje. Utiliza el submenú que aparece cuando ejecutas el comando Herramientas, Establecer prioridad para elegir la prioridad: Alta, Normal o Baja.

   El icono del extremo superior derecho de la ventana Mensaje nuevo *cambiará para reflejar la prioridad del mensaje.*
   La prioridad del mensaje no afecta a la velocidad con la que el mensaje será enviado al destinatario, sino que solamente es un aviso para el destinatario sobre la urgencia del mismo. Así, las personas que reciben muchos mensajes de correo electrónico podrán leer antes aquellos que tengan una prioridad alta, y dejar para más tarde los que tengan una prioridad normal o baja.

8. Cuando termines haz clic en el botón Enviar de la ventana Mensaje nuevo.

   Outlook Express cerrará la ventana Mensaje nuevo *y enviará el mensaje inmediatamente o lo almacenará en la carpeta* Bandeja de salida *para enviarlo más tarde, según lo hayas configurado.*

9. Si has configurado Outlook Express para que no envíe los mensajes inmediatamente deberás ser tú quién inicie el envío manualmente. Cuando hayas terminado de escribir todos tus mensajes ejecuta el comando Herramientas, Enviar.

Outlook Express enviará todos los mensajes que hayas creado. Por supuesto, para enviar los mensajes Outlook Express deberá conectarse a Internet. Por tanto, cuando vayas a enviar los mensajes deberás tener encendido el módem.

Adjuntar un archivo

Una de las misiones a las que se destinan los mensajes de correo electrónico es la de servir de soporte para el envío de archivos. Imagina que has realizado un gráfico con un programa de diseño y que quieres enviar ese gráfico a un amigo para que lo vea. Si ambos disponéis de correo electrónico, el mejor sistema para hacerle llegar el gráfico a tu amigo es mediante un mensaje. Al procedimiento de enviar un archivo junto con un mensaje de correo electrónico se le denomina *adjuntar un archivo.*

Adjuntar un archivo también es un procedimiento muy sencillo. En primer lugar debes crear un mensaje nuevo dirigido al destinatario del archivo, exactamente igual que si fuera un mensaje normal (consulta el apartado anterior). Una vez hayas terminado de escribir el mensaje ejecuta el comando Insertar, Archivo adjunto de la ventana Mensaje nuevo (o haz clic en el botón Insertar archivo de esta misma ventana, que es el que tiene un dibujo de un clip). Entonces aparecerá el cuadro de diálogo Insertar datos adjuntos que puedes ver en la figura 14.11.

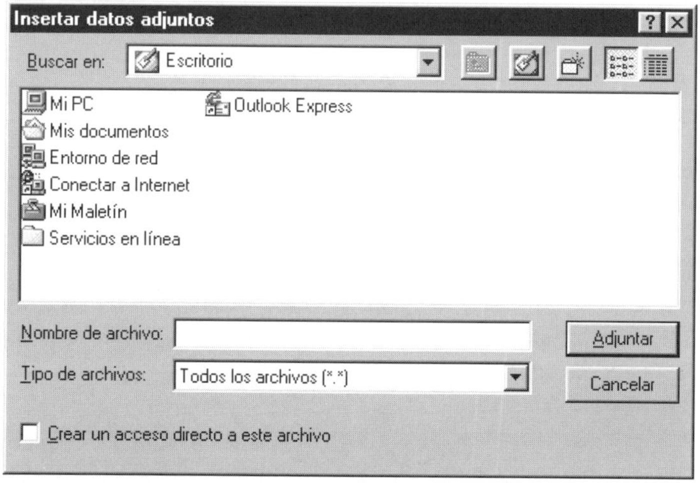

Figura 14.11. El cuadro de diálogo Insertar datos adjuntos

Utiliza este cuadro de diálogo para llegar a la carpeta en la que esté el archivo que quieres enviar con el mensaje, selecciona el archivo haciendo clic sobre él y luego haz clic en el botón Adjuntar. Como puedes ver en la figura 14.12, en la parte inferior de la ventana Mensaje nuevo aparece el icono correspondiente al archivo que has adjuntado. Si lo deseas, puedes repetir el procedimiento para adjuntar más archivos al mensaje. Cuando termines, ya sólo te quedará enviar el mensaje de la misma manera que si fuese un mensaje convencional.

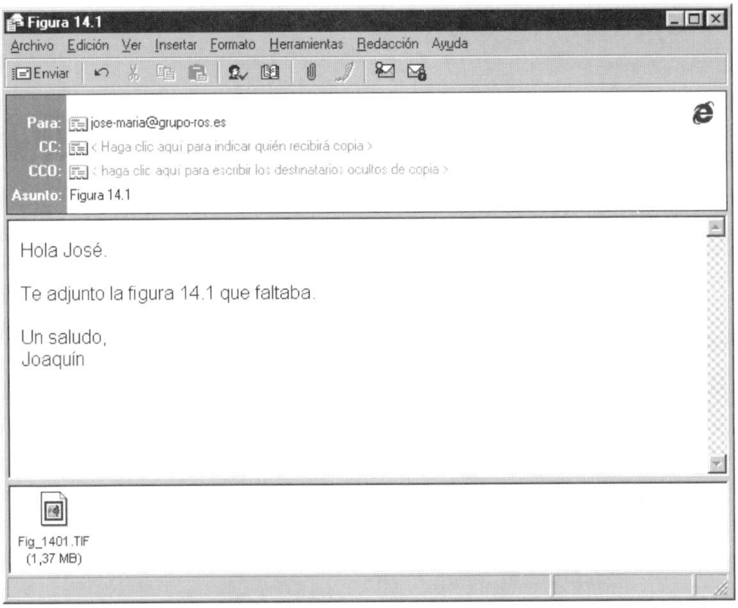

Figura 14.12. Un mensaje que vamos a enviar con un archivo adjunto

Nota

Como puedes ver en la figura 14.11, el cuadro de diálogo Insertar datos adjuntos *tiene una opción denominada* Crear un acceso directo a este archivo. *Si activas esa opción, en lugar de enviar el archivo enviarás un acceso directo a él. Esto implica que tu ordenador deberá estar conectado a Internet cuando el destinatario pretenda recoger el archivo. Por tanto, esta opción sólo es recomendable si dispones de una conexión permanente a Internet y si mantienes encendido tu ordenador durante mucho tiempo al cabo del día.*

En el apartado "Acceder a los archivos adjuntos a un mensaje" veremos la manera de recoger los archivos adjuntos que recibas con un mensaje.

Firmar automáticamente los mensajes

Una de las operaciones más tediosas que se presentan cuando se emplea con frecuencia el correo electrónico es la de firmar los mensajes que crees. Para facilitarnos esta labor, Outlook Express dispone de la opción de firmar automáticamente los mensajes salientes.

En primer lugar deberás crear la firma. Ejecuta el comando Herramientas, Material de papelería para que aparezca el cuadro de diálogo Material de papelería que puedes ver en la figura 14.13.

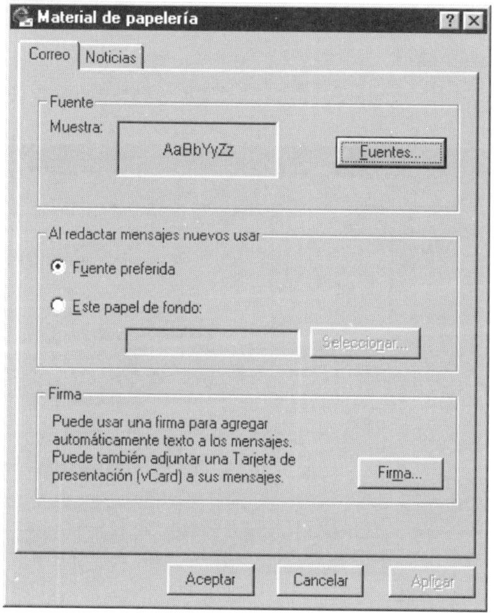

Figura 14.13. El cuadro de diálogo Material de papelería

En la parte inferior de la ficha Correo (que es la que aparecerá seleccionada por omisión) verás un botón denominado Firma. Haz clic en él y aparecerá el cuadro de diálogo Firma que puedes ver en la figura 14.14.

Ahora tendrás dos posibilidades para crear tu firma:

- Si es una firma sencilla puedes activar la opción Texto e introducir el texto con el que deseas firmar tus mensajes en el recuadro que hay a la derecha de la opción (mira la figura 14.14).
- Si la firma es más compleja o está realizada en formato HTML activa la opción Archivo. Luego haz clic en el botón Examinar y utiliza el cuadro de

diálogo Abrir que aparecerá para acceder a la carpeta que contiene el archivo con tu firma (debe ser un archivo de texto o HTML que hayas creado previamente). Cuando lo hayas encontrado, haz clic sobre él para seleccionarlo y luego haz clic en el botón Abrir.

Una vez hayas seleccionado el modo de firmar tus mensajes podrás elegir dos opciones: si activas la opción Agregar esta firma a todos los mensajes salientes del cuadro de diálogo Firma, Outlook Express agregará tu firma al final de todos los mensajes que escribas. Por el contrario, si no activas esta opción, cada vez que quieras agregar tu firma a un mensaje deberás ejecutar el comando Insertar, Firma de la ventana Mensaje nuevo (o hacer clic en el botón Insertar firma de la misma ventana, que es el que tiene un dibujo de un lápiz escribiendo) cuando termines de redactar el texto del mensaje.

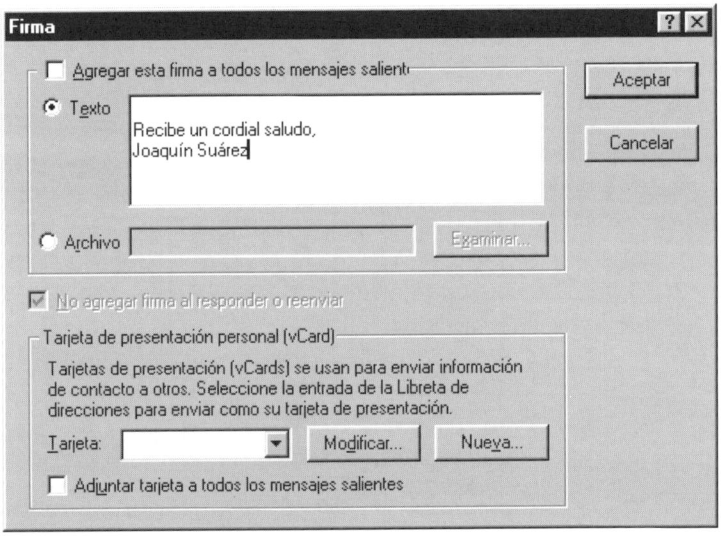

Figura 14.14. El cuadro de diálogo Firma

Recibir mensajes

Cuando quieras recibir los mensajes de correo electrónico que otras personas te hayan enviado debes ejecutar el comando Herramientas, Enviar y recibir de la ventana de Outlook Express. Este comando hace que Outlook Express se conecte con tu servidor de correo y descargue en tu ordenador todos los mensajes que tengas pendientes de recibir. Además, Outlook Express aprovecha la conexión con el servidor de correo para enviar todos los mensajes que tengas almacenados en la carpeta Bandeja de salida.

Nota

Si tienes una conexión permanente con Internet y tienes activada la opción Comprobar mensajes nuevos cada X minutos *(consulta el apartado "Opciones generales") no será necesario que utilices el comando* Enviar y recibir *para recoger el correo, puesto que Outlook Express recogerá automáticamente tu correo pendiente cada lapso de tiempo que hayas fijado.*

Todos los mensajes nuevos que recibas se almacenarán en la carpeta Bandeja de entrada. Si mirás el panel izquierdo de la ventana de Outlook Express después de recoger el correo verás que el nombre de la Bandeja de entrada aparece en negrita, y que a su derecha aparece un número entre paréntesis. Eso significa que tienes mensajes pendientes de leer en la Bandeja de entrada; el número entre paréntesis te indicará el número de mensajes que todavía no has leído (consulta la opción Mensaje leído después de verse X segundos del apartado "Opciones al leer mensajes").

Para leer los mensajes que has recibido debes, en primer lugar, seleccionar la carpeta Bandeja de entrada haciendo clic sobre ella en el panel izquierdo de la ventana de Outlook Express. Entonces, el contenido de esta carpeta lo podrás ver en el panel superior derecho de esa misma ventana. Lo que aparece en el panel superior derecho de la ventana son las *cabeceras* de los mensajes que contiene esa carpeta, es decir, una serie de datos básicos de los mensajes como son el remitente, el asunto, la fecha de recepción, etcétera.

Las cabeceras que aparezcan en negrita corresponderán a mensajes que todavía no has leído. Para leer cualquier mensaje sólo tienes que hacer clic sobre su cabecera. El texto del mensaje aparecerá en el panel inferior derecho de la ventana de Outlook Express (mira la figura 14.15).

Una vez hayas seleccionado un mensaje para leerlo, Outlook Express lo marcará como leído: su cabecera dejará de aparecer en negrita en la zona de cabecera de mensajes y el número entre paréntesis que aparece a la derecha de la carpeta Bandeja de entrada (en el panel izquierdo de la ventana) descenderá en una unidad. Cuando no te quede ningún mensaje nuevo por leer, el nombre de la carpeta Bandeja de entrada dejará de estar en negrita.

Ahora fíjate en la zona de cabeceras de mensajes de Outlook Express, es decir, en el panel superior derecho. Los datos que aparecen en las cabeceras de cada mensaje están organizados en columnas, y en la parte superior de cada columna hay un recuadro gris que contiene un texto que te indica qué información aparece en esa columna. Creo que no te costará trabajo comprender qué información aparece en cada columna. Sin embargo, si miras las dos primeras columnas empezando por la izquierda verás que en su parte superior no hay un texto, sino un símbolo.

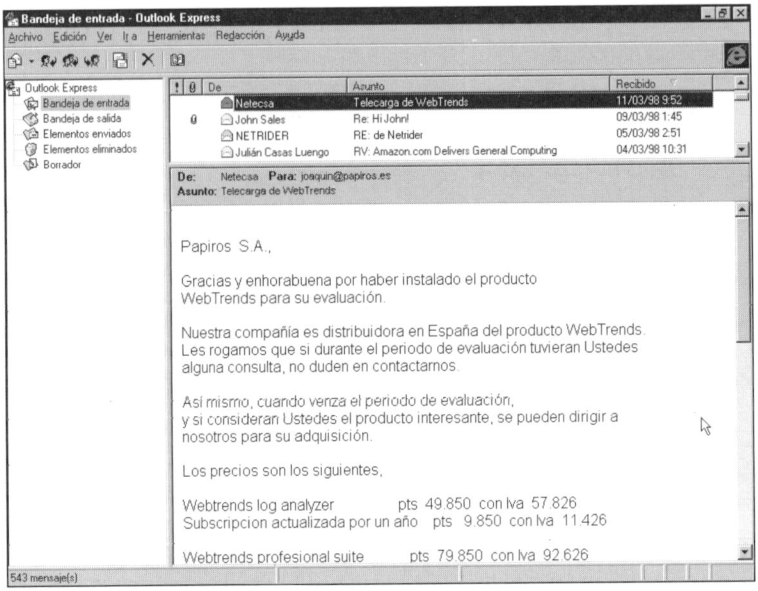

Figura 14.15. Leer un mensaje en Outlook Express

Pues bien, la columna que muestra un signo de admiración en lugar de un texto sirve para mostrar la prioridad de cada mensaje. Si la cabecera de un mensaje no muestra nada en esa columna, eso quiere decir que ese mensaje tiene una prioridad normal. Si muestra un signo de exclamación en color rojo significa que ese mensaje tiene una prioridad alta. Y si muestra una flecha apuntando hacia abajo en color azul significa que ese mensaje tiene una prioridad baja (en el paso 7 de la secuencia de pasos que aparece en el apartado "Crear un mensaje nuevo" se trata el tema de la prioridad de los mensajes).

Por su parte, la columna que muestra el dibujo de un clip sirve para indicar si los mensajes contienen datos adjuntos o no (consulta los apartado "Adjuntar un archivo" y "Acceder a los archivos adjuntos a un mensaje"). Si la cabecera de un mensaje muestra el dibujo de un clip en esa columna, ello quiere decir que ese mensaje contiene datos adjuntos. En caso contrario la columna aparecerá en blanco. En la figura 14.1 puedes ver que el segundo mensaje contiene datos adjuntos. En el apartado "Acceder a los archivos adjuntos a un mensaje" podrás ver la manera de recuperar los datos que vienen adjuntos a un mensaje.

Opciones de presentación de los mensajes

La función de leer mensajes es sin duda la más importante de un programa de correo electrónico, junto con la de redactar mensajes nuevos. La mayor parte del tiempo que pases trabajando con Outlook Express lo emplearás en realizar una de estas dos actividades. Por tanto, es muy importante que la forma de acceder a los mensajes que recibas sea la más cómoda posible para ti. Afortunadamente, Outlook Express dispone de algunas características que te permitirán personalizar este aspecto del programa.

La primera de estas características consiste en decidir qué columnas deben aparecer en la zona de cabeceras de mensajes (el panel superior derecho de la ventana de Outlook Express). Por omisión aparecen las que posiblemente sean las más relevantes, pero si lo deseas puedes cambiarlas. Ejecuta el comando Ver, Columnas para que aparezca el cuadro de diálogo Columnas que puedes ver en la figura 14.16. Si quieres agregar una columna a la zona de cabeceras de mensajes selecciónala en el cuadro Columnas disponibles (haciendo clic sobre su nombre) y haz clic en el botón Agregar. Si quieres eliminar una columna de la zona de cabeceras de mensajes, selecciónala en el cuadro Mostrar columnas y haz clic en el botón Quitar.

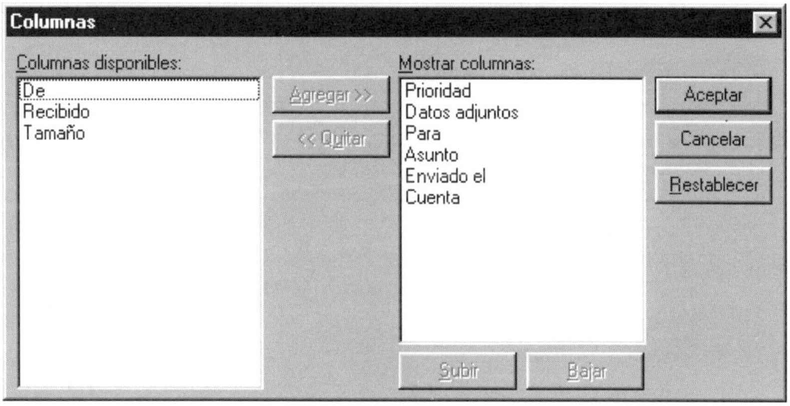

Figura 14.16 El cuadro de diálogo Columnas

Una vez hayas traspasado al cuadro Mostrar columnas todas las columnas que quieras que aparezcan en la zona de cabeceras de mensajes puedes determinar el orden con el que aparecerán esas columnas en la pantalla: las columnas que estén más arriba en el cuadro Mostrar columnas serán las que aparezcan más a la izquierda en la zona de cabeceras de mensajes. Para cambiar el orden de una columna selecciona su nombre en el cuadro Mostrar columnas y luego utiliza los botones Subir y Bajar para determinar su nueva posición. Por último, cuando hayas terminado de efectuar todos los ajustes en el cuadro de diálogo Columnas haz clic en el botón Aceptar para que los cambios entren en vigor. Los resultados de tus modificaciones los podrás ver inmediatamente en la zona de cabeceras de mensajes.

Aviso

En caso de que los resultados obtenidos tras trabajar con el cuadro de diálogo Columnas *no sean de tu agrado y quieras volver a poner las cosas como estaban, haz clic en el botón* Restablecer *del cuadro de diálogo* Columnas.

Otra característica de Outlook Express que puedes utilizar para personalizar tu zona de cabeceras de mensajes consiste en determinar el orden con que aparecerán las cabeceras de los mensajes en la lista. Supón que quisieras que las cabeceras de los mensajes aparezcan ordenadas por el campo Asunto. Para conseguirlo sólo tienes que hacer clic en el recuadro gris que contiene la palabra Asunto. Outlook Express modificará inmediatamente la lista de cabeceras de mensajes para que aparezcan ordenadas por el campo Asunto y con criterio ascendente, es decir, de la A a la Z (aparecerá primero un mensaje con el asunto *Aviso de llegada* que otro que tenga el asunto *Zambia: buenas noticias*).

Si quieres que el criterio sea descendente (de la Z a la A) vuelve a hacer clic en el recuadro gris que contiene la palabra Asunto. Además, observa que junto a la palabra Asunto aparece un flecha apuntando hacia arriba (si el criterio elegido es el ascendente) o hacia abajo (si el criterio elegido es el descendente). La presencia de la flecha en un recuadro gris indica que las cabeceras de los mensajes están ordenadas por ese campo, mientras que la dirección de la flecha indica el criterio de ordenación empleado.

Consejo

Te recomiendo que, en general, ordenes tus mensajes por el campo Recibido, *ya que así los tendrás dispuestos cronológicamente. Además, cuando recibas mensajes nuevos éstos se situarán al principio o al final de la lista de cabeceras (y no dispersos por la lista como ocurriría si eliges otro campo para ordenar los mensajes), con lo que te será más fácil acceder a ellos. En caso de que quieras buscar todos los mensajes que te haya enviado una persona concreta puedes ordenar las cabeceras por el campo* De, *ya que así las cabeceras se mostrarán ordenadas por el nombre o dirección electrónica del remitente de los mensajes. Luego puedes volver a ordenarlas por el campo* Recibido.

La última característica de personalización de la zona de cabeceras de mensajes que vamos a ver es la que permite marcar como no leído un mensaje que ya hayas leído. Como ya sabes, una vez que seleccionas un mensaje en la zona de cabeceras para leer su contenido en el panel inferior derecho de la ventana de Outlook, éste es marcado como leído: su cabecera deja de estar en negrita y el número entre paréntesis que aparece a la derecha de la carpeta Bandeja de entrada descenderá en una unidad. En caso de que recibas algún mensaje muy importante que te gustaría destacar para volver a leerlo más tarde puedes marcarlo como no leído. Para ello sólo tienes que ejecutar el comando Edición, Marcar como no leído después de que hayas seleccionado la cabecera de ese mensaje. Es cierto que siempre puedes volver a leer un mensaje aunque no lo marques como no leído, pero si lo marcas su cabecera aparecerá en negrita, lo que te permitirá encontrarlo con más rapidez.

Por otra parte, si tienes desactivada la opción Mensaje leído después de verse X segundos (consulta el apartado "Opciones al leer mensajes"), Outlook Express nunca marcará los mensajes como leídos por su cuenta. En tal situación, si quieres marcar un mensaje como leído deberás seleccionar el mensaje en la zona de cabeceras y ejecutar después el comando Edición, Marcar como leído.

Consejo

Si tienes desactivada la opción Mensaje leído después de verse X segundos *o si recibes muchos mensajes de golpe puede que te interese el comando* Ver, Vista actual. *Cuando lo ejecutes aparecerá un submenú con dos opciones. La opción* Todos los mensajes *es la que actúa por omisión y te permite ver en la zona de cabeceras de mensajes las cabeceras de todos los mensajes que tengas en la carpeta seleccionada. La opción* Mensajes no leídos *hace que en la zona de cabeceras sólo se vean los mensajes marcados como no leídos. Si activas esta opción te resultará mucho más fácil encontrar los mensajes que tengas pendientes de leer. (Recuerda volver a seleccionar la opción* Todos los mensajes *cuando termines.)*

Acceder a los archivos adjuntos a un mensaje

Como ya has visto, la zona de cabeceras de mensajes contiene una columna para indicarte si alguno de los mensajes que has recibido contiene uno o más archivos adjuntos. Si es así, en esa columna aparece el dibujo de un clip a la altura del mensaje que contiene el archivo adjunto. Para acceder a los datos adjuntos a un mensaje debes seleccionar el mensaje en la zona de cabeceras. Luego ejecuta el comando Archivo, Guardar datos adjuntos. Cuando hagas esto aparecerá un submenú con el nombre de todos los archivos adjuntos que contiene ese mensaje. Si el mensaje contiene más de un archivo adjunto también aparecerá una opción adicional llamada Todo.

Para guardar uno de los archivos adjuntos en tu disco duro haz clic en la opción del submenú que corresponda al archivo que quieras guardar. Aparecerá el cuadro de diálogo Guardar datos adjuntos como para permitirte seleccionar la carpeta en la que quieras guardar el archivo adjunto. Cuando la hayas seleccionado haz clic en el botón Guardar de este cuadro de diálogo para que Outlook Express guarde el archivo adjunto en esa carpeta.

En el caso de que quieras guardar todos los archivos adjuntos a un mensaje en la misma carpeta, selecciona la opción Todo en el submenú en lugar de seleccionar una de las opciones correspondientes a un archivo concreto. Una vez que tengas guardados los archivos adjuntos a un mensaje en tu disco duro podrás trabajar con ellos como con cualquier otro archivo.

Otra manera de acceder a los datos adjuntos a un mensaje consiste en hacer doble clic sobre la cabecera del mensaje en la zona de cabeceras. Cuando lo hagas, Outlook Express te mostrará ese mensaje en una ventana independiente. Esa ventana estará dividida en dos por una línea. En la división superior podrás ver el texto del mensaje, mientras que en la división inferior aparecerán los iconos de todos los archivos adjuntos que contenga el mensaje (mira la figura 14.17).

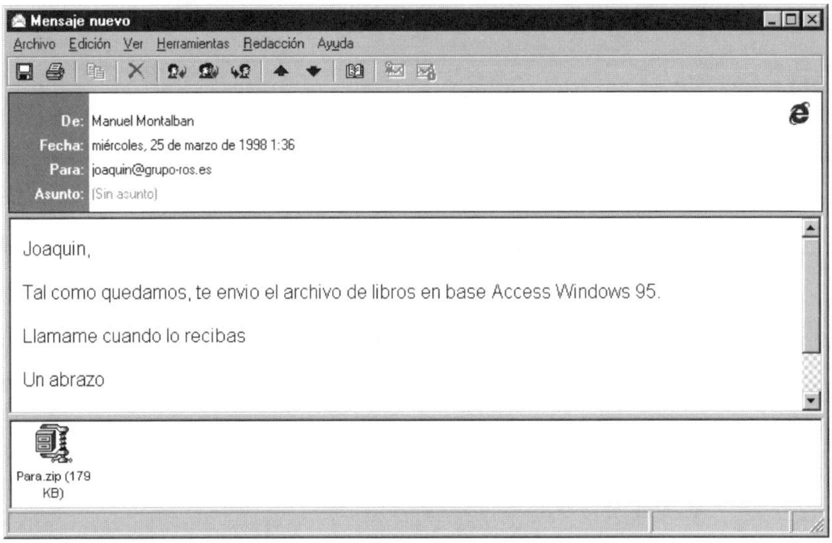

Figura 14.17. Leer un mensaje en su propia ventana

Si haces clic con el botón derecho del ratón sobre cualquiera de los iconos de los archivos adjuntos se desplegará un menú emergente con varias opciones. Si seleccionas la opción Guardar como podrás guardar el archivo adjunto en tu disco duro exactamente igual que antes. Pero si seleccionas la opción Abrir, Outlook Express ejecutará el programa asociado al archivo y cargará éste en el programa (por ejemplo, si el archivo adjunto es un documento de Word, Outlook Express cargará Word y te mostrará el documento en él). De esta manera puedes acceder inmediatamente al contenido de los archivos adjuntos a un mensaje, sin necesidad de tener que guardarlos primero y acceder a ellos después.

En todo caso debes saber que, a menos que borres un mensaje, sus archivos adjuntos permanecen con él en la **Bandeja de entrada**. Así, puedes volver a acceder a esos archivos adjuntos tantas veces como quieras hasta que borres el mensaje. De hecho, los archivos adjuntos permanecen con el mensaje incluso cuando éste se borra y pasa a estar en la carpeta Elementos eliminados. Eso sí, una vez que borres el mensaje de la carpeta Elementos eliminados, también borrarás los archivos adjuntos.

Nota

Observa que en el extremo superior derecho de la ventana del mensaje (mira la figura 14.17) aparece el icono del Explorador. Eso se debe a que éste es un mensaje con prioridad normal. Si el mensaje tuviese una prioridad baja o alta, en lugar de aparecer el icono del Explorador aparecerían, respectivamente, un icono de una flecha apuntando hacia abajo o un icono de un signo de admiración (consulta el paso 7 de la secuencia de pasos que aparece en el apartado "Crear un mensaje nuevo").

Para cerrar una ventana en la que estés leyendo un mensaje sólo tienes que ejecutar el comando Archivo, Cerrar de esa ventana.

Responder a un mensaje

Además de crear mensajes nuevos (como viste en el capítulo anterior), un trabajo habitual que se realiza con un programa de correo electrónico es el de responder a mensajes que se reciben. Si recibes un mensaje y quieres responder al autor, el procedimiento es mucho más sencillo que el de crear un mensaje nuevo.

En primer lugar selecciona el mensaje en la zona de cabeceras. Podrás leer el mensaje en el panel inferior derecho de la ventana de Outlook Express. A continuación haz clic en el botón Responder al autor de la barra de herramientas o ejecuta el comando Redacción, Responder al autor. Entonces aparecerá una ventana nueva denominada RE: que es idéntica a la ventana Mensaje nuevo que vimos en el capítulo 6 (mira la figura 14.18).

Observa que, en esta ocasión, Outlook Express ha hecho varias cosas por su cuenta. En primer lugar, ha rellenado el campo Para, seleccionando como destinatario al remitente del mensaje original. También ha rellenado el campo Asunto, poniendo las palabras RE: (*RE* de respuesta) y, a continuación, el asunto del mensaje original. Esto informará al destinatario del mensaje de que éste es respuesta a uno suyo anterior.

Por último, en la zona de redacción del mensaje ha introducido el texto del mensaje original, así como los datos básicos del mensaje original. Esto permite que el destinatario del mensaje recuerde con facilidad de qué trataba su mensaje original y pueda continuar la conversación.

Nota

Cuando se responde a un mensaje, el texto del mensaje original se diferencia del que tú escribas como respuesta mediante unas marcas. Si la respuesta se realiza en formato de texto, delante de cada línea del mensaje original aparece el símbolo mayor que (>). Si la respuesta se realiza en formato HTML, a la izquierda del mensaje original aparece una línea vertical.

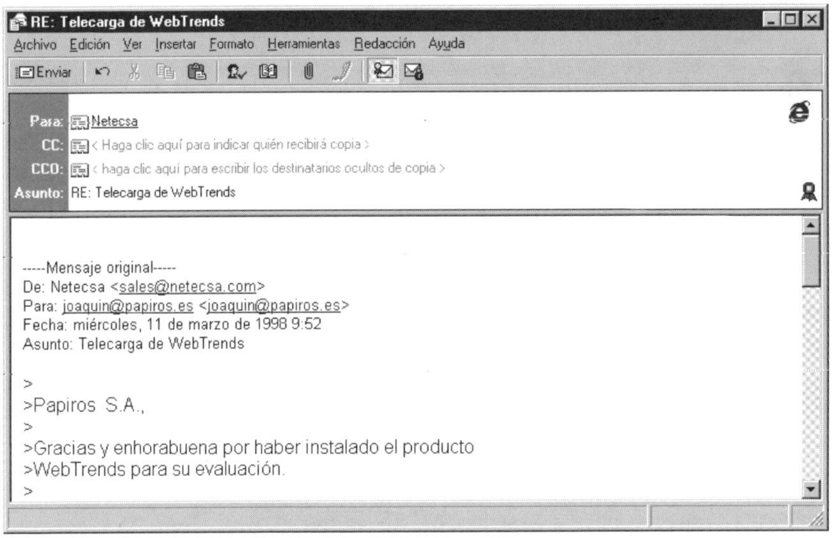

Figura 14.18. La ventana RE: *para responder un mensaje*

Para introducir el texto nuevo de tu mensaje, ve al final de la zona de redacción del mensaje y escribe lo que desees. Por último, haz clic en el botón Enviar para despachar el mensaje.

Reenviar un mensaje

Otra posibilidad que tienes cuando recibas un mensaje es la de reenviárselo a una tercera persona. El procedimiento es casi idéntico al que se emplea para responder a un mensaje. Selecciona el mensaje en la zona de cabeceras y a continuación haz clic en el botón Reenviar mensaje de la barra de herramientas o ejecuta el comando Redacción, Renviar mensaje. Entonces aparecerá una ventana nueva denominada RV:.

Outlook Express rellena en esta ventana los mismos campos que cuando se responde a un mensaje, con una diferencia: el campo Para queda vacío para que tú introduzcas la dirección de la tercera persona destinataria del mensaje. Además, en el campo Asunto ahora pone RV: en lugar de RE:. Por lo demás, todo es igual que cuando se responde a un mensaje: introduce el texto nuevo y haz clic en el botón Enviar.

Organizar los mensajes

Ya conoces la manera de crear, enviar y recibir mensajes. Lo más probable es que no borres la mayoría de esos mensajes, sino que los almacenes en las respectivas carpetas de Outlook Express con el fin de mantener un archivo de tu correo electrónico. Sin embargo, este modo de actuar tan común presenta los correspondientes problemas de gestión de los mensajes. En este apartado veremos la manera de solucionar esos problemas.

Borrar, mover y copiar mensajes

Borrar un mensaje es una operación muy sencilla. Primero selecciona la carpeta en la que se encuentra el mensaje que quieres borrar haciendo clic sobre su nombre en el panel de la izquierda de la ventana de Outlook Express. Cuando lo hagas, las cabeceras de todos los mensajes que haya en esa carpeta aparecerán en la zona de cabeceras (panel superior derecho). Ahora basta con que selecciones la cabecera del mensaje que quieres borrar y que pulses la tecla Supr o ejecutes el comando Edición, Eliminar.

Outlook Express no borrará el mensaje inmediatamente, sino que lo moverá a la carpeta Elementos eliminados. Todos los mensajes borrados permanecerán en esa carpeta hasta que los borres de ella. Entonces desaparecerán definitivamente junto con los archivos adjuntos que contuviesen.

Aviso

Ten cuidado, puesto que una vez que borres los mensajes de la carpeta Elementos eliminados *no podrás recuperarlos de ninguna manera.*

Otra operación que puedes realizar con los mensajes consiste en moverlos de una carpeta a otra. Cuando se utiliza la configuración predeterminada de Outlook Express no tiene mucho sentido mover los mensajes de una carpeta a otra, puesto que cada carpeta tiene una misión muy concreta y específica. Sin embargo, si creas tus propias carpetas de mensajes (consulta el apartado "Las carpetas de mensajes" más adelante), sí que necesitarás mover mensajes entre carpetas.

Para mover un mensaje selecciona su cabecera en la zona de cabeceras de mensajes. Luego ejecuta el comando Edición, Mover a carpeta. Entonces aparecerá el cuadro de diálogo Mover que puedes ver en la figura 14.19.

Utiliza este cuadro de diálogo para seleccionar la carpeta a la que quieres mover el mensaje y después haz clic en el botón Aceptar. Outlook Express moverá el mensaje a la carpeta que hayas seleccionado.

Observa que también puedes utilizar el cuadro de diálogo Mover (así como el cuadro de diálogo Copiar que veremos a continuación) para crear una nueva carpeta de mensajes. Basta con que hagas clic en el botón Nueva carpeta e introduzcas el nombre que deseas que tenga la nueva carpeta. Después puedes seleccionar la nueva carpeta para mover el mensaje a ella. En el apartado "Las carpetas de mensajes" de este mismo capítulo se trata el tema de las carpetas con más profundidad.

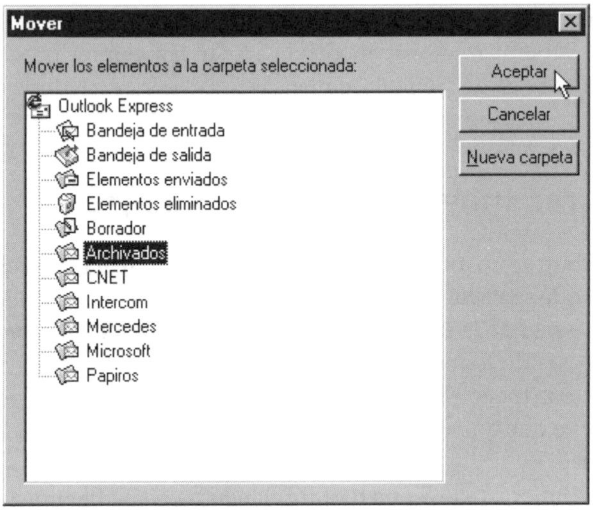

Figura 14.19. El cuadro de diálogo Mover *(observa que se han creado carpetas personalizadas)*

Por último, la operación de copiar un mensaje en otra carpeta es idéntica a la operación de mover un mensaje: selecciona su cabecera y ejecuta el comando Edición, Copiar a carpeta para que aparezca el cuadro de diálogo Copiar. Este cuadro de diálogo es idéntico al cuadro de diálogo Mover que hemos visto antes. Selecciona la carpeta en la que quieras copiar el mensaje y haz clic en el botón Aceptar. Outlook Express copiará el mensaje en la carpeta que hayas seleccionado.

Buscar un mensaje

Si utilizas el correo electrónico con frecuencia pronto te encontrarás con que tienes muchos mensajes almacenados en la carpeta Bandeja de entrada. En tal situación, encontrar un mensaje que recibiste hace tiempo puede resultarte difícil o laborioso. Afortunadamente, Outlook Express ha previsto esta contingencia. Si ejecutas el comando Edición, Buscar mensaje aparecerá el cuadro de diálogo Buscar mensaje que puedes ver en la figura 14.20.

Para buscar un mensaje con este cuadro de diálogo debes usar uno de los cuatro cuadros que aparecen en la parte superior. Por ejemplo, si estás buscando un mensaje que te envió tu amigo Joaquín y sabes que su dirección electrónica es joaquin@grupo-ros.es, introduce esta dirección en el cuadro De. Para estrechar la búsqueda puedes rellenar más de un cuadro. Por ejemplo, si el mensaje de tu amigo Joaquín hacía referencia a la fiesta de Navidad, puedes introducir también la palabra *Navidad* en el cuadro Cuerpo. En este caso, Outlook Express buscará todos los mensajes procedentes de joaquin@grupo-ros.es que contengan la palabra *Navidad* en el texto del mensaje.

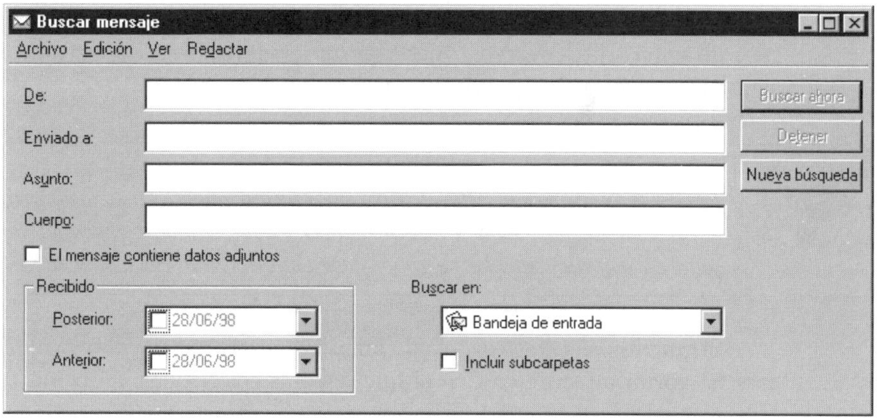

Figura 14.20. El cuadro de diálogo Buscar mensaje

Una vez hayas incluido los criterios de búsqueda debes especificar la carpeta en la que quieres que Outlook Express busque los mensajes. Despliega la lista Buscar en y selecciona la carpeta de mensajes adecuada. Si seleccionas la carpeta "Outlook Express", la búsqueda se realizará por todas las carpetas que tengas. Además, si después de seleccionar una carpeta activas la opción Incluir subcarpetas, la búsqueda se realizará en la carpeta que hayas seleccionado y en todas las subcarpetas que ésta contenga (en relación a esto, consulta el siguiente apartado).

Una vez que hayas completado los datos haz clic en el botón Buscar ahora. Si Outlook Express encuentra uno o más mensajes que cumplan los criterios de búsqueda aumentará el tamaño del cuadro de diálogo Buscar mensaje para que en su parte inferior aparezca una zona de cabeceras de mensajes y, dentro de ella, todos los mensajes que haya encontrado. Si quieres leer uno de los mensajes que aparezca en esta zona haz doble clic sobre su cabecera. Podrás leer el mensaje en su propia ventana. Cuando termines de trabajar con el cuadro de diálogo Buscar mensaje utiliza el comando Archivo, Cerrar para cerrarlo.

Las carpetas de mensajes

Como has podido ver a lo largo de este capítulo, las carpetas de mensajes desempeñan un papel fundamental en la organización de los mensajes en Outlook Express. Veamos ahora la manera de gestionar las carpetas de mensajes.

Cuando se instala Outlook Express aparecen las cinco carpetas básicas que ya conoces: Bandeja de entrada, Bandeja de salida, Elementos enviados, Elementos eliminados y Borrador. Las funciones de estas carpetas las vimos en el apartado "Las carpetas de mensajes predeterminadas". Todas estas carpetas deben permanecer siempre en el sistema, y no se pueden eliminar ni cambiar de nombre.

Sin embargo, Outlook Express permite que se creen carpetas personalizadas, es decir, carpetas dedicadas a los fines propios de cada usuario. Por ejemplo, si estás suscrito a una lista de correos, puede que quieras crear una carpeta para almacenar en ella todos los mensajes que te lleguen de esa lista.

Nota

Las listas de correo son listas de personas que quieren recibir todo el correo electrónico que haya disponible sobre un cierto asunto. Cada vez que se genere un mensaje nuevo sobre ese asunto, todas las personas de la lista recibirán una copia de él.

Si quieres crear una carpeta de mensajes nueva ejecuta el comando Archivo, Carpeta. Se abrirá un submenú en el que deberás seleccionar la opción Carpeta nueva. Entonces aparecerá el cuadro de diálogo Crear carpeta que puedes ver en la figura 14.21. En primer lugar deberás introducir en el cuadro Nombre de la carpeta el nombre que quieras que tenga tu nueva carpeta. Luego tienes que seleccionar la carpeta *dentro* de la que quieres crear la carpeta nueva. Si seleccionas la carpeta Outlook Express, la carpeta nueva se creará al mismo nivel que las carpetas predeterminadas. Sin embargo, si seleccionas cualquier otra carpeta (por ejemplo, Bandeja de entrada), la nueva carpeta se creará *dentro* de la carpeta que hayas seleccionado (esto es similar a crear directorios en un disco).

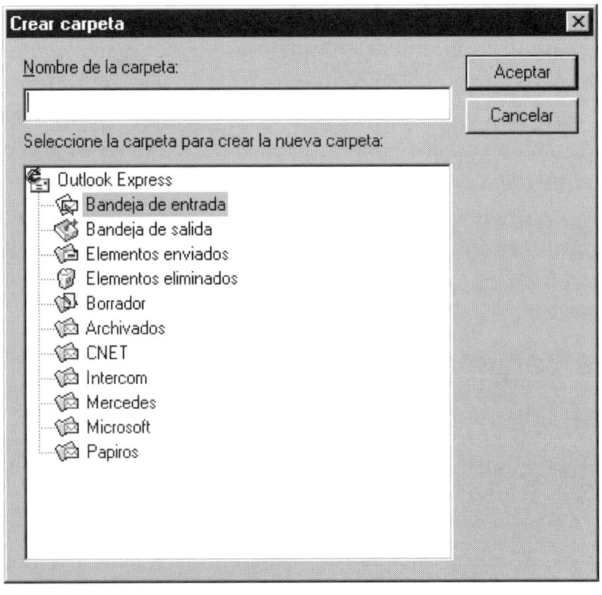

Figura 14.21. El cuadro de diálogo Crear carpeta

Al contrario de lo que ocurre con las carpetas predeterminadas, a las carpetas personalizadas sí es posible cambiarles el nombre e, incluso, eliminarlas. Para cambiar el nombre de una carpeta selecciónala en el panel izquierdo de la ventana de Outlook Express y luego ejecuta el comando Archivo, Carpeta, Cambiar nombre. Introduce el nuevo nombre en el cuadro de diálogo Cambiar el nombre de la carpeta que aparecerá y haz clic en Aceptar. Si quieres eliminar una carpeta selecciónala en el panel izquierdo de la ventana de Outlook Express y luego ejecuta el comando Archivo, Carpeta, Eliminar. Aparecerá un cuadro de diálogo pidiéndote una confirmación de la operación. Si haces clic en el botón Sí, Outlook Express borrará la carpeta y todos los mensajes y carpetas que contenga.

Aviso

La eliminación de una carpeta implica también la eliminación de todas las demás carpetas y mensajes que contenga y, además, es una operación que no se puede deshacer. Así pues, asegúrate bien antes de borrar una carpeta.

Otra acción que puedes realizar con las carpetas personalizadas es la de moverlas a otro lugar. Por ejemplo, imagina que has creado una carpeta personalizada al mismo nivel que las carpetas predeterminadas y que quieres moverla al interior de otra carpeta. Pues bien, selecciona la carpeta y ejecuta el comando Archivo, Carpeta, Mover a. Aparecerá el cuadro de diálogo Mover que vimos en el apartado "Borrar, mover y copiar mensajes". Selecciona la carpeta a la que quieres mover la que has seleccionado (o crea una carpeta nueva) y haz clic en Aceptar. Outlook Express moverá la carpeta y todo su contenido al interior de la carpeta seleccionada.

Cuando las carpetas contienen muchos mensajes resulta conveniente realizar una pequeña "operación de mantenimiento" con ellas de vez en cuanto. Esta operación no consiste más que en seleccionar la carpeta y ejecutar el comando Archivo, Carpeta, Compactar. Si lo deseas, también puedes ejecutar el comando Archivo, Carpeta, Compactar todas, con lo que la operación de mantenimiento se realizará sobre todas las carpetas de una vez. Aunque como te decía es recomendable hacer esto de vez en cuando, tampoco te preocupes demasiado. Cuando Outlook Express detecta que las carpetas necesitan mantenimiento te avisa de ello, dándote la opción de proceder con el mantenimiento en ese mismo momento. Es recomendable que sigas las sugerencias de Outlook Express en este sentido.

La Libreta de direcciones

La Libreta de direcciones es otro de los programas que vienen con Windows 98 y, aunque puede funcionar completamente de manera independiente, una de sus principales misiones es la de servir de apoyo a Outlook Express.

Básicamente, la Libreta de direcciones es una agenda de contactos en la que puedes introducir todos los datos de las personas que conozcas. Entre esos datos estará la dirección de correo electrónico. Así, cuando escribas un mensaje, en lugar de tener que recordar la dirección del destinatario, puedes pedirle a la Libreta de direcciones que te la suministre.

Hay diversos caminos para acceder a la Libreta de direcciones. El más directo consiste en hacer clic sobre el icono Libreta de direcciones que hay en el menú Inicio, Programas, Internet Explorer. Si estás trabajando con Outlook Express, puedes hacer clic en el botón Libreta de direcciones de su barra de herramientas para acceder a ella. Y si estás en el Explorador, puedes utilizar el comando Ir a, Libreta de direcciones. Cuando la Libreta de direcciones se ejecuta aparece una ventana como la que puedes ver en la figura 14.22.

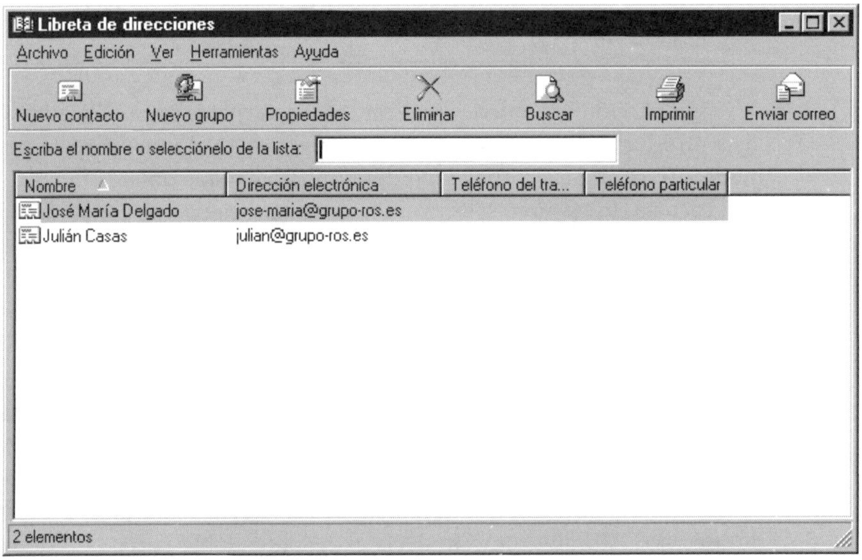

Figura 14.22. La ventana principal de la Libreta de direcciones

Lo primero que debes hacer para comenzar a trabajar con la Libreta de direcciones es crear un contacto nuevo, o sea, introducir la información de una persona. Haz clic en el botón Nuevo contacto o ejecuta el comando Archivo, Nuevo contacto. Entonces aparecerá el cuadro de diálogo Propiedades que puedes ver en la figura 14.23.

Por omisión aparece seleccionada la ficha Personal del cuadro de diálogo Propiedades. Aquí debes introducir los datos básicos de tu nuevo contacto, es decir, su nombre y dos apellidos. Observa que cuando introduces estos datos, el cuadro Mostrar te enseña el nombre completo.

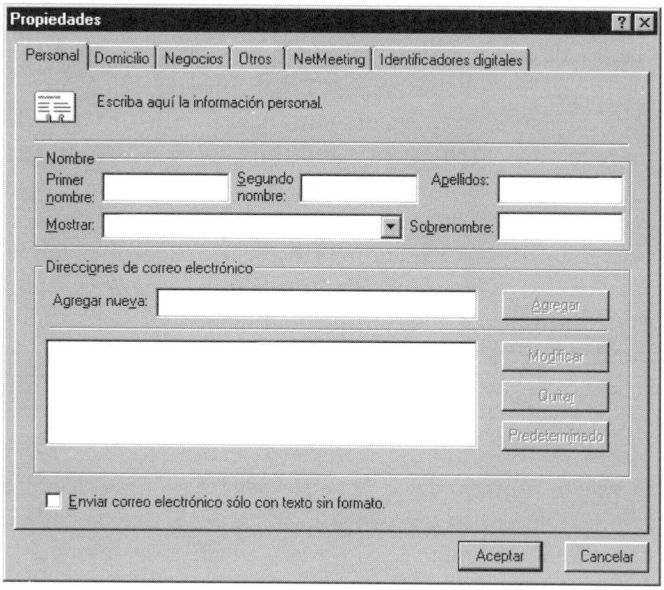

Figura 14.23. El cuadro de diálogo **Propiedades** *de la* **Libreta de direcciones**

Opcionalmente, también puedes escribir un sobrenombre o apodo para el contacto en el cuadro Sobrenombre. Este apodo te permitirá referirte a tu contacto de una manera más sencilla, ya que es más fácil acordarse de un apodo que de una dirección electrónica o de un nombre completo.

Cuando hayas introducido el nombre, apellidos y apodo de tu contacto vuelve a observar el cuadro Mostrar. En este momento muestra el nombre completo de tu contacto, aunque si despliegas la lista podrás elegir que muestre el apodo del contacto. Pues bien, el contenido del cuadro Mostrar te informa de la manera en que aparecerá el contacto en la lista de contactos de la Libreta de direcciones (la zona central de la misma; mira la figura 14.22). Por tanto, si te es más fácil identificar a una persona por su nombre y apellidos, selecciona éstos en el cuadro Mostrar. Por el contrario, si te resulta más fácil identificar a una persona por su apodo, selecciónalo en el cuadro Mostrar.

Con respecto a la información básica (nombre, apellidos y apodo) que has introducido en esta ficha del cuadro de diálogo Propiedades debes tener en cuenta otro aspecto muy importante. Cuando vayas a escribir un mensaje de correo electrónico dirigido a este contacto, en lugar de introducir su dirección electrónica en el campo Para de la ventana Mensaje nuevo (que suele ser más difícil de recordar) puedes introducir cualquiera de las dos opciones que te da el cuadro Mostrar: el apodo o el nombre completo (nombre más apellidos). Outlook Express se encargará de tomar la dirección electrónica correcta automáticamente.

Una vez completada la introducción de los datos básicos puedes introducir la dirección electrónica de tu contacto en el cuadro Agregar nueva. Cuando hayas terminado haz clic en el botón Agregar. Entonces la dirección electrónica pasará al recuadro blanco que hay debajo. Puedes introducir más de una dirección de correo electrónico para cada contacto (si tienen más de una), pero una de ellas debe ser la predeterminada. Por omisión, la Libreta de direcciones tomará como predeterminada la primera dirección que introduzcas. Si deseas cambiarla, selecciona la que quieras que sea la predeterminada en el recuadro blanco y haz clic en el botón Predeterminado. Junto a la dirección aparecerá el comentario *(Correo predeterminado)*. Cuando escribas un correo electrónico a este contacto y utilices su nombre o apodo en el campo Para en lugar de una dirección de correo electrónico, Outlook Express tomará como dirección electrónica del destinatario la que tengas predeterminada para él.

Con esto termina la introducción de los datos fundamentales de un contacto. Si lo deseas, puedes utilizar las fichas Domicilio, Negocios y Otros para introducir más datos de tu contacto. En la ficha NetMeeting se introducen los datos necesarios para poder establecer una tele conferencia (es decir, una llamada de teléfono por Internet o una vídeo conferencia) con este contacto (NetMeeting es otro de los programas relacionados con Internet que vienen con Windows 98). Y, por último, en la ficha Identificadores digitales se pueden establecer los identificadores digitales de este contacto si los tiene (este aspecto no se trata en el libro). Cuando termines de introducir todos los datos haz clic en el botón Aceptar para finalizar la creación del contacto. Volverás a la ventana principal de la Libreta de direcciones y verás que tu contacto ha aparecido en la gran zona central.

Ahora puedes seguir introduciendo contactos. En caso de que desees modificar los datos de un contacto o incluir datos adicionales para uno de ellos, selecciónalo en la lista y haz clic en el botón Propiedades. Volverá a aparecer el cuadro de diálogo Propiedades con todos los datos de ese contacto para que puedas actualizarlos. Y si deseas borrar un contacto, selecciónalo y haz clic en el botón Eliminar.

Crear un mensaje usando la Libreta de direcciones

Veamos ahora la utilidad práctica de la Libreta de direcciones en lo concerniente a Outlook Express. Ejecuta Outlook Express y crea un mensaje nuevo. En esta ocasión, en lugar de escribir la dirección electrónica del destinatario en el campo Para, haz clic en el icono con forma de ficha que hay justo a la derecha de la palabra Para. Cuando lo hagas aparecerá el cuadro de diálogo Seleccionar destinatarios que puedes ver en la figura 14.24.

Busca al destinatario de tu mensaje en la lista de la izquierda y, cuando lo encuentres, haz clic sobre él para seleccionarlo. Luego haz clic en el botón Para: :-> para copiar su nombre en el cuadro superior de los tres que hay a la derecha. Si quieres que otros contactos reciban copias del mensaje selecciónalos en la lista de la

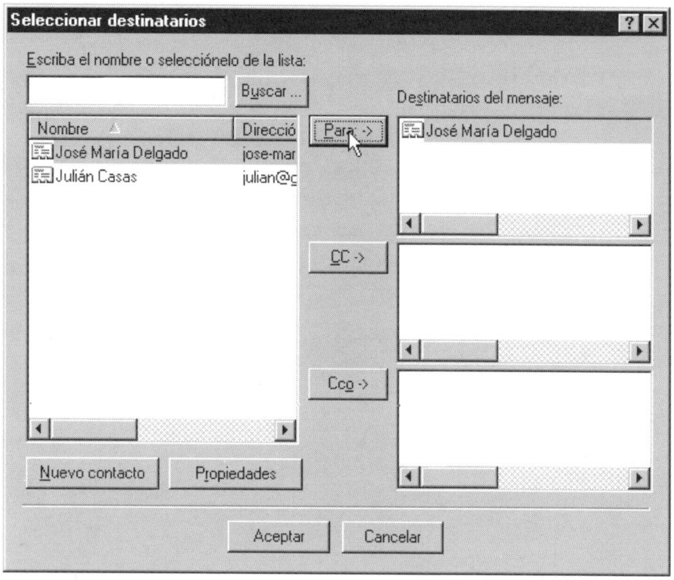

Figura 14.24. El cuadro de diálogo Seleccionar destinatarios

izquierda y haz clic en el botón CC -> para copiarlos en el segundo de los cuadros de la derecha. Y si quieres que otros contactos reciban copias del mensaje sin que sepan que también has enviado el mensaje a otras personas, selecciónalos en la lista de la izquierda y haz clic en el botón Cco -> para copiarlos en el tercero de los cuadros de la derecha. Por último, haz clic en el botón Aceptar. Volverás inmediatamente a la ventana Mensaje nuevo y podrás ver que la Libreta de direcciones ha introducido los nombres de tus contactos en los campos Para, CC y CCO.

Nota

Observarás que en los campos Para, CC *y* CCO *aparecen los nombres (o apodos) de tus contactos y no sus direcciones de correo electrónico. Esto es así para que puedas reconocer con facilidad a los destinatarios del mensaje. En el momento de enviar el mensaje, Outlook Express se encarga automáticamente de dirigir el mensaje a las direcciones de correo electrónico adecuadas.*

Apéndice A

La instalación

Instalación de Windows 98

Cuando se introduce el CD de Windows 98 aparece un mensaje que te indica que ese CD contiene una versión de Windows más reciente que la que tienes instalada (mira la figura A.1).

El mismo mensaje te pregunta si quieres actualizar tu PC con la nueva versión de Windows 98. Responde Sí para comenzar la instalación de Windows 98.

Inmediatamente aparece la primera pantalla de la instalación de Windows 98, en la que el programa te da la bienvenida (mira la figura A.2). En la zona izquierda de esta pantalla encontrarás información relevante sobre el estado de la instalación. Haz clic en el botón Continuar.

El programa de la instalación pasará a realizar una comprobación de los discos duros. Esta comprobación tiene por objeto asegurar que Windows 98 no se instalará sobre un disco duro que presente defectos. Si se detecta algún error en los discos duros, el propio programa de instalación tratará de solucionarlo. Si no se detecta ningún error, o después de solucionar los que haya, el programa de instalación pasará a preparar el Asistente que te guiará durante el resto de la instalación.

El programa de instalación te advertirá sobre la necesidad de que cierres cualquier otro programa que puedas estar ejecutando en el PC. Antes de continuar con la instalación procede a cerrar todos los demás programas que tengas abiertos. Luego haz clic en el botón Aceptar de este cuadro de diálogo.

El siguiente cuadro de diálogo te muestra el contrato de licencia de Windows 98. Para poder continuar con la instalación deberás activar la opción Acepto el contrato y hacer clic en el botón Siguiente.

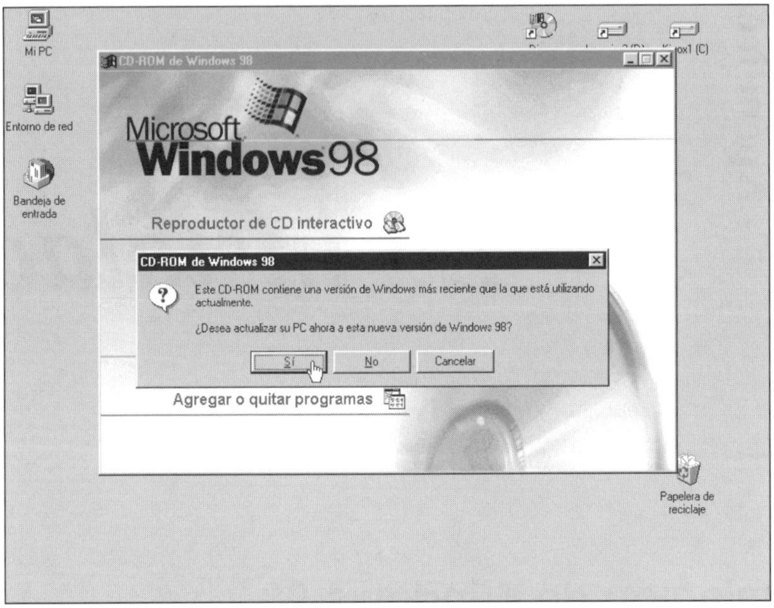

Figura A.1. El programa de instalación de Windows 98 se inicia automáticamente en cuanto introduces el CD

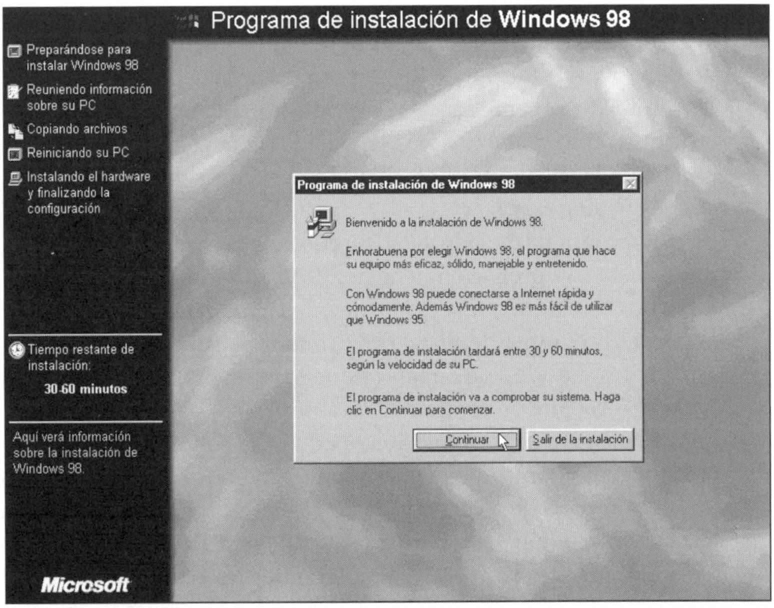

Figura A.2. La pantalla inicial de la instalación de Windows 98

En el siguiente cuadro de diálogo (mira la figura A.3) deberás introducir el número de identificación de tu copia de Windows 98.

Este número lo puedes encontrar en la caja del CD y en el certificado de autenticidad que viene con Windows 98. Después de introducir el número haz clic en el botón Siguiente.

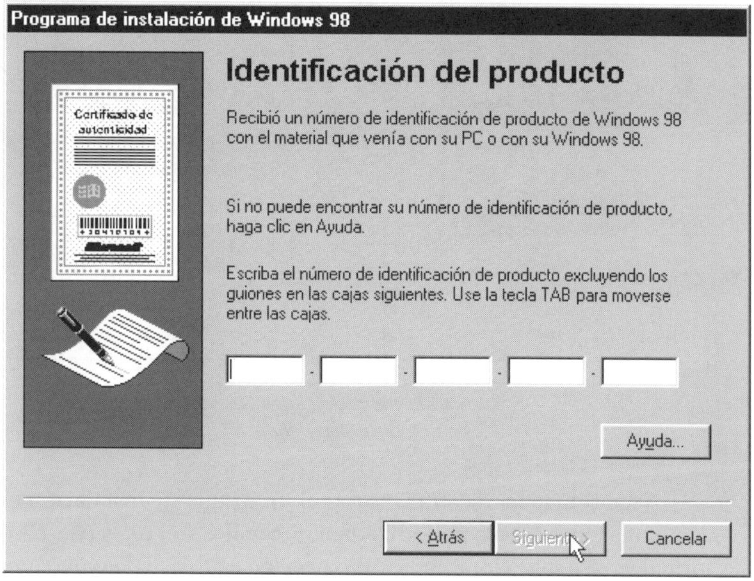

Figura A.3. Introduce el número de identificación de Windows 98

A continuación, el programa de instalación realizará diversas tareas preparatorias para la instalación. Recuerda que en todo momento puedes ver el tiempo aproximado que resta del proceso de instalación mirando la parte izquierda de la pantalla.

Finalmente aparecerá un cuadro de diálogo que te da la opción de crear una copia de seguridad de tus archivos de DOS y de Windows 95 (mira la figura A.4). Si más adelante quieres desinstalar Windows 98 y volver a tu anterior instalación de Windows 95 es absolutamente imprescindible que hayas realizado esta copia de seguridad. Sin embargo, ten en cuenta que el espacio en disco necesario para realizar la copia de seguridad puede ser realmente grande (un mínimo de unos 50Mb). Así pues, asegúrate de que dispones del espacio necesario antes de responder que sí quieres realizar la copia de seguridad.

El programa de instalación de Windows 98 te recomienda que realices la copia (nada te impide borrar la copia de seguridad y liberar ese espacio del disco duro más adelante, cuando estés seguro de que quieres seguir trabajando con Windows 98). Elige la opción que desees y haz clic en el botón Siguiente.

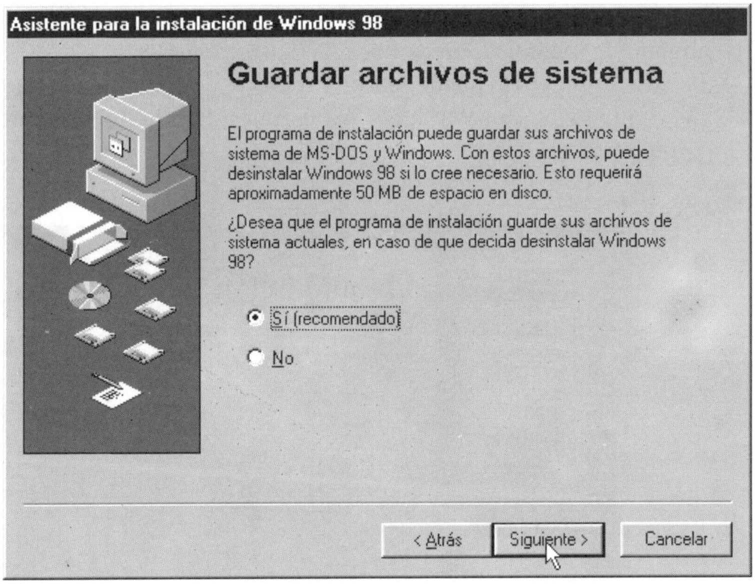

Figura A.4. Es muy recomendable crear una copia de seguridad de Windows 95 antes de instalar Windows 98

A continuación deberás indicar al programa de instalación el país a cuyos *canales* quieres tener acceso por omisión. Los canales son unas páginas Web especiales. Lo normal es que selecciones tu propio país (en este caso, España), pero si lo deseas puedes seleccionar cualquier otro. Mi recomendación es que selecciones España, puesto que eso no te impedirá acceder a canales de otros países si así lo deseas. Después de seleccionar el país haz clic en Siguiente.

La instalación te informará de que, a continuación va a crear un disco de inicio. En caso de que tengas problemas al arrancar Windows 98, el disco de inicio te permitirá arrancar el ordenador y acceder a varios programas de diagnóstico y solución de errores. Cuando hagas clic en el botón Siguiente, el programa de instalación se preparará para crear el disco de inicio y, seguidamente, te pedirá que introduzcas un disco en la disquetera (ten presente que todo el contenido del disco se borrará; por tanto, utiliza un disco nuevo o uno cuyo contenido no te importe perder). Haz clic en el botón Aceptar después de introducir el disco en la disquetera para que comience el proceso.

Cuando el programa de instalación termine de crear el disco de inicio te informará de ello. Saca el disquete y haz clic en el botón Aceptar para continuar con la instalación.

Por último, el programa de instalación te informará de que está listo para comenzar a copiar archivos a tu ordenador (mira la figura A.5). Haz clic en el botón Siguiente para que comience el proceso de copia de archivos.

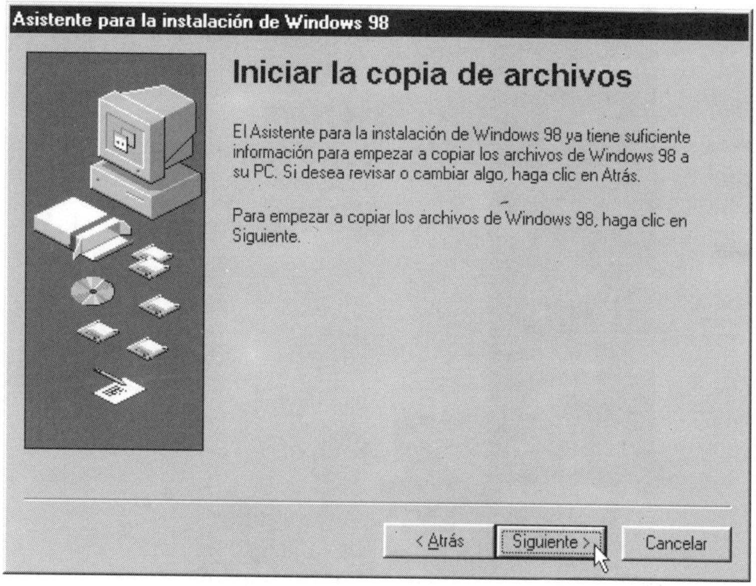

Figura A.5. El programa de instalación está listo para comenzar a copiar archivos a tu ordenador

Se iniciará el proceso de copia de archivos a tu ordenador, el cual se puede prolongar un buen rato. Durante el proceso el programa de instalación te mostrará información sobre las nuevas características de Windows 98 (mira la figura A.6).

Además, en la parte izquierda de la pantalla podrás ver un indicador de progreso que te muestra lo que se lleva copiado y lo que falta por copiar, así como el indicador de tiempo restante.

Cuando termine el proceso de copia de los archivos a tu ordenador, el programa de instalación necesitará reiniciar el ordenador. A no ser que hagas clic en el botón del cuadro de diálogo que puedes ver en la figura A.7, el propio programa de instalación reiniciará tu ordenador automáticamente transcurridos 15 segundos desde la finalización del proceso de copiado (si haces clic en el botón se reiniciará en ese mismo momento).

Una vez reiniciado el ordenador, el programa de instalación continuará con el proceso. A continuación detectará el hardware que tengas y lo incluirá en la instalación de Windows 98 (éste es un proceso que puede llevar un rato). Después volverá a reiniciar el ordenador y procederá a configurar el hardware que detectó en la fase anterior.

Seguidamente, el programa de instalación pasará a configurar distintos aspectos de la instalación de Windows 98 (como el Panel de control, la Ayuda de Windows, etcétera). Y de nuevo deberá reiniciarse el ordenador (observa que todo este proceso es automático y que no requiere ninguna intervención por tu parte).

Figura A.6. El proceso de copia de los archivos

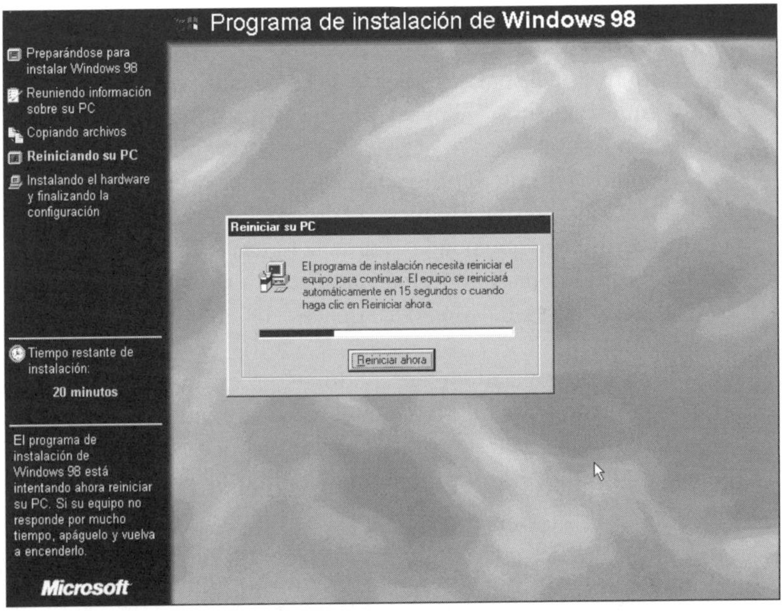

Figura A.7. El programa de instalación necesita reiniciar el ordenador

Finalmente, y tras unos últimos ajustes de la configuración de diversos elementos, podrás ver el escritorio de Windows 98, que tendrá un aspecto similar al de la figura A.8.

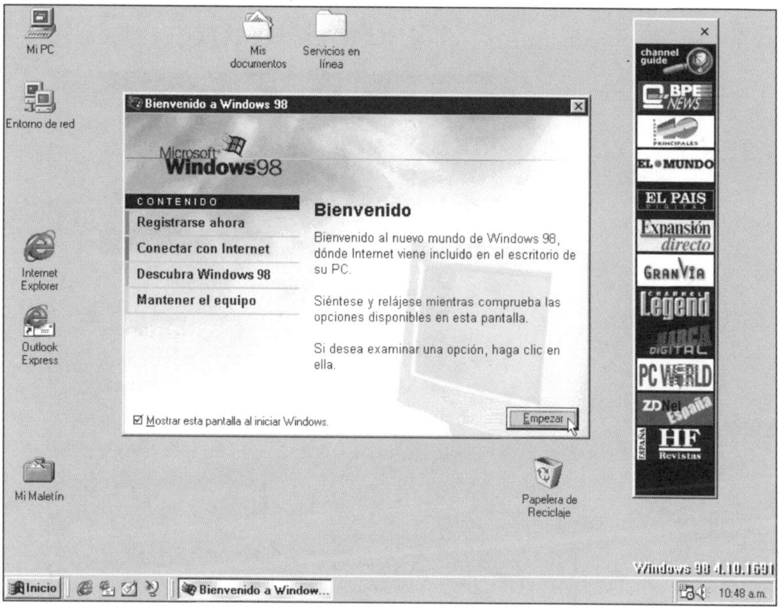

Figura A.8. El escritorio de Windows 98 tras la instalación

Agregar y quitar componentes de Windows 98

En cualquier momento, después de la instalación de Windows 98 podrás agregar o eliminar componentes de esa instalación.

Para ello deberás abrir el Panel de control (consulta el capítulo 9) y hacer doble clic sobre el elemento Agregar o quitar programas. Entonces aparecerá el cuadro de diálogo Propiedades de Agregar o quitar programas que, como puedes ver en la figura A.9, tiene tres pestañas:

- Instalar o desinstalar: esta pestaña sirve para instalar y desinstalar programas y aplicaciones. Su utilización se explica más detalladamente en el capítulo 5.
- Instalación de Windows: mediante esta pestaña podrás agregar o eliminar componentes de la instalación de Windows. Se explica en el siguiente apartado.

- Disco de inicio: mediante esta pestaña podrás crear un disco de inicio, idéntico al que se crea durante la instalación de Windows (en caso de que quieras tener otra copia del mismo o de que hayas perdido o dañado la copia). Para crear el disco de inicio sólo tienes que hacer clic en el botón Crear disco y seguir las instrucciones que aparecerán en la pantalla.

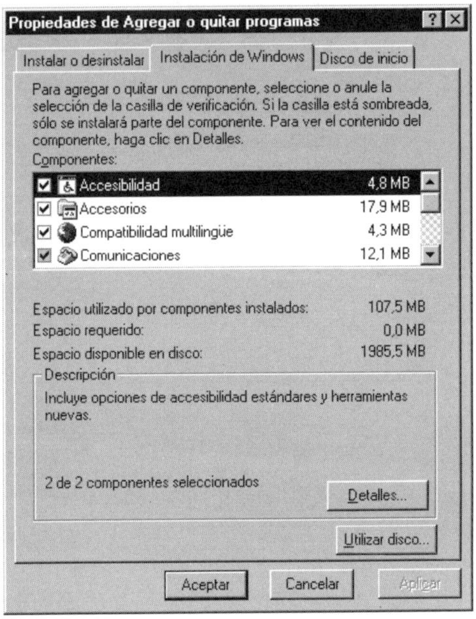

Figura A.9. El cuadro de diálogo Propiedades de Agregar o quitar programas

La pestaña Instalación de Windows

Si haces clic en la pestaña Instalación de Windows accederás a la parte del cuadro de diálogo que permite agregar o eliminar componentes de Windows (figura A.9). Como verás, hay una lista central en la que aparecen todas las categorías de componentes que puedes instalar. A la izquierda de cada categoría aparece una casilla:

- Si la casilla está en blanco es que no tienes instalado ningún componente de esa categoría.
- Si la casilla aparece marcada pero con fondo gris, ello indica que sólo tienes instalados algunos componentes de esa categoría. El número exacto de componentes instalados aparecerá a la izquierda del botón Detalles.
- Si la casilla aparece marcada con fondo blanco, ello indica que tienes instalados todos los componentes de esa categoría.

Para agregar o eliminar cualquier categoría solamente tienes que hacer clic sucesivamente en la casilla que tiene a su izquierda. En caso de que quieras instalar o desinstalar sólo algunos de los componentes de una categoría, haz clic sobre esa categoría con el ratón para seleccionarla, y luego haz clic en el botón Detalles. Aparecerá una lista con todos los componentes de esa categoría con sus respectivas casillas a la izquierda (mira la figura A.10). Los componentes instalados serán los que tengan marcada la casilla. Si quieres agregar un componente, haz clic en su casilla para marcarla. Si quieres eliminar un componente, haz clic en su casilla para desmarcarla.

Cuando hayas terminado de seleccionar los componentes que quieres instalar y desinstalar, haz clic en Aceptar. Windows agregará o eliminará los componentes seleccionados para lo que es posible que tengas que introducir el CD-ROM de Windows. Al terminar la instalación, y dependiendo de los componentes modificados, es posible que tengas que reiniciar el ordenador, cosa que te propondrá el propio Windows.

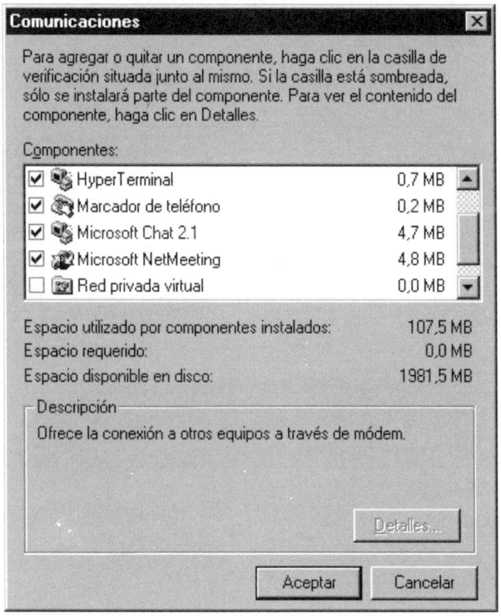

Figura A.10. Si quieres instalar componentes individuales de una categoría, éste es el sitio

Windows Update

El comando Windows Update que aparece en la parte superior del menú Inicio es, en realidad, un acceso directo a una página Web de Microsoft. Una vez tengas configurada correctamente tu conexión a Internet (consulta el capítulo 12), puedes hacer clic en este comando para acceder a esta página Web. En esta página encontrarás las versiones más recientes de los componentes de Windows 98, así como nuevos controladores y utilidades adicionales que podrás descargar e instalar en tu sistema con gran sencillez. De esta forma podrás mantener actualizado tu sistema fácilmente.

Desgraciadamente, y como puedes ver en la figura A.11, en el momento de escribir estas líneas, el sitio Web no estaba listo todavía, por lo que no te puedo facilitar instrucciones concretas sobre su utilización. La página Web estará lista para cuando adquieras tu copia de Windows 98, así que te sugiero que accedas a ella e investigues por tu cuenta.

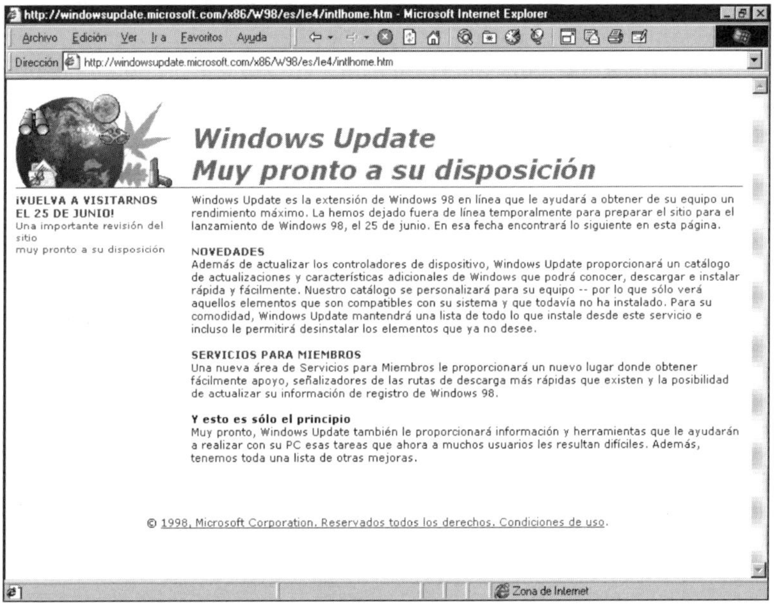

Figura A.11. La página Web Windows Update

Apéndice B

Añadir y cambiar el hardware

Cada vez más usuarios se deciden a instalar por sí mismos el nuevo hardware que compran para su PC. Puede ser un CD-ROM, una tarjeta de red o un módem. Cualquiera que haya pasado por la penosa experiencia que representa hoy día instalar un componente de hardware en el ordenador recibirá con alegría los avances que incorpora Windows 98 para facilitar ese proceso.

Plug and Play

La dificultad de añadir un nuevo elemento de hardware al ordenador reside, básicamente, en la necesidad que tienen esos dispositivos de acceder a recursos del sistema tales como IRQs y DMAs y direcciones base, los cuales son limitados. Si se configura un dispositivo incorrectamente, ello producirá un conflicto entre los dispositivos que traten de usar esos recursos. Para agravar el problema, la mayoría de los usuarios de PC no tienen un conocimiento lo suficientemente profundo como para comprender el funcionamiento interno del ordenador (cosa que, además, no debería ser necesaria).

La especificación *Plug and Play* (conectar y listo) proporciona un sistema automático para instalar hardware en un PC. En lugar de que el usuario tenga que cambiar *jumpers* para configurar el dispositivo, si ese dispositivo es Plug and Play, Windows

98 se encargará de configurarlo por sí mismo. El usuario sólo tendrá que conectar el dispositivo, Windows 98 se dará cuenta de la presencia de un hardware nuevo y lo configurará para que use los DMAs, IRQs y demás ajustes sin entrar en conflicto con otros dispositivos..

Para que puedas disfrutar de las ventajas de la especificación Plug and Play necesitas 3 cosas:

- Un ordenador que tenga una memoria ROM preparada para Plug and Play.
- Un sistema operativo que esté preparado para Plug and Play (en este caso, Windows 98).
- Un dispositivo que cumpla la norma Plug and Play.

Si tienes las tres cosas, no tienes que preocuparte más por la norma Plug and Play; sólo disfruta de ella. En tal caso no es necesario, siquiera, que sigas leyendo este apéndice. Sin embargo, es más que posible que durante unos años sigan coexistiendo los nuevos dispositivos Plug and Play con los antiguos. Para configurar adecuadamente esos dispositivos antiguos tendrás que seguir aplicando toda tu ciencia y tu magia. Sin embargo, y como verás en el siguiente apartado, Windows 98 también ha previsto esto.

El Asistente para agregar nuevo hardware

El Asistente para agregar nuevo hardware es uno de los muchos asistentes de Windows 98. Su misión es la de ayudarte a instalar nuevos dispositivos en tu PC, especialmente aquellos que no están preparados para Plug and Play. Cuando instales un dispositivo nuevo caben tres opciones:

- Que sea Plug and Play. Si cumples los otros dos requisitos no tendrás que preocuparte de nada más.
- Que sea Plug and Play y no cumplas los otros requisitos, o que no lo sea pero que Windows 98 detecte su presencia. Entonces, cuando arranques Windows 98 éste se dará cuenta de que has añadido un dispositivo nuevo y ejecutará automáticamente el Asistente para agregar nuevo hardware.
- Que no sea Plug and Play y que Windows 98 no lo detecte (algo que ocurrirá raras veces). Entonces tendrás que ejecutar tú mismo el Asistente para agregar nuevo hardware haciendo doble clic sobre su icono, que está en el Panel de control (y que se llama Agregar nuevo hardware).

Tanto si debes ejecutar tú mismo el Asistente para agregar nuevo hardware como si lo ejecuta Windows 98, deberás saber cómo utilizarlo. En el próximo apartado te explico cómo hacerlo.

Utilizar el Asistente para agregar nuevo hardware

En caso de que Windows 98 no ejecute por sí mismo el Asistente para agregar nuevo hardware cuando instales un dispositivo nuevo, deberás hacerlo tú manualmente. Para ello abre el Panel de control (consulta el capítulo 9) y haz doble clic sobre el elemento Agregar nuevo hardware.

Nota importante

Es muy importante que finalices la ejecución de todos los programas antes de ejecutar este Asistente. Algunos programas pueden interferir en la instalación de dispositivos y, además, al finalizar la ejecución del Asistente es muy probable que tengas que reiniciar el ordenador.

Consejo

Conviene que instales el dispositivo antes de ejecutar el Asistente ya que, en caso contrario, éste no podrá comprobar los datos que tú aportes.

El primer cuadro de diálogo que aparecerá es meramente informativo (figura B.1), así que haz clic en el botón Siguiente. A continuación, el Asistente te informará de que va a buscar cualquier dispositivo Plug and Play nuevo que hayas instalado.

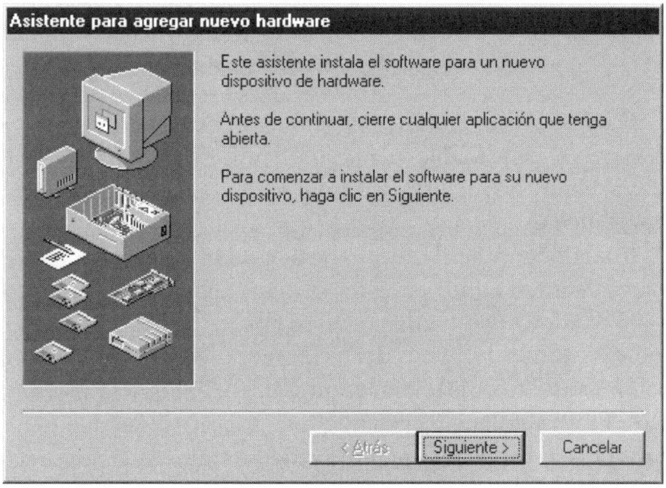

Figura B.1. La pantalla inicial del Asistente para agregar nuevo hardware

Cuando el Asistente termine de buscar los dispositivos Plug and Play aparecerá un nuevo cuadro de diálogo que te dará dos opciones (mira la figura B.2):

- Que el propio Asistente busque el nuevo hardware que no sea Plug and Play.
- Que tú mismo selecciones en una lista el nuevo hardware que no sea Plug and Play.

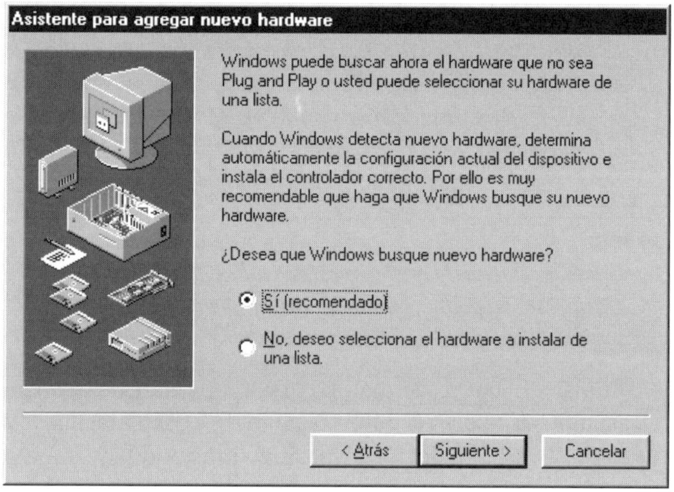

Figura B.2. Lo más recomendable es permitir que el propio Windows busque el hardware nuevo

Si eliges que el propio Asistente sea el que detecte el nuevo hardware (que es la opción más recomendable) se iniciará el proceso de detección; este proceso suele durar bastante tiempo y puede provocar que tu ordenador deje de responder (aunque esto no es frecuente).

Cuando termine el proceso de detección pueden ocurrir dos cosas: que Windows haya detectado que tienes dispositivos nuevos en el ordenador o que no.

Si Windows detecta dispositivos nuevos te mostrará otro cuadro de diálogo que te indicará que se va a proceder a configurar esos dispositivos. Cuando hagas clic en el botón Siguiente de este cuadro de diálogo, Windows procederá a instalar los dispositivos. Es posible que tengas que introducir el disco que te haya proporcionado el fabricante del dispositivo y que, cuando termine la configuración, tengas que reiniciar el ordenador.

Si Windows no detectó nuevos dispositivos en el ordenador, te informará de ello y te dará la opción de que selecciones manualmente en una lista el dispositivo que hayas instalado. Haz clic en el botón **Siguiente** del cuadro de diálogo. Aparecerá un nuevo cuadro de diálogo con todas las categorías de dispositivos posibles (figura B.3).

Figura B.3. Todas las categorías de dispositivos

Selecciona la categoría a la que pertenece tu dispositivo y haz clic en el botón **Siguiente**. Entonces aparecerá otro cuadro de diálogo dividido verticalmente en dos partes. En la parte izquierda podrás ver una lista de fabricantes de dispositivos y en la derecha, todos los modelos de dispositivos que pertenecen al fabricante seleccionado en la lista de la izquierda. Selecciona el fabricante y el modelo de tu dispositivo. Luego haz clic en el botón **Siguiente** y sigue los pasos restantes para que Windows instale el dispositivo seleccionado.

Nota

Si el fabricante o el modelo de tu dispositivo no aparece en la lista haz clic en el botón **Utilizar disco** *e introduce el disco que te haya proporcionado el fabricante de tu dispositivo.*

Índice alfabético

A

B

C

D

E

F

G

H

I

J

L

M

N

O

P

Q

R

S

T

U

V

W